헤겔의 종교철학

HEGEL AND CHRISTIAN THEOLOGY

ⓒ Peter C. Hodgson 2005

HEGEL AND CHRISTIAN THEOLOGY was originally published in English in 2005. This translation is published by arrangement with Oxford University Press. DONG YEUN PUBLISHING CO is solely responsible for this translation from the original work and Oxford University Press shall have no liability for any errors, omissions or inaccuracies or ambiguities in such translation or for any losses caused by reliance thereon.

Korean translation copyright ⓒ 2022 by DONGYEUN PUBLISHING CO
Korean translation rights arranged with Oxford University Press through EYA Co.,Ltd.
이 책의 한국어판 저작권은 EYA (에릭양 에이전시)를 통해 Oxford University Press 사와 독점계약한 도서출판 동연에 있습니다.
저작권법에 의하여 한국 내에서 보호를 받는 저작물이므로 무단전재 및 복제를 금합니다.

헤겔의 종교철학

2022년 4월 15일 처음 펴냄

지은이 | 피터 C. 하지슨
옮긴이 | 정진우
펴낸이 | 김영호
펴낸곳 | 도서출판 동연
등 록 | 제1-1383호(1992. 6. 12)
주 소 | 서울시 마포구 월드컵로 163-3
전 화 | (02)335-2630
전 송 | (02)335-2640
이메일 | yh4321@gmail.com

Copyright ⓒ 동연, 2022

ISBN 978-89-6447-753-3 93200

연세종교철학문고 **004**

헤겔의

Hegel & Christian Theology

A Reading of the Lectures on
the Philosophy of Religion

종교철학

피터 C. 하지슨 지음
정진우 옮김

동연

모던과 포스트모던의 사유를 매개하려는 독자에게

　이 책은 헤겔『종교철학강의』의 핵심 주제들을 재구성하고, 그 유의미성을 현재적 논의 맥락에서 제시한다. 한국의 독자에게는 다소 생소할 수 있지만 종교에 대한 헤겔의 관심은 일생 동안 이어졌다. 그는 튀빙겐 대학에서 신학을 공부했을 뿐 아니라 청년기 저작에서부터 후기 베를린 강의에 이르기까지 지속적으로 종교에 대해 서술한다. 헤겔은 네 차례에 걸쳐(1821, 1824, 1827, 1831) 종교철학 강의를 했다.

　이 책의 저자 하지슨은 미국에서 활동하는 헤겔 전문가이다. 그는 1980년대 헤겔 전집 비평본 출간의 일환으로 기획된 종교철학 강의의 편집에 참여한 바 있다. 이러한 경력은 '헤겔『종교철학강의』의 독해'를 의도하는 이 책의 정확성을 담보한다.

　헤겔의 종교철학은 근대철학과 근대신학의 전개에서 결코 간과될 수 없는 위상을 지닌다. 계몽주의 이후 소멸 위기에 처한 종교를 새로운 사유체계로 되살려낸 슐라이어마허와 더불어, (그러나 그와는 다른 방식으로) 헤겔은 종교를『논리학』과『정신철학』의 핵심 요소로 간주한다. 칸트가 도덕신학으로 축소한 종교를 의지와 감정을 아우르는 사유 전반의 토대로 보고 이를 정신세계로 복원한다. 헤겔에게 정신은 전체로서의 생과 삶을 대변한다. 이러한 맥락에서 저자는 헤겔의 종교철학을 '정신 개념에 초점을 둔 철학적 신학'으로 서술한다.

헤겔의 강의는 먼저 '종교의 개념'을 정리한 뒤 이에 근거하여 실정종교들을 유한한 종교와 완성된 종교로 나누어 다룬다. 이 책은 종교의 개념을 재구성한 다음 그리스도교를 먼저 다루고 다양한 세계 종교를 그다음에 짧게 서술한다. 이것은 책의 원제목인 『헤겔과 그리스도교 신학』을 반영한 서술 방식으로 볼 수 있다. 철학적 신학을 염두에 두고 헤겔의 삼위일체론, 창조론, 그리스도론, 성령론, 교회 공동체론을 체계적으로 다룬 것이다.

독자들은 이 책을 통해 헤겔의 종교관을 쉽게 파악할 수 있다. 특히 제1부는 사변철학과 종교철학의 관계, 청년기부터 후기에 이르기까지 전개된 종교 개념의 다양한 스펙트럼, 헤겔 당시의 종교 사상을 다루고 있다. 제2부의 4장과 5장에 나오는 종교 개념, 신 개념, 신 인식 등은 신과 종교에 대한 철학적 접근이다. 따라서 독자들은 여기서 세계의 다양한 종교를 이해할 수 있는 개념 틀을 확인할 수 있다.

헤겔의 종교철학은 헤겔 좌파와 우파가 나누어진 계기가 되기도 했지만 정통신학의 역사에서 결코 빠질 수 없다. 한국에서는 지금까지 철학과 신학의 역사적 맥락을 중시하지 않았으며 몇 가지 전통만을 편식해 온 측면이 있다. 대부분 미국 선교사로부터 출발한 한국의 개신교 전통에서는 헤겔이라는 이름이 낯설 수 있다. 그러나 신학의 역사를 객관적으로 파악하기 위해서라도 헤겔의 종교철학은 재조명될 필요가 있다. 무엇보다 이 책은 헤겔의 신학적 위상에 대한 궁금증을 해소시키는 데 기여할 것이다.

이 책의 가장 흥미로운 부분은 제3부 "헤겔 종교철학과 현대 신학"이다. 저자는 여기서 매우 논쟁적인 방식으로 헤겔의 종교철학을 해석한다. 헤겔은 종교다원론의 옹호자이며 헤겔 신학이 갖는 현재적 의미를 여기서 찾을 수 있다는 주장이다. 이것은 개념의 체계를 최상에 두는 『논리학』과 『철학백과』의 일원론적-통일적 독해와 배치된다. 그렇지만 저자는 정신의 역동적 운동을 강조함으로써 헤겔을 21세기에 걸맞은 사상으로 읽어내려는 것이다. 포스트모던 철학의 최대 표적이 된 헤겔을 모던과 포스트모던의 긴장을 선취한 철학자로 해석하려는 시도는 참신하다. 모던과 포스트모던의 사유를 매개하려는 독자가 있다면 이 책을 아주 반길 것이다.

2021년 겨울
전 한남대학교 철학과 교수
전 한국헤겔학회장
최신한

『헤겔의 종교철학』 역서 출간에 즈음하여

'사람은 삶이 두려워서 사회를 만들었고, 죽음이 두려워서 종교를 만들었다'는 말이 있다. 태어난 것은 죽기 마련이지만, 사람은 죽음 너머 저편을 꿈꾸어 왔다. '무한'이라고도 하고 '절대'라고도 불렀다. 그렇게 한계를 넘어서려는 열망이 정신문화의 원동력이 되었으니, 종교도 그렇고 예술도 그러하며 학문도 그런 노력의 일환이었다. 이러한 일련의 정신활동은 드러나는 모양새는 꽤 달라 보여도 이미 그 자체로서 영원을 향해 내뻗으려는 인간의 몸부림을 공분모로 한다. 가장 시원적이라 할 종교는 동서고금을 막론하고 예외 없이 보편 산재하니 가히 인간의 본성과 불가분리의 관계에 있었고, 그러기에 인간은 일찍이 '종교적 인간'이었던 것이다. 그러나 세월이 흘러 종교적 인간이 생각이라는 것을 좀 더 본격적으로 하게 되면서 종교에 대한 생각도 점차로 더 다듬어가게 되었다. 호모 사피엔스의 횡포에 대한 여러 갈래의 자성적인 비판까지 나오고 있는 오늘날의 현실도 사실 생각이라는 행위 안에서 이미 예견된 것이었다.

생각이란 그런 것이었다. 이런 생각이 학문이라는 꼴을 취한 것은 당연하고도 불가피했다. 생각이 생각되는 것으로부터 거리를 둠으로써 보다 넓게 아우르려는 몸짓, 바로 그것을 일컬어 학문이라고 하였던 것이다. 거리를 두면서 얻어내는 객관성과 넓혀가면서 주어지는 보편성이라는 덕목이 바로 그러한 몸짓의 꼴이고 길이었다. 이런 몸짓의 첫 장르는 나중에 더 세밀하게 살필 갈래들에 앞서 이들의 갈 길을 앞당겨 추리는 일이었으니, 그런 갈래들이 지식이라면, 그러한 지식이 추려지는 길로서 지혜를 구하는 것 또한 마땅한 일이었다. 이를 일컬어 지혜에 대한 사랑, 즉 철학이라 한다면, 철학은 그 시원으로서의 종교에 대해서도 부여된 사명을 감당해야 했던 것은 재론의 여지가 없었다. 아니 사실상 종교가 그런 거리와 그런 넓이를 견디면서 그 자리를 다져가야 했으니, 오히려 종교가 철학을 필요로 하고 도움을 받아야 하는 것이기도 했다.

범위를 다소 좁혀 서구에서만 보더라도, 학문이 개진하는 정신문화의 진화 과정과 거의 궤를 같이해 온 그리스도교라는 종교도 이러한 운명에서 예외가 아니었다. 사태가 그러하였으니, 과연 종교와 철학 사이의 상호보완적인 상승 운동은 서로를 정당화해주는 모양새까지도 불사하면서 서구의 정신문화를 풍미하였다. 자연스럽게 종교철학이라는 분야가 일찍이 그 역할을 자임하였으니, 종교에 대한 철학적 정당화와 비판 사이를 오묘하게 오가는 줄타기는 양쪽이 공히 서로에게 필요한 노작이었음을 도리어 웅변해주고 있다고 하겠다.

그러한 역사 흐름의 정점에 '헤겔'이라는 신학적 철학자가 등장했으니, 그에게서 개진된 종교철학은 이에 대한 결정적 증거라는 데 재론의 여지가 없어 보인다. 물론 그가 현대라는 새로운 시대를 위한 통찰의 결정적인 계기들을 그 누구보다도 더욱 근본적으로 제공해주었음에도 불구하고 근세의 마지막 주자로 각인될 수밖에 없었던 절박한 이유들이 있기는 하지만, 종교에 대한 철학적 정당화와 비판이 입체적으로 한데 얽힐 가능성을 매우 탁월하게 드러내 주었다는 점에서 그의 정신문화사적 기여를 평가하는 데에는 조금도 주저할 이유가 없다.

본디 헤겔의 '종교철학 강의'는 깔끔하게 정리해 책으로 펴내기보다는 한마디라도 더 들으려는 청중들 앞에서 때마다 강의를 정리한 강의록이 횟수를 거듭하면서 다듬어지는 과정을 거쳤다. 그러다 보니 더욱 복잡해지고 난해해지기도 한 것을 이 방면의 전문가인 피터 C. 하지슨 교수가 아주 체계적이고도 친절하게 정리해 주었으니, 진한 감사를 표하고 싶은 마음 그득하다. 더욱이 헤겔의 종교철학 이야기에만 머무르지 않고 이를 그리스도교 신학의 주요 주제들에 연관하여 항목별로 추려 나갔으니 읽고 이해하기에 아주 편하게 엮어졌다. 아울러 현대 사상과의 연관성에서 헤겔의 종교철학이 지닐 함의에 대해서도 촉촉하게 다루어주었으니 더 바랄 것이 없어 보인다.

그런데 이런 역작이 드디어 우리말로 옮겨져 더 손쉽게 읽힐 수 있게 되었으니 이 또한 기쁘다 하지 않을 수 없다. 연세대학교에서 종교철학 전공 분야를 새로 개설하고 철학자와 사상가들의 원작을 살펴가던 중 헤겔의 종교철학을 읽을 때, 마침 이 수업에 참여한 박사과정의 제자가 손수 이 역작을 번역하여 함께 읽음으로써 아주 큰 도움을 받았다. 돌이키건대, 종교철학이 철학 분야에서는 왠지 종교를 멀리해야만 제대로 된 철학을 할 수 있다는 편향된 시각으로 인해 뒷전으로 밀려나는 신세이고, 특히 개신교 신학 분야에서는 '오직 성서로만'을 외치면서 철학을 배격해야 제대로 신학을 할 수 있다는 편협한 시각으로 인해 찬밥신세로 보이는 분위기가 없지 않다. 그 결과 철학은 점차로 피폐해지거나 공허해져 가고, 신학은 피상적이면서 독단적으로 나아가고 있는 것이 부정할 수 없는 엄연한 현실이다.

사실 종교철학은 인류 정신문화의 시원으로서의 종교와 그 정점으로서의 학문이 만나는 영역이니 그 자체로서 가장 근본적인 인간학이라 할 것이며, 인간 자신에 대한 전인적 이해를 위해서는 핵심적인 지름길이라는 것은 두말할 나위도 없다. 더욱이 전문성을 기치로 수없이 쪼개졌던 학문들이 가까운 분야들 사이에서의 소통 불가라는 문제를 겪으면서 이를 해결하고자 융복합적 접근을 모색하는 마당에, 전인적 통찰을 지향하는 종교철학이야말로 그러한 접근을 이끌고 갈 마땅한 정신문화유산이라면, 이제 이 시대의 과제를 위해서라도 종교철학적 통찰은 필수불가결하다. 그리고 이런 점에서 우리 시대에 바로 앞서 이를 근대적으로 집성한 헤겔의 종교철학을 살피는 일을 비껴갈 수 없다면, 이 역작이야말로 이를 위한 더할 나위 없는 길잡이가 될 것임을 믿어 의심치 않는다.

난해한 개념들로 인해 결코 쉽지 않았거니와 그 부피 또한 방대했으니 이를 우리말로 옮기는 일은 이러한 사명감이 아니고서는 결코 해낼 수 없는 과업이었다. 이를 이제 완성하여 세상에 펴내니 기쁘고 감사한 마음 이루 말로 다 할 수 없다. 다시 한번 이 역서를 펴내는 제자 정진우에게 고마움을 표하며 또한 축하의 말을 전한다.

2021년 겨울
연세대학교 언더우드 신학관 연구실에서
연세대학교 종교철학 주임교수
한국종교학회 종교철학분과위원장, 한국종교철학회장
정재현

1980년대에 헤겔(Georg Wilhelm Friedirch Hegel)의 『종교철학』
(*Vorlesungen über die Philosophie der Religion*)의 새 판본이 독일어, 영
어, 스페인어로 출간되었다. 나는 당시 편집장이던 예쉬케(Walter
Jaeschke)의 독일어판 출간 준비과정을 도왔으며, 브라운(Robert F.
Brown), 스튜어트(J. Michael Stewart)와 함께 그 독일어판을 다시 영어
로 번역하였다. 그 새 판본은 결정적인 차이를 띠고 있는 네 차례
강의(1821년, 1824년, 1827년, 1831년)를 각각 따로 엮어 종합한 원전비
평 연구판으로, 1831년 강의를 제외한 세 강의를 거의 완벽하게 복
원하고 있다. 그 이전의 판본들은 헤겔이 진행한 네 차례 강의를 단
한 편으로 편집했기 때문에 강의마다 달라지는 그의 독특한 논의나
강조를 제대로 보여주지 못했다. 그런 의미에서 새 판본은 헤겔의
종교철학을 그 어느 때보다 정확하게 통찰하고 연구할 수 있는 새로
운 지평을 열어 세웠다 해도 과언이 아니다.

십 년이라는 긴 시간 동안 『종교철학』 번역에 빠져 지낸 후에,
나는 당분간 헤겔 연구에서 벗어나 쉬고 싶었다. 그래서 몇 년 동안은
새로운 연구를 해보려 했다. 하지만 그 역시 『정신의 신학자 헤겔 』
(*G. W. F. Hegel: Theologian of the Spirit*)이라는 헤겔 종교 관련 선집을
편집한 것이었다. 지난 15년 동안 『종교철학』의 새 판본을 활용한
가치 있는 연구 성과물이 몇 편 나오기는 했지만 헤겔의 강의가 보여
준 그리스도교 신학에 관한 사변적 재구성에 관한 주제나 『종교철학』

전체에 대한 주도면밀한 해석은 아직 나온 바가 없다. 『정신의 신학자 헤겔』과 이 책 『헤겔의 종교철학』(*Hegel & Christian Theology*)은 바로 그 두 주제를 집중적으로 다룬 최초의 저작이다.

나는 헤겔의 『종교철학』이 근대와 탈근대의 비판을 받고 있기는 하지만 19세기의 가장 중요한 신학저작들 중 하나라고 생각한다. 나머지는 슐라이어마허(Friedrich Schleiermacher)의 『기독교신앙』(*Der christliche Glaube*)과 키에르케고어(Søren Kierkegaard)의 『단편과 후서』(*Fragment and Postscript*)다. 헤겔, 슐라이어마허, 키에르케고어는 계몽주의를 대표하는 사상가인 칸트가 궁지로 내몰아버린 신학을 구제하기 위한 서로 다른 세 길을 제시했는데, 그것들은 오늘날의 신학 연구에도 지속적인 생산적 기여를 하고 있다. 이 책의 목적은 이들 가운데 헤겔이 가졌던 문제의식을 있는 그대로 밝혀보는 것이다.

이 책의 1-2장에서는 내가 『정신의 신학자 헤겔』을 준비할 때 사용했던 편집 자료들을 통합적으로 활용했다. 거기서 나는 헤겔의 종교철학은 정신 개념에 초점을 둔 철학적 신학이라는 점을 밝히고, 그가 『종교철학』 이전에 썼던 종교 관련 저술들을 개괄적으로 하나씩 다룰 것이다. 『종교철학』의 "서론"을 다루는 3장에서는 종교철학의 대상과 목적에 관한 그의 관점과 당대 신학에 대한 그의 비판을 분석할 것이다. 그리고 4장에서는 헤겔이 자신의 종교 개념으로 그리스도교에 접근하는 방식을 살필 것이며, 5장에서는 개념과 인식 그리고 신에 대한 예배라는 주제를 집중적으로 다룰 것이다. 이 두 장(4-5장)의 내용은 『종교철학』의 제1부 "종교의 개념"에 해당하는 것이다. 그다음 이어지는 네 장(6-9장)은 『종교철학』의 제3부 "완성된 종교"에 나타난 그리스도교 신학의 중심 주제들, ① 절대정신인 삼위일체의 신(창조, 인간성, 악), ② 그리스도와의 화해, ③ 성령과 교회공동체를 다룰 것이다. 그리고 10장에서는 『종교철학』의 제2부 "유한한 종교"에서 다루는 다양한 세계 종교들과 관련하여 헤겔은 그리스도교의 지위를 어떻게 보는지 그리고 그 관점은 과연 타당한지를 따져볼 것이다. 마지막으로 결론부인 11장에서는 앞선 모든 논의를 종합하여, 헤겔의 사유가 오늘날 신학에 주는 의미를 살펴볼 것이다. 거기서 나는 오늘날 화두가 되는 여섯 가지 주제(정신, 총체성, 이야기, 그리스도, 공동체, 다원주의)와 그 주제들에 대한 헤겔식의 해법을 구해볼 것이다. 나는 이 여섯 가지 주제가 오늘날 우리의 신학적 사유에 참으로 소중한 자원이라 생각한다. 아울러 신학과 종교에 관한 헤겔의 사유가 현재의 경험이나 발전된 사유에 걸맞게 적절히 수정될 필요가 있다는 점도 함께 논의할 것이다.

옥스퍼드 대학교 출판사는 『종교철학』뿐만 아니라 새로 번역되고 있는 그의 다양한 강의들을 출판하고 있다. 나는 이 책을 통해 20여 년 전에 첫 출판된 『종교철학』이 새롭게 주목받을 수 있기를 바란다. 마지막으로 이 책의 출판과정을 도와준 코센스(Rupert Cousens), 오셔(Hilary O'Shea), 쿠레쉬(Lucy Qureshi) 그리고 이 책의 독자들에게도 진심으로 감사드린다.

피터 C. 하지슨

Lectures on the Philosophy of Religion, edited by Peter C. Hodgson, translated by R. F. Brown, P. C. Hodgson, and J. M. Stewart with the assistance of H. S. Harris, 3 vols(Berkeley and Los Angeles: University of California Press, 1984, 1985, 1987; Oxford: Oxford University Press, 2007).

이 책에서 사용한 각주 표기는 위 책의 권수와 쪽 수를 따른다. 이 책에서 발췌한 인용문은 아래 표에서 그 출처를 확인할 수 있다.

	1821	1824	1827	1831
제1권				
서 론	88-112	113-147	149-184	461-464
종교의 개념	185-256	257-364	365-449	451-460 464-474
제2권				
유한한 종교	93-231	233-512	513-699	703-760
제3권				
완성된 종교	61-162	163-247	249-347	351-374

1827년 강의만을 담고 있는 단행본(University of California Press, 1988; Oxford University Press, 2006)도 유익하게 활용될 수 있다. 영어 판과 독일어판 모두 본문의 오른쪽·왼쪽에 두 판본의 비교를 위한 숫자가 기입되어 있다. 독일어판의 숫자는 영어판의 해당 쪽수이며,

영어판의 숫자는 독일어판의 해당 쪽수이다.

　이 책은 헤겔이 사용하는 철학적 전문용어를 영어 번역판의 관례에 따라 소문자로 표기하고 있다. 이를테면 신에 대한 철학적 이름인 '절대정신'은 소문자 absolute spirit로 표기하고, 삼위일체의 성령을 나타낼 때에만 예외적으로 앞에 정관사를 붙인 대문자 the Spirit로 표기한다. 따라서 한글 번역에서도 소문자 spirit은 '정신'으로, 앞에 정관사가 붙은 대문자 the Spirit은 '성령'으로 번역한다.

차 례

추천사 / 최신한, 정재현   4
서문 / 피터 C. 하지슨   11
문헌 주해   14

제1부 | 헤겔 종교철학의 형성 과정

1장. 정신의 신학자 헤겔 / 23
    헤겔의 생애와 약력   23
    사변철학과 논리적 심층구조   28
    신학으로서의 종교철학   37
    정신의 신학자   42

2장. 헤겔의 종교 관련 저작들 / 51
    초기의 신학 저술들   51
    종교는 우리 삶의 가장 큰 관심사 중 하나다   52
    『그리스도교의 정신과 그 운명』   54
    예나 시기 저작들   58
    하나 되는 전체   62
    『정신현상학』   66
    『철학백과』   78
    힌리히스의 『종교』 서문   86
    『종교철학』의 네 가지 판본   89

3장. 헤겔과 그 시대의 신학 / 96
    종교철학의 대상과 목적   97
    근대의 특징들   103
    헤겔 이전과 당시 신학에 대한 비판   105
    종교와 신학에 관한 사변철학   121

제2부 | 헤겔 종교철학의 구성 요소

4장. 그리스도교와 종교의 개념 / 129

『종교철학』의 세 부분 129

종교의 개념 133

완성된 종교 혹은 계시종교로서의 그리스도교 144

그리스도교 거대담론의 사변적 재서술 163

5장. 개념과 인식 그리고 신앙 / 166

종교의 개념과 신의 개념 166

신에 관한 추상적 개념 168

신에 관한 인식 174

신 존재 증명 188

신에 대한 예배 199

6장. 삼위일체: 절대정신으로서 신 / 204

절대정신과 삼위일체 204

그리스도교의 삼위일체론 211

삼위일체에 관한 사변적 이념 215

삼위일체에 관한 회상과 예상 219

7장. 창조, 인간성 그리고 악 / 224

세계의 창조 224

인간의 본성 234

타락 이야기 238

인식, 소외, 악 240

8장. 그리스도와 화해 / 245

    화해의 가능성, 필연성, 현실성   245

    목자, 가르침 그리고 인간 그리스도   257

    그리스도의 죽음   267

    그리스도의 부활과 승천   275

9장. 성령과 공동체 / 278

    감각적 현존에서 정신적 현존으로 이행한 그리스도   279

    성령공동체의 상호주관성   285

    성령공동체의 제도적 형식들   290

    교회공동체와 세계   303

    공동체의 소멸?   316

10장. 그리스도교와 다양한 세계 종교 / 321

    『종교철학』에 나타난 다양한 세계 종교   321

    "유한한 종교"에 관한 네 가지 해석   325

    개념적 유희: 종교지리학   339

    아시아 종교와 헤겔의 유사성, 아시아 종교에 대한 헤겔의 비판   343

    유대교에 관한 헤겔 논의의 변화 과정   357

    구체적인 정신의 종교를 향하여   370

    구체적 정신, 자유 그리고 종교의 완성   372

제3부 | 헤겔 종교철학과 현대 신학

11장. 헤겔이 오늘에 주는 신학적 의미 / 381

　　　헤겔의 신: 진실 혹은 허위?　　　　　　　　　383
　　　이단 그리고 존재신학: 정신　　　　　　　　399
　　　총체성과 무한: 전일성　　　　　　　　　　409
　　　언어와 역사: 이야기　　　　　　　　　　　421
　　　비극과 구원: 그리스도　　　　　　　　　　425
　　　자아와 타자: 공동체　　　　　　　　　　　430
　　　통일성과 다양성: 다원주의　　　　　　　　433

　　　역자 후기　　　　　　　　　　　　　　　439

　　　참고문헌　　　　　　　　　　　　　　　447
　　　찾아보기　　　　　　　　　　　　　　　461

제1부

헤겔 종교철학의 형성 과정

Hegel & Christian Theology

1장. 정신의 신학자 헤겔
2장. 헤겔의 종교 관련 저작들
3장. 헤겔과 그 시대의 신학

1장
정신의 신학자 헤겔

헤겔의 생애와 약력*

1770년은 예술과 사상을 위한 경사스런 해였다. 그해 봄에는 횔덜린(Fridrich Hölderlin)과 워즈워스(William Wordsworth)가 태어났고, 그해 겨울에는 베토벤(Ludwig van Beethoven)이 태어났다. 그 두 시인과 작곡가 사이, 8월 27일에 태어나 저들이 시와 음악에서 일구었던 위대한 성과를 철학에서 일구어낸 이가 있으니 그가 바로 헤겔(Georg Wilhelm Friedrich Hegel)이다. 같은 해에 태어난 동년배들 사이

---

* 이 장과 다음 장의 내용은 Augsburg Fortress 출판사의 허가를 받고 *G. W. F. Hegel: Theologian of the Spirit,* ed. peter C. Hodgson (Minneapolis: Fortress Press; Edinburgh: T&T Clark, 1997)에 내가 썼던 "편집자 서론"과 각주의 내용을 그대로 가져온 것이다. 가장 신뢰할 만한 헤겔 전기는 Terry Pinkard, *Hegel: A Biography* (Cambridge: Cambridge University Press, 2000)다. 이 부분의 논의와 관련해서는 다음의 자료들을 참고하라. Franz Wiedmann, *Hegel: An Illustrated Biography,* trans. Joachim Neugroschel (New York: Pegasus, 1968); Jacques D'Hondt, *Hegel in His Time,* trans. John Burbidge (Peterborough, Ont.: Broadview Press, 1988), Stephen Houlgate, *Freedom, Truth and History: An Introduction to Hegel's Philosophy* (London and New York: Blackwell, 1991); Richard Kroner, 'Hegel's Philosophical Development,' *Early Theological Writings,* trans. T. M. Knox (Chicago: University of Chicago Press, 1948)의 서론.

에는 신비로운 연관이 있는 것 같다. 헤겔이 철학의 베토벤이 되었고, 베토벤이 음악의 헤겔이 되었다고 말하는 것은 지나친 상상일까? 왜냐하면 그 둘은 모두 투쟁과 불화 그리고 고난의 세계 안에서 줄곧 질서와 조화 그리고 구원을 추구했기 때문이다. 헤겔의 철학처럼 베토벤의 음악 역시 우리 삶을 지배하는 처절한 비극들을 놀랍도록 아름다운 형식으로 표현하고 있다. 헤겔은 워즈워스의 자연 신비주의를 공유하고 있었지만 철학적으로는 그들보다 두 살 어린 워즈워스의 동료이자 대적자인 비범한 천재 콜리지(Samuel Taylor Coleridge)의 입장에 더 가까웠다. 헤겔과 횔덜린의 경우, 횔덜린의 재기발랄한 천재성은 정신착란이라는 비극적 결말을 맞았고, 같은 해인 1807년, 헤겔의 천재성이 발휘된 최고의 저작 『정신현상학』 (*Phänomenologie des Geistes*)이 출간되었다는 사실에는 슬픈 아이러니가 깃들어 있다.

뷔르템베르크 세무 공무원의 아들이었던 청년 헤겔은 1777년부터 1788년까지 슈투트가르트 김나지움에 다녔다. 거기서 그는 모범생으로 인정받았고, 셰익스피어(Shakespeare), 루소(Lousseau), 레싱(Lessing), 괴테(Goethe), 실러(Schiller)의 고전들도 두루 탐독했다. 당시만 해도 그는 신학을 공부하고 목사가 되리라고 생각했다. 그래서 그는 1788년 튀빙엔 신학교에 입학했고, 거기서 만난 횔덜린 그리고 셸링(Schelling)과 친밀한 우정을 쌓았다. 셸링은 헤겔과 횔덜린보다 5살이나 어렸지만 탁월하고 비범하다는 이유로 그들보다 고작 2년 뒤에 튀빙엔 신학교에 입학했다. 하지만 이들 셋은 교수들이 지닌 신학적 정통설이 터무니없다고 느끼고, 계몽에 관한 정치적, 문학적, 철학적 문헌들을 자기들끼리 독학했으며, 프랑스 혁명의 이

넘들도 열정적으로 받아들였다. 그들은 독일과 슈바벤의 신비설에 심취하기도 했다. 헤겔이 자기 계발을 위해 단편적인 논문들을 쓰기 시작했을 무렵, 그는 주로 삶의 모든 국면들을 통합할 수 있는 새로운 민족종교의 창조 가능성에 몰두했다.[1]

1793년, 헤겔은 신학 공부를 마쳤지만 목사가 되지는 않았다. 대신 그는 스위스 베른의 부유한 집안에 가정교사로 들어갔다. 거기서 그는 많은 자유시간을 누렸고, 풍부한 장서도 접했다. 그 무렵 그는 근대 철학에 관한 인식을 키워나갔고, 임마누엘 칸트를 처음으로 진지하게 연구하기 시작했다. 당시 그는 칸트의 도덕 종교를 찬양하면서 그리스도교의 '실정성'을 신랄하게 비판하는 다수의 연구논문을 발표했다. 1796년 가을, 헤겔은 횔덜린의 도움으로 프랑크푸르트에서 유사한 개인 교사직을 얻었다. 그 덕분에 친구들과도 더 가깝게 지낼 수 있었다. 거기서 그는 그리스 민족종교의 아름다움과 칸트주의의 도덕법칙을 정신적인 아름다움이나 사랑의 형태로 통합할 가능성을 탐구하기 시작했다. 그리고 이러한 통합이야말로 정신의 종교인 그리스도교의 심장을 이룬다고 보았다. 정신은 사랑이라는 범신론 안에서 모든 대립을 통일시킨다. 1907년, 놀(Herman Nohl)은 이 시기에 쓰인 몇 개의 단편들과 또 다른 그의 초기 저술들을 묶어 출판하면서, 거기에 『그리스도교의 정신과 그 운명』(Der Geist des Christentums und sein Schicksal)이라는 제목을 붙였다.

1799년, 아버지가 돌아가신 후, 헤겔은 약간의 유산을 물려받았는데, 그것은 그가 예나 대학의 사강사직을 받아들이는 데 도움을

---

1 『종교철학』 이전에 썼던 종교 관련 저술들은 이 책의 2장에서 다룬다.

주었다. 그리고 1801년, 헤겔은 거기서 셸링과 재회했다. 학생들은 헤겔의 논리학, 형이상학, 자연철학, 정신철학, 윤리학, 자연법, 철학사 강의를 듣기 위해 약간의 강의료를 지불했다. 헤겔은 이를 통해 약간의 부수입을 얻었을 뿐 아니라 자신의 철학 체계를 구성하는 다양한 요소들을 사유실험하는 기회를 마련하기도 했다. 이는 그에게 괄목할 만한 지적 성장의 시기였다. 그의 첫 출판물은 『피히테와 셸링 철학 체계의 차이』(*Die Differenz des Fichteschen und Schelling-schen System der Philosophie*)와 칸트(Immanuel Kant), 야코비(Friedrich Heinrich Jacobi) 그리고 피히테(Johann Gottlieb Fichte)를 비교 연구한 『믿음과 지식』(*Glauben und Wissen*)이라는 두 편의 논문이었다. 1805년, 그는 자신의 박사학위 논문을 완성하고 조교수로 임명되었다. 일 년 후, 나폴레옹이 예나 전투에서 프러시안 군대를 정복했을 무렵, 헤겔은 엄청난 긴박함 속에서 그의 가장 유명한 저작, 1807년 초에 이미 수백 개의 사본들이 떠돌기도 했던 『정신현상학』(*Phäno-menologie des Geistes*)의 원고를 마무리했다.

헤겔은 재정적인 이유와 개인적인 이유로 예나를 떠날 수밖에 없었다. 그는 신문 편집자가 되기 위해 밤베르크로 이주했다. 하지만 일 년 후인 1808년, 다행히도 뉘른베르크 김나지움의 교장직을 제안받았다. 거기서 그는 바쁜 일과 속에서도 학생들에게 종교와 사변논리학을 가르쳤다. 1811년, 헤겔은 결혼하여 가정을 꾸리기 시작했고, 이후 4년에 걸쳐(1812~1816년) 『대논리학』(*Wissenschaft der Logik*)을 출판하기도 했다. 이 작품으로 명성을 얻은 헤겔은 1816년, 하이델베르크와 에어랑엔 그리고 베를린 대학의 교수직을 제안받았다. 하지만 에어랑엔과 베를린 대학의 자격요건은 너무 까다로웠다. 그 두 대학은 오랫동안 고등학교에 재직한 헤겔이 대학 수준의 내용을 가르칠 능력이 있는지, 그의 논리학은 학생들이 배우기에 너무 어려운 것이 아닌지를 문제 삼았다. 그래서 결국 그는 하이델베르크 대학의 제안을 받아들였다. 거기서 그는 종교를 제외한 철학의 모든 주제들을 강의했으며, 그것으로 큰 성공을 거두었다. 1817년에는 자신의 강의를 듣는 학생들의 교재로 전체 철학 체계의 개론격인 『철학백과』(Enyzklopädie der philosophischen Wissenschaften)를 출판하기도 했다.

이듬해인 1818년, 헤겔은 프로이센의 교육부 장관인 칼 폰 알텐슈타인(Karl von Altenstein)의 요청으로 베를린 대학의 철학교수가 되어 1814년에 피히테의 죽음으로 생긴 공석을 채웠다. 그리고 죽는 날까지 그곳에 재직했다. 그의 저작과 강의의 영향에 힘입어 헤겔의 명성은 전 유럽으로 퍼져나갔고, 헤겔주의는 하나의 학파를 형성하기 시작했다. 1820년, 그는 『법철학강요』(Grundlinien der Philosophie des Rechts), 줄여 『법철학』이라는 정치철학 교재를 완성했다. 『철학백과』의 수정판들을 제외하면 이것이 그가 출판한 마지막 저작이었다. 『법철학』은 당시에 커다란 논쟁을 불러일으켰다. 왜냐하면 그 저작 자체뿐만 아니라 공적 활동에서도 헤겔은 개혁적인 정치와 왕정복고 정치의 중간을 배회했기 때문이다. 당시 프로이센은 상당한 정치적 혼란에 빠져 있었다. 그리고 헤겔은 심정적으로는 자유 개혁 운동에 동조하고 있었지만 자신의 직위는 귀족 권력의 비호를 받고 있는 난감한 상황에 있었다. 결국 그는 좌익과 우익에서 수많은 정적들을 만들어냈고, 그로 인해 베를린에서 누리던 평탄한 지위도 그리 순탄할 수만은 없었다.

1821년 여름, 헤겔은 처음으로 종교철학을 강의했다. 종교철학은 자신의 체계를 세부적으로 정교화하기 위한 마지막 핵심 요소였다. 종교철학 강의가 1824년, 1827년, 1831년에 걸쳐 진행되는 동안 그 구조와 내용은 크게 달라졌다. 이는 헤겔이 종교철학뿐만 아니라 다른 문제들에도 얼마나 유연하고 개방적인 태도로 접근했는지를 보여주는 단적인 사례다. 그는 새로운 자료를 끊임없이 보충해 나갔으며, 떠오르는 쟁점과 반론에도 꾸준하게 대처해 나갔다.

엄밀한 의미에서 헤겔의 체계는 1831년 11월 14일, 그의 갑작스러운 죽음 이후에야 비로소 고정된 실체가 되었다. 그가 세상을 떠난 지 한 달도 되지 않아 그의 아내와 학생들과 친구들은 헤겔이 베를린에서 강의한 주요 과목들(철학사, 논리학, 형이상학, 역사철학, 예술, 법, 종교)의 강의록과 학생들의 필기록을 모아 전집 출간을 준비하기 시작했다. 그리고 채 몇 년도 지나지 않아 헤겔의 옛 학생들과 문하생들은 침묵하는 헤겔의 발언을 두고 서로 당파싸움을 벌이기 시작했다. 그리고 헤겔의 사상을 둘러싼 그러한 논쟁은 오늘날까지도 계속되고 있다.

사변철학과 논리적 심층구조

헤겔이 '사변철학'(Spekulative Philosophie)이라 불렀던 것은 '주관적 반성철학'에서 빌려온 용어지만 그 의미는 사뭇 다르다. 헤겔은 자신의 초기 저작인 『믿음과 지식』[2]에서 칸트, 피히테, 야코비의 철

---

2 이 논문의 전체 제목은 『믿음과 지식, 칸트와 야코비와 피히테의 철학으로 그 형식이 완성된 주관성의 반성철학』(*Faith and Knowledge, or the Reflective Philosophy of Subjectivity in the*

학을 주관적 반성철학이라 부르곤 했다. 사변철학은 칸트의 비판철학을 부정하는 것이 아니라 거기서 출발하여 그 한계는 넘어서는 것이다. 앞서 피히테와 (특히) 셸링도 그러한 목적을 내비추긴 했으나 그것을 완수한 이는 다름 아닌 헤겔이다. 그는 고도로 창의적인 자신만의 사유방식으로 그 목적을 이루었다.

칸트의 철학은 직관(Anschauung)의 형식으로 수용되는 감각적 경험에서 출발한다. 오성은 시간, 공간, 인과성, 실체 등의 선험적 범주들을 적용하여 이러한 직관의 내용들을 모아 하나의 실재상을 구성한다. 칸트가 주장하듯이, 우리는 이러한 구성물을 초월해 있는 즉자대자적인 실재나 세계를 결코 파악할 수 없다. 구성된 대상은 그저 오성의 자기반성일 따름이다. 정확히 말해서, 우리는 실재의 초험적이고 형이상학적인 토대에 관해서는 어떠한 이론적 인식도 가질 수 없다. 칸트는 그러한 인식을 추구하는 허황된 태도를 '초월적 환상'[3]이라 불렀다.

헤겔에 따르면, 초월에 이르는 길은 칸트 철학의 전도된 형식에 있다. 거기서는 구성된 것 또한 나름대로 자신을 드러내고 계시한다. 그것은 부분적으로는 의식에 부합하기도 하고, 의식을 키워가기도 하고, 그것을 교정하기도 한다. 자기-인식을 넘어서야 새로운 것을 인식할 수 있다. 그 전도된 형식에는 나선적인 진행이 존재한다. 거기서 의식은 참여적이면서도 수용적이고, 비판적이면서도 구성적

Complete Range of Its Forms as Kantian, Jacobian, and Fichtean Philosophy)이다. 이와 관련해서는 Walter Cerf and H. S. Harris (Albany: State University of New York Press, 1977), 57을 참고하라.

3 Immanuel Kant, *Critique of Pure Reason,* trans. Norman Kemp Smith (London: Macmillan, 1929), 300-303 (B 355-359, A 298-302).

인 것으로 드러난다. 분명히 실재는 의식의 거울이다. 하지만 의식이 실재의 거울이기도 하다. '사변'(Spekulation)이라는 용어는 '거울'을 뜻하는 라틴어 '스페쿨룸'(speculum)에서 유래했는데, 이는 의미의 역류를 일으키는 이중적 거울 작용, 즉 객체에서 주체로의 흐름과 주체에서 객체로의 흐름을 뜻한다.4 칸트 철학이 이성에 엄밀한 한계를 부과하면서 끝나는 바로 그 지점에서 헤겔은 사유의 범주에 관한 철학인 '논리학'으로 나아간다. 사유란 그러한 거울 작용이 일어나는 무대다.

이러한 전도의 가능조건은 주체와 객체, 자아와 세계, 동일자와 타자가 그것을 포괄하는 전체에 참여하는 계기들이라는 데 있다. 헤겔은 그러한 포괄적 전체를 '진리', '현실성', '보편자', '절대자', '정신', '신' 등으로 다양하게 부른다. 이러한 첫째 계기와 둘째 계기 외에도 셋째 계기가 있다. 그것은 앞선 두 계기를 포괄하는 그 둘 사이의 관계다. 이러한 관계 혹은 전체는 그것을 이루는 요소들과 분리되지 않는다. 도리어 전체는 그 두 계기가 이루는 이중의 거울작용을 통해서만 현실적으로 드러난다. 전체는 의식과 대상 사이의 전도된 관계 속에서 드러난다. 그것은 의식과 대상의 관계를 가능케 하는 조건이라는 의미에서 '선험적'(transcendental)인 것이다. 초감각적 실재 혹은 그 두 계기와 분리되어 존재한다는 의미에서 '초험적'(transcendent)인 것이 아니다. 그 전체는 지적 직관의 형식으로 나타난다. 헤겔은 이러한 지적 직관은 칸트가 말하는 감각적 직관과 유사하긴 하지만 다르다고 생각했다. 그는 칸트가 『판단력 비판』5(Kritik der Urteils-

___
4 사변철학과 사변신학에 관해서는 이 책의 3-4장을 참고하라.

kraft)에서 사용했던 지적 직관의 의미를 그대로 사용한다. 감각적 경험의 내용들을 지성적 세계로 전환하는 비판적 구성에 참여할 때, 우리는 그 전체의 근본적인 이성적 구조를 직관한다. 지적 직관은 감각적 직관에 앞서기도 하고 뒤서기도 한다. 감각적 경험이 인식의 절대적 출발점은 아니다. 지적 직관이 언제나 감각적 경험에 앞선다.

헤겔이 우리에게 준 연상(picture)은 끊임없이 자신을 되비추는 반복적인 순환이나 매개되지 않은 통일에서 매개된 통일로 나아가는 직선적인 사유의 연상이 아니다. 그것은 도리어 새로운 인식이 발생하는 나선적 운동이나 매개의 변증법과 같은 것이다. 헤겔에게 묻고 싶은 것은 과연 그 나선은 인식의 세 계기들이 해소되지 않는 무한한 개방구조인지, 아니면 그것들이 자신들과는 다른 하나의 점, 즉 의식과 대상 혹은 사유와 실재의 완전한 동일성이라 할 절대적 인식으로 수렴되는 구조인지 하는 것이다. 이 가운데 후자는 피히테와 셸링이 취했던 방향이다. 헤겔은 그러한 무차별적 동일성을 주장한 셸링의 철학을 이렇게 비판한다. "밤에는 모든 소가 검다!"6 만일 헤겔이 이러한 방향을 거부했다면, 자아와 세계 그리고 그 전체의 진리(신) 사이의 상호작용점은 칸트와 슐라이어마허에서처럼 인간 자아, 즉 주체일 수도 없고, 초험적 실체나 최고 존재라 할 신일 수도 없다. 도리어 그 상호작용점은 상호작용 그 자체, 즉 유전암호의 나선이나 파동의 운동처럼 기하학적인 모양으로 나타낼 수 있는 이 세 요소의 나선적인 매개작용이다.

---

5 Immanuel Kant, *The Critique of Judgement*, trans. James Creed Meredith (Oxford: Clarendon Press, 1952), 2, 66.

6 *Phenomenology of Spirit*, trans. A. V. Miller (Oxford: Clarendon Press, 1977), 9.

헤겔은 이러한 나선적 매개 작용에 관한 몇 가지 비판적 가정을 내놓는다. 그것의 근본적인 가정은 그 작용이 본질적으로 이성적이라는 것이다. 이는 그가 아리스토텔레스와 공유하는 근본적인 지적 직관,[7] 즉 사유 대상을 인식함으로써 사유 자체를 인식하는 직관, 즉 대상을 통한 자기인식(noēsis tēs noēseōs)이다. 의식과 대상의 상호-구성작용을 가능케 하는 조건이 곧 전체적인 이성작용이다.

이성 혹은 사유는 정적이지 않다. 그것은 운동하고 사유하며, 단언, 진술, 판단, 주장, 삼단논법의 형식으로 작용한다. 삼단논법(결론추론)은 사유의 기본운동이자 생의 기본운동이다.[8] 사유는 세 가지 계기들 혹은 요소들(한 명제의 보편적 실체나 원리[U], 특수한 성질 혹은 보편자의 특정한 변형[P] 그리고 명제가 술어를 부여한 개별적 주어[I]) 사이에서 운동하며, 그것들을 서로 연관시킨다. 소크라테스 삼단논법의 사례를 생각해 보자. 그것은 다음과 같은 논리적 형식을 띤다. 모든 U는 P다. I는 U다. 그러므로 I는 P다.

모든 사람(U)은 죽는다(P).

소크라테스(I)는 사람(U)이다.

그러므로 소크라테스(I)는 죽는다(P).

---

7 이와 관련해서는 *Encyclopedia of the Philosophical Science,* §577 ("Hegel's Philosophy of Mind," trans. William Wallace and A. V. Miller (Oxford: Clarendon Press, 1971), 314-315에서 헤겔이 아리스토텔레스의 『형이상학』(*Metaphysics*), 12.7, 1072b 18-30의 핵심 구절을 언급하는 대목을 참고하라. 이 구절은 *Hegel: Theologian of the Spirit,* 53-54 (277 n.21.)에도 번역되어 있다.

8 *Encyclopedia,* §§183-189; *The Encyclopedia Logic,* trans. T. F. Geraets, W. A. Suchting, and H. S. Harris (Indianapolis: Hackett, 1991), 259-264.

헤겔에 따르면, 모든 타당한 삼단논법은 변형될 수 있으므로, 세 요소들 각각은 차례로 다른 두 요소들 사이의 중간항이나 매개항이 될 수 있다. U-P-I, U-I-P, P-U-I. 여기서는 세 요소들 중 어떤 것도 근본적인 것이 아니며, 나머지 두 요소에서 파생된 것도 아니다.

생의 과정도 그러한 일련의 요소들, 즉 직접성 혹은 동일성(보편성), 구별(특수성) 그리고 더 높은 복합적 단계의 종합(개별성, 주관성)과 유사하다. 생은 이성적이며, 이성은 생동적이다. 헤겔은 생과 사유의 변증법을 이렇듯 본질적으로 신비로운 것으로 파악함으로써 "암호를 풀었다!"고 생각했을 것이다. 하지만 그것은 진리에 대한 심오한 통찰인가, 아니면 총체화의 환상인가? 해체주의자들은 그러한 암호란 존재하지 않는다고 주장한다. 아니면 그런 단일한 암호란 존재하지 않으며, 풀리지 않는 복잡한 암호들만 존재한다고 주장한다. 헤겔에 따르면, 하나의 암호는 특정한 변형을 통해 엄청나게 다양한 형태로 드러난다. 그러한 변형된 형태들이 철학의 다양한 주제들을 이룬다.

헤겔에 따르면, 삼단논법을 구성하는 이 세 가지 요소들은 철학의 주요한 세 분과인 논리학, 자연철학, 정신철학과 연관된다.9 논리학은 사유 자체의 구조와 관계를 탐구한다. 헤겔은 이를 세계와 의식에서 구체화되고 현실화된 개념과는 구분되는 '논리적인 것' 혹은 '논리적 이념'이라 부른다. 논리학은 철학 전체와의 관계에서 보편적 원리의 역할을 한다. 이는 독립적으로 존재하는 추상적인 동일성의 원리다. 자연은 보편자의 특성들 혹은 특정한 변형들과 동일하다.

---

9 *Encyclopedia*, §187의 보충설명; *The Encyclopedia Logic*, 263, §§575-577; *Hegel's Philosophy of Mind*, 314. 이와 관련해서는 이 책의 11장을 참고하라.

자연은 철학 체계 내에서 구별과 차이의 역할을 한다. 정신(유한한 인간 의식)은 보편자와 특수자의 통일에서 생겨나는 개별성 혹은 단일성과 동일하다. 정신은 화해의 역할, 즉 차이를 매개함으로써 더 풍부하게 구성된 전체로 복귀하는 역할을 한다. 그것은 구체적인 보편 혹은 절대적인 정신을 향해 나아가는 운동이다.

이러한 연관들은 헤겔이 직접 증명한 적은 없는 하나의 비판적 가정이다. 헤겔은 자신의 철학체계가 갖는 진리를 사전에 증명한 바가 없다. 하지만 우리는 헤겔의 입장을 이렇게 단정할 만한 다른 견해들을 살펴볼 수 있다. 만일 자연이 보편적인 원리가 된다면, 정신은 자연을 통해 자신의 특수한 성질들과 매개될 것이다. 그 결과로 생겨난 체계가 곧 흄(David Hume), 포이어바흐(Ludwig Feuerbach), 마르크스(Karl Marx)의 자연주의일 것이다. 만일 유한한 정신이 보편적 원리가 된다면, 자연은 정신을 통해 자신의 논리적인 특성들과 매개될 것이다. 그것은 칸트와 피히테의 주관적 관념론의 한 단계일 것이다. 자연주의와 주관적 관념론은 둘 다 물질과 정신을 하나의 원리로 환원하는 일원론이다. 제삼의 견해는 자연이나 유한한 정신을 이 둘 중 하나로 동일화하기보다 보편적 원리라 할 수 있는 논리적 이념의 초월을 요청한다. 이러한 논리적 이념의 초월이 헤겔의 사변적 관념론 혹은 절대적 관념론의 모체다. 만일 자연과 정신 중 어떤 것도 다른 하나로 환원되지 않으면서 서로 매개되어야 한다면(헤겔은 오로지 이러한 매개만이 생동적인 경험에 부합한다고 주장한다), 자연과 정신은 그 둘의 보편적 원리인 논리적 이념이라는 중간항을 통해 매개되어야 한다. 역으로 헤겔의 체계에서처럼 자연이 철학을 구성하는 삼중적 매개의 중간항이 된다면, 자연은 정신의 구체화된 특성을 드러내고, 그 특성이 자신의 원리가 아니라는 것을 증명함으로써 유한한 정신이 순수한 이성과의 비-변증법적 동일성으로 빠져드는 것을 방지한다. 중간항에 있는 정신은 자연을 특수하고 외부적인 양상으로 드러난 이념의 현상으로 인식함으로써 자연을 자신의 본질로 고양시킨다. 즉 자연 안에는 정신이 깃들어 있다. 또한 자연의 매개와 정신의 매개 역시 논리적 이념이 자신과는 다른 것(자연과 정신)과 관계하게 해준다. 버클리(George Berkeley) 식의 순수한 형이상학적 관념론에서처럼 논리적 이념이 다른 모든 실재(자연과 정신)를 자신으로 환원해버리지 못하도록 말이다.

헤겔은 '관념론'과 '실재론'을 서로 대립하는 것으로 이해해서는 안 된다고 주장한다. 도리어 관념론은 실재론까지도 포괄한다. 이념은 개념과 객관성, 이성적인 것과 실재적인 것의 절대적인 통일이다. 이념은 실재의 외부나 실재와 분리된 곳에서 주어지는 것이 아니다. 도리어 이념은 유한자(실재)의 진리다. "이러한 유한자의 이념이야말로 철학의 가장 중요한 명제다. 그러한 의미에서 모든 진정한 철학은 관념론이다."10 "결론적으로 말해서, 변증법적 철학과 실재론적 철학을 대립시키는 것은 무의미하다. 진정하고, 궁극적이고, 절대적인 존재를 그렇게 유한한 존재로 기술하는 실재론적 철학은 철학이라는 이름을 누릴 자격도 없다."11 이는 헤겔이 말하는 '관념론'이 절대적 관념론이라는 사실을 보여준다. 다음의 설명은 그가 이해하고 있는 주관적 관념론과 절대적 관념론의 차이를 아주 명확하게

---

10 *Encyclopedia*, §95, §96의 보충설명, §213; *The Encyclopedia Logic*, 152-153, 286.

11 *Science of Logic*, trans. A. V. Miller (London: George Allen & Unwin, 1969), 155.

보여준다.

> 칸트의 철학에 따르면, 우리가 인식하는 사물들은 오로지 우리에게 드러
> 난 현상일 따름이며, 사물들 그 자체는 우리가 범접할 수 없는 초험적인
> 것으로 남아 있다. 순진무구한 의식은 이러한 주관적 관념론을 아무런
> 의심 없이 즉각적으로 받아들였다. 주관적 관념론에 따르면 우리 의식의
> 내용은 단지 우리의 것, 즉 우리를 통해 정립된 것에 불과하다. 사실상
> 참된 상황은 우리가 직접적으로 인식한 사물들이 우리에게뿐만 아니라
> 사물들 자체에 대해서도 단순한 현상들에 불과하므로, 이러한 의미에서
> '유한한' 사물들에 대한 적절한 규정은 자신들의 존재 근거를 자기 내부
> 가 아니라 보편적 이념에서 구해야 한다는 데 있다. 우리는 이러한 해석
> 을 관념론이라 불러야 한다. 하지만 이는 비판철학의 주관적 관념론과는
> 구별되는 절대적 관념론이다.[12]

여기서 '절대적'이라는 말은 자신의 내부에 유한자 혹은 비-절대
자와의 관계를 포함한 모든 관계를 포괄한다는 것을 뜻한다. 절대적
이념으로의 신은 자신을 타자로 방출하기는 하지만 전적인 타자로
방출하지는 않는다. 헤겔은 고전적 전통에 따라 신은 오로지 내적인
관계만을 갖는다고 주장한다. 신의 '외부'에는 어떤 것도 존재할 수
없다. 신과 세계의 관계를 포함한 모든 외적 관계는 신의 공간 안에서
발생한다. 왜냐하면 세계도 자연이라는 외재성의 일부이기 때문이다.
　　다양한 경험 영역에 대한 헤겔의 해석은 바로 이 논리적 심층구조

---

12 *Encyclopedia*, §45의 보충 설명; *The Encyclopedia Logic*, 88-89.

를 따르기 때문에, 그의 해석을 이해하려면 이 심층구조를 이해하고 있어야만 한다. 역사, 예술, 종교, 윤리학, 사회, 정치학, 인간학, 심리학의 영역에서 현실적으로 드러나는 경험은 그 심층구조가 특정한 방식으로 구체화된 것이다. 그 논리는 경험을 해독하는 해석학적 열쇠 혹은 패러다임으로 기능한다. 하지만 이 열쇠는 우리가 발견한 공식이라는 점에서 실험적으로만 사용되어야 한다. 앞으로 살펴보겠지만, 헤겔의 『종교철학』은 어떤 주제들보다 이 심층구조에 잘 들어맞는다.

신학으로서의 종교철학

헤겔이 종교적인 주제들을 강의하던 당시에 사람들은 그의 의도를 정확히 이해하지 못했다. 그래서 많은 사람들은 헤겔이 신학의 주제를 순수하게 내재적인 인간의 현상으로 전도시켰다는 혐의를 품었다. 그가 그리스도교 교리를 생소한 철학적 개념으로 재해석한 방식은 실로 전통적 신론을 부정하는 것이었기 때문에 사람들은 그를 무신론자나 범신론자로 취급하기도 했다.

이러한 무성한 오해들과 달리, 헤겔은 종교철학의 고유한 주제는 엄밀히 말해 신의 본성과 실재라고 주장했다. 종교철학의 관심은 종교적인 현상들에만 머물러 있을 수 없다. 도리어 종교철학은 종교 자체가 인간과 신의 관계를 포괄하고 있음을 인식해야 한다. 종교는 자신을 초월해 있는 '현실성'을 다룬다. 하지만 이제 그러한 대상은 계몽주의 철학, 역사, 심리학 그리고 자연과학의 몫으로 넘어가고 말았다. 전통적으로 신의 실재-위상(Reality-Status)에 관한 문제는 철학 내부의 형이상학이나 자연신학의 대상이었다. 하지만 칸트의 『순수이성비판』은 이러한 학풍을 심각하게 문제 삼았다. 아울러 레싱과 같은 비판가들은 성서의 권위와 그리스도교의 역사적 근거를 끊임없이 공격했고, 흄은 계몽주의가 만들어낸 순수한 이성종교나 자연종교라는 대안을 부정했다.

종교철학은 자연신학이라는 신뢰할 수 없는 형이상학의 대안으로 등장했다. 그리고 예쉬케(Walter Jaeschke)[13]에 따르면, 종교철학은 두 가지 선택지에 직면했다. 첫째 선택지는 종교철학이 신에 대한 인식적인 앎의 토대를 마련하기 위하여 그리고 이를 통해 종교가 자신을 이해하는 방식을 적합하게 설명하기 위하여 자체적으로 새로운 철학적 신학을 발전시키거나, 다른 근원들로부터 하나의 근원을 빌려오는 것이었다. 둘째 선택지는 종교철학이 그러한 근원을 완전히 쓸모없는 것으로 결론짓고, 종교를 그저 구체적인 인간 삶의 표현으로 한정하는 것이었는데, 이 경우 인간 이외의 다른 존재에게는 신적인 현상을 파악할 수 있는 어떠한 권리도 주어지지 않는다. 이는 루트비히 포이어바흐 이후 널리 유포된 견해다. 신은 초월이라는 장막 위에 투사된 인간의 본질에 다름 아니다. 종교에 관한 인간학적, 사회학적, 심리학적, 역사학적 해석들이 부상하기 시작했는데, 이들은 신 이야기가 지닌 모호한 특성들을 학문과는 무관한 대상으로 치부해버렸다.

헤겔은 이 중 첫째 방식을 택했다. 그리고 그는 자신의 시대에도

---

13 Walter Jaeschke, *Reason in Religion: The Foundations of Hegel's Philosophy of Religion*, trans. J. Michael Stewart and Peter C. Hodgson (Berkeley and Los Angeles, 1990), 1-9.

이미 종교적 신앙이나 인간의 문화에 재앙을 초래할 것이라고 인식되던 둘째 방식의 한계에 주목했다. 왜냐하면 그가 판단하기에 전통적인 형이상학뿐만 아니라 계몽의 이성신학들 그리고 도덕 원리들에 관한 칸트의 학설과 신학을 종교적 감정으로 정향했던 슐라이어마허마저도 신앙을 하나같이 만족스럽게 설명하지 못했기 때문이다. 헤겔은 비판철학 이후 자신만의 고유한 사변신학을 창안하여 종교의 개념적 토대를 복원하고자 했다. 이것이 바로 헤겔의『종교철학』이 추구한 진정한 목표였다.

　　헤겔이 이러한 목표를 인식하게 된 것은 점진적이고 지속적인 반성의 결과라고 예쉬케는 지적한다.14 프랑크푸르트 시기(1796~1800)에 헤겔은 신과 종교에 관한 교리를 형이상학적으로 복원해야 할 필요성은 인식했으나 그것을 어떻게 완수해야 할지는 아직 알지 못했다. 신은 고전적 신론에서 말하는 세계 초월적인 전능한 초인도 아니요, 계몽주의가 말하는 추상적인 최고 존재나 칸트가 말하는 도덕법칙의 명령자 혹은 집행자일 수도 없었다. 당시에 헤겔은 신이란 자연과 자유, 유한과 무한의 통일이라는 이론을 발전시키기 시작했지만 그것을 기술할 '정신'이라는 결정적 범주에는 아직 이르지 못했다. 그러한 개념 규정들은 헤겔이 예나 대학에 재직할 무렵에 형성되었고,『정신현상학』을 집필하던 시기에 비로소 완성되었다. 종교철학은 자신의 사상체계를 재구성한 것이지만 그것은 논리학과 같은 순수한 철학적 인식으로 용해된 것도 아니고, 윤리학이나 미학을 단순히 짜기워 놓은 것도 아니다. 종교철학은 신에 대한 탈-

---

14 이와 관련해서는 Jaeschke, *Reason in Religion*, 121-128을 참고하라.

형이상학적 방식의 사유가 가능하다는, 즉 종교는 심리학적, 윤리적, 미학적 경험에 따르는 독특한 의식 형태라고 주장하는 철학적 신학 혹은 사변적 신학의 한 부류에 속한다. 『정신현상학』은 여타의 인간 학문들과의 관계 속에서 종교철학의 입지를 마련하고는 있지만 그 내적인 형식이나 내용까지 다루지는 않는다. 그러한 것들은 베를린 시기의 종교철학 강의에 가서야 비로소 완성된다. 그 강의의 도입부에서 헤겔은 학생들에게 다음과 같이 말한다.

> 신이란 만유의 시작이자 만유의 끝이다. 만유는 신으로부터 나와서 신으로 되돌아간다. 신은 철학의 유일무이한 대상이다. 철학은 신에 대한 연구에 몰두하며, 신 안에서 만유를 이해하고, 만유를 신에게서 도출한 것처럼 만유를 신에게 귀속시킨다. 만유는 신과의 관계 속에 존재하고, 신의 빛을 통해 생동하며, 신의 정신을 자신 안에 간직하고 있다. 그러므로 철학은 곧 신학이며, 신학에 몰두하는 것이다. 신학에 몰두하는 철학은 그 자체가 신에 대한 예배다(1:84).[15]

신학과 철학의 이러한 연관은 중세에도 이미 확립된 바 있었다. 헤겔은 근대의 신학자들은 인간 주관성만을 탐구하거나 그들이 믿고 있는 것만을 탐구할 뿐 신에 관한 인식이라는 신학의 사명을 단념한 지 오래라고 비판하면서, 이제 신학과 철학의 그러한 연관을 재확립할 때가 되었다고 주장한다. 사실 지금도 그리스도교의 핵심 교리를 보존

---

15 이는 *Lectures on the Philosophy of Religion*, 3 vols., ed. and trans. Peter C. Hodgson et al. (Berkeley and Los Angeles: University of California Press, 1984-7; Oxford: Oxford University Press, 2006)에서 인용한 것이다. 이와 관련해서는 2장 n.46을 참조하라.

하고 해석하는 것은 신학이라기보다 철학이다(1:121-2, 154-8, 168).

헤겔은『종교철학』의 마지막에 이 주제를 다시 한번 다룬다. "철학의 목적은 진리를 인식하는 것이다. 신이라는 이유로 신을 인식하는 것이 절대적인 진리다. […] 철학은 신을 본질적으로 구체적이고, 정신적이며, 시기하지 않고, 오로지 자기 자신과만 소통하는 현실화된 보편성으로 인식한다. 계몽주의는 철학이 그리스도교의 합리성을 옹호하거나 진리를 종교에 위탁하는 것을 기꺼워하지 않는다. 철학 혹은 '철학의 한 분과로서의 신학'이 갖는 임무는 '종교의 이성적 내용'(die Vernunft der Religion)을 보여주는 것이다."16 달리 표현하면, "철학은 그러한 한에서 신학이다." 철학은 신과 세계의 화해를 보여준다. 이러한 평화로운 화해는 모든 이성을 초월하는 것이 아니라 그 자체가 엄밀한 의미에서 이성인 것이다(3:347).

그러므로 신학은 신에 대한 인식에 참여하고, 종교의 이성적인 내용을 드러내는 철학의 한 분과다. 신학은 종교가 사용하는 상징적이고, 비유적이고, 형상적인 언어를 개념적이고 학문적인 용어로 고양시킴으로써 이러한 과제를 수행한다. 이것이 바로 헤겔『종교철학』의 핵심과제다. 간단히 말해, 신학은 '종교에 관한 학문'이자 '신에 관한 지성적 학문'이다(2:252).

만약 헤겔이 살아 있었다면, 그의 사후에 일어났던 논쟁에서 바우어(B. Bauer), 슈트라우스(D. F. Strauss), 포이어바흐(Ludwig Feuerbach)와 같이 모든 종교를 신화와 허구로 거부했던 헤겔 좌파 급진주의자

---

16 3:246-247. "철학이 곧 신학이다"라는 말에 대한 설명은 1824년『종교철학』의 가장 탁월한 사본이라 할 수 있는 그리스하임(Griesheim)의 필기록을 참고한 것이다. 여기서 헤겔은 '제일철학'을 신학으로 간주하는 아리스토텔레스의 전통을 설명하고 있다.

들에 대항해서 그리고 정통을 복원하고 사변적 신론이나 신화학을 긍정하는 철학을 정초하려 했던 피히테(I. H. Fichte), 바이쎄(C. H. Weisse) 그리고 셸링(F. Schelling)과 같은 헤겔 우파 보수주의자들에 맞서서,[17] 그는 철학적 신학이라는 핵심과제를 계승하려 했던 다우프(K. Daub), 마라이네케(P. Marheineke), 로젠크란츠(K. Rosenkranz), 바우어(F. C. Baur)와 같은 헤겔 중도파 신학자의 편을 들었을 것이다.[18] 하지만 우리 시대까지 이어지는 철학과 신학의 줄기찬 역사에서는 헤겔 좌파의 해체적 비판가들과 헤겔 우파의 신보수주의자들이 헤겔 중도파를 압도해 왔다. 헤겔 중도파의 사변신학을 헤겔 좌파는 '존재신학'이라 조롱했고, 헤겔 우파는 '이단설'이라 조롱했다.

정신의 신학자

이러한 근거로 우리는 이제 헤겔을 '신학자'라 부를 수 있다. 그런데 그는 왜 '정신의 신학자'인가? 그 대답은 헤겔이 말하는 '정신'이 신의 독특한 존재론적 특성을 나타낸다는 데 있다. 헤겔주의가 '존재신학'이라는 비판은 그 용어가 그의 혁신적이고 실로 '이단적인' 방법을 가리키는 한에서만 타당하다. 하지만 존재신학이라는 조롱은 좋은 의미가 될 수도 있다. 오레건(Cyril O'Regan)에 따르면, 헤겔의 존재

---

17 이와 관련한 전반적인 논의는 Jaeschke, *Reason in Religion*, 4장을 참고하라.

18 이 점과 관련하여 헤겔은 자신이 쓴 힌리히스(Hinrichs)의 『종교』(*Religion*) "서문"의 마지막 부분에서 다우프(Daub)와 마라이네케(Marheineke)를 극찬하고 있다. 이와 관련해서는 2장 n. 41과 *Hegel: Theologian of the Spirit*, 171을 참고하라.

신학은 다음 세 가지를 주장한다. ① 신학과 철학이 공유하는 내용은 진리 혹은 신이다. ② 진리 혹은 신의 내용은 인식될 수 있다. ③ 그리스도교 거대담론에 대한 당시의 지배적인 인식방식은 심각한 결함을 안고 있다. 그래서 헤겔은 그리스도교 거대담론에 대한 사변적인 재서술에 착수했는데, 그것은 신의 삼위일체적인 자기-현시를 '계기들'이나 '시대들'에 배치하는 방식이다. 이러한 계기나 시대는 실재 자체의 근본구조라 할 수 있는 논리적 형식이나 개념적 형식이라 할 수 있다. 신의 존재(the ontos of theos)는 자신을 순수한 직접성이나 추상적 실체 혹은 '최고의 본질'(höchstes Wesen)로 드러내기보다 활력, 운동, 생명, 계시, 구별과 화해를 뜻하는 '정신'(Geist)으로 드러낸다.[19] 정신이란 이렇듯 자기-계시하고 자기-현시하는 신을 의미한다. 신은 자신을 가두어두지 않는다. 신은 인식될 수도 있고, 세상과도 연관되어 있다. 정신은 삼위일체의 한 양태나 위격이 아니라 창조하고, 소통하고, 소멸하는 행위, 즉 그러한 과정을 모두 포괄하는 삼위일체 자체이자 그 운동 전체다. 신의 존재뿐 아니라 세계의 존재도 그 행위를 통해 생겨나고 완성된다.[20] 이러한 견해는 전통적인 형이상학적 신학에 대한 예리한 공격이다. 헤겔은 신이란 그저

---

19 Cyril O'Regan, *The Heterodox Hegel* (Albany: State University of New York Press), 1994, 3. 오레건은 비판철학 이후에 재구성된 헤겔의 존재신학은 영지주의, 신플라톤주의 그리고 중세와 근대 초기의 신비주의(마이스터 에크하르트, 요아힘 폰 피오레 그리고 야콥 뵈메)와 같은 이단적 전통의 자료들을 활용하고 있다고 주장하면서 비판한다. 루터와 루터교의 경건주의가 헤겔의 성령론에 미친 영향을 탐구하는 연구로는 Alan M. Olson, *Hegel and the Spirit: Philosophy as Pneumatology* (Princeton: Princeton University Press, 1992)이 있다. 특히 그 책의 3장을 눈여겨보라. 그 연구의 상당 부분(4장-6장)은 헤겔과 횔덜린의 관계, 특히 횔덜린의 정신착란이 헤겔의 정신 해석에 미친 영향을 다루고 있다.

20 이와 관련해서는 O'Regan, *The Heterodox Hegel*, 20-21, 29-30, 45-49를 참고하라.

인간의 투사나 윤리적 요청이 아니라 가장 완성된 주체, 즉 절대적인 상호주관성이라고 주장한다. 이러한 의미에서 모든 저명한 신학은 존재신학이다.

이러한 통찰에 이르게 된 헤겔의 결정적인 돌파구는 『정신현상학』에 나타나 있다. 『정신현상학』은 형성과 발전의 과정을 드라마틱하게 다루는 성장소설(Bildungsroman)의 형식을 취하고 있다. 오레건은 『정신현상학』에서 단막극들을 제거하면, 생성되는 절대적 주체란 인간 개인이나 사회가 아니라 초월적인 의미의 신이라는 것, 헤겔의 표현법을 빌자면, 주관정신이나 객관정신이 아니라 절대정신이라는 것이 분명하게 드러난다고 말한다. 헤겔은 그리스도교 거대담론을 인간학적인 방식이 아니라 그와 대비되는 존재신학적인 방식으로 해석한다. 개별적인 인간들과 인간 공동체에서 나타나는 주관성은 신적인 주관성(상호주관성)을 생성하는 요소들이다. 이러한 전체 과정이 헤겔이 말하는 '정신'(Geist)이다.[21]

헤겔 정신신학의 점진적인 발전과정은 『종교철학』 이전의 저작들을 통해 확인할 수 있다. 초기 저술 중 하나인 『그리스도교의 정신과 그 운명』(1799)에도 이미 정신은 신과 인간의 본질적 관계를 위한 가능조건이라는 점이 암시되어 있다. 신과 인간의 관계는 정신(靈)에 대한 정신(靈)의 관계, 즉 그 둘의 차이를 포괄하는 통일이다. "언덕과 그것을 바라보는 눈은 객체와 주체다. 하지만 인간과 신, 즉 영과 영 사이에는 이런 주객의 분리가 존재하지 않는다. 하나가 다른 하나를 인식하는 한에서만 하나는 다른 하나의 타자가 된다." 헤겔은 "신

---

21 같은 책, 52-54, 56-57.

은 곧 영이시니, 예배하는 자가 영과 진리로 예배할지니라"는 요한복음 4장 24절을 숙고하면서 이렇게 말한다. "어떻게 영만이 영을 인식할 수 있는가? [···] 신앙은 오로지 신앙인들 안에 스스로를 인식하는 신적인 요소가 존재할 때라야만 가능하다." 신앙인들은 외부의 빛으로 밝혀지는 것이 아니다. "반대로 신앙인들의 심지는 스스로의 불꽃으로 점화되고 타오른다."[22] 헤겔은 이 대목에서 다른 데서는 볼 수 없는 신화적인 언어나 영적인 비유를 사용한다. 여기서 보여주는 그리스도론은 성령론적이기도 하다. "예수는 성령이 충만한 사람이다. 예수는 성령의 공동체라 할 수 있는 신의 왕국이 도래할 것을 선포한다. 그리고 성령이 공동체에 강림하려면, 예수는 떠나야만 한다."[23]

『믿음과 지식』(1802)에는 절대정신의 개념, 즉 자신 안에 유한성을 포함하고 있으면서도 그것을 극복하는 것이 참된 무한성이라는 내용은 있지만 아직 '정신' 자체의 범주까지 논의되고 있지는 않다. 예나 강의의 미완성 유고인 『하나 되는 전체』(*The Resumption of the Whole into One*, 1802~1803)의 도입부에서, 헤겔은 "종교에 있어서 정신의 이념적인 형태는 현실적이고, 정신의 현실적인 측면은 이념적이다"라고 논한다. 이는 신적인 이념은 정신이 반영된 경험적 현실로 드러난다는 것을 의미한다. 종교의 목적은 자연과 예술이 지닌 감각적 형태에 맞서 "정신을 영적인 형태로 보여주는 것"이다.[24]

『정신현상학』(1807)이 추적하는 다양한 의식 단계들의 오디세이에서 정신은 가장 높은 단계의 의식이다. 정신은 의식과 자기의식의

---

22 *Early Theological Writings*, 265-266 (2장 n.5를 참고하라).

23 같은 책, 271-273.

24 *System of Ethical Life and First Philosophy of Spirit*, 179 (2장 n.5를 참고하라).

차이를 매개하는 이성이 인륜적 삶, 예술, 종교, 철학의 형태를 띨 때 등장한다. 『정신현상학』 "서문"에서 드디어 정신에 대한 규정이 형성되기 시작한다. "실체는 본질적으로 주체라는 구절은 절대자를 정신으로 설명하는 대목에 나타나 있다. 근대라는 시대와 그 시대의 종교에서 정신은 가장 숭고한 개념이다."[25] 정신은 한편으로 본질적이고 실체적인 것이다. 즉 정신은 즉자존재(Ansichsein)(의식)라는 계기를 갖는다. 다른 한편으로 정신은 자기 자신과도 관계한다. 정신은 자신의 타자로 인식되는 대상과의 관계에서 자신을 주체로 인식한다. 즉, 정신은 대자존재(Fürsichsein)(자기의식)라는 계기를 갖는다. 정신은 자신의 존재를 외면화하면서도 여전히 자신의 내면에 머물러 있다. 즉, 정신은 즉자대자존재(An-und-fürsichsein)라는 계기를 갖는다. 그러한 정신이 곧 이성 혹은 정신적 실체다. 절대정신은 정신의 실체인데, 그 실체가 맺는 인식적 관계들은 모두 자신 안에서 일어나는 내적인 관계다. 정신은 모든 타자, 즉 모든 유한자를 아우르는 전체다. 이와는 반대로 '유한한' 정신은 타자를 자신의 외부에 존재하는 것으로 인식하고, 자신을 제한적이고 한정적인 관계의 한 항으로 이해한다. 이것이 '유한한'의 의미다. 절대적인 정신과 유한한 정신은 둘 다 의식과의 관계를 수반한다. 정신은 자유롭고 순수한 이성적 연관성이다. 물론 그러한 연관성은 객관화와 차이의 토양이라 할 수 있는 감각적인 것을 전제하지만 그 자체는 초감각적인 것이다.

정신의 개념은 어원적으로나 성서적으로 바람, 숨결, 빛, 불, 물과

---

25 *Phenomenology of Spirit*, 10-18. 이는 밀러(Miller)의 번역판 쪽수다. 하지만 이하의 인용 구절들은 *Hegel: Theologian of the Spirit*의 발췌 번역을 활용한다. 이와 관련해서는 제2장 n. 18을 참고하라.

같은 유동적인 자연의 힘들과 연관되어 있지만 헤겔은 그것을 드러내 밝히지는 않는다. 정신은 생명을 부여하고 성장시키는 활력이자 동력이지만, 인간에게 있어서는 의식의 동력이자 관계성이다. 신이 세계를 통해 구체화되듯이 의식도 필연적으로 구체화된다. 세계가 없다면, 신은 절대이념이기는 하지만 아직 절대정신은 아닌 것이다. 이렇듯 정신은 감각적인 것을 전제하지만 그것을 순수한 사유로 변형하고 고양시켜 나간다. 순수한 사유란 그러한 활력이 고도로 응축된 형태다. 정신을 뜻하는 독일어 Geist의 어원은 무섭거나 놀랐을 때, 훅 내뱉는 호흡과 같은 강력한 운동을 의미한다. 정신을 뜻하는 히브리어, 그리스어, 라틴어도 기본적으로 이러한 '호흡'이나 '숨결'의 의미를 담고 있다. 또한 Geist는 좀 더 좁게 '마음'을 의미하기도 하는데, 헤겔은 이를 변용하여 정신의 개념으로 사용하고 있다. Geist는 정신을 구성하는 인정(recognition)의 관계들을 의미한다는 점에서, '알아-주는'(re-cognitive)의 의미로 이해되어야 한다.26

『정신현상학』에서 정신에 대한 해석은 그리스도교, 즉 계시종교를 다루는 대목에서 더 구체화되고 있다.27 여기서 절대정신은 '자기분리를 통한 자기인식'으로 설명되고 있다. "정신은 자신을 타자로 만들면서도 자기와의 동일성을 유지하는 과정이다. […] 결국 이러한 종교에서야 비로소 신적인 존재가 계시된다. 그리고 이러한 계시를

---

26 Geist라는 단어의 어원과 관련해서는 Steven G. Smith, *The Concept of Spiritual: An Essay in First Philosophy* (Philadelphia: Temple University Press, 1988), 9-11을 참고하라. 정신과 인정의 연관과 관련해서는 Robert R. Williams, *Recognition: Fichte and Hegel on the Other* (Albany: State University of New York Press, 1992)을 참고하라. 나의 헤겔 해석은 윌리엄스의 영향을 많이 받았다.

27 *Phenomenology of Spirit*, 453-478.

통해서야 비로소 신적인 존재는 인식된다." 정신은 본질적으로 자기-의식의 본질로 인식된다.[28] 만일 의식의 대상이 그저 낯선 타자이고, 의식이 그 대상을 자신으로 알지 못한다면, 그것은 아직 의식되지 않은 것이다. 정신의 참다운 형태는 계시적인 자기의식이 되는 것이다. 그리고 신은 모든 유한한 주체들을 자신 안에 포괄하는 보편적인 자아 혹은 자기-인식하는 주체로 드러난다.

헤겔이 『정신현상학』에서 삼위일체의 셋째 위격을 다룰 때, 또 다른 중요한 공식이 나타난다.[29] 진리는 동일성이나 차이가 아니라 그 둘 사이의 운동, 즉 동일성과 차이가 상호 침투하는 과정이다. 신과 자연 세계의 관계에서 보면, 신은 단순한 본질적 존재(Wesen)도 아니고 그렇게만 머물지도 않는다는 점에서 자연적이고도 인간적인 것이라 할 수 있다. 반면, 자연과 인간은 특정하고 유한한 존재(Dasein)지만 그들과 구분되는 본질적 존재의 관점에서 보면 신적인 것이다. 하지만 정신의 단계에서는 "그 두 추상적 측면이 진리의 두 계기로 정립된다. 즉 무화되면서 동시에 보존되는 지양이 일어난다(aufgehoben)." 따라서 정신은 신이 인간과 맺는 관계이면서 동시에 인간이 신과 맺는 관계이기도 하다. 이러한 의미에서 정신은 종교적인 함의뿐만 아니라 인식론적이고 존재론적인 함의도 함께 지니고 있다. 삼위일체와 관련해 보자면, '성령'(聖靈)은 셋째 계기(요소)다. 여기서는 앞선 두 계기, 즉 '성부'(聖父)라는 추상적인 존재와 '성자'(聖子)라는 구체적인 존재, 즉 십자가에 못 박힌 존재가 무화되면서 동시

---

28 같은 책, 459.
29 같은 책, 471-478.

에 보존되어 있다. 정신적인 통일을 뜻하는 바로 이 계기에서 화해가
이루어진다. 여기에는 앞선 구별들이 지양된 계기들로 보존되어 있
다. 이러한 화해야말로 정신적 공동체의 실체이자 성령의 임재로
이루어진 공동체다.

『정신현상학』이후의 그 어떤 저작도 정신의 개념을 이처럼 이론
적으로 잘 설명하지는 못한다. 하지만 그것을 다루는 언어는『정신
현상학』보다 훨씬 더 간결하다.『철학백과』의 "절대정신" 도입부
(§554)에는 다음과 같은 짧은 문장이 나타난다. "절대정신은 자신으
로 복귀하는 돌아가는 동일성이자 자신으로 복귀한 동일성이며, 영
원히 자신 안에 존재하는 동일성이다." 이는 또다시 종교를 떠올리
게 한다. 종교는 "주체 안에 존재하고 또 거기서 비롯한 것으로 보일
수도 있고, 절대정신에서 비롯한 것으로도 보일 수도 있다." 종교적
관계는 인간의 산물일 뿐만 아니라 인간의 공동체에 정신으로 현존
하는 절대정신 자체의 행위이기도 하다.[30]

정신은『종교철학』의 중심주제일 뿐만 아니라 이 책의 6장과 9장
에서 다루는 해석의 중심주제이기도 하다. 헤겔은 1824년『종교철
학』에서 정신 개념을 설명하기 위해 매우 인상적인 연상들을 사용하
고 있다. 그러한 연상들이 집약적으로 사용된 구절을 잠시 살펴보자.
"정신이란 자기-의식에서 일어나는 끊임없는 자기-인식의 과정이
다. 그 과정은 유한한 의식이 지닌 유한한 관점으로 흘러나왔다가
정신이 현실적으로 존재하는 곳으로 되돌아가는 것, 신적인 자기-
의식이 생겨난 곳으로 되돌아가는 것이다"(3:233). 여기서 '흘러나옴'

---

30 『철학백과』에 대한 언급과 관련해서는 2장 n.37을 참고하라.

의 연상은 정신의 본질이라 할 유동적인 특성을 반영하고 있다. 헤겔의 초기 단편들(3:233 n.191)에도 이와 유사한 구절이 있는데, 거기서는 더 생생한 연상을 사용하고 있다.

> 정신이란 지속적인 자기인식의 과정이다. 이는 정신이 자신을 개별적 의식이라는 유한한 불꽃들로 분열시켰다가 이러한 유한자로부터 자신을 다시 통합하는 과정이다. 이로 인해 유한한 의식 안에서 정신의 본질을 인식하는 과정이 발생하고, 그 결과 신적인 자기의식이 등장하게 되는 것이다. 거품처럼 피어오르는 유한자의 요동으로부터 정신은 향기롭게 피어오른다.

이 구절은 두 가지 점에서 눈여겨볼 만하다. 영원한 정신이란 자신을 현실화하는 과정에 의존하면서 동시에 그 전체 과정을 이끄는 힘으로 이해되어야 한다는 것을 분명히 보여준다는 점, 에크하르트(Meister Eckhart)와 뵈메(Jacob Böhme)로부터 빌려온 '유출', '유한한 불꽃', '거품처럼 피어오르는 유한자의 요동', '향기'와 같은 감각적이고 신비로운 연상을 사용한다는 점이 그것이다.

이러한 근거들에 따르면, 헤겔의 견해는 그리스도교 주류신학에서 벗어나는 위험한 이단설인가? 아니면 그리스도교의 중심 주제에 대한 새롭고 신선한 통찰인가? 이것이 다음 장에서 다룰 주제다.

2장
헤겔의 종교 관련 저작들

헤겔이 1821년 베를린에서 처음으로 종교라는 주제를 강의한 것은 아니다. 단지 베를린 이전에는 한 학기를 연속해서 강의할 기회가 없었을 뿐이다. 하지만 튀빙엔 신학생 시기부터 예나와 뉘른베르크 시기에 이르기까지 그가 가장 오랜 관심을 기울인 주제는 종교였다. 그래서 이 장에서는 헤겔이 그 시기(1790년대~1820년대 초반)에 썼던 종교 관련 저술들을 살펴보고자 한다.[1]

초기의 신학 저술들

헤겔은 초기 신학 관련 논문들에서 종교가 어떻게 개인들의 사적

---

[1] 이 장에서 논의되는 작품들은 *G. W. F. Hegel: Theologian of the Spirit*, ed. Peter C. Hodgson (Minneapolis : Fortress Press; Edinburgh: T&T Clerk, 1997)에도 수록되어 있다. 그리고 그 작품들에 대한 분석의 내용은 그 책의 편집자 서문과 인용문들을 가져온 것이다. 여기에 실린 인용문들은 이 책을 위해 새로 번역한 것이기 때문에, 간혹 이전에 출판된 번역과 다른 경우도 있다.

인 삶뿐만 아니라 민족의 문화적, 사회적, 정치적 삶에서도 필수적이고, 통합적이고, 인륜적인 변혁의 힘이 될 수 있는가를 고민했다. 그리고 이는 그가 죽을 때까지 한결같이 이어간 관심이기도 하다. 청년 헤겔은 교리적이고 초자연주의적인 색채의 그리스도교나 계몽주의적이고 합리주의적인 색채의 그리스도교는 더 이상 그런 변혁의 힘을 발휘할 수 없다고 생각했다. 그래서 그는 그리스의 민족종교(Volksreligion)에 매료되기 시작했다. 하지만 그는 이미 그때도 (1793~1794) 고대 그리스의 민족정신을 근대 세계에 복원하는 것이 요원한 일임을 깨닫고 있었다. 당시만 해도 이는 풀리지 않는 딜레마였다. 그는 우리가 처한 시대와 장소에 현존하는 현실성과 타협해야 한다는 것, 이성적인 것은 언제나 이미 거기에 현존하고 있다는 것을 깨닫기 시작했다. '현재라는 십자가에 드리워진 장미'는 그가 『법철학』 서문2에서 표현한 바와 같은 '힘겨운 노동'을 요구한다. 이후로 그는 교리적이고 합리주의적인 껍데기에 갇힌 그리스도교로부터 사회변혁적인 힘을 끌어내는 데 자신의 '힘겨운 노동'을 바쳤다.

종교는 우리 삶의 가장 큰 관심사 중 하나다

헤겔이 1793년 튀빙엔 대학에서 신학 공부를 마칠 무렵에 쓴 이 초기 논문은 종교를 "우리 삶의 가장 큰 관심사 중 하나다"라고 말한다.3 이 논문은 하나의 주제에 집중하는 논문이 아니라 다양한 주제

---

2 G. W. F. Hegel, *Elements of the Philosophy of Right*, ed. Allen W. Wood, trans. H. B. Nisbet (Cambridge: Cambridge University Press, 1991), 22.

들을 묵상하듯 써 내려간 논문이다. 우선 헤겔은 종교에서 감성과 주관성(마음, 느낌들)이 이성(특히 실천이성)과 주고받는 상호작용을 탐구하는 데 몰두했다. 종교는 마음의 문제이지 교리나 설교의 문제가 아니다. 그럼에도 불구하고 실정종교나 종교적 명령의 형식은 반드시 필요하다. 이와 관련해서는 진정한 이성(Vernunft)과 계몽주의적 오성(Verstand)이 반드시 구별되어야 한다. 이는 이후로도 계속되는 매우 근본적인 구별이다.

헤겔은 객관적이고 제도적인 종교를 신랄하게 비판하면서도 동시에 종교를 그저 단순한 사적인 신앙이 아니라 공적인 권력으로 만들고자 했다. 그가 이상적으로 생각한 공적 종교는 고대 그리스인들의 민족종교다. 그것은 영혼을 힘, 열정, 정신으로 고양시키고, 우상이나 물신 따위를 숭배하지 않는 보편적인 정신의 공동체를 이루고 있다. 또한 동시에 그는 사적 종교가 지속되어야 할 필요성도 인식하고 있다. 개인들을 훈육(덕의 권장)하고, 위로하고, 양육하기 위해서는 사적 종교가 필요하다. 하지만 그는 공적 종교와 사적 종교를 어떻게 조화시켜야 할지에 대해서는 따로 언급하지 않는다.

헤겔은 그 논문의 결론부에서 민족종교를 이루는 세 요소를 나열하고 있다. (a) 민족종교의 교리들은 보편적 이성 위에 세워져야 한다. 보편적 이성은 모든 것을 초월하는 신의 사랑을 긍정한다. (b) 민족종

---

3 *Three Essays, 1793-1795: The Tübingen Essay, Bern Fragment, The Life of Jesus*, trans. Peter Fuss and John Dobbins (Notre Dame: University of Notre Dame Press, 1984), 30-58; 이는 *Hegel: Theologian of the Spirit*, 39-57에도 발췌되어 있다. 우리는 이 초기 논문을 통해 헤겔이 종교가 지닌 감성적이고 제의적인 측면에도 세심한 관심을 가지고 있었다는 것을 어느 정도 엿볼 수 있다. 이는 이후에 그가 왜 철학적 개념(Begriff)과 더불어 감각적 직관(Anschauung)과 영상적 표상(Vorstellung)도 진리를 이해하는 적절한 양식들이라고 주장했는지를 이해하는 데에도 도움을 준다.

교는 마음과 상상에 모두 관여해야 한다. 이를 통해 개념들(교리들), 본질적인 관습들(신화들), 제의들(감사를 표현하는 성례)이 구성된다.[4] (c) 삶의 모든 욕구들은 민족종교와 결합되어 있어야 한다. 그래야만 종교적 교리나 실천이 삶과 본질적으로 단절되지 않는다. 사람들을 전체의 성원으로 양육하고 교육하기 위해서는 민족종교와 정치제도가 둘 다 필요하다. 청년 헤겔과 그의 친구들은 계몽된 종교지도자들의 양성가능성과 그리스인들이 당시에 성취한 것을 근대라는 토양 위에 재건할 새로운 민족종교의 창조가능성을 탐구하기 시작했다. 하지만 그는 그것이 단순한 동경일 뿐이라는 것을, 그저 신화적으로만 구체화될 수 있을 뿐이라는 것을 그때 이미 알고 있었다. 그래서 그 논문은 다음과 같은 솔직한 고백으로 끝난다. 그러한 "아름다운 청년은 […] 이미 지상에서 떠나버렸다."

『그리스도교의 정신과 그 운명』

헤겔은 그의 초기 저술들에서 몇 가지 종교적 대안을 탐구하고 검토했다. 앞서 살폈듯이, 튀빙엔 시절(1788~1793)에 그의 주된 관심사는 민족종교의 이념이었다. 하지만 베른에 머무는 동안(1793~1796) 그에게 가장 큰 영향을 준 것은 임마누엘 칸트의 도덕종교였고, 그것은 그리스도교의 '실정성'(역사적, 제도적, 교리적 형식)을 비판하는 근거가 되기도 했다. 하지만 1796년 프랑크푸르트로 이주한 후, 헤겔

---

4 이는 헤겔이 종교철학을 강의하면서 유한한 종교들을 설명할 때 사용한 '추상적 개념, 구체적 표상, 교회공동체 혹은 제의'라는 분석적 구분의 원조라 할 수 있다.

은 민족종교와 계몽주의를 종합하는 '정신적인' 풍부함을 추구했다. 크로너(Richard Kroner)는 다음과 같이 말한다. "만일 그리스 종교의 영혼이 아름다움이고, 칸트 철학의 이성이 도덕성이라면, 헤겔의 궁극적인 진리는 도덕적인 혹은 정신적인 아름다움이다. 그는 그러한 아름다움을 그리스도교 복음에 나타난 사랑의 형식, 즉 예수가 자신의 삶을 통해 보여준 바로 그 사랑에서 찾았다." 헤르만 놀이 『그리스도교의 정신과 그 운명』(여기 실린 논문들은 1798~1799년에 작성된 것이다)이라는 제목으로 엮은 초기 논문들의 주제도 바로 그것이다.5

그 논문들 중 하나인 "예수의 종교적 가르침"6(The Religious Teaching of Jesus)은 헤겔의 사변신학 가운데 성육화를 다루는 최초의 판본이면서 동시에 가장 명쾌한 판본이다. 그리스 민족종교에 대한 낭만적 애호가이자 실정종교에 대한 계몽적 비판가였던 헤겔은 몇 년 새, 그리스도교 신비주의의 열렬한 옹호자로 변신했다. 신적인 본성과 인간 본성의 통일이야말로 모든 한계와 대립이 사라진 '순수한 삶'이다. 이러한 삶은 반성을 통해서가 아니라 오로지 직관과 영감을 통해서만 파악될 수 있다. 신의 활동은 다양한 정신들을 하나로 통일시키는 것이다. 그리고 오로지 정신(영)만이 정신(영)을 파악하고 인식할 수 있다. 헤겔은 예수와 사도 요한이 살던 시대의 유대문화는

---

5 Hermann Nohl (ed.), *Hegels theologische Jugendschriften* (Tübingen: J. C. B. Mohr, 1907). T. M. Knox는 이 책의 일부를 번역하여, *Early Theological Writings* (Chicago: University of Chicago Press, 1948; r.p. University of Pennsylvania Press, 1971)라는 제목으로 출판하였다. 여기에는 리처드 크로너(Richard Kroner)가 번역한 단편들과 그가 쓴 서론(그 책의 9쪽)도 실려 있다. 놀(Nohl)의 편집본에 있는 나머지 논문들은 푸스(Fuss)와 다빈스(Dobins)가 번역하여 *Three Essays*라는 제목으로 출판하였다.

6 "The Religious Teaching of Jesus," *Early Theological Writings*, 253-281; 이는 *Hegel: Theologian of the Spirit*에도 발췌되어 있다.

이러한 정신적 이해에 이르기에는 역부족이었다고 생각한다. 하지만 그러한 개념적이고 언어적인 한계에도 불구하고 그들은 심오한 정신적 통찰을 성공적으로 이룬 유대인이었다.

그래서 헤겔은 요한복음의 로고스 교리에 매료되었다. 하지만 또한 그는 모든 복음에 공통적으로 나타나는 '신의 아들'과 '인간의 아들'이라는 말에 주목하여 신의 말씀을 예수 자체로부터 도출할 수 있다고 생각했다. 아버지에 대한 아들의 관계는 "살아 있는 존재들의 살아 있는 관계, 즉 생명과 유사하다." "아버지와 아들은 동일한 생명의 변형일 뿐 그 본질은 대립하지 않는다. 각각의 개체는 한 부분이며 동시에 전체인 유기체의 관계다." 유기체에 있어서 "전체의 부분은 하나이자 동시에 전체다." 한 그루의 나무가 있다. 하지만 그 나무의 가지들도 땅에 심으면 모두 한 그루의 나무가 된다. 이처럼 '신의 아들'은 신의 변형이다. 또한 마찬가지로 '인간의 아들'은 인간의 변형, 즉 보편자로 포섭된 개인으로서의 '인류'다. 이 두 아들은 나사렛 예수 안에서 하나가 된다. "신의 아들은 동시에 인간의 아들이다. 특수한 형태(Gestalt)의 신은 오로지 한 인간으로 나타난다."[7] 특수한 형태의 신은 인간의 모습, 즉 특수한 방식으로 살고, 가르치고, 죽었던 한 인간의 모습, 전 인류를 상징적으로 보여주는 인간의 모습으로 나타난다.

이러한 연관은 '거룩한 신비'다. 왜냐하면 그것이 생명 자체이기 때문이다. 그것은 두 가지 본성에 관한 교리로는 이해될 수 없는, 오로지 신비적으로만, 즉 신앙을 통해서만 파악될 수 있는 것이다.

---

7 *Early Theological Writings*, 262; cf. 252-262.

신은 인식론적인 대상(Objekt)이 아니라 신앙의 실존론적인 상대(Gegenstand)다. 신앙은 정신과 정신이 맺는 관계, 즉 조화와 통일의 느낌이다. "신앙은 오로지 신앙인들 내부에 자신을 재발견하게 하는 신적인 요소가 존재할 때만 가능하다. […] 그리고 신앙은 바로 그 신적인 요소를 믿는 것이다." 여기서 헤겔은 빛이나 불과 같은 신비로운 연상을 사용하면서, 신비로운 영적 인식을 추구한다. 헤겔을 정통 그리스도교의 이단적 궤도에 두는 것도 바로 이 때문이다. "오로지 하느님의 형상을 한 자들만이 하느님을 인식할 수 있다."[8]

하지만 신앙이란 우정에서 정점에 이르는 그런 관계의 시초일 뿐이다. 예수가 육체적으로 현존하던 당시에 그의 추종자들은 그저 신앙인에 머물러 있을 따름이었다. 하지만 신과의 순수한 정신적 관계, 즉 성령 충만한 삶에 이르기 위해서는 이러한 대상성이 사라져야 한다. 그래서 헤겔은 성령이 강림하려면 예수가 떠나야만 한다는 요한복음의 구절을 자주 언급한다(요한 14:16; 16:7). 예수가 성령으로 이행함으로써 반대편에 있던 신앙도 그리스도 안에서 그와 함께하는 현실적인 삶으로 이행하게 된다. 예수 안에 현존하던 신은 이제 교리 안에 현존하게 된다. 사랑과 우정과 같은 순수한 내적 통일이 이루어진다. 신앙의 정점은 "인간이 나온 하느님에게로 되돌아가는 것이며, 이러한 되돌아감이 인간 발전의 원환을 매듭짓는다."[9]

예수는 이러한 이념을 '신의 왕국'이라는 연상으로 구체화했다. 여기서 '왕국'이라는 단어는 일상적인 정치적 용법처럼 지배와 예속

---

8 같은 책, 266.
9 같은 책, 272-273.

에 의한 단순한 결합을 의미하지 않는다. 도리어 그것은 순수한 인간적 동료애로 이루어진 신적인 삶의 아름다움, 즉 인류애적인 신적통일을 의미한다. 그러한 왕국에서는 모두가 자유롭다. 더 정확히해석하면, 신의 왕국은 "예수가 창설한 종교의 핵심, 즉 신 안에서이뤄지는 삶의 교제라는 아름다운 이념을 의미한다." 하지만 이러한왕국조차 자신을 초월한 운명의 힘을 전제한다는 점에서 여전히 '불완전'하다. 이는 자신의 본성을 간과한 시도다. 그것은 실제적인 삶의 분열이나 투쟁과도 괴리되어 있고, 대규모의 실천적인 참여도이끌어 내지 못한다. 그리스도교의 정신이 갖는 운명이라 할 수 있는예수와 교회의 '운명'은 결국 복음이라는 내적인 진리와 외적인 세계의 절박함 사이에서 발생하는 이러한 끊임없는 긴장과 갈등을 의미한다.10

예나 시기 저작들

믿음과 지식

1801년, 헤겔은 프랑크푸르트에서 예나로 이주했다. 거기서 그는 대학 강사 경력을 시작했고, 튀빙엔 신학교의 동급생이던 셸링(Friedrich Schelling)과도 재회했다. 헤겔은 셸링과 함께 「철학비평지」(*Critical Journal of Philosophy*)를 편집했으며, 1802년 7월에 발간된

---

10 같은 책, 277-281.

제2권 1호에『믿음과 지식』이라는 긴 논문을 발표하기도 했다. 이 논문은 그의 첫 출판물인『피히테와 셸링 철학 체계의 차이』가 나온 지 채 일 년도 되지 않아 나온 것이다. 그 논문의 제목에는 "칸트와 야코비 그리고 피히테의 철학을 통해 형식적으로 완성된 주관적 반성철학"이라는 부제가 붙어 있다.『피히테와 셸링 철학 체계의 차이』에서 헤겔은 피히테와 칸트를 서로 대립시켰지만,『믿음과 지식』에서는 피히테를 칸트 비판철학의 논리적 정점으로 평가하고 있다. 비판철학은 달리 말해 '반성철학'이다. 비판철학에서 의식이 인식하는 것은 그저 자신의 주관적 범주들에 대한 '반성'일 뿐이기 때문이다. 야코비는 칸트의 인식론적 회의주의에 맞서 종교적 인식 혹은 신앙의 직접적 확실성을 내세웠다. 반면, 피히테는 칸트가 이미 선보인 바 있는 이성과 신앙의 화해를 완성시켰다. 하지만 헤겔은 칸트와 피히테가 말하는 신앙이란 고작해야 자율적인 이성의 규준에 종속된 것일 뿐 절대자의 자기-현시에 근거한 신앙을 상실했다고 비판한다. 셸링과 헤겔이 말하는 '사변적' 직관은 절대자의 자기-현시에 근거하여 이루어진다. 그것은 자신의 한정된 주관성뿐만 아니라 전체적인 진리도 반성한다. 헤겔이 계몽주의 문화의 특성으로 여겼던 신앙에 대한 합리주의적 연역과는 반대로 참다운 철학적 인식은 절대자에 대한 종교적 의식과 경험에 근거한다. 그 절대자는 이질적이고, 초월적이고, 피안에 존재하는 절대자가 아니라 이 세상의 역사적인 성 금요일에 스스로를 부정하는 내재적인 절대자다.

이 논문의 "서론"에서,[11] 헤겔은 자신이 '반성의 문화'라고 일컬었

---

11 *Faith and Knowledge*, trans. Walter Cerf and H. S. Harris (Albany: State University of New York Press, 1977), 55-66. *Hegel: Theologian of the Spirit*, 72-82 참조.

던 계몽주의와 그 여파가 믿음과 지식을 모두 파괴해버렸다고 주장한다. 이성은 종교를 그저 실정적인 것으로 몰아냈고, 이성은 자신이 아무것도 모른다는 것 말고는 아무것도 알지 못하는 오성이 되고 말았다. 주관성은 이러한 인식의 공허함을 갈망과 예언으로 채워나갔다. 이것이 곧 '신앙'이다. 하지만 그것은 대립을 설정한다는 점에서, 즉 자기 아닌 다른 것과 관계한다는 점에서 참다운 신앙이 아니다.

북측의 선진국가 혹은 개신교의 원리라 할 주관성으로의 전회야말로 진정한 의미의 신앙이다. 왜냐하면 거기서 아름다움과 진리는 신앙인의 주관성과 맞닿을 수 있는 감정이나 신념 그리고 사랑의 형태로 나타나고, 신앙인도 그것들에 대한 인식행위에 구성적으로 참여하기 때문이다. 객관적으로 말해서, 고대인들의 '신성한 숲'이 근대인들에게는 '단순한 목재'가 되고 말았다.[12] 이는 더 이상 거부할 수 없는 사실이다. 이제 남은 것은 영원한 갈망, 완전한 비전, 축복의 향유와 같은 감정적인 형식으로 숭고함을 얻는 길뿐이다.

종교는 경험론적 행복설을 거부해야 한다. 경험론적 행복설은 모든 가치를 오로지 이 세상에만 둔다. 이러한 문화를 지배하는 원리는 유한한 것이야말로 절대적인 것이요, 그것만이 유일한 실재라는 것이다. 이와 반대되는 원리는 절대자란 영원한 것, 헤아릴 수 없는 것, 상상할 수 없는 것, 공허한 것, 이성의 한계를 넘어선 인식 불가능한 신이라는 것이다. 하지만 신은 유한자와 전적으로 대립한다는 이런 규정 역시 유한자의 규정에 불과하므로 그 신 역시 유한한 신에 불과하다. 그래서 신앙은 이제 자기-구원으로 나아간다. "개신교의

---

12 *Faith and Knowledge*, 57.

슬픔에 찬 서정시는 […] 기쁨에 찬 산문으로 변형된다." 헤겔은 로크 (J. Lock)를 비롯한 경험론적 행복론자들이 철학을 단순한 경험심리학으로 변형시켰다고 비판한다. 그들의 철학이란 영원한 것에 대한 직관이나 인식을 모두 단념하고, 고작해야 유한자에만 몰두하는 이성적 주관성에 불과하다. 칸트와 피히테 그리고 야코비의 철학은 실로 이와 반대되는 의도에서 출발했지만, 끝에는 이러한 경험심리학을 이상화하고 완성시키는 결과를 빚고 말았다. 그들은 무한자를 유한자의 대립으로 설정함으로써 무한자를 유한하게 만들어버렸다. 그들이 이룬 것은 고작해야 유한자의 관념론, 자기 자신을 반성하는 주관적 관념론, 반성의 문화를 체계화한 철학에 불과하다. 인간들은 "영원한 아름다움을 점화하는 불꽃이나 보편자를 파악하는 정신적 안목을 갖지 못하고, 한낱 절대적인 감수성으로 쫓겨나고 말았다." 그렇게 되면, 인간은 이제 넘을 수 없는 장벽 너머에 대한 신앙을 갖게 되고, 그러한 신앙은 결국 그들의 근원적인 감수성에 와 닿는 '초-감성적인 것'만을 찾아 헤매게 된다. 이는 마치 회화가 인간 얼굴에 드리운 우울한 갈망은 묘사할 수 있지만, 신들 자체를 묘사할 수는 없는 것과 같다. 예술의 비유를 들자면, 이러한 철학자들의 행태는 마치 조각상의 다리만 보고서 그 작품 전체를 봤다고 말하는 것처럼, 스스로 가치를 박탈해 놓고서 가치가 박탈되었다고 불평하는 아이러니가 아닐 수 없다. 실로 그들은 자기들이 귀하게 여기는 유한자에만 머물러 있기를 원한다. 하지만 참된 무한자는 도리어 그러한 유한자를 부정하고, 완성시킨다.[13]

---

13 같은 책, 58-66.

헤겔은 칸트, 야코비, 피히테의 철학을 상세하게 분석하고 비판한 후에 그 모든 내용을 다음처럼 짧게 요약한다. "이러한 근대의 철학은 존재의 독단론을 사유의 독단론으로, 객관적 형이상학을 주관적 형이상학으로 변형시켰다." 독단론은 최신의 문화 경향이라 할 내면성의 색채를 띠고 있다. 헤겔은 이 두 가지 독단론을 서로 대비시킨다. 반성철학(주관적 형이상학)은 그릇된 객관주의(객관적 형이상학)를 부정함으로써 사변철학의 탄생을 위한 필연적인 과도기의 역할을 한다. 이는 무의 계기이자, 무한자, 즉 무한한 슬픔의 순수한 밤, "신 자체는 죽었다!"는 느낌을 표현한다. 하지만 사변철학은 이러한 '사변적인 성(聖) 금요일'(예수의 수난일)을 최고 이념(절대자)의 한 계기로 인식한다. 절대자가 평온하고 자유로운 형태로 부활하기 위해서는 반드시 이 계기를 거쳐야 한다. 왜냐하면 참된 절대자 혹은 참된 무한자는 유한자를 자기 안에 포함하면서도 동시에 그것을 넘어서는 것이기 때문이다. 유한자가 반성철학, 즉 사변적 성 금요일을 거쳐 자기 자신에 이르게 될 때에야 비로소 절대자도 참되고 무한한 주관성으로 고양되고, 이로써 절대정신의 단계에 이르게 된다.[14]

하나 되는 전체

예나 대학에서 강의하던 1801년에서 1806년, 활발한 창의성을 펼쳐나가던 헤겔은 다양한 방법들을 실험하면서 하나의 철학 체계

---

14 같은 책, 89-91; *Hegel: Theologian of the Spirit*, 83-84

를 구축하기 시작했다. 최초의 체계기획(1802~1803)에서 그는 네 단
계 분류를 구상했으나 다음 해에 논리학, 자연철학, 정신철학이라는
세 단계 분류로 곧장 수정했다.[15] 전체 학문 체계의 "서론" 격에 해당
하는 '이념에 관한 학문', 즉 논리학의 뒤를 잇는 것은 자연 속에 실현
된 이념을 다루는 자연철학과 이념을 대자적으로 생성하는 '실재적
인 정신'(사회적-정치적-문화적으로 실존하는 인간)을 다루는 인륜적인 삶
(Sittlichkeit)의 철학이다. 그 체계의 결론부에서,[16] 헤겔은 종교를 하
나 되는 전체, 즉 이념이라는 근원적 단순성으로의 복귀로 간주한다.
종교는 이제 더 이상 튀빙엔과 베른 시기의 저작들에서처럼 단순한
사회적 삶 혹은 인륜적 삶의 일부가 아니라 이론적(논리적) 인식과
실천적(인륜적) 인식의 최고 종합으로서 전체 체계의 정점을 이루게
된다. 그 전체 체계는 절대자에 대한 이론으로 시작해서 절대자에
대한 경험으로 끝난다. 여기서 우리는 처음으로 헤겔의 전체 체계
내에서 종교가 차지하는 지위를 어렴풋이 짐작할 수 있다. 그 체계의
정점을 이루는 계기는 철학적 인식이 아니라 종교다. 하지만 그 종교

---

15 이 자료들 대부분은 이미 소실되었다. 그래서 우리는 로젠크란츠(Karl Rosenkranz)의 *Georg
   Wilhelm Friedrich Hegels Leben* (Berlin, 1844; r.p. Darmstadt: Wissenschaftliche Buch-
   gesellschaft, 1969)에 있는 정보에 의존하고 있다. 로젠크란츠는 이 시기로 날짜가 기록된 강의
   단편들에 대한 요약과 인용을 제공한다. 이 자료는 헤겔이 인륜적 삶에서 어떻게 종교로 나아가는
   지 그리고 이후에 자기 철학의 정점을 어떻게 마련하는지를 보여주고 있다. 이는 예나시기의 가장
   중요한 문헌들 중 하나다. 왜냐하면 이 문헌은 헤겔이 후기의 저술에서 보여주는 종교 논의의 기초
   를 이루는 초기의 생각들을 담고 있을 뿐만 아니라 그의 사유가 지닌 진화론적이고 유동적인 특성
   (셸링으로부터 도출한 관념들에 대한 몇 가지 실험을 포함하여)도 보여주고 있기 때문이다. 로젠
   크란츠의 문헌은 H. S. Harris가 번역하고, 그와 T. M. Knox가 편집-번역한 *System of Ethical
   Life and First Philosophy of Spirit*, "System of Ethical Life" (Albany: State University of New
   York Press, 1979)에 부록(178-186)으로 실려 있다. 이 자료의 발췌문은 *Hegel: Theologian of
   the Spirit*, 85-91에도 실려 있다.

16 Rosenkranz, *Hegels Leben*, 179.

는 정신이라는 새로운 종교이자 철학적 종교다. 이후의 체계 기획에서는 윤리학과 종교가 정신철학 안으로 통합된다. 거기서는 사변철학이 마지막 계기가 되고, 종교는 끝에서 둘째(거기서도 그리스도교는 '완성종교'로 표현되어 있다) 계기가 된다. 이러한 형식의 변화에도 불구하고, 그 내용에는 아무런 변함이 없다.

헤겔은 『종교철학』의 내적인 구조에서도 이 점을 암시하고 있다. 그는 세계사에 나타나는 세 가지 종교 형태들을 동일성, 차이, 매개라는 논리적 계기들에 대입하여 파악한다. 이 계기들이 모든 종교형태들을 관통하는 핵심이다. "과연 정신은 어떤 형태로 세계에 나타나는가? 달리 말해 정신의 이념적인 측면은 어떻게 현실적인 것이 되고, 정신의 현실적인 측면은 어떻게 이념적인 것이 되는가?" 종교에서 형태 없는 정신, 즉 감각적이거나 지성적인 형태가 없는 정신은 존재하지 않는다. 종교의 첫째 형태, 즉 동일성의 형태를 띠는 것은 자연종교와 예술종교다. 이들은 역사적으로 그리스 종교에서 구체적으로 나타난다. 여기서 정신은 자연의 형태(그리스 신화들)와 아름다운 인간의 형태(그리스의 극작가와 철학자들)를 띠고 있다.

종교의 둘째 형태, 즉 차이의 형태에는 유대교, 로마 종교, 그리스도교와 같은 서로 다른 종교들이 모두 속한다. 이들 종교의 신은 모두 동일성의 요람인 자연으로부터 추방되어 서로 다른 형태로 분산된 것이다. 유대교는 신과 인간의 무한한 분리로 인한 고통을 담고 있다. 로마 종교는 흩어져 있는 신들을 추상적인 보편성으로 대체한다. 이와 반대로 그리스도교는 단일한 인간 존재 안에 절대적인 일자를 재확립한다. 그리스도교에서 화해의 이념은 삼위일체의 형태로 구체화된다. 삼위일체는 절대적 사유(성부), 창조(영원하고, 육화된 성자),

객관적 세계와 영원한 사유의 현실적 동일성(성령)이라는 변증법적 계기들을 갖추고 있다. 헤겔은 다음과 같은 중요한 설명을 덧붙이고 있다. "화해를 이룬 사랑 안에서 축복을 누리는 신은 성모(聖母)[17]로 간주되어야 한다." 이때 성모란 하느님의 넷째 위격, 즉 사위일체를 이루는 성모 마리아를 가리키는가? 아니면 위안이나 구원(영적 쇄신)과 같은 성령의 특성을 나타내는 다른 이름인가? 영지주의와 시리아 그리스도교의 관점에는 후자와 관련된 선례가 나타나 있다. 이는 이후 아놀트(Gottfried Arnold), 프랑케(Hermann Francke), 친첸도르프(Count Zinzendorf)와 같은 독일 경건주의에도 영향을 미쳤다. 하지만 이는 『정신현상학』에서 성령공동체의 사랑은 어머니의 사랑으로 상징될 수 있다고 말한 것을 제하고는 다시 시도하지 않은 사유실험이다.

세계사에 나타난 종교의 셋째 형태는 정신이라는 철학종교다. 헤겔은 철학의 매개를 통해서 그리스도교로부터 새로운 세계종교의 형태가 등장할 것이라고 상상한다. 세속화된 개신교는 더 이상 천주교의 아름다움을 회복할 수 없을 정도로 훼손되고 말았다. 개신교에서는 자연과 세계가 진정으로 화해하지 못하고, 그저 무한한 슬픔이라는 세속적인 형태에 머물러 있다. 지금 필요한 것은 자유인들을 위한 새로운 종교다. 이성이 "자신의 실재를 인륜적인 정신, 즉 자신의 토양과 존엄 위에서 자신의 순수한 형태를 드러내는 대담한 정신으로 발견하게 되는" 종교가 바로 그것이다. 헤겔은 여기서 민족종교의 이념을 다시 한번 다룬다. 하지만 이도 이후 저작에서는 다시 시도

---

17 *System of Ethical Life*, 184.

하지 않은 사유실험이다. 이는 베를린 시기의 『종교철학』에서 다룬 '정신의 왕국' 부분에 해당할 것이다. 하지만 그 강의는 그리스도교 이후는 다루지 않고, 그리스도교의 이념이 완전히 실현되는 과정까지만 보여준다. 이러한 다양한 탐구들은 예나 시기의 헤겔이 얼마나 풍부한 사유능력을 가지고 있었는지를 여실히 증명한다.

『정신현상학』

헤겔의 가장 유명한 저작 『정신현상학』은 1806년 가을, 엄청난 압박 속에서 급히 완성되어, 이듬해 초 출판되었다. 그는 출판사에서 받을 자금도 필요했지만, 나폴레옹 군대도 마침 예나로 진격해 들어오던 때였다. 이후 헤겔은 재정적인 이유와 개인적인 이유로 예나를 떠나기로 결심했다. 1816년 하이델베르크 시기까지 그는 대학 교수직을 맡지 않았다. 『정신현상학』은 '학문의 체계'(System der Wissenschaft)의 "서론" 격에 해당하는 제1부로 기획되었다. 하지만 1812~1816년 『대논리학』(*Wissenschaft der Logik*)이 출판되기 전까지는 그 취지가 알려지지 않았다.[18]

---

18 『정신현상학』의 만족스러운 번역본은 아직 없다. 곧 Cambridge University Press가 새로운 번역본을 내놓을 예정인데, 그때 이 문제는 반드시 해결되어야 할 것이다. 이하에서 사용된 인용문들은 H. Michael Steward와 Peter C. Hodgson이 현재 *Hegel: Theologian of the Spirit*로 출판되어 있는 책의 92-136에 실린 발췌문을 준비할 당시에 번역한 것이다. 발췌한 부분은 독일어판 *Phänomenologie des Geistes*, ed. Johannes Hoffmeister (Hamburg: Felix Meiner Verlag, 1952), 19-30, 63-75, 473-480, 521-548이다. 출처를 밝히기 위한 영어판 쪽수 번호는 A. V. Miller, *Phenomenology of Spirit* (Oxford: Clarendon Press, 1977)을 사용하였다. 물론 J. B. Baillie, *Phenomenology of Mind*, rev. 2nd edn. (London: George Allen & Unwin, 1949)도 함께 사용

서문

『정신현상학』"서문"19은 그 작품이 완성된 이후에 쓰였다. 거기에는 작품 전반에서는 잘 드러나지 않는 헤겔의 존재론적 의도가 분명하게 드러나 있다. 그는 철학의 주제인 '진리' 혹은 '절대자'는 실체일 뿐만 아니라 주체로도 파악되어야 한다고 주장한다.20 '실체'는 만물의 기저에 있는 사물들의 보편적 본질을 의미하는 반면 '주체'는 자기의식적인 인식 행위자를 의미한다. 전통적으로 이 둘은 절대자에 관한 서로 다른 철학적 관점이었다. 하지만 절대자가 곧 정신이라는 주장 안에는 이 두 관점이 모두 들어 있다고 그는 주장한다. 왜냐하면 방출과 재통합의 과정을 통해 실체와 주체, 동일성과 차이, 이념적인 것과 현실적인 것, 사유와 생을 통일시키는 것이 바로 정신이기 때문이다. 이러한 방출하는 정신의 종교적 이름이 곧 '신'이다. 따라서 신이란 오로지 이러한 과정을 통해서만 신이 된다는 것을 우리는 이해해야 한다. 이는 신이란 단순한 본질이나 직접적(무매개적) 동일성이 아니라 자신을 부정하고, 분열시키고, 회복하는 행위, 즉 타자를 통한 자기반성이라는 것을 의미한다. 신의 생이란 실로 '자기 자신과 나누는 사랑의 유희'로 표현될 수 있다. 하지만 만일 그 행위 속에 진지함, 고통, 인내 그리고 부정의 노동이 결여되어 있다

하였다. 『정신현상학』을 신학적인 관점에서 해석한 연구로는 Stephen Crites의 *Dialectic and Gospel in the Development of Hegel's Thinking* (University Park, Pa,: Pennsylvania State University Press, 1998)을 참고하라. 여기서 Crites는 헤겔의 지적 형성과정과 『정신현상학』 이전의 초기 저술들과 예나 저술들을 매우 폭넓게 분석하고 있다.

19 *Phenomenology of Spirit*, 1-45.

20 같은 책, 10.

면, 그것은 그저 무미건조한 이념에 불과할 것이다.[21] 주체성은 부정 그리고 부정의 노동을 포함하고 있다. 그러한 의미에서 주체성은 처음부터 미리 주어진 것이 아니라 결과이자 과정이자 생성이다.

신적인 실체/주체는 전체(das Ganze)로서의 진리다. "하지만 그 전체는 자신의 발전과정을 통해서 완성되는 바로 그 본질이다."[22] 신적인 전체는 모든 관계들이 자기 내적이라는 의미에서 절대적이다. 부정, 분열 그리고 구별은 자기 내부에서 일어난다. 이러한 활동은 자기 외부의 다른 본질에 의해 제약되지 않는다. 그것은 단순한 신적 전체가 아니라 '우주(세계)-신-인간학적(Cosmotheandric)' 전체다. 이는 우주(세계)와 인간과 신, 이 모든 것을 포괄하고 구성한다. 그것이 바로 '정신'이다. 헤겔은 이것을 "진리란 하나의 '체계', 즉 조직되고 상호 연관된 총체성이다"라고 표현한다. 이것이 우리가 '정신으로서의 절대자'라고 부르는 것의 의미다. 이를 표현하는 근대적 개념이 곧 '최고의 숭고함'이다.[23] 이는 절대자란 관계적이고 과정적이라는 것을 의미한다. 정신은 삼중적인 매개로 현존한다. 그것은 본질, 곧 즉자존재(추상적이고 이념적인 신)다. 또한 그것은 자기-관계, 곧 타자존재 내에서의 대자존재(규정적이고 실재적인 세계성)다. 그리고 그것은 외부의 것과 관계하면서도 자기 내부에 있다는 점에서 즉자-대자적이다(이념과 실재, 신과 세계의 상호작용).

자신을 정신으로 인식하는 정신이 곧 인식이자 학문(Wissenschaft)이다. 그러한 인식이 정신의 현실성이다. 그것은 정신이 자신을 실현

---

21 같은 책, 10
22 같은 책, 11.
23 같은 책, 14.

하는 흐름이자 매개이며, 정신이 자신을 구축하는 영역이고, 정신을 질료로 드러내는 요소다. 이러한 '에테르적 요소'가 '절대적 타자성 안에서의 순수한 자기-인식'[24]을 이룬다. 인식은 타자와의 차이를 전제하지만 그 타자 속에서 자신을 인식하는 것이다. 정신은 역사라는 지난하고도 고통스러운 여정을 통해 자기-인식에 이른다. 『정신현상학』은 그러한 여정의 모든 단계들을 추적한다. 주체 혹은 이러한 역사적 행위의 대리인은 개별적인 인간 주체들이 아니라 절대정신 그 자체, 전체, 진리, 체계다. 사유자이자 행위자로서의 인간들은 이 과정에서 필수적인 역할을 수행하지만 그들을 포괄하고 완성시키는 것은 바로 그 과정이다.

　『정신현상학』"서문"은 사유의 원동력이자 변증법의 추진력이라 할 수 있는 '부정적인 것의 놀라운 힘'을 숙고하고 있다. 부정은 모든 생명체들이 본능적으로 두려워하는 죽음, 즉 현실성을 파멸시키는 비현실성이다. 그럼에도 불구하고 "정신의 생은 죽음을 두려워하거나 파멸에 의해 몰락하는 것이 아니라 죽음을 견뎌내고, 그 안에서도 자신을 지켜나간다. 정신의 생은 이러한 전적인 분열 속에서 자신을 발견해나가는 과정을 통해 진리에 이르게 된다." 정신은 부정적인 것과 정면으로 맞서고, 그것을 견뎌냄으로써만 자신의 힘을 획득한다. 부정적인 것을 견뎌내는 것이야말로 부정적인 것을 존재로 변환시키는 마술적인 힘이다.[25] 정신(Geist)은 죽음으로부터 새로운 생명을 산출한다. 그러므로 죽음을 통해 고양된 생명은 아직 죽음

---

24 같은 책, 14.

25 같은 책, 19. 분열(Zerrissenheit)의 이미지는 해골의 장소인 골고다에 비유되고 있다. 『정신현상학』은 바로 그 대목에서 끝난다. 493("절대정신의 골고다", Baillie의 번역본, 808).

의 그림자가 드리우지 않은 이전의 젊은 순진함에 비해 보다 심오하고, 풍부하고, 강인하다.

서론

헤겔이 그 작품의 "서론"에서 말하는 정신의 '현상학'은 '의식의 경험에 관한 학문'[26]이다. 의식은 의식, 자기의식, 이성(1-5장)이라는 세 가지 기본 형태로 나타난다. 이성의 인륜적이고 문화적인 표현이 곧 정신이다(6장). 그 단계에 이르는 전체 과정을 정신이라고도 하지만 정신은 본질적으로 상호-주관적이고, 사회적인 범주다. 그리고 정신의 최고 형태들은 예술과 종교(7장) 그리고 철학(절대적 인식)(8장)이다. 다양한 의식 형태들을 두루 거쳐나가는 정신의 여정은 실로 '신을 향한 정신의 도정'(itinerarium mentis in Deum)이다. 그러한 의미에서 정신의 현상학은 종교적 원정, 즉 성지순례에 다름 아니다.

"서론"의 주요 과제는 인식과 그 내용, 개념과 대상, 앎과 존재 사이의 강력한 연관, 즉 그 둘의 변증법적 동일성을 확립하는 것이다. 인식은 단순히 절대적 존재를 포착하는 도구가 아니다. 인식이 곧 절대자 자체다. 절대자가 한편에 있고, 의식이 맞은편에 있다고 생각하는 것이야말로 가장 흔하게 범하는 인식론적 오류가 아닐 수 없다. 칸트와는 반대로, 인식행위를 탐구하는 것이 곧 물 자체를 탐구하는 것임을 우리는 깨달아야 한다. 따라서 의식의 경험에 관한 학문(Wissenschaft der Erfahrung des Bewußtseins), 즉 영혼이 자신의

---

26 같은 책, 46-57, 56에서 인용.

연속적인 형태들을 두루 거쳐나가는 여정에 관한 학문은 인식론적이고 인간학적인 탐구이면서 동시에 존재론적이고 신학적인 탐구이기도 하다. 그것은 유한한 정신이 절대적 의식으로 고양되는 과정을 통해서 절대정신의 자기복귀 과정을 설명하는 것이다.

그 과정은 인식이 더 이상 자신을 초월할 필요가 없다는 것을 인식할 때, 인식이 자신의 자아를 발견하게 될 때, 달리 말해 개념이 대상과 일치하고, 대상이 개념과 일치할 때, 비로소 완수된다. 헤겔은 이러한 인식은 단번에 획득되는 경험적 사태도 아니고, 당시의 시대와 자신의 철학에서만 획득되는 것도 아니라고 여긴다. 도리어 우리의 역사적 상태는 무수한 규정적 부정들을 거쳐 나가는 끊임없는 과정의 일부에 불과하다. 그러한 풍부하고 세부적인 규정과 차이를 피해 가는 지름길이란 존재하지 않는다. 모든 시대의 의식은 궁극적으로 자신을 대상으로 삼고, 그것을 새로운 형태로 변화시켜 나간다. 이것이 바로 '절대적 인식'의 본성이다. 절대적 인식은 텅 빈 전체도 아니고, 공허한 동일성도 아니다. 도리어 그것은 우리가 극복하고자 하는 끝도 없고 소진되지도 않는 구체적인 삶의 사건들이다. 그것은 자신을 역사의 삶과 죽음의 투쟁 속으로 풀어헤치는 '방출적인' 인식이다. 절대적 인식은 지식(technē)보다는 지혜(phronēsis)의 특성을, 불멸하는 영속(stasis)보다 끊임없는 욕망(erōs)의 특성을 띤다.

종교

잘 알려진 바와 같이, "종교"를 다루는 7장의 도입부27에서 헤겔은 『정신현상학』의 앞선 장들의 내용을 개괄하고 있다. 물론 이제껏 다뤄진 의식 형태들에서도 종교가 나타나긴 하지만, 그것은 절대적 존재를 이미 의식하고 있는 현상학자의 관점에서 볼 때만 그러하다. 다시 말해, 앞선 의식의 형태들에서는 즉자-대자적인 절대적 존재나 정신의 자기-의식은 아직 나타나지 않았다. 이는 인간학적 관점에서 존재론적 관점으로의 이행, 즉 절대자의 자기-현시와 자기-계시가 "종교" 장의 중심 주제라는 것을 의미한다.

정신의 형태들은 시간적 순서에 따라 등장한다. 그것이 곧 종교의 역사다. 그 종교들은 전체로서의 정신이 특정한 방식으로 존재하는 현실적인 형태들이다. 그것은 전체로서의 정신이 행하는 구별과 자기-복귀의 운동양상일 따름이다. 종교의 정신과 마찬가지로, 전체로서의 정신도 직접성에서 벗어나 즉자-대자적으로 존재하는 정신에 대한 인식으로, 자신의 본질과 완벽하게 일치하는 의식 형태로 나아가는 운동이다. 헤겔은 이 운동이 그리스도교라는 하나의 특정한 역사적 종교에서 완성된다고 생각한다. 그래서 그리스도교가 절대종교 혹은 계시종교다. 하지만 이러한 현상학의 발전적인 순서배열과 종교들의 역사적인 등장 순서는 일치하지 않는다. 발전을 설명하는 노선이 단 하나만 있는 것은 아닐 것이다. 왜냐하면 각각의 종교 문화적 궤도가 어떤 지점에서 퇴각하거나 '매듭'지어지면, 정신은 또 다른 궤도로 이동하기 때문이다. 역사상에는 사실상 수많은 노선들이 존재한다. 그 노선들은 한 데 묶일 수는 있어도 하나로 융합될 수는 없다.

그래서 헤겔은 자신만의 현상학적 종교배열을 구상하는데, 그것

---

27 같은 책, 410-416.

은 다음 세 가지 계기들에 대응한다. (1) 직접적 종교 혹은 자연종교. 여기서는 아직 의식과 자기의식이 구별되지 않고 있다. 정신은 자신 과의 직접적인 통일의 상태에 머물러 있다. 달리 말해, 정신은 자연 적이고 직접적인 형태로 나타난 대상을 자신으로 인식한다. (2) 예 술종교 혹은 그리스 종교. 여기서 정신은 자연적 형태가 지양된 것, 즉 의식적 행위의 산물이라 할 수 있는 예술작품에서 자신을 인식한 다. (3) 계시종교 혹은 그리스도교. 여기서 정신은 신이기도 하고 인간이기도 한 자기의식에서 자신의 참된 형태를 발견한다. 하지만 여기서는 그것이 표상의 형식으로 표현된다는 점에서 아직 절대적 인식의 단계는 아니다. 이것이 바로 그가 끈질긴 노력을 통해 최초로 마련한 종교철학의 내적 배열이다. 여기서 기본적인 논의는 일단락 된다. 하지만 이후에 이 세 범주의 내용은 상당히 달라진다. 20년 뒤, 베를린 시기의 『종교철학』에서처럼 말이다.

계시종교

"종교" 장의 셋째 부분인 "계시종교"(die offenbare Religion)[28]의 도 입부에서, 헤겔은 그리스 종교와 로마 종교가 어떻게 그리고 왜 그리 스도교로 이행하게 되는지를 집중적으로 설명한다. 역사에 나타나 는 이행들, 매듭들, 단절들은 비판적 중요성을 갖는다. 헤겔이 이 점에 주목했다는 사실은 그가 단조로운 진보사관의 동조자가 아니 라는 점을 증명한다. 도리어 그의 시각은 매우 비극적이다. 물론 소

---

28 *Phenomenology of Spirit*, 453-478.

외와 화해가 지속되는 비희극적 거대담론에도 진보사관의 특성이 없는 것은 아니지만 말이다. 헤겔이 보기에, 인륜적 정신과 그리스 종교의 아름다움은 사라졌고, 남은 것은 추상적인 법적 상태에서 살아가는 유한한 자아와 "자아가 절대적인 존재다"라는 교만한 주장 뿐이다. 이런 '교만함'은 결국 유한한 것은 인간의 영혼을 만족시킬 수 없음을 고백하는 '불행한 의식'으로 전도된다. 그것은 혼자서도 즉자 대자적으로 존재할 수 있다는 그리고 모든 본질성은 사라졌다는 자아의 확신이 빚어낸 비극적 운명이었다. 그것은 신의 죽음을 선포하는 고통이었고, 그리스 종교와 예술을 한낱 '나무에서 딴 아름다운 열매'로 인식하는 고통이었다. 로마인들은 모든 신들을 자신이 지은 판테온으로 끌어모으고 그들의 죽음을 기념했다. 하지만 그럼에도 그들은 의도치 않게 새로운 정신의 출현을 위한 산통을 겪어야만 했다. 로마 종교에 대한 이러한 그의 논의는 자기 시대의 종교적 상황에 대한 암묵적인 비판이기도 하다.[29]

특히 계시종교로 넘어가면서,[30] 헤겔은 사변적인 성육화론에 관한 핵심적인 통찰을 보여준다. 그 이론은 두 가지 측면을 갖는다. 첫째 측면은 신이 인간이 되는 것이며(실체는 자신에서 벗어나 자기-의식이 된다), 둘째 측면은 인간이 신이 되는 것이다(자기-의식은 자신에서 벗어나 보편적인 자아가 된다). 여기서 신성의 박탈과 인간성의 고양이라는 두 계기가 하나로 통합된다. 헤겔은 비움(humiliation)와 고양(exaltation)이라는 그리스도의 두 가지 상태에 관한 고전적인 루터교

---

29 같은 책, 453-456.
30 같은 책, 457-463.

교리를 채택한다. 하지만 그는 놀라운 통찰력으로 그 의미를 분석한다. 만일 우리가 인간의 자기-고양이라는 둘째 측면만을 고수한다면, 정신은 그저 상상의 존재에 불과할 것이다. 그것은 자신으로부터 신성을 도출하는 백일몽이나 망상일 따름이다. 또한 우리가 신성의 박탈이라는 첫째 측면만을 고수한다면, 정신은 현실적인 인간으로 객관적으로 실재할 수 없을 것이다. 정신은 단순한 상상이 아니라 오로지 신앙이라는 직접적 확신 속에 존재한다. 달리 말해 "그것은 신앙인들에게만 현실적이다." 의식은 정신 자체의 내적인 생명을 분리시키지 않고, 그것을 신의 이념과 연결시킨다. 달리 말해, "정신의 생은 직접적으로 현존하고, 자기 안에서 신을 인식하는 실존에서 출발한다." 간단히 말하면, 헤겔의 입장은 다음과 같다. 신앙은 객관적이고 역사적인 대상과 출발점을 갖지만 그렇다고 그것을 역사적으로 증명할 수는 없다. 신앙에 대한 유일한 증명은 성령의 증명이다.

절대적 존재(성부)는 자신의 영원한 단순성으로부터 하강함으로써 처음으로 자신의 '최고 존재'에 이른다. 이러한 최고 존재는 합리주의가 말하는 범접할 수 없는 신이 아니라 역사 속으로 내려와 스스로를 계시하는 박탈적이고, 방출적이고, 상대적인 존재다(성자). 이로써 본질적 존재(Wesen)는 특정한 존재로 현존하게 된다(Sein, Dasein). 본질적 존재가 정신(Geist), 즉 자신의 타자 속에서 자신과의 동일성을 유지하는 과정으로서의 존재가 되는 것이다. 직접적 자기-의식으로 존재하는 정신은 곧 특정한 개인으로 존재하는 나사렛 예수다. 이는 종교적 공동체의 보편적-자기의식과는 대비된다. 이러한 '절대적 존재가 계시된' 개별적인 인간은 시간과 공간 그리고 운명이라는 조건에 예속되어 있다. 그가 원래 난 곳으로 되돌아감으로써 그의 감각적 현존은 정신적 현존이 된다. 이것이 바로 성자에서 성령으로 이행하는 단계다.

종교의 표상 형식이 갖는 이러한 시간과 공간의 범주들은 절대정신의 진리로는 부적합하다. 그래서 헤겔은 결국 그리스도교의 핵심 교리인 삼위일체론에 대한 사변적 재서술에 착수한다. 왜냐하면 그 교리는 진리의 내용을 담고 있기는 하지만 그 형식이 부적합하기 때문이다.[31] 삼위일체론의 세 가지 구성요소를 개념적으로 표현하면 순수한 사유, 표상 그리고 자기-의식이다. 순수한 사유는 내재적 삼위일체를 뜻한다. 순수한 사유란 공허한 본질이 아니라 이미 절대정신의 충만함을 암묵적으로 갖추고 있는 것이다.[32] 표상은 둘째 계기, 즉 성자라는 형태에 상징적으로 응축되어 있는 창조, 타락, 육화, 삶과 죽음이라는 계기다.[33] 표상이란 인식론적 범주일 뿐 아니라 존재론적 범주이기도 하고, 인간의 인식행위일 뿐 아니라 신의 행위이기도 하다. 신은 세계 속에 자신을 세계로 드러낸다. 이는 신이 정신이 되는 과정에 있어서 본질적인 요소다. 물론 역사적 사건들이 가끔은 신화적인 방식으로 설명되기도 하지만 표상의 대상은 만들어진 신화가 아니라 실재적인 역사다.

셋째 계기는 자기-의식 혹은 무한한 상호주관성이라는 계기다. 이는 그리스도교 신앙에서 성령, 부활, 화해, 신앙공동체와 연관된다.[34] 헤겔은 만일 절대적 존재에게 절대적 타자가 존재한다면, 혹은

---

31 *Phenomenology of Spirit*, 463-464.

32 같은 책, 464-465.

33 같은 책, 465-471.

34 같은 책, 471-473.

절대자로부터의 돌이킬 수 없는 타락이 존재한다면, 그 '절대적 존재'
는 그저 공허한 이름에 불과하다고 생각한다. '절대적'이라는 말은
신이 관계할 수 없는 것이란 존재하지 않는다는 것을 의미한다. 진정
한 타자성이나 감당할 수 없는 차이도 실은 신적인 전체 내에 존재하
는 것이다. 하지만 그것은 오직 본질적인 존재가 자기 자신이 정신이
라는 것을 반성하고 있는 한에서만 그러하다. 헤겔은 이 지점에서
선과 악의 존재론적 위상에 관한 복잡한 논의를 시작한다. 악은 두
가지 형태를 취하는 것으로 보인다. 한편으로 악은 자아로의 퇴각,
즉 자기중심성이다. 달리 말하면, 그것은 첫째 계기에서 둘째 계기로
이행하는 데 실패한 것이다. 또 다른 한편으로 악은 둘째 계기에 고착
되는 것, 분리와 소외에 머무르는 것, 자아로의 복귀에 실패하는 것
이다. 이 두 경우에 악이란 정신이 미숙한 상태에 머물러 있거나 정신
이 되는 데 실패한 상태를 의미한다.

성령공동체와 부활에 관한 헤겔의 논의는 상당히 풍부하고 치밀
하다.[35] 이 부분에서 그는 신적인 존재의 개별적인 자기의식(그리스
도)이 보편적인 자기의식, 즉 종교적 공동체로 나아가는 과정을 기술
하고 있다. 죽음이라는 계기를 통해 역사적이고 개별적인 예수의
존재는 교회공동체 안에서 날마다 살고, 죽고, 부활하는 성령의 보편
성으로 변형된다. 보편성 안에서 특수성은 사라지고, 개념 안에서
표상은 사라진다. 중보자 예수의 죽음에서는 "이미 벌거벗겨진 채
죽임을 당한 예수의 본질적 존재"뿐만 아니라 신적인 존재의 추상성
도 함께 죽는다. 구체적인 보편자, 즉 세계를 포괄하는 성령의 탄생

---

35 같은 책, 473-478.

을 위해 추상적인 최고 존재는 역사 속의 중보자 예수와 함께 죽어야만 한다. 정신이란 절대적으로 대립하는 것들을 동일한 것으로 인식하고 화해를 이루는 운동이다. 이러한 화해 혹은 속죄는 신적인 삶에 이르는 본질적인 과정이다. 그것은 형벌을 받음으로써 얻게 되는 만족감이 아니다. 그것은 먼 과거에 일회적으로 일어난 사건도 아니고, 먼 미래에 일어날 법한 사건도 아니다. 그것은 현존하는 실재다.

교회공동체는 성모의 형상으로 상징되는 영원한 사랑으로 충만하다. 하지만 그 사랑은 단지 느껴지는 것일 뿐 아직 의식적으로 파악된 것은 아니다. 교회공동체를 위한 화해는 단지 심정적으로만 이루어졌을 뿐 의식은 여전히 분열되어 있다. 초월을 위한 화해가 교회공동체에는 등장했지만 현존하는 세계는 여전히 변화하지 않았고, 아직 정신적인 형태도 갖추지 못했다. 이러한 내면적이고도 불완전한 화해는 또 한 번의 이행, 즉 계시종교에서 절대지로의 이행이 필요함을 보여주는 것이라고 헤겔은 말한다. 하지만 세상을 변혁하는 데 과연 철학이 종교보다 더 성공적이라고 말할 수 있을까?

『철학백과』

『철학백과』는 헤겔 철학체계의 전모를 보여주는 유일한 작품이다. 그는 강의교재로 쓰려고 이 저작을 준비했고, 강의에서는 그 저작의 주제 단락들을 하나씩 설명해나갔다. 『철학백과』 제1판은 헤겔이 하이델베르크에 온 지 채 일 년도 되지 않은 1817년에 출판되었다. 1818년, 그는 피히테의 후임으로 베를린 대학에 와서 『철학백과』에 실린 다양한 주제들을 폭넓게 강의해나갔다. 1827년에는 제1판의 무려 두 배 분량에 달하는 제2판이 나왔다. 1830년에 나온 제3판은 제2판을 간단히 수정한 정도였다. 『철학백과』의 세 주요부는 "절대 정신"(이는 1812~1816년에 출판된 책을 짧게 줄인 판본이다. 헤겔은 1831년에 이를 부분적으로 수정했다), "자연철학"(헤겔은 이 주제를 자주 강의했으나 여기 실린 것이 유일한 출판물이다), "정신철학"이다.

제3부 "정신철학"도 세 부분, 주관정신(인간학, 정신현상학, 심리학), 객관정신(법, 도덕성, 인륜적 삶), 절대정신(예술, 계시종교, 철학)으로 나뉜다. 정신의 처음 두 형태, 즉 개별적이고 사회적인 인간 실존을 구체적으로 다루는 정신 형태는 셋째 형태에서 모두 초월되고 통합된다. 이 셋째 정신 형태는 신과 인간, 무한과 유한, 이념적인 것과 현실적인 것, 정신적인 것과 자연적인 것을 모두 아우르는 헤겔이 나눈 범주들 가운데 가장 풍부하고 포괄적인 정신 형태다. 그것은 전체요, 진리요, 자유다. 예술은 감각적인 직관(Anschauung)의 형식으로 절대자를 인식하고, 종교는 정신적인 표상(Vorstellung)의 형식으로 절대자를 인식하며, 철학은 사변적인 개념(Begriff)의 형식으로 절대자를 인식한다. 인식의 형식은 서로 다르지만 그 내용은 모두 동일하다.

이 부분에 관한 『철학백과』의 구성은 1817년의 제1판으로 거슬러 간다(그 내용은 1827년에 상당히 수정되었다). 그 구성은 『정신현상학』 7장과 8장의 구성을 약간 수정한 것이다. 거기서 헤겔은 '자연종교', '예술종교', '계시종교' 그리고 철학에 해당하는 '절대지'를 순서대로 다루고 있다. 『철학백과』의 예술 부분은 '예술종교', 즉 그리스 종교에 해당하는 내용뿐 아니라 소위 자연종교로 묶이는 종교들의 내용도 담고 있다(이는『종교철학』의 '유한한 종교' 부분에서 매우 풍부하게 논의되고 있다). "종교" 부분의 논의는 고도로 압축적이고 형식적이다. 그 부분은 종교라는 주제의 한 부분만을 다룬다. 그 주제가『종교철학』 전체에서 어느 부분에 해당하는지는 여전히 불명확하다.36 그럼에도 불구하고 그 부분은 매우 중요한 몇몇 구절들을 담고 있으며, '계시적 종교'와 반대되는 '계시된 종교'의 내적 배열과 관련한 흥미로운 변형도 보여주고 있다. 헤겔은『철학백과』에서 논했던 '객관정신'과 '절대정신' 부분을 베를린에서는 강의하지 않았다. 대신 그는 그 주제를 법철학, 예술철학, 종교철학, 역사철학과 같이 따로 나누어 더욱 폭넓게 강의했다. 그렇지만 논리학, 형이상학, 자연철학, 주관정신의 철학은『철학백과』를 교재로 그대로 강의했다.

"절대정신" 부분은 다음과 같은 규정으로 시작된다. "절대정신은 자신 안으로 되돌아오는 동일성이자 자신 안으로 되돌아온 동일성이며, 또한 영원히 자신 안에 존재하는 동일성이다"(§554).37 이러한 되돌아옴을 구성하는 한 형태인 종교는 "주체 안에 자리하고, 주체

36『정신현상학』,『철학백과』,『종교철학』의 연관과 관련해서는 Walter Jaeschke, *Reason in Religion: The Foundations of Hegel's Philosophy of Religion,* trans. J. Michael Stewart and Peter C. Hodgson (Berkeley and Los Angeles: University of California press, 1990), 208-215를 참고하라.

37 인용문들은 J. Michael Stewart와 Peter C. Hodgson이 번역한 *Hegel: Theologian of the Spirit,* 137-154에서 가져온 것이다. 그 부분의 번역은 Friedhelm Nicolin과 Otto Pöggeler가 편집한 *Enzyklopädia der philosophischen Wissenschaften im Grundrisse* (Hamburg: Verlag von Felix Meiner, 1959)의 내용을 토대로 했으며, Wolfgang Bonsiepen과 Hans-Christian Lucas 가 편집한 *Gesammelte Werke,* vol. 20 (Hamburg: Felix Meiner Verlag, 1992)의 새로운 원전비평 연구판과 비교하였고, William Wallace의 초창기 영어 번역 *Hegel's Philosophy of Mind* (Oxford: Clarendon Press, 1894, r. 1971)를 참고하였다. 숫자표기는 해당 단락의 번호들이다. 이 책은 Cambridge University Press에서 새로 번역하여 출판할 예정이다.

에서 생겨난 것처럼 보이기도 하고, 절대정신에서 생겨난 것처럼 보이기도 한다. 절대정신은 공동체의 정신으로 현존한다." 따라서 종교에 관한 학문은 인간학적이면서 동시에 신학적이어야 한다. 주관적 의식과 절대적 정신이라는 이 두 측면은 신앙의 형식 안에서 하나의 내적인 과정으로 통합된다. 예배에서 신앙은 그 대립을 "정신적인 해방으로 지양해 나간다"(§555).

절대정신의 형식들 가운데 첫째 것인 예술은 "절대정신이라는 암묵적인 이념에 대한 구체적인 직관과 표상"(§§556-563)이다. 예술은 감각적인 질료뿐 아니라 자연에 부여된 여러 가지 형태들도 필요로 한다. 그 형태들 가운데 최고의 형태는 인간이다. 왜냐하면 "정신은 오로지 인간의 형태를 통해서만 육체성을 띨 수 있고, 이로 인해 자신을 직관적으로 표현할 수 있기 때문이다"(§558). 예술은 자연의 변형이지 모방이 아니다. 하지만 절대정신은 그런 예술의 형식을 통해서는 제대로 드러나지 않는다. 정신은 외적으로 표현된 아름다움의 배후나 내부에 숨겨져 있다. 예술의 형식에 아름다움을 '부여하는 것'은 바로 정신이다. 예술은 인간의 작품, 즉 개별적인 천재의 산물이다. 그러한 의미에서 예술가는 신의 주인이다. 여기서는 어떠한 신의 자기-계시도 일어나지 않는다.

예술과 종교는 서로 밀접하게 연관되어 있다. 왜냐하면 예술은 종교적인 내용이 표현되는 형식들 중 하나이기 때문이다. 예술작품(schöne Kunst)의 등장은 자연종교의 몰락을 보여주는 전조다. 자연종교는 여전히 감각적인 외면성에 메여 있다. 예술종교(그리스 종교)와 상징종교 혹은 숭고함의 종교(유대교)는 그들의 원리를 구체적인 정신성에 둔다. 하지만 이 종교들도 "단지 해방의 한 단계일 뿐 궁극적인 해방 그 자체"(§562)는 아니다. 직관은 계시로 이행해야만 한다.

그래서 계시종교(§§554-571)가 절대정신의 둘째 형식으로 등장한다. 정신으로서의 신은 본질적으로 계시적이다. 왜냐하면 "정신은 오직 대자적으로 존재하는 한에서만 정신이기 때문이다." 종교에서 신이 진지하게 받아들여지기 위해서는, 종교의 규정이 신으로부터 나와야 한다. 하지만 신이 곧 정신이라는 것을 파악하기 위해서는 '심오한 사변'이 필요하다. 헤겔은 자신의 제자인 법학자 겸 신학자 괴셸(Karl Friedrich Göschel)의 작품을 각색하여 이렇게 표현한다. "신은 오직 자신을 인식하는 한에서만 신이다. 나아가 신의 자기-인식은 곧 인간의 자기-의식이자 신에 대한 인간의 인식이며, 인간이 신 안에서 자신을 인식하는 것이다"(§564). 신의 계시와 자기-인식을 매개하는 것은 신으로부터 직접 주어진 계시나 성서의 핵심적 가르침이 아니라 바로 인간의 의식과 인식의 과정이다.

종교적 인식의 형식은 표상이다. 표상은 신적인 내용을 구성하는 요소들을 서로 연속적인 현상으로, 즉 사건들을 공간적으로는 분산되어 있지만 시간적으로는 연속되게 이해하는 것을 뜻한다. 신앙에서는 이러한 시간과 공간이라는 유한한 범주들이 지양되어 있기는 하지만 아직 사변적인 개념으로까지 고양되지는 않았다(§565).

우리는 절대적인 내용이 자신을 드러내는 영역들 혹은 요소들을 개념적인 형식과 표상적인 형식을 결합해서 다음과 같이 말할 수 있다. 보편성(내재적 삼위일체), 특수성(창조와 세상의 통치, 영원한 성자의 행위), 개별성(구원, 화해 그리고 부흥의 역사, 성령으로 이행하는 세속적 성자의 행위)(§§565-569). 이러한 배열은 1817년의 『철학백과』제1판에 나타난다. 이는 1821년 『종교철학』의 배열과는 비슷하지만 『정신현상학』이나 이후 1824년, 1827년, 1831년『종교철학』의 배열과는 약간 다르다. 거기서는 창조와 육화가 둘째 계기에서 함께 다뤄지고 있으며, 이 논의는 그리스도라는 인물과 연관된다. 그리고 셋째 계기가 신앙공동체와 성령이다. 헤겔은 이 두 배열을 모두 실험했다.『철학백과』의 배열은 성자가 둘째 계기와 셋째 계기(여기에는 성령도 함께 속한다)에 모두 연관되어 있다는 점에서 그리스도론에 보다 가깝다. 하지만 예수를 그리스도로 만드는 것은 그에 내재하는 성령이므로, 이는 성령론적인 그리스도론에 속한다. 반면『정신현상학』과 후기『종교철학』의 배열은 전통적인 삼위일체론과 근본적인 성령론에 더 가깝다. 왜냐하면 거기서 셋째 계기는 오로지 성령만을 다루며, 거기서 앞선 두 계기가 완성되기 때문이다.38 이것이 바로 헤겔이 시도한 두 가지 사유실험이다. 물론 이 두 방법 각각도 나름의 통찰과 진리를 담고 있기는 하지만 진리는 오로지 그 두 방법 전체다.

철학(§§572-577)은 예술과 종교의 통일이다. 예술적 직관은 종교에서와 마찬가지로 전체를 형성하기 위해 하나로 통합될 뿐 아니라 단순한 정신적 직관과 결합되어 자기-의식적 사상으로 고양되기도 한다. 철학은 예술과 종교가 공유하는 내용뿐 아니라 그것들의 구별되는 형식에 대한 필연성을 파악함으로써 그 두 형식이 갖는 일면성에서 벗어난다.

이런 점들을 살핀 이후에, 헤겔은 철학과 종교의 관계를 다루는

---

38 Cyril O'Regan은 *The Heterodox Hegel* (Albany: State University of New York Press, 1994), 235-237에서 이 두 가지 배열의 의미를 논하고 있다. 그는 헤겔이 말하는 정신은 삼위일체의 요소들 가운데 "최초의 것(성부)"이며, 신비주의의 영향을 받은 헤겔의 이단적 행보는 전통적인 그리스도론, 성령론, 교회론에서 "벗어난 것"이라고 말한다.

1827년과 1830년 『철학백과』의 §573에 긴 보충설명을 덧붙이고 있다. 철학과 종교가 비록 형식은 다르지만 그 내용은 같다는 것을 우리는 반드시 이해해야 한다. 그는 종교 자체가 사변적 사유로 나아가거나 학문적 신학이 되면, 종교는 자신의 형식을 스스로 부정하게 될 것이라고 말한다. 만일 그렇지 않으면, 종교는 신앙이 갖는 모순에 대한 합리주의적 비판(이러한 비판을 통해 합리주의는 형식적 동일성과 내용의 유한화라는 자신의 원리를 발전시켜 나간다)의 먹잇감이 되고 말 것이다. 사변철학 혹은 사변신학은, 실정종교의 입장에서 보면 신을 너무 적게 가지고 있고, 합리주의나 경건주의의 입장에서 보면 신을 너무 많이 가지고 있다. 이 중 후자는 근대의 경건주의나 근대의 신학이 제기한 비판이다. 그들은 역사적으로 일어난 사건들에만 전념하면서, 신에 대한 모든 구체적 인식을 회피하고, 오로지 신 일반에 대한 인식만을 고수해나간다. 하지만 헤겔은 긴 보충설명을 통해, 어떤 진지한 철학도 그저 만물이 신이라는 엄밀한 의미의 범신론을 고수한 적이 없었다고 말한다. 그러한 범신론은 어불성설이다.

여기서 다루는 주제는 신과 세계의 관계다. 헤겔은 이 주제를 다른 어느 저술에서보다 명쾌하게 설명하고 있다. 반성적 오성은 본질인 신과 세계현상인 유한자를 분리시키고, 이 둘 사이에 "이해할 수 없는" 외적 연관을 설정한다. 이와는 반대로 사변철학은 추상적 통일이나 단순한 동일성 혹은 공허한 추상성 대신 구체적 통일에 관심을 갖는다. 그 구체적 통일은 매 단계마다 무수하고 다양한 규정들을 수반하는데, 그 규정들 가운데 가장 마지막 단계이자 가장 심오한 규정이 바로 그 모든 규정들을 포괄하는 규정으로서의 절대정신이다. 헤겔의 신학을 무신론이나 추상적인 동일성이라 비판했던 이들은 "그 문제의 핵심이라 할 수 있는 통일의 규정방식을 제대로 이해하지 못한 탓이다."[39] 그들은 통일이 규정되는 다양한 방식 속에서 그러한 구체적 통일은 인식하지 못하고, 그것을 단지 외적이고 조악한 통일이나 구성물 정도로 파악하고서는, 그것을 철학의 탓으로 돌려세운다. 그들이 가진 구성적 관점에 따르면, 신은 사물들 사이에 존재해야만 할 터인데, 그렇게 되면 물질성에 깃든 신의 현실성은 산산조각 나버리고 말 것이다.

통일이 규정되는 방식, 이것은 헤겔 철학의 중심 사상이다. 이는 『철학백과』 §574를 요약한 다음 구절에 잘 나타나 있다. "철학의 개념은 [...] 논리적 이념(das Logische)이다. 논리적 이념은 자신의 현실성이라 할 수 있는 구체적 내용 속에서 확증된 보편성이다. 학문은 이러한 방식으로 자신의 시원으로 복귀한다. 즉, 학문의 결과는 논리적 이념이며, 논리적 이념은 정신적 원리(das Geistige)다." 그 운동은 추상적인 통일에서 구체적이고 규정적인 통일을 향해 나아가는 운동이다. 정신은 가장 강렬하고도 가장 다채로운 방식의 통일이다. 차이를 보존하면서 시원으로 복귀하는 것은 나선의 형태, 즉 철학적 삼단논법의 세 가지 형태들에 의해 개념적으로 연결된 형태를 띤다. 삼단논법의 각 항들은(논리적 이념, 자연, 정신) 차례로 매개항(중간항)이 되어 나머지 두 항을 연결시킨다. 구체적이고 규정적인 통일은 이러한 방식으로 이루어진다. 헤겔은 아리스토텔레스를 연상시키는 다음과 같은 구절로 『철학백과』를 끝맺는다. "즉자 대자적으로 존재하는 영원한 이념은 영원한 활동, 즉 자신을 끊임없이 산출하고

---

39 §573 보충설명(*Hegel: Theologian of the Spirit*, 150-151)

향유하는 절대정신이다."[40]

힌리히스의 『종교』 서문

헤겔은 자신의 제자이자 사상적 계승자인 힌리히스의 작품[41]에 들어갈 "서문"을 썼다. 이는 그가 오랫동안 관심을 가졌던 '신앙과 이성의 화해'라는 주제로 돌아가기 위한 것이기도 하고, 1822년에 그에게 새로 닥친 비판에 항변하기 위한 것이기도 하다. 이 서문은 헤겔의 종교 관련 저술들 가운데 가장 쉽게 접근할 수 있는 것 중 하나다. 헤겔은 신앙이 내용을 상실하고, 이성이 진리의 인식을 포기한 이상, 이 둘의 진정한 화해란 있을 수 없다고 주장한다. 신앙과 이성 사이에는 서로 논쟁할 대상이 없기 때문에 이 둘 사이에는 어떠한 불화도 생기지 않는다.

신앙이란 개인의 주관적인 확신과 교회의 객관적인 신조, 이 두 가지로 정의될 수 있다. 교육(Education)은 문자 그대로 처음에는 외적으로 대립하던 진리를 내면화시켜 나가는 과정이다. 교회는 교리적 전통을 전수하고, 개인의 내적인 확신을 불러일으키는 방식으로

---

40 헤겔은 사유와 존재 그리고 현실성의 관계에 관한 아리스토텔레스의 『형이상학』(*Metaphysics*), 12.7, 1072ᵇ18-30의 구절로 『철학백과』를 마무리한다.

41 H. F. W. Hinrichs, *Die Religion im inneren Verhältnisse zur Wissenschaft* (Heidelberg, 1822), i-xxviii. 여기에 인용된 구절은 J. Michael Stewart가 번역한 것으로, *Hegel: Theologian of the Spirit*, 155-171에서 가져온 것이다. 이는 헤겔이 베를린 시기에 출판한 매우 드문 종교 관련 문헌 중 하나다. 따라서 이는 헤겔의 『종교철학』을 이해하는 데 매우 중요한 참고 자료라 할 수 있다.

이 두 가지 의미의 교육을 수행한다. 확신은 신앙의 주관적인 측면을 이룬다. 이는 표상적 사유를 통해 주어진 것이면서 동시에 표상적 사유에 주어진 것을 '진리로 받아들이는 것'(Fürwahrhalten)[42]을 의미한다.

이성은 진리에 대한 인식으로 이해될 수 있다. 이성에 대한 계몽주의의 비판은 필연적이다. 왜냐하면 교리적이고 형이상학적인 전통은 오성의 유한한 대상들을 영원한 진리로 간주하거나 그렇게 표상하기 때문이다. 하지만 계몽주의 역시 사유를 단지 유한한 물질의 영역으로 제한하고, 진리에 대한 즉자 대자적 인식의 가능성을 완전히 부정했다. 계몽주의 신학에는 이미 알려진 진리나 객관적인 내용이 없었기 때문에, 신앙론(Glaubenslehre) 자체가 아예 불가능했다.[43]

헤겔은 신앙론을 언급하는 대목에서, 베를린 시절의 신학적 동료였던 프리드리히 슐라이어마허를 언급하기 시작한다. 헤겔이 이 "서문"을 집필한 주된 이유도 바로 이 때문일지 모른다. 왜냐하면 1822년이라면 슐라이어마허의 『기독교신앙』(Der christliche Glaube) 제2권이 아직 출판되기 전이고, 제1권은 앞선 여름학기 종교철학 강의에서 간략하게나마 이미 설명했기 때문이다. 슐라이어마허를 비롯한 이들은 정신은 오로지 감정의 종교 안에서만 영원자와 만날 수 있다고, 진리를 향한 충동은 오로지 감정의 종교에서만 자신의 안식처를 구할 수 있다고 주장했다. 헤겔은 비판한 것은 그러한 감정 자체가 아니라 오로지 감정만이 유일하고 지배적인 인식 형식이라는 주

---

42 *Hegel: Theologian of the Spirit*, 158.
43 같은 책, 161.

장이다. 헤겔은 '감정'(Gefühl)을 아무런 내용도 없는 무규정적인 인식 형태, 즉 감각에 기초한 인식 형태인 '감성'(Emfpindung)으로 이해하지만 슐라이어마허는 '감정'을 그것과는 완전히 달리 실존의 근원과 목적에 관한 전반성적인 앎으로 이해한다. 하지만 헤겔은 이런 구별을 제대로 이해하지 못한 것 같다. 그래서 그는 신적인 것에 대한 자연적 감정도 존재하기는 하지만 신적인 것은 오직 즉자-대자적인 정신에서만 온전히 드러날 수 있다고 그리고 정신은 자연적인 삶이 아니라 오직 거듭난 삶에만 존재한다고 주장한다. 만일 종교가 그런 의존의 감정에 불과한 것이라면, "충성스런 개야말로 최고의 그리스도교도가 아니겠는가!"[44] 종교의 핵심은 의존의 감정이 아니라 자유의 감정이다. 오직 자유로운 정신만이 종교를 가질 수 있다.

우리 시대는 진리에 대한 실체적이고 객관적인 내용을 요구하며, 그것은 감정이 아니라 오직 사유를 통해서만 충족될 수 있다고 헤겔은 생각한다. 신앙의 확신은 진리에 내재하는 정신의 증언을 필요로 한다. 종교는 종교에 관한 학문인 신학을 필요로 한다. 신학의 고유한 내용은 역사가 아니라 현재에 대한 이성적 인식이다. 인간이 동물보다 우월한 것은 신을 인식하기 때문이며, 이러한 인식이 인간을 행복하고, 은혜롭게 만든다. 그럼에도 불구하고 근대 문화의 정점(칸트의 비판철학)에서 신은 소통하지 않는 존재라는 고대적 개념으로의 퇴행이 일어났다. 이는 그리스도교나 성령의 계시적 특성과 완전히 대립하는 것이다. 신을 인식하지 않는 신학이란 도대체 무엇인가? 헤겔은 사도의 말을 빌려 답한다. 그러한 신학은 "시끄러운 징 소리

---

44 같은 책, 166. 슐라이어마허에 대한 헤겔의 조롱과 관련해서는 278 n.6을 참고하라.

나 쨍그렁대는 심벌즈 소리에 불과하다."[45]

『종교철학』의 네 가지 판본

헤겔은『종교철학』에서 그러한 인식적 신학을 선보이고자 했다. 그가 강의하던 당시의 상황과 맥락은 새로운 반론에 부딪힐 때마다 조금씩 달라졌고, 그도 새로운 자료들을 계속해서 축적해나갔기 때문에, 네 차례의『종교철학』(1821, 1824, 1827, 1831)은 상당히 다르다. 근본적인 관점이나 신학적-철학적 결론들은 변하지 않지만, 그 논의구조나 세부 내용은 계속해서 변하고 있으며, 의미에 대한 새로운 관점을 보여주기 위해 이념에 대한 공식도 조금씩 다르게 설명하고 있다. 헤겔은 이전의 강의를 그대로 반복한 적이 거의 없었다. 그는 자신이 말한 대로 사유하고 있었다. 예쉬케(Walter Jaeschke)와 페라라(Ricardo Ferara) 그리고 나는 가장 신뢰할 만한 자료를 바탕으로 그 네 차례 강의를 각각 따로 재구성했다.[46] 나는 이 책에서 그 네

---

45 같은 책, 170.

46 그 작품은 독일어, 스페인어 그리고 영어로 동시에 출판되었다. 이와 관련해서는 독일어판과 영어 판의 제1권 편집자 서론을 참고하라. 독일어판은 *Vorlesungen über die Philosophie der Religion*, ed. Walter Jaeschke, 3 vols. (vols. 3-5 in Hegel's *Vorlesungen: Ausgewählte Nachschriften und Manuskripte* [Hamburg: Felix Meiner Verlag, 1983-5])다. 영어판은 *Lectures on the Philosophy of Religion*, ed. Peter C. Hodgson, trans. R. F. Brown, P. C. Hodgson, and J. M. Stewart with the assistance of H. S. Harris, 3 vols. (Berkeley and Los Angeles: University of California Press, 1984-1987; Oxford: Oxford University Press, 2006)이다. 1827년 강의만을 한 권으로 엮은 영어 초판은 1988년에 출판되었고, 옥스퍼드 출판사에서 2006년 재판되었다. 헤겔 전집의 11-12권으로 출판된 *Lectures on the Philosophy of Religion* (1st edn., ed. Philipp Marheineke [Berlin, 1832]; 2nd edn., ed. Philipp Marheineke and Bruno

차례 강의를 따로따로 구별하거나 그것들 각각의 고유한 내적 배열을 설명하지는 않을 것이다. 물론 구체적인 주제들이 강의마다 어떻게 미묘하게 달라지는지를 다루긴 하지만 그것이 이 책의 주된 실천적 과제는 아니다. 이 책에서 언급하는 인용구의 출처를 확인하려면 이 책의 맨 앞에 실린 "문헌해제" 표를 참고하기 바란다.

1821년에서 1831년에 이르는 네 차례 강의에서 한결같이 유지되는 특징은 "서론" 이후의 내용이 "종교의 개념", "유한한 종교", "완성된 종교 혹은 계시종교"라는 세 부분으로 구성되어 있다는 점이다. 이 책은 3장에서 "서론", 4장과 5장에서 "종교의 개념", 6장부터 9장까지 "완성된 종교: 그리스도교", 10장에서 "유한한 종교"를 설명하고 해석할 것이다. 그리고 그 연구는 『종교철학』의 전체 내용(제2부는 종교들의 역사를 방대하게 논의하고 있다)보다 헤겔이 재구성한 그리스도교 신학에 초점을 둘 것이다.

첫 종교철학 강의는 1821년 여름학기에 진행되었다. 헤겔이 그 강의를 하기로 결심한 이유는 당시 출판 예정 중이던 슐라이어마허의 『기독교신앙』에 대응하기 위해서였지만, 정작 강의에서는 그 작품을 몇 번 언급도 하지 않는다. 헤겔의 1821년 강의록은 다행히도 베를린의 프러시안 국립문화도서관에 아직 잘 보관되어 있다.[47]

Bauer [Berlin, 1840])은 다른 연도의 강의자료들을 구별 없이 하나로 엮어 출판했다. 라손(Georg Lasson)의 판본(4 vols., Leipzig: Verlag von Felix Meiner, 1925-1929)은 헤겔의 강의록과 다른 자료들이 섞여 있다. 제2차 세계대전 당시 강의록은 소실되었고, 그 이후에 문헌학적으로 재구성된 1827년 강의의 최고 판본이 나오긴 했지만, 원전비평 연구판을 만들려는 시도는 결국 실패했다.

47 1821년 강의록은 헤겔의 종교철학 강의록들 가운데 유일하게 원본 그대로 남아 있다. 물론 그 외의 다른 주제에 관한 강의록들은 부분적으로 남아 있기는 하다. 그중 가장 잘 알려진 것은 『철학사 강의』와 『세계사의 철학 강의』의 "서론"이다. 이것들은 헤겔 전집(Hegel's *Gesammelte Werke*, ed. Walter Jaeschke [Hamburg: Felix Meiner Verlag, 1995]) 18권에 실려 있다. 헤겔은

1821년 강의와 관련해서는 헨닝(Leopold von Henning)이 지금은 소실되고 없는 필기록에 기초하여 편집한 1832년과 1840년 전집판의 구절들도 참고해 볼 수 있다.

둘째 종교철학 강의는 1824년 여름학기에 진행되었다. 앞선 1821년 강의에서 보여준 합리주의나 경건주의에 맞선 논쟁은 여기서 더욱 고조되고 있으며, 그 대상도 슐라이어마허, 야코비 그리고 다양한 후기 칸트주의 신학자들로 더 구체화되고 있다. 이 강의와 관련해서는 프러시안 국립문화도서관에 보관되어 있는 그리스하임 (Karl Gustav von Griesheim)의 훌륭한 필기록 혹은 그보다는 질이 좀 떨어지는 다른 필기록들 그리고 헤겔이 직접 쓴 다양한 초기 단편들을 참고해 볼 수 있다.

1827년 여름학기에 진행된 셋째 종교철학 강의는 당시에 새롭게 제기된 비판에 초점을 맞추고 있다. 그것은 합리주의와 감정신학보다 훨씬 더 강력한 대적자, 헤겔에게 '스피노자주의자'라는 꼬리표를 붙여 그를 '범신론자'나 '무신론자'로 몰아세웠던 톨룩(F. A. G. Tholuck)과 그 외의 신학자들이 내세운 이른바 신경건주의다. 여기서 헤겔은 자신의 철학과 범신론을 엄격히 구별하고 있다. 그리고 1821년과 1824년 강의에서는 역사주의를 공격했던 그가 1827년 강의에서는 반대로 그리스도교 신앙의 역사적 근거를 밝히고자 애쓰고 있다.

1831년 그가 죽기 직전, 1829년 여름학기에 강의한 '신 존재 증명'의 강의록을 출판하려고 준비했었다. 그 강의록은 현재 소실되고 없지만 그 문서는 전집판 12권인 『종교철학』에 부록으로 실려 있다. 그리고 이 자료의 원전비평 연구판은 전집 18권에 실려 있다. 종교철학 강의록은 그 강의의 원전비평 연구판에도 실려 있고, 예쉬케(Walter Jaeschke)가 편집한 전집 17권(1987)에도 실려 있다. 비록 헤겔의 강의록은 거의 소멸되고 없지만 학생들의 필기록(Nachschriften)은 아직도 많이 남아 있다. 그것들은 지금도 계속해서 원전비평 연구판으로 출판되고 있다. 이와 관련해서는 이 책의 맨 뒤에 실린 '참고문헌' 부분을 보라.

1827년 강의와 관련한 공신력 있는 필기록은 현재 남아 있지 않다. 1827년 『종교철학』은 전집판에 수록된 1827년 강의로 추정되는 구절들을 활용하여 1925년~1929년에 라손(Georg Lasson)이 새롭게 편집한 판본을 활용한 것이다.

헤겔은 1831년 여름, 마지막으로 종교철학을 강의했다. 이는 그해 11월 14일, 그가 숨을 거두기 직전이다. 이 강의는 삼위일체에 관한 사변신학과 자유에 관한 정치신학을 결합함으로써 우파와 좌파를 매개하는 사변신학을 정초하고 있다. 여기서는 유한한 종교들에 관한 논의도 대폭 수정되고 있다. 이 강의의 필기록은 모두 소실되었다. 하지만 1831년 가을, 헤겔에게 수학하고자 베를린에 왔던 슈트라우스(David Friedrich Strauss)가 그 필기록 중 하나를 발췌한 것이 있는데, 최근에 그것이 새로 발견되었다. 하지만 그 내용만으로 1831년 강의 전체를 복원하기란 사실상 불가능하다.[48]

이 책의 1장에서 나는 헤겔의 논리학은 경험을 해독하기 위한 해석학적 열쇠의 기능을 한다고, 그는 논리학을 일종의 발견적 장치의 열쇠로 삼고 그것을 실험적으로 사용하고 있다고 말한 바 있다. 1830년대와 1840년대에 나온 원전비평 연구판 전집은 하나의 완성된 통일적 체계의 부분을 이루는 다양한 철학 주제들에 관한 그의 강의들을 선보였다. 하지만 알다시피, 헤겔은 과거에 했던 말을 똑같이 되풀이하지 않는 혁신적인 정신으로 강의했다. 이는 다른 어떤 주제보다 종교라는 주제에 가장 잘 들어맞는 말이다. 종교들의 역사에 추상적이고 선험적인 도식을 부여하기는 했지만, 그는 이 주제를

---

48 네 차례 강의와 그 강의출처와 관련한 세부사항은 종합판 제1권의 편집자 서문(특히 1-33)과 1827년 강의 단행본의 편집자 서문(15-26)을 참고하라.

다양한 해석적 배열을 시도해야 할 실험적 영역으로 생각했다. 그는 새로운 자료와 실험 결과들이 생겨날 때마다 그것까지도 통합할 수 있는 새로운 도식을 구상했는데, 왜냐하면 사변철학이란 곧 논리적 심층구조와의 개념적 유희라고 생각했기 때문이다. 논리적 심층구조는 새로운 통찰에 이르도록 도와주며, 연관들, 차이들, 유형들, 경향들, 방향들을 올바로 파악하도록 도와주고, 무한히 풍부한 경험을 좀 더 충분히 이해하도록 도와준다. 그는 경험적 기술의 방식보다 상상적 구성을 방식을 통해 인간 세계의 진리를 드러낸다.

이러한 목적을 위한 최선의 방법은 구술강의다. 헤겔이 강의한 『세계사의 철학』을 영어로 번역한 포브스(Duncan Forbes)는 그 책49에 자신의 "서론"을 실었는데, 거기서 그는 이렇게 말한다. "헤겔의 철학은 문자로 기술되면 그 내용이 훼손되거나 왜곡될 우려가 있다는 점에서, 글보다 말이 진리에 가깝다는 플라톤 철학의 정신에 가장 근접하다." 또한 그는 헤겔도 자신의 강의가 출판되는 것을 매우 염려하고 꺼렸다고 그리고 우리가 『철학백과』와 『법철학』을 헤겔의 의도대로 그저 강의개요 정도로 여긴다면, 엄밀히 말해, 그가 정식으로 출판한 저작은 『정신현상학』과 『대논리학』밖에 없다고 전한다. 하지만 이 두 저작이 아무리 위대하다 해도 그의 구술강의보다 결정적인 우선권을 갖는다고 말할 수는 없다. 그것은 살아 움직이는 그의 철학을 한 권의 책 속에 가둬버리는 꼴과 같다. 도리어 그의 철학은 삶을 사유하되 구체적이면서 동시에 변증법적으로, 세부적인 것을

---

49 *Lectures on the Philosophy of World History: Introduction: Reason in History*, trans. H. B. Nisbet with an introduction by Duncan Forbes (Cambridge: Cambridge University Press, 1975), xiii-xiv.

예리하게 통찰하면서도 통합적으로 사유하려는 시도였다. 포브스는 이러한 헤겔 사유의 진면목을 느낄 수 있는 유일한 방법은 '그의 강의를 직접 듣는 것'뿐이라고 말한다. 우리는 그의 강의를 강의실에서 직접 듣는 것처럼 그의 사유를 접해야 한다. 만일 그의 사유가 사유하기를 멈추고 하나의 사상으로 고착되어버리거나, 말하던 것을 멈추고 하나의 해석적 혼합물로 환원되어 버리면 그의 사유는 (마치 과거의 판본으로 강의하는 것처럼) 생동하는 과정이기를 멈추고 말라비틀어진 하나의 체계로 박제돼 버리고 말 것이다. 헤겔의 입장을 이렇게 대변하는 이유는 그의 주관성이나 지향성에 낭만적으로 집착하기 위해서가 아니라 도리어 그의 개방적이고, 유동적이고, 지속적인 사유과정에 동참하기 위해서다.

그의 풍부한 강의 자료들을 이 책의 제2부 제목인 "헤겔 종교철학의 구성 요소"라는 주제에 맞춰 해석하는 것은 자칫 그의 역동적인 사유를 고정적인 사상으로 박제하거나 하나의 체계로 고착시킬 위험이 있다. 이는 부분적으로 모든 해석이 안고 있는 운명이기도 하다. 해석이란 원래가 사후적인 것이므로 유일회적이고 반복되지 않는 생동적 과정 그 자체와는 다른 것이다. 나는 일반적인 주제들에 대한 해석의 미묘한 차이들을 두루 받아들이고, 중요한 구절들의 맥락을 고려하면서, 그러한 해석의 운명과 위험에서 벗어나고자 노력할 것이다. 그럼에도 불구하고 나 역시 헤겔의 정신신학을 해석하기 위한 나름의 배열을 시도하거나 정신신학을 포괄하는 핵심 주제를 나름대로 뽑아보기도 한다. 그 주제들은 오늘날까지도 여전히 반향을 일으키는 핵심적인 주제들일 뿐 아니라 그리스도교 구성신학 작업에도 매우 중요한 의미를 갖는 주제들이다. 내가 헤겔을 이해하려는 목적은 그러한 주제들에 관한 우리의 사유를 고양시키기 위해서이지 결코 하나의 고정된 사유체계를 보여주기 위해서가 아니다.

3장
헤겔과 그 시대의 신학

네 편의 『종교철학』에 실린 각각의 "서론"[1]은 논의의 내용과 순서 그리고 분석방식은 약간 다르지만 다음 몇 가지 주제를 공통적으로 강조하고 있다. 우리의 목적에 맞게 그 주제들을 정리하면 다음과 같다. (1) 종교철학의 대상과 목적에 관한 논의, (2) 종교철학의 임무와 결부된 근대의 특성들에 대한 분석, (3) 헤겔 이전과 당시 신학들에 대한 비판, (4) 사변적 종교철학이나 사변적 신학이라는 대안의 암시. 헤겔은 이 주제들을 강의하면서 자기 시대의 문화와 철학 그리고 신학에 대한 자신의 입장을 밝힌다.

---

1 이 "서론"들은 매우 중요하다. 영어판의 경우, 1821년 『종교철학』의 "서론"은 30쪽, 1824년과 1827년 『종교철학』의 "서론"은 36쪽에 달한다.

종교철학의 대상과 목적

종교철학은 인간 의식의 고유하고 필연적인 특성이라 할 수 있는 종교뿐 아니라 종교의 대상인 신이나 신에 대한 인식까지도 자신의 대상으로 삼는다. 그러한 점에서 종교는 전체 철학의 한 분과다. 헤겔은 도입부에서 이러한 점들을 자세히 논하고 있다.

오직 이성을 통한 신 인식

1821년『종교철학』은 이후의 강의에서도 반복되는 다음의 주장으로 시작한다. "종교철학은 라이프니츠(G. W. Leibniz), 볼프(Christian Wolff) 그리고 바움가르텐(A. G. Baumgarten)으로 대표되는 16세기에서 18세기의 스콜라 철학의 자연신학(theologia naturalis), 즉 실증적 계시(1:83)[2]에 기초한 신 인식과는 구분되는 '오로지 이성을 통한' 신 인식과 동일한 목적을 갖는다." 이어 헤겔은 웅변적이고도 시적인 언어로 이렇게 말한다. "신은 만유의 출발점이자 종착점이며, 철학과 종교의 유일무이한 대상이다. 철학의 최고 과제는 신에게 몰두하는 것이다. 그러한 의미에서 철학은 곧 신학이며, 신학에 대한 몰두하는 것이다. 신학에 몰두하는 철학은 그 자체가 신에 대한 예배 (Gottesdienst)다"(1:83-84).

헤겔은 철학의 대상과 종교의 대상과 동일하다는 점을 강조하고

---

2 이후 강의에서 헤겔은 '계시종교'로서의 그리스도교는 이성과 계시 모두를 포함하고 있다는 말로 자연종교와 계시종교의 엄격한 분리를 다소 완화시키고 있다. '계시적인 것은 이성적이고, 이성적인 것은 계시적이다.' 이와 관련해서는 이 책의 4장을 참고하라.

있다. '최고의 대상이자 절대적 대상', 그것은 엄밀한 의미에서 자족적이며, 근본적으로 자유롭고 무제약적인 대상이다. 절대의존의 감정을 강조하는 슐라이어마허와는 대조적으로, 종교적 의식은 '절대적으로 자유로운 의식'이다. 그것은 '축복'의 상태에서 자신의 대상을 향유하며, 덧없고 유한한 만물의 혼돈이 영원한 조화에 이르게 되는 그러한 방식으로 신의 영광을 드러낸다(1:113-114).

1824년 『종교철학』에서 그는 종교철학에 관한 자신의 새로운 앎을 학문적 원리로 삼고 있다. 그것은 오직 18세기 말에만 속하는[3] 철학적 주제다. "신과 종교를 철학적 논의의 대상으로 삼은 최초의 철학자는 헤겔이다"라는 호토(H. G. Hotho)의 주장은 받아들이기 어렵다 하더라도(1:115 n. 7), 개신교 신학자들이 계시신학과 성서신학의 편에서 포기했던 자연신학의 임무를 수행하여 종교철학을 철학 프로그램의 중심으로 격상시킨 최초의 근대철학자라는 점은 거부할 수 없는 사실이다. 앞으로 명확히 설명하겠지만, 헤겔 『종교철학』의 궁극적인 목적은 자연신학과 계시신학을 화해시키는 것이었다.

1827년 『종교철학』은 철학과 종교가 공통적으로 신을 다루고, 신을 섬기기는 하지만 그 방식이 서로 다르다는 점을 인식하고 있다. 철학은 이성에 초점을 두고, 종교는 계시에 초점을 둔다. 그러한 차이로 인하여 철학과 종교는 서로를 적대시하고 비판하게 되었다. 하지만 이 대목에서 헤겔은 철학과 종교의 차이를 상술하기보다 그 둘의 연관이 전혀 새롭지 않다는 점을 논한다. 터툴리아누스(Turtullian), 클레멘스(Clement of Alexandria), 오리게네스(Origen)과

---

3 H. P. C. Henke, K. H. L. Pölitz 그리고 L. H. Jakob의 저작들. 이와 관련해서는 1:115-116을 참고하라.

같은 일단의 교부들은 신-피타고라스 철학, 신-플라톤 철학 그리고 신-아리스토텔레스 철학을 신학에 끌어들였다. 그리고 '이해를 추구하는 신앙'이라는 안셀무스(Anselm)의 유명한 말처럼, 특히 스콜라 신학자들은 "철학을 통해 신학을 구축했다." 헤겔은 "철학은 한편으로 신학을 더 제대로 다룰 수 있고, 다른 한편으로 신학을 더 유익하고 능숙하게 다룰 수 있는 시대가 왔다"(1:153-154)고 생각한다. 헤겔은 신학에 대해 어떤 적개심과 의구심을 갖고 있었는지, 그는 왜 철학이 신학보다 우월하다고 생각했는지 하는 문제는 이 책의 9장 결론부에서 다시 다룰 것이다.

현존하는 종교에 대한 인식

종교철학은 신뿐만 아니라 종교까지도, 즉 신과 종교 모두를 탐구의 대상으로 삼는다. 1824년 『종교철학』은 이 점을 특별히 강조하고 있다. 만일 종교철학이 신만을 대상으로 삼는다면, "신에 대한 개념은 오성의 추상적 본질이 갖는 공허한 결과로 제한되고"(1:116) 말 것이다. 여기서 표적으로 삼는 것은 신을 '지고의 존재'나 '최고의 본질'(das höchstes Wesen)로 간주하는 계몽주의적 이해방식, 즉 임마누엘 칸트와 프리드리히 슐라이어마허가 공유하던 신 개념이다. 헤겔이 볼 때, 그러한 신은 공허한 추상에 불과하다. 그들은 신을 생동하는 존재, 즉 정신으로 파악하고 있지 않다. 신을 본질(Wesen)이 아닌 정신(Geist)으로 사유한다는 것은 신을 종교적인 믿음 안에 존재하는 것으로, 즉 신앙공동체에 존재하는 것으로 사유하는 것이다. 곧 설명하겠지만, 신은 '정신'이라는 존재 양식 안에서만 진정으로 이해될 수 있다. 신은 그러한 존재양식을 통해 교회공동체가 되고, 교회공동체의 행위가 된다. 따라서 신의 교리는 종교의 교리를 통해서만 파악되고 교육될 수 있다(1:116-117). '신'과 '종교'는 본래 상관개념이다. 신은 인간 공동체의 편에서 가지는 신에 대한 인식이자 신앙이다. 종교는 바로 그러한 신과 인간의 관계다. 따라서 종교철학은 신을 다룰 때 종교도 함께 다루어야 하며, 종교를 다룰 때 신도 함께 다루어야 한다.

종교철학이 인식하고 이해하고자 하는 종교는 이미 존재하고 있는 종교이자 모든 문화에 현존하고 있는 종교다. 철학의 과제는 종교를 만드는 것이 아니다. 그것은 개에게 정신의 산물들을 읽히거나, 경구들이 적힌 지혜서를 먹이거나, 책들을 씹게 함으로써 정신을 주입하려는 시도와 다를 바 없다(1:89). 물론 철학적 인식을 통해 종교가 영혼 속에 일깨워지는 경우도 있겠지만 그것은 필연적인 것도 일반적인 것도 아니다. 종교는 오로지 인간들에게만 고유한 것이며, 그 점에서 인간과 동물이 구별되는 것이다(1:90-91). 비록 종교가 외적으로 자극되기는 해도 결국 그것은 내적으로 소유되는 것이다. 종교철학의 욕구는 종교를 만들어내려는 것이 아니라 이미 현존하는 종교를 해석하려는 것이다. 따라서 종교철학의 주된 관심은 1821년 『종교철학』에서도 말하듯이(1:91), 인간들의 세계관, 의식, 인식, 목적, 관심을 비롯한 모든 것들이 그들의 종교와 어떤 연관을 맺고 있는지를 밝히는 것이다. 종교철학은 그러한 관계를 탐구하는 과정에서 근대를 특징짓는 '부조화'를 마주하게 된다. 우리는 그 문제를 곧 이어질 '근대의 특징들'이라는 부분에서 잠시 다룰 것이다.

종교철학과 전체 철학체계

종교철학은 그의 전체 철학체계에서는 하위분과에 속하지만 그럼에도 불구하고 그 체계의 중심부를 이룬다.

> 철학 일반은 신을 자신의 대상으로 삼는다. 그리고 실제로 신이야말로 철학의 유일하고도 고유한 대상이다. 철학은 신앙과 대비해서 흔히 거론되는 바와 같은 세속적 지혜가 아니다. 철학은 사실상 세속에 대한 지혜가 아니라 도리어 비세속적인 것에 대한 인식이다. 철학은 외적인 존재에 대한 인식, 경험적으로 규정된 존재와 삶 혹은 형식적 보편에 관한 인식이 아니라 도리어 영원한 것에 대한 인식, 즉 스스로를 계시하고 전개하는 것으로서의 신이란 무엇이며, 신의 본성이란 무엇인가에 관한 인식이다(1:116-117).

이는 헤겔 관념론의 고전적인 공식이다. 헤겔의 관념론은 실재론과 대립하는 것이 아니라 도리어 이념을 유한자의 진리로 이해한다. 이념은 실재적인 것 너머에서 실재적인 것을 포괄한다. 궁극적인 진리를 유한한 존재에 귀속시키거나 이념적인 것과 실재적인 것을 구분하는 철학은 진정한 철학이 아니다. 특히 슐라이어마허는 독특한 종교적 체험에 근거하는 신적인 지혜로서의 신학은 '세속적인 지혜'[4]인 철학으로부터 철저히 보호되어야 한다고 생각한다.

철학과 종교의 고유한 대상은 동일하다. 물론 철학은 그 대상을

---

4 Friedrich Schleiermacher, *The Christian Faith*, §§16, 19 (n. 14 참조).

'절대적 이념'(그 대상의 개념적 이름)이라 부르고, 종교는 그 대상을 '신'(그 대상의 표상적 이름)이라고 부르긴 하지만 그 둘은 동일한 것이다. 이러한 이름의 차이는 철학과 종교의 뚜렷한 역사적 긴장을 보여준다. 하지만 신은 절대적 이념이나 논리적 이념 그 이상이다. 신은 독자적으로 존재한다는 점에서 정신, 곧 절대정신이다. "신이 정신이라는 것은 신이란 사유 안에 존재하는 본질이면서 동시에 계시와 대상으로 자신을 드러내는 본질이라는 것을 뜻한다"(1:119). 신의 이름이라 할 수 있는 '정신'은 개념적이고 표상적인 이름일 뿐만 아니라 철학적이고 종교적인 이름이기도 하다. 철학적 신학이라 할 수 있는 종교철학의 주된 과제는 이러한 신의 정신성을 주제로 삼고 철학과 종교를 화해시키는 것이다.

철학은 절대자 자체와 그것이 드러나는 과정, 즉 절대자가 자신을 정신으로 인식하게 되는 도정, 유한한 의식이 자신을 절대자로 인식하게 되는 도정, 『정신현상학』이 추적해 나가는 도정에 관심을 집중한다. 따라서 신은 철학의 시작이자 끝이며, 전제이자 결과다. 신은 논리학에서 출발하여 자연철학과 정신철학으로 펼쳐지는 철학 분과들의 결과다. 그러한 의미에서 헤겔의 전체 철학체계는 곧 신 존재 증명에 다름 아니다. 철학적 학문들의 종착점이라 할 수 있는 종교철학은 이러한 결과를 자신의 출발점으로 삼고 '이념의 구체적 형태'(1:119-121)라 할 수 있는 특수한 종교들을 통해 드러나는 신을 집중적으로 탐구한다.

근대의 특징들

인간은 신에 대해 아무것도 알 수 없다는 '근대의' 교리는5 종교철학의 기획 자체를 근절시킨다. 실로 그것은 철학의 심장부를 도려내는 것이다. 헤겔은 1821년『종교철학』에서 그러한 교리야말로 우리 시대의 가장 뿌리 깊은 편견이라고 말한다. 유한한 것들에 대한 인식이 확장되면 확장될수록 신에 관한 인식의 영역은 점점 더 좁아진다. "다른 모든 대상들에 관해서는 무한한 앎을 가지고 있지만 신에 관해서는 아무것도 알지 못한다"(1:86-87)는 것이 우리 시대의 특징이다. 한때는 끊임없이 동요하던 인간의 마음이 신 안에서 안식을 누렸던 적도 있었고, 한때는 다른 모든 것들에 앞서 신을 인식하려는 욕구를 가졌던 적도 있었다. 하지만 "우리 시대는 이러한 욕구나 그 욕구를 충족시키려는 모든 노력을 단념하고 있다"(1:87). 우리의 시대는 '너는 신을 알아야 한다!'는 종교적 명령이 어리석음으로 치부되고 마는 본질적으로 세속적인 시대다. '하늘에 계신 너희 아버지의 온전하심과 같이 너희 또한 온전하라'는 그리스도의 '고귀한 명령'도 '우리 시대에는 한낱 공염불이 되고 말았다. "우리 시대의 지혜는 신을 우리의 의식을 떠난 무한한 망령으로 만들어버렸고, 우리의 의식을 유한자의 공허한 망령으로 채워버렸다"(1:87-88). 인식은 모든 것을 파악할 수 있지만 진리만큼은 파악하지 못한다는 결론에 이른 것은 얼마나 아이러니한 일인가! 이어서 헤겔은 이렇게 말한다. "그러한 관점과 결과는 그리스도교의 전반적인 본성에 완전히 반하는 것이다"

---

5 헤겔은 특히 칸트(Kant), 피히테(J. G. Fichte), 부테르베크(F. bouterwek), 야코비(F. H. Jacobi)를 거론하고 있다. 이와 관련해서는 1:87 n. 15를 참고하라.

(1:88). 그리스도교 신학은 이 문제에 대해 납득할 만한 대답을 내놓아야 했다. 하지만 당시의 그리스도교 신학은 대부분 저런 불가지론을 받아들이고 있었다. 헤겔은 신학적 불가지론이 남긴 바로 그 공허함을 메우기 위해 종교철학 강의를 결심하게 된 것이다(1:89).

근대 세속주의의 또 다른 특징은 종교적 의식과 '그 외의 의식' 사이의 대립, 즉 주일과 평일 사이의 대립이다. 평일 동안 "우리는 신에 대한 믿음과는 완전히 동떨어진 특수한 관심과 세속적 목적에 빠져 살아간다." 종교적 세계와 세속적 세계의 이러한 분리는 근대 자연과학이 등장할 무렵 더욱 심화되었다. 자연과학은 신을 필요로 하지도 않고, 신이 들어설 자리도 없는 유한한 우주에 관한 체계를 구성한다(1:92-93, 102-103). 하지만 참다운 신앙에서는 종교적인 삶과 세속적인 삶이 결코 분리되지 않는다(1:93-94). 그러한 분리가 발생했다는 것 자체가 "우리 시대의 불화"(1:107)를 보여주는 것이다. 헤겔은 『종교철학』(1821)의 결론부에서 이 주제를 또다시 다룬다. 유사한 맥락에서, 그는 이성은 신뿐만 아니라 어떠한 진리도 인식할 수 없다는 주장이야말로 "현 시대의 가장 큰 병폐"(1:135)라고 말한다.

이성(인간적인 진리)과 신앙(신적인 진리)을 분리시키는 이런 이원적 진리관이야말로 근대의 불화와 병폐를 보여주는 전형이다.6 헤겔은 이러한 교리는 철학적으로도 종교적으로도 불가능하다고 주장한다. 두 종류의 정신이 존재할 수 없듯이, 신적인 이성과 인간적인 이성이라는 두 종류의 이성도 존재할 수 없다. "인간적인 이성이 [⋯] 일반적으로 말하는 이성이다. 그리고 인간적인 이성이 곧 인간 안에

---

6 이러한 형태의 근원은 13세기로까지 거슬러 올라간다. 이후 오캄(William Ockham)이 이를 자세히 설명한 바 있다.

있는 신적인 것이다. 이와 마찬가지로 신적인 정신 역시 우주와 세계를 초월해 있는 정신이 아니다. 왜냐하면 신은 현존하기 때문이며, 편재하기 때문이다. 더 정확히 말해서, 정신으로서의 신은 인간의 정신 안에 현존하는 신이기 때문이다. 신은 정신 안에 현상하고, 운동하고, 현존하는 생동적인 신이다"(1:130). 이어서 헤겔은 "종교는 신적인 정신의 산물이다. 그것은 인간의 발명품이 아니라 신적인 노동의 결과요, 인간의 내부에서 일어나는 신의 자기생성 과정의 결과다"라고 말한다. 이는 1824년 『종교철학』에만 나타나는 구절이다. 사실상 "신은 이성을 통해 세계를 다스린다"(1:130).

헤겔은 천주교는 이런 이중적인 진리의 교리를 받아들이지 않았다고,[7] "이러한 분리가 맨 처음 발생한 곳은 개신교였다"(1:131-132)고 말한다. 신앙과 이성의 분리가 일단 받아들여지면, 진리 자체가 손상되는 것은 그저 시간문제일 뿐이다. 근대의 불가지론과 무신론은 이러한 개신교의 분열된 의식, 즉 신앙의 영역을 자율적 이성의 비판능력으로부터 분리시키려는 시도에서 생겨난 것이며, 천주교는 교회의 권리로 이성을 철저히 포위함으로써 그러한 분리를 피했던 것이다.

헤겔 이전과 당시 신학에 대한 비판

앞서 살폈듯이, 헤겔은 당시의 신학이 대체로 이런 근대의 불화를

---

7 1512년~1517년 제5차 라테라노 공의회에서.

전제로 삼고 있었기 때문에 그리스도교의 핵심 교리를 이성적으로 설명하거나 정당화할 근거를 상실하게 되었다고 판단한다. 『종교철학』 "서론"에는 당시의 그런 신학적 상황에 대한 평가가 담겨 있다.

형이상학적 신학

헤겔의 대안은 전통적인 형이상학적 신학으로 되돌아가는 것이 아니다. 형이상학적 신학은 대상들은 의식에 앞서 이미 주어져 있으며, 사유는 반성 없이도 그것들에 곧장 이를 수 있다고 가정한다. 신이 바로 그러한 대상이다. 형이상학적 신학은 신의 존재론적 지위를 논한다. 그것은 유한자의 특성과 속성을 무한자로 투사해 놓고는 신을 세속을 초월한 최고 존재(höchstes Wesen)나 오성의 추상적 본질(Verstandeswesen)로 여긴다. 형이상학적 신학이 신에게 부여한 술어들은 일면적이고 상호배타적이기 때문에 결국 해소될 수 없는 이율배반에 빠지고 만다. 왜냐하면 형이상학적 신학은 오성의 서로 구별되는 범주들에 묶여 있어서 이성의 전체적이고 변증법적인 사유로 고양되지 못하기 때문이다. 헤겔은 객관성에 대해 다소 소박한 태도를 취하는 비판철학 이전의 존재신학에 대한 칸트의 비판을 수용한다.[8] 그는 그 비판을 클레멘스, 오리게네스, 아우구스티누스,

---

8 이와 관련해서는 *Encyclopedia of the Philosophical Science*의 Science of Logic 도입부에서 헤겔이 논의하는 '객관성에 대한 사유방식들' 가운데 첫째와 둘째 방식을 참고하라. §§26-32, 40-60(*The Encyclopedia Logic*, trans. T. F. Geraets, W. A. Suchting, and H. S. Harris [Indianapolis: Hackett, 1991], 65-76, 80-108). 헤겔은 칸트의 우주론적 증명과 목적론적 증명만 수용하고, 존재론적 증명은 수용하지 않는다. 하지만 그는 존재론적 증명이 제대로 해석되기만 한다면, 그것이야말로 유일하게 참된 증명이 될 것이라 생각한다. 헤겔은 칸트가 신에 대한 믿음의 토대라 할 수 있는 실천이성의 가정들로 전환하는 것을 거부하지만, 그가 『판단력 비판』(*Kritik*

프로클로스, 안셀무스, 아퀴나스로 대표되는 고전 신학자들에게 적용하지는 않았다. 그는 인식론적 차이에도 불구하고 저들에게 큰 호감을 갖고 있었다. 도리어 헤겔은 개신교 스콜라 철학과 라이프니츠, 볼프 그리고 바움가르텐으로 대표되는 자연신학자들을 비판의 표적으로 삼았다(이와 관련해서는 1:83, 106, 115-117, 121-122를 참고하라). 하지만 형이상학적 신학은 헤겔이『종교철학』에서 행하는 비판의 주적은 아니다.

이성신학

헤겔은 자신의 시대를 지배하던 이성신학, 역사신학, 불가지론적 신학, 감정에 기초한 신학들 전반에 많은 불만을 품고 있었다. 그중 첫째인 소위 이성신학(Vernunfttheologie)은 실제로 오성(Verstand)의 다양한 범주들에 기초하고 있다는 점에서 형이상학적 신학과 매우 유사하다. 그리고 그것은 이성의 총체적인 개념적 사유에 비해 지극히 소박한 논증방법(Räsonnement)에 기초하고 있다. 이것이 계몽주의 신학이다. 계몽주의 신학은 구체적인 교리 내용에는 반대하지만 교회의 교리체계는 그대로 남겨두고 이성적인 논변들로 그것을 수호한다(1:121-122). 예컨대, 계몽주의 신학은 자연의 외적이고 우연한 합목적성으로부터 신의 존재를 증명하고자 하지만 그 과정에서 신 혹은 신적인 지혜를 사소하고 우연한 유한자로 환원해버리고 만

---

der Urteilskraft)(이와 관련해서는 1장, n. 6을 참고하라)에서 전개한 '지성적 직관', 즉 구체적이고 내부적으로 규정된 보편자를 파악하는 지성적 직관은 극찬하고 있다. 왜냐하면 여기서만큼은 칸트의 철학도 '사변적인 것'이라 할 수 있기 때문이다.

다. 신은 자신의 지혜에 따라 동물들에게 이빨이나 발톱 그리고 침과 같은 무기들을 나눠준다. 동물들은 이 무기들로 생존을 유지하기는 하지만 다른 동물들이나 인간들로부터 자신을 보호할 수는 없으며, 신성은 고양이 대 쥐 그리고 인간 대 벌과 같은 더 큰 선을 위한 계산법에 종속되어버리고 만다(1:98-100). 이는 오성(Verstand)의 추론이지 이성(Vernunft)의 추론이 아니다. 1821년 『종교철학』에서 이 문제를 다룰 때, 헤겔은 소위 물리신학이 구사하는 목적론적 논변에 대한 칸트의 비판을 이미 습득하고 있었다.

헤겔은 1824년 『종교철학』에서 뢰르(J. F. Röhr), 베크샤이더(J. A. L. Wegscheider) 그리고 특히 파울루스(H. E. G. Paulus)로 대표되는 신학적 합리주의의 성서주석과 교리학의 문제를 다룬다. 합리적인 성서주석은 성서에 나타난 신의 말씀에 대한 이해를 드높일 뿐이라고 고백한다(1:122-123). 하지만 헤겔은 해석이 말씀에 대한 단순한 설명을 넘어 내용에 대한 논의와 의미에 대한 해명으로 나아가게 되면, 거기에는 자신의 사상과 편견이 들어가게 되므로 그것은 더 이상 단순한 주석이 아니라고 말한다. 이로 인해 "신학자들이 성서에 기초하여 해설한 주석들도 서로 첨예하게 대립하게 되고, 성서도 이리저리 뒤틀리는 밀랍 코 신세가 되어버린다"(1:123).[9] 신학자들이 말하길, 그들은 단지 성서를 있는 그대로 해설할 뿐이라고 하지만 그런 동안에도 그들은 자신의 전제와 관심을 거기에 집어넣게 마련이다.[10]

---

9 헤겔은 레싱을 통해 이 표현을 처음 접했을 테지만, 사실 그것은 12세기부터 사용되던 것이다.
10 합리적 주석의 또 다른 특징은 기적과 같은 초자연적인 것을 합리적으로 설명하는 과정에서 성서의 내용을 지나치게 문자 그대로 받아들인다는 점이다. 이는 종교적 저술이 신화, 상징, 제의, 신학

합리주의의 전제들 가운데 하나는 이성이 신에 관한 어떠한 인식도 가질 수 없다는 것이다. 하지만 헤겔이 보기에 그러한 전제는 성서의 저자들이 가졌던 전제와는 전적으로 배치되는 것이다. 그래서 이성신학은 "신의 본성에 관한 내용들에는 대체로 부정적인 경향"을 보인다. 그러한 신학은 단지 신이 존재한다는 일반적인 사실만을 알고 있을 뿐이다. 달리 말해, 이성신학이 말하는 신은 공허하고 죽어 있는 최고 존재이지 구체적으로 생동하는 정신이 아니다. 교회신학이 삼위일체론(정신의 본성을 드러내는 핵심원리)을 통해 보여주고자 하는 것도 바로 후자, 즉 구체적으로 생동하는 정신이다. 그런 점에서 신학적 합리주의가 이러한 삼위일체론을 간과하거나 전적으로 거부했다는 것도 그리 놀라운 일은 아니다. 신학적 합리주의가 지닌 추상적 범주들은 변증법적인 구별들과 관계들을 파악할 수 없다. 신학적 합리주의는 전통적인 교리가 지닌 표상의 형태들을 비판한다는 점에서 전통이 보여주는 신의 본성에 대한 가장 심오한 통찰을 결여하고 있다고 할 수 있다. 이러한 헤겔의 비판은 주로 슐라이어마허를 겨냥하는 것처럼 보인다. 17세기와 18세기의 이신론적 문헌들, 예컨대 허버트(Herbert of Cherbury)나 18세기의 이른바 신-논리학자들, 예컨대 텔러(W. A. Teller)나 퇼너(J. G. Töllner)는 삼위일체론을 부인하고, 신을 그저 "지고의 존재"로 부르는 것이 일반적이지만 슐라이어마허의 신학은 약간 합리주의적 경향을 띠고 있다(1:127

적으로 구성된 상상이라는 점을 간과한 것이다. 슈트라우스는 이러한 합리적 주석의 문제점을 철저하게 비판하고 있다. 하지만 이와 대립하는 초자연주의적 해석을 비판할 때는 역설적으로 그도 이러한 합리주의적 태도를 취하고 있다. 이와 관련해서는 *The Life of Jesus Critically Examined*, trans. George Eliot, ed. Peter C. Hodgson (Philadelphia: Fortress Press, 1972; London: SCM Press, 1973), xxv-xxxi를 참고하라.

nn.34, 35).

이러한 맥락에서 헤겔은 이성신학자들을 "자신이 산문을 짓고 있다는 것을 모르고 있는 영국인"에 비유하면서 신랄하게 비판한다. 그들은 모두 성서주석 작업을 하기 때문에 그리고 수동적인 방식으로 작업한다고 믿기 때문에, 자신들이 능동적으로 사유하고 있다는 것도 모르고, 신적인 것을 이해할 수 있는 사유를 가지고 있다는 것도 모른다(3:261).[11]

역사신학

헤겔은 종교에 대해 오로지 역사적 태도만을 견지하는 역사신학도 비판한다. 그러한 역사신학자들은 마치 "자기가 가진 자산은 없으면서 다른 사람들의 재산 장부나 계좌만을 관리하는 회계사무소 직원들"(1:128, 166)과 같다. 이는 교리들의 역사적 발전에만 몰두할 뿐 당대의 신앙적 교리 자체는 설명하려 하지 않는 신학적 합리주의의 한 형태다. 1827년 『종교철학』에서 헤겔은 이러한 역사신학이야말로 그리스도교 핵심교리의 현재적 의미나 실존적 의미를 모조리 상실했다는 증거라고 주장한다. 그것은 더 이상 우리의 관심을 끌지 못하는 과거의 논쟁거리나 교리들이 생겨나는 우연한 공식들만을 강조한다. 이는 '정신의 심오함'과는 완전히 반대되는 것이다. 그러

---

11 여기서 헤겔은 Molière의 *Le Bourgeois Gentilhomme*에 나타난 대화를 언급하고 있다. 거기서 헤겔은 '영국인들은 산문을 옳고 있다'고 자신 있게 말했지만, 사실 그것은 영국인이 아니라 프랑스인이다. 헤겔은 뉴턴(Issac Newton)의 철학적 통찰을 매우 저급하게 평가했다. 이와 관련해서는 3:261 n. 39를 참고하라.

한 관심은 그리스도의 가르침을 하찮게 여기는 심리학적 해석으로 나아간다. 여기서 그리스도는 단순한 인간의 모습과 그저 '장식용 목재'와 같은 삼위일체 교리로 환원되고 만다. 오늘날의 철학은 신학의 지배적인 가르침보다 사변적으로 뒤틀린 교회의 가르침을 더 중요하게 여기는 역설적인 경향을 띠고 있다(1:155-159). 여기서 헤겔이 주적으로 삼는 상대는 한편으로 모스하임(J. L. Mosheim), 제믈러(J. S. Semler), 발히(C. W. F. Walch)와 같은 합리주의적 교리사학자들이며, 또 한편으로는 삼위일체론을 이교도의 근원으로 파악하고, 헤겔에게 '범신론'이라는 혐의를 덮어씌운 톨룩(F. A. G. Tholuck)과 같은 신경건주의 신학자들이다(1:157 n. 17). 이런저런 정황으로 볼 때, 사변신학에 대한 두려움과 의심을 불러일으킨 장본인은 바로 이러한 합리주의와 경건주의였을 것이다.

불가지론적 신학 그리고 윤리신학으로의 전향

합리주의에서 파생된 또 다른 유파는 신학적 불가지론이다. 이 견해는 신은 인식될 수 없고, 이론이성은 감각적 경험의 대상들에 국한되므로, 종교는 실천이성으로 전환되어야 한다는 칸트의 학설에 결정적인 영향을 받았다. 존재신학, 우주론적 신학 그리고 물리신학에 맞서 칸트가 내세운 대안은 '윤리신학'이다. 그가 보기에 신의 존재를 입증하는 유일한 방식은 윤리신학이었다. 목적들의 왕국을 보증하는 신은 도덕적 목적에 부합하는 행위를 위한 필연적인 전제다.[12] 헤겔은 1790년대에 이미 도덕적 종교해석의 실패를 확신했다. 그가 보기에 도덕신학과 그 전제들의 원리는 결과적으로 칸트가 비판한 물리적 목적론만큼이나 설득력이 없다. 신을 그저 현존하는 일반적 윤리형식의 전제로 인식하는 신학은 신을 최고 존재, 공허함, 초월과 같은 개념으로 추상화할 뿐만 아니라 신을 생동하는 정신으로 이해할 어떠한 방안도 소유하지 못한다(1:126, 167). 이는 신앙에 대한 고도의 초이성적 인식을 호소했던 야코비가 망쳐버린 실로 '비인식'에 대한 '비철학'에 불과하다(a:133 n. 46). 앞서 살폈듯이, 헤겔은 이성은 신뿐만 아니라 그 어떤 진리도 인식할 수 없다는 주장을 "현시대의 가장 큰 병폐"로 간주한다(1:135).

이와 관련하여, 헤겔은 1821년 『종교철학』에서 종교적 신앙이 윤리적 행위에 필수적이라는 논의를 의심하고 있다(1:199-202). 종교는 자기 이외의 다른 어떤 것을 위한 수단이 될 수 없다. 종교, 종교적 관계, 찬양, 예배 등은 그 자체가 목적이다. 종교가 다른 어떤 것에 필수적이라는 것도 증명될 수 없다. 만일 그렇다면, 다재다능한 인간 정신은 종교를 다른 수단으로 대체할 수도 있다. 실용적이고 실리적인 이성은 칸트가 말하는 가치기준이나 또 다른 가치기준에 따라 윤리적 행위를 정당화할 수 있다. 목적들의 왕국을 보증하는 신은 필요치 않다. 헤겔은 칸트의 불가지론과 윤리신학 모두를 전적인 무신론이라 생각한다.

윤리신학에 대한 헤겔의 비판은 과연 타당한가? 이 질문은 헤겔의 존재신학을 비판하면서 윤리신학으로의 전향을 시도한 레비나스(Emmanuel Levinas)나 그 외의 비판가들이 주로 던지는 질문이다. 종교가 여타의 인간적 행위와 관심을 위한 하나의 기능으로 환원되

---

12 이와 관련해서는 Kant, *Critique of Practical Reason*, trans. Lewis White Beck(New York: Liberal Art Press, 1956), 128-136. Chap.5, n. 27 이하를 참고하라.

어버리면 종교는 붕괴되고 말 것이라는 주장도 일견 타당해 보인다. 하지만 또 한편으로 종교와 윤리학 사이에는 헤겔이 인정하는 그러한 밀접한 연관도 존재한다. 인간 행위의 변화를 문제 삼지 않는 종교는 궁극적으로 신에 대한 공허한 숭배에 지나지 않는다. 그리고 신에 대한 사랑과 이웃에 대한 사랑, 즉 오로지 타자를 위한 타자사랑에서 비롯한 윤리적 행위는 실리적 윤리나 이기적 윤리와는 전혀 다른 실천을 낳는다. 물론 종교가 비종교적 목적을 위한 수단은 아니지만 그리고 종교적 진리가 도덕적 목적론으로 증명될 수도 없지만, 그럼에도 불구하고 종교는 윤리적 삶을 위한 실질적인 토대를 제공하며, 신의 구원은 사회적이고 정치적인 제도들뿐만 아니라 개인의 심정에서도 실제로 작동하고 있다. 이것이 바로 윤리신학에 대한 헤겔의 신중한 견해다.

헤겔의 이러한 견해는 신에 대한 사변적 인식에 나타나는 비-인식적 요소들을 인정하는 것이기도 하다. 그가 반대하는 것은 신에 대한 인식가능성을 전적으로 배제하는 불가지론이지 신을 인식하기 위한 가능조건으로서의 불가지론이 아니다. 사유를 오성(Verstand)을 넘어선 이성(Vernunft)으로 추동하고, 이성을 자신의 모든 유한한 형태들을 초월하여 무한자에 있는 자신의 토대로 추동하는 것은 바로 이 불가지론적 요소다. 이는 헤겔이 직접 사용한 용어는 아니지만 부정신학(apophasis)과 긍정신학(kataphasis)의 상호작용으로 표현할 수도 있다. 긍정신학을 교리적이거나 권위적으로 흐르지 않게 하는 것이 부정신학의 계기라면, 부정신학을 침묵이나 윤리적 조건으로 흐리지 않게 하는 것이 긍정신학의 계기다.

헤겔에게 묻고 싶은 것은 과연 사변신학에도 부정신학의 요소가 보존되어 있는지, 아니면 그것은 신에 대한 인식에만 빠져드는 것인지 하는 것이다. 이에 대해 우리는 이렇게 대답할 수 있다. 칸트의 이론이성에 대한 비판을 수용하고 그것을 넘어서는 헤겔의 독특한 운동방식에 사실상 부정신학의 요소가 보존되어 있다. 헤겔은 두 가지 방법으로 칸트의 이론이성을 극복한다. 첫째 방법은 이율배반에 관한 학설을 극단적으로 밀고 나가는 것이다. 이는 사유의 변증법적 본성과 모든 구체적인 통일은 대립하는 규정들을 포함한다는 인식을 불러일으킨다. 둘째 방법은 형이상학적 신 존재 증명에 현존하는 부정의 계기를 지적하는 것이다.[13]

감정신학

헤겔은 특별히 1824년 『종교철학』에서 감정신학을 더욱 거세게 비판한다. 그때 그가 염두에 두고 있는 이는 슐라이어마허다. 감정신학은 신에 대해 우리는 어떠한 인식도 가질 수 없으며, 신은 아무런 내적 규정도 갖지 않는다고 주장함으로써 신을 공허한 추상이나 지고의 존재로 추상화해버린다(1:127). 이러한 관점에서 보면, 감정신학은 이성신학이나 불가지론적 신학과 매우 밀접하다. "신은 이성적인 인식의 대상이 아니다. 이는 신에 대한 의식은 오로지 감정의 형태로만 추구되어야 한다는 것, 종교는 감정을 자신의 근원으로 삼으며, 인간 정신과 신의 관계는 사유나 이해의 영역이 아니라 오로지 감정의 영역에서만 일어난다는 것을 뜻한다"(1:136). 헤겔은 슐라이어마

---

13 이와 관련해서는 *Encyclopedia*, §§48, 50(*The Encyclopedia Logic*, 91, 98)을 참고하라.

허의 『기독교신앙』을 염두에 두고 있지만, 정작 그 작품을 면밀히 해석하지도 않고, 슐라이어마허가 구분했던 일상적 감정과 종교적 감정의 차이조차 모르고 있다. 종교적 감정이란 신에 대한 '절대적인 의존의 감정'을 뜻하는데, 이는 상대적인 의존의 감정과 상대적인 자유의 감정을 가능하게 하는 조건이기도 하다.[14] 헤겔은 힌리히스의 『종교』 "서문"에서도 슐라이어마허를 비판하는데, 그것 역시 이러한 부정확한 해석에 근거하고 있다.[15] "만일 종교가 이러한 의존의 감정에 근거하는 것이라면, 동물도 인간처럼 종교를 가질 것이다. 왜냐하면 그런 감정은 동물도 가지고 있기 때문이다"(1:279). 하지만 이러한 비판은 감정을 지나치게 육체적인 감각이나 감정으로 이해한 것이다. 실제로 슐라이어마허가 말하는 종교적 감정은 그 어떤 동물도 가질 수 없는 실재 전체에 대한 의식의 관계를 포괄한다. 그것은 특성상 전-반성적인 인식 형태이자 인간의 세계 내 존재 방식을 근거 짓는 인식 형태다. 이런 점에서 보면, 슐라이어마허가 말하는 종교적 감정이란 실로 헤겔이 말하는 지성적 직관 혹은 사변적 직관과 다를 바 없다.

슐라이어마허에게 종교적 감정에 의한 인식은 엄밀히 말해 신에 관한 인식을 포함하지 않는다. 그에게 무한한 존재는 유한한 인식의 범주들을 초월해 있다. 그래서 그는 선언한다. "우리는 우리가 신과

---

14 Friedrich Schleiermacher, *Der christliche Glaube*, 1st edn. (Berlin, 1821-2) §§8-9; 2nd edn. (Berlin, 1830-1), §§3-4. 제2판은 H. R. Mackintosh와 J. S. Stewart가 편집하여 영어로도 번역되어 있다(Edinburgh: T&T Clark, 1928). 사실 슐라이어마허는 이러한 구별을 제2판에서 더 명쾌하게 설명했는데, 헤겔은 그것을 잘 몰랐던 것 같다. 헤겔이 강의에서 다루는 것은 제1판의 내용에 불과하다. 이와 관련해서는 1:136 n. 52, 279 n. 37을 참고하라.

15 이와 관련해서는 앞선 2장, 79-81을 참고하라.

맺는 관계만을 인식할 수 있을 뿐 신 자체가 무엇인지는 인식할 수 없다"(1:163). 여기서 '우리가 맺는 관계'가 바로 종교다. 탐구의 대상은 종교이지 신의 본질과 속성이 아니다. 하지만 헤겔에 따르면, 신과 그 관계는 별개의 것이 아니다. 이것이 바로 신을 정신으로 이해하는 것이다. 정신은 언제나 정신에 대해 존재하며, 그런 점에서 정신은 본질적으로 관계적이다. 신이라는 존재는 신에 대한 종교적 관계와 분리되지 않으며, 신에 대한 종교적 관계도 신이라는 존재와 분리되지 않는다(1:164). 슐라이어마허의 감정신학에 대한 핵심적인 비판은 그것이 신을 정신으로 인식하지 않으며, 따라서 삼위일체론도 제대로 강조하지 않는다는 것이다(3:75, 81). 슐라이어마허도 사실 절대적인 의존의 감정을 수정하는 과정에서 신의 속성들에 대한 체계를 전개하기는 한다. 하지만 엄밀히 말해서 그러한 신의 속성들은 신의 본성이 아니라 우리가 신과 맺는 관계의 양상일 뿐이다. 우리는 신과 관계한다. 하지만 신은 우리와 관계하지 않는다. 그러나 신이 우리와 관계하지 않으면, 신은 충만하게 정신적일 수도 없고, 삼위일체적일 수도 없다. 슐라이어마허는 이렇게 주장한다. "신은 자기 자신과 관계하지만 우리는 그 관계에 대해 아무것도 알지 못한다."

　1827년 『종교철학』에서 헤겔은 슐라이어마허에서 야코비로 관심을 돌린다. 야코비는 종교는 '직접성'을 필요로 한다는 점을 강조한다. 감정도 바로 그런 직접성의 한 형태다. 신은 인간의 의식에 직접적으로 계시되며, 우리는 이러한 직접적인 인식을 '신앙'이라 부른다(1:159-162). 이처럼 신앙은 여타의 세속적인 인식 형식과는 질적으로 구분된다. 신이 존재하기는 하되 그것이 무엇인지는 판단할 수 없다는 것이 이러한 직접적 확신이다. 헤겔의 지략은 종교적 직접성의 타당성을 부정하는 것이 아니라 그것은 그저 인식의 시작일 뿐 그 끝이 아님을 보여주는 것이다. 신학은 신앙과 그러한 감정의 직접성을 거쳐 그리고 그것을 넘어 신이라는 객관적 존재에 대한 매개된 인식으로 나아가야 한다(이에 관해서는 5장을 참고하라).

슐라이어마허와 야코비는 둘 다 종교에서 주관성의 역할을 강조한다. 헤겔도 다른 맥락에서는 주관성의 역할에 대한 인식을 '자기 시대의 중요한 진보'로 인정한다. 하지만 우리는 주관적 의식과 그 대상을 분리시켜서는 안 된다. 그러면 이성과 대상은 너무 멀어져 맞닿을 수 없게 된다. 정확히 말해, 주관성과 대상이 분리불가능하게 함께 존재하는 곳은 바로 주체의 내부다. 근대성의 맹점은 주관성이 대상과 분리된 일면성에 머물게 되고, 대상에 대해서는 내용 없는 순수 인식만을 갖게 되리라는 것이다. "대상이 없으면 내용도 없다." 이러한 관점에서 근대는 로마제국의 시대와 유사하다. 로마제국은 정신성은 결여한 채 초월만을 갈망하는 주관성에 빠져 있었다 (3:166-169). 1827년『종교철학』에서 헤겔은 당시의 이러한 불화를 로마시대나 로마 종교와 비교해 가면서 설명하고 있다.

무신론과 범신론

근대와 로마시대의 이러한 유사성은 헤겔이 근대의 무신론과 범신론을 비판하는 대목에서도 암시되고 있다. 헤겔의 해석에 따르면, 로마 종교 자체는 무신론적이고, 로마의 만신전은 신들의 몰락을 상징한다.[16] 헤겔은 근대의 신학적 경향들이 초래한 논리적 귀결이 곧 무신론이라고 생각한다. 불가지론에 기초하여 윤리로 방향을 돌린 합리주의자나 역사주의자 그리고 감정에 기초한 신학자들은 무신론이나 범신론으로 빠지기 쉽다. 왜냐하면 그들은 신을 인식할 수 있다는 확신, 그저 인간의 욕구와 감정의 투사가 아니라 신과의 진정한 관계가 가능하다는 확신, 신이 세계행정 자체는 아니지만 세상 안에 정신으로 현존하면서 영향력을 행사한다는 확신을 애초에 포기해 버렸기 때문이다.

헤겔은 그 강의에서 무신론에 대해서는 별다른 언급을 하지 않는다. 아래 인용문은 1824년 『종교철학』에서 헤겔이 감정신학을 비판하는 대목에서 가져온 것인데, 이는 다른 강의들에서는 찾아볼 수 없는 이례적인 구절이다.

> 신과 관련하여 만일 우리가 오로지 감정에만 호소해야 한다면, 우리는 분명 어떤 유의 대상성이 어떻게 이 내용(신)에 귀속되는가에 의구심을 갖게 될 것이다. 유물론적 견해들[17]은 대개 이러한 관점들을 취하고 있다. 그들은 정신과 사유를 단순히 물질적인 것, 즉 물리적 힘들의 결합으로 간주해 왔다. 그들은 정신과 사유를 감정과 감각으로 환원했고, 이로써 신이나 신에 관한 모든 표상들을 감정의 산물로 간주하면서 신의 객관성을 부정했다. 그 결과가 무신론이다. 신이란 결국 고통, 희망, 두려움, 향유, 탐욕 등과 같은 나의 나약한 감정의 산물일 뿐이다(1:136-137).

---

16 이와 관련해서는 vol. 2 (2:190-231, 498-512, 687-699)에 있는 로마 종교에 관한 논의를 참고하라.
17 1824년 헤겔 강의의 최고복사본이라 할 수 있는 그리스하임(Griesheim)의 필기록은 다음과 같은 내용을 덧붙이고 있다. "아니면 유물론적 견해들은 적어도 경험주의적, 역사주의적, 자연주의적 관점들과는 다른 것을 의미한다"(1:136 n. 53).

헤겔이 '유물론적 견해들'을 언급할 때, 정확히 누구를 염두에 두었는지는 확실치 않다. 하지만 이 강의를 들은 포이어바흐(Ludiwig Feuerbach)는 이후 바로 그런 견해를 펼쳐나갔다. 그는 종교적이고 신학적인 관념들은 육체의 힘이라 할 감정과 감각의 산물에 불과하다고 주장했다. 따라서 신에 대한 관념은 인간 욕구들의 투사요, 모든 관념은 엄밀히 말해 물리적이고 사회경제적인 실재에서 비롯한 상상의 환영일 뿐이라는 것이다.[18] 바우어(Bruno Bauer), 슈티르너(Max Stirner), 마르크스(Karl Marx)와 같은 좌파 헤겔주의자들도 이와 유사한 견해들을 펼쳤다. 사변철학이 붕괴되고 나면, 이런 유물론적 견해가 등장하리라는 것을 헤겔은 귀신같이 예측한 것 같다. 그래서 헤겔은 신은 즉자-대자적으로 독립적인 것으로 이해되어야 한다고, 신은 단순히 감정에 근거하는 것도 아니며, 그저 내가 생각하는 신도 아니라고 주장한다(1:137). 그는 유물론이 주장하는 감정신학 자체를 비판하는 것이 아니라 그것이 신학을 인간학으로, 관념론을 자연주의로 전도시켜버릴 것을 우려하는 것이다.

헤겔은 범신론에 대해서 훨씬 더 구체적으로 논한다. 왜냐하면 '신을 정신으로 인식하지 못하고', 그저 '절대적으로 비세속적인 것'으로만 생각하던 신학자들은 사변철학 자체를 범신론이라고 비난했기 때문이다(1:344 n.163). 이 주제는 1827년 『종교철학』, 그중에서도 헤겔의 사변신학을 범신론이라고 비난했던 톨룩과 여타의 신학자들을 반박하는 대목에서 특히 강조되고 있다(1:375 n. 20). 그는 이러한 범신론 비판은 18세기 말, 소위 '범신론 논쟁'에서 스피노자

---

18 이와 관련해서는 Ludwig Feuerbach, *Principles of Philosophy of the Future*, trans. Manfred Vogel (Indianapolis: Bobbs-Merrill, 1966)을 참고하라.

에게 가해졌던 것이라고 말한다.[19] 하지만 그들의 말처럼 범신론이 고작 세상만물을 모두 신이라고 말하는 것이라면, 스피노자주의와 동양종교들 그리고 엘레아학파의 철학자들을 비롯한 그 어떤 철학도 범신론이 아닐 것이다(1:374-377, 432). 도리어 이들이 옹호하는 신은 개별자 내에 있는 본질, 특수자 내에 있는 보편자, 다자 내에 있는 일자, 우연성 내에 있는 실체다. "범신론에 대한 일상적인 표상은 정신적인 통일보다 추상적인 통일에 주목하는 태도에서 생겨난 것이다. 그리고 오로지 실체 혹은 일자만이 진정한 현실성의 가치를 갖는다는 종교적인 표상 안에서 일자와 대비되는 개별적인 사물들에는 어떠한 현실성도 없다는 것을 망각함으로써 생겨난 것이다"(1:376). 철학적인 의미에서 세계는 경험적으로는 존재하고 '실재'하지만 그 자체로는 어떠한 독립적 현실성(Wirklichkeit)도 갖지 못한다.[20] 헤겔에 따르면, 이것이 스피노자의 입장이다. 따라서 그것은 '무신론'이나 '범신론'이 아니라 '무우주론'(acosmism)이라 불러야 마땅하다(1:376-377). 신이 세계에 속하는 것이 아니라 세계가 신에 속하는 것이다. 하지만 절대정신이라는 신(여기서 이러한 구별들은 무화되지 않고 보존된다) 안에서 논리적 이념, 자연, 유한한 정신의 삼중적 매개를 완성하는 사변철학은 무신론도 무우주론도 아니다. 그것은

---

19 레싱(G. E. Lessing)이 유언으로 남긴 고백, '나는 스피노자주의자였으며, 범신론자였다'는 말로 시작된 그 논쟁은 주로 야코비(Friedrich Heinrich Jacobi)와 멘델스존(Moses Mendelssohn)이 주고받았던 편지의 내용을 둘러싼 것이었다. 헤르더(Johann Gottfried Herder)와 셸링(Friedrich Schelling)도 그 논쟁에 동참했다. 이와 관련해서는 1:370 n. 11, 377 n.31을 참조하라.

20 헤겔은 여기서 현실성(Wirklichkeit)과 실재성(Realität)을 구분하고 있다. '현실성'은 가장 이상적인 현실, 즉 절대적인 이념으로서의 신을 의미한다. 이는 자신의 이념과는 다른 것, 즉 실재를 정립하고, 이러한 이념과 실재의 상호작용 속에서 정신을 생성하는 이념의 활동까지도 포함한다. 그러한 의미에서 현실성은 곧 상호작용이다.

그런 유치하고 조야한 범신론이 아니다. 사변철학은 좀 더 정확히 말해서 세상 만물이 신 안에서 자신의 존재와 현실성을 획득하게 된다는 '범재신론'(Panentheism)에 가깝다. 물론 헤겔은 범재신론이라는 용어를 직접 사용하지는 않았지만 이것이 그가 규정한 정신으로서의 신 개념이다. 하지만 문제는 유신론자든 무신론자든 헤겔의 정신 개념을 제대로 이해한 사람이 아무도 없었다는 것이다.

종교와 신학에 관한 사변철학

헤겔은 이렇듯 신뢰할 수 없는 모든 신학들(이들은 당시의 시대적 요구나 종교적 전통의 심오한 진리를 담지하지 못하기 때문이다)에 대한 대안으로 자신만의 방법을 내놓는다. 그것은 종교와 신학에 관한 '사변철학'이다. 1장에서 나는 '사변'에 관한 예비개념을 의식과 대상, 사유와 존재 사이에서 일어나는 이중적 거울작용의 관계, 즉 단순히 타자의 반성이나 투사로 환원되지 않는 관계로 설명한 바 있다. 의식과 대상은 둘 다 실재를 소유하고 있으며, 그 실재는 상호-구성적인 것이다. 의미는 의식과 대상 사이에 양방향으로, 즉 주체에서 객체로, 객체에서 주체로 흘러간다. 사변적 종교 개념에 관한 더 자세한 논의는 4장에서 이어갈 것이다. 그리고 5-9장에서는 그리스도교 신학에 관한 헤겔의 사변적 해석을 이루는 다양한 중심요소들을 논할 것이다. 『종교철학』의 "서론" 가운데 당시 신학자들을 비판하는 대목에서 가장 중요한 것은 다음 세 가지다. ① 신은 본질적으로 이성적이다. ② 사변적 방법만이 이성과 종교를 화해시킬 수 있다. ③

신학적으로 사유하기를 배우려면 물속으로 직접 뛰어들어야 한다.

본질적으로 이성적인 신

1824년『종교철학』은 다음과 같은 간결한 정의를 내리고 있다. "신은 본질적으로 이성적이다. 신은 생동하는 이성작용이다. 정신으로서의 신은 즉자-대자적으로 존재한다"(1:139). 신플라톤주의가 누우스(nous: 이성)를 이해한 방식처럼, 헤겔 역시 이성을 생명력이 없는 단순한 도구가 아니라 역동적인 생명력, 즉 우주의 마음과 영혼으로 이해한다. 신은 이렇듯 자신과 관계하고 타자와 관계하는 정신의 형태를 띤 이성작용이다. '정신', '이성', '신'은 본질적으로 동일한 범주들이다. 만일 신이 이성적이라면, 신은 반드시 인식 가능해야 한다. 인식행위를 할 때, 우리는 이미 신을 암묵적으로 인식하고 있다. 즉, 우리가 인식작용을 탐구하는 것은 이미 신을 탐구하는 것이다. 인식의 수단과 목적은 하나이자 동일한 것이다. 이성의 궁극적인 대상은 곧 이성작용이다.[21]

이는 이성작용이 무엇인지, 즉 신이 무엇인지가 직접 드러난다는 말이 아니다. 이성작용은 오성의 유한한 범주들로는 파악되지 않는다는 점에서 하나의 신비다. 그것은 경건한 침묵과 엄격한 철학적 사변을 요구하는 최고의 신비이자 최고의 진리다. 헤겔은 신플라톤주의 철학자들, 특히 프로클로스(Proclus)가 이러한 사변적 사유를 그리스 종교에서 유래한 '신비'의 이념과 연관시켰다고 지적한다

---

21 헤겔과 아리스토텔레스는 공통적으로 사유가 자신의 대상을 인식하는 것은 곧 자신을 인식하거나 자신을 사유하는 것이라고 확신한다. 이와 관련해서는 이 책의 1장, n. 8을 참고하라.

(1:382 n. 44). "사변적 이념은 감성의 대상도 오성의 대상도 아니다. 그러므로 감성과 오성에게 사변적 이념은 비밀과 신비일 따름이다. [...] 신비(Mysterion)가 이성적인 것의 본질이다. 신플라톤주의자들은 이미 사변철학을 그렇듯 신비라는 의미로 사용하고 있었다"(3:280). 앞서 살폈듯이, 헤겔의 원리 안에서 부정적인 요소는 긍정적인 방향으로 나아간다. 마치 그의 변증법적 방법 안에서 부정이 비판적인 역할을 수행하듯이 말이다.

1827년『종교철학』도 이와 유사한 공식을 보여준다. 종교철학의 대상은 '신 자체, 즉 절대적 이성'이다. "절대정신은 자신을 이성적으로 명확하게 인식하는 것이다. 이렇듯 자신을 대상으로 삼는다는 것은 우리가 이성적 인식을 다루고 탐구한다는 것이다. 이는 곧 이성에 대한 개념적 탐구이자 개념적 인식이다. 따라서 맨 먼저 인식의 원리부터 탐구해야 한다는 칸트의 요구는 속 빈말에 불과하다. 학문적 인식은 그 자체로 인식원리에 대한 탐구를 동반하게 마련이다"(1:170).

종교는 사유의 유한한 범주들로는 더 이상 채워질 수 없는 절대적 내용이나 절대적 진리의 영역으로 이행해야 한다(1:170-171). 칸트는 유한한 범주들은 현상만을 인식할 수 있을 뿐 진리는 인식하지 못한다는 점을 보여주었다. 따라서 그러한 유한한 범주들을 사용하는 신앙의 표상적인 교리 형식은 반드시 개념적 사유로 대체되어야 한다. 표상 형식의 해체와 개념 언어를 통한 재구성, 이 두 가지가 모두 필요하다. 개념은 '하늘'과 '땅' 같은 구별된 범주와 요소를 분리될 수 없는 것으로 파악한다. 왜냐하면 이들은 바로 그 차이 안에서 서로가 서로를 포함하고 요구하기 때문이다. 직접적 인식과 매개된 인식,

주관과 객관, 사유와 존재, 표상과 개념과 같은 모든 구별들의 통일이 진리다. 그러한 통일에서 모든 구별은 일면적인 것이 되고 만다. 그러한 구별의 진리는 그 둘의 통일이다. 하지만 그것은 차이를 제거하는 통일이 아니라 보존하는 통일이다(1:172-173).

이성과 종교의 화해

이성과 종교 혹은 인식과 신앙 사이의 이율배반은 애초부터 실패작이다. 이성적인 인식과 종교의 절대적인 내용(신의 개념) 중 그 어떤 것도 포기되어서는 안 된다. 하지만 헤겔이 보기에는 다른 종교들도 그러하지만 그리스도교에서 이러한 분열이 가장 극심하게 나타난다고 생각한다. 왜냐하면 그리스도교에서도 인식은 지나치게 표상 단계에 머물러 있으며, 당시의 신학도 개념으로 나아가기보다 도리어 감정으로 퇴행하고 있었기 때문이다. 오로지 개념만이 사유와 종교의 내용을 화해시킬 수 있다. 왜냐하면 개념이야말로 그 내용에 가장 적합한 형식이기 때문이다(1:104-108).

종교 혹은 신학에 관한 사변철학은 종교의 내용을 포기하지 않는다는 점에서 소위 이성신학보다 실정적인 그리스도교 교리에 더 가깝다(1:129, 139-140). 그리스도교 교리들은 당시의 교리학보다 사변철학에서 훨씬 잘 보존된다. 왜냐하면 고전적인 교리학은 신앙의 합리성을 전제하고, 교리들에 지성적인 공식을 부여했기 때문이다(1:168). 헤겔은『종교철학』제3부에서도 오늘날 그리스도교의 근본 진리들을 탁월한 방식으로 지켜내는 것은 철학이며, 그런 점에서 철학이야말로 본질적으로 정통이라고 말한다(3:262). 오늘날 신학자들로부터 교회의 교리를 지켜내는 것은 바로 철학이라는 것이다.

물속으로 직접 뛰어드는 것에 관하여

신학적으로 사유하기를 배우는 유일한 방법은 신학적 인식행위에 직접 뛰어드는 것이다.

> 인식 행위로 나아가기 위해서는 그 이전에 이성 일반, 즉 인식능력이나 개념적 사유에 대해 먼저 탐구해야 한다는 견해가 있다. [⋯] 우리는 인식행위를 마치 도구를 사용하여 우리가 원하는 진리를 포착하는 것처럼 생각한다. 좀 더 깊이 생각해 보면, 이러한 도구를 먼저 인식해야 한다는 요구는 일견 타당해 보이지만 사실 틀린 말이다. 인식능력에 대한 비판은 칸트철학과 우리 시대가 상식처럼 받아들이는 태도다. 그런 점에서는 위대한 발명이지만 실제로는 그릇된 믿음에 불과하다. [⋯] 이성은 탐구되어야 한다. 하지만 어떻게? 이성은 이성적으로 탐구되고, 인식되어야 한다. 이는 오로지 이성적인 사유, 즉 이성적인 인식을 통해서만 가능하다. 이성은 그 외의 다른 방법으로는 결코 인식될 수 없다(1:138; 132-139).

헤겔은 잘 알려진 일화로 이 점을 설명한다. 철학하기(신학하기)의 전제조건들을 탐구하기 전에는 철학하기(혹은 신학하기)를 시작해서는 안 된다는 요구는 마치 수영을 배우기 전에는 물속에 들어가서는 안 된다는 스콜라 철학자들의 요구와도 같다.[22] 하지만 수영을

---

22 이 일화의 유래와 관련해서는 1:169 n.51을 참고하라. 1824년 강의에서 여기 인용한 대목, "스콜라 철학자는 '허풍쟁이'가 되고 있다"는 아마도 그리스하임이 잘못 필기한 것을 그대로 사용한 것 같다.

배우려면 물속으로 직접 뛰어들어야만 한다(1:139, 169).

헤겔은 당시의 신학이 물속으로 직접 뛰어드는 것을 두려워하고 있다고 비판한다. 당시의 신학은 인식론적 예비학을 선취하거나 역사적이고 심리적인 탐구들로 나아가기는 했으나 정작 신에 관한 물음 자체는 계속해서 유보함으로써 결국 고전 형이상학적 신학에 대한 만족스러운 대안을 마련하는 데 실패하고 말았다. 그 시대의 신학이 사유하기를 시작한다는 것은 어림도 없는 일이었다. 사유는 진리를 파악하는 단순한 도구가 아니다. 그것은 자신의 모든 아름다움과 신비로움을 담고 있는 진리 그 자체다.

물속으로 직접 뛰어들라는 헤겔의 충고를 오늘날 우리 시대의 신학에 접목해 본다면, 그것은 아마도 대담한 확신과 대담한 실험의 용기를 가지라는 말로도 읽힐 수 있을 것이다. 대담한 확신이란 종교적 신앙이 갖는 심오한 진리를 단념하지 말고 대담하고도 비판적으로 사유해 나가려는 결단을 의미한다. 종교는 진리를 추구하는 대담한 사유를 결코 두려워하지 않는다. 대담한 실험이란 우리의 모든 사상이 실은 상상을 통한 사유실험이나 그 구성물이라는 것을 인정하는 것이다. 그것은 인간의 욕구나 환상을 희망적으로 투사한 것이 아니라 경험에 주어진 것에 단순히 반응한 것이다. 사유를 촉발하는 것은 욕구가 아니라 소질이다. 포스트모더니즘은 사변적 통찰을 이렇게 이해한다. "우리의 사유는 무한한 신비가 현시하는 단편적인 양상만을 반성하는 구성력이자, 그렇게 구성된 것만을 서로 연결시키는 통합력에 불과하다." 이렇게 생각하면, 우리는 좀 더 자유롭게 사유할 수 있지 않을까?

제2부

헤겔 종교철학의 구성 요소

Hegel & Christian Theology

4장. 그리스도교와 종교의 개념

5장. 개념과 인식 그리고 신앙

6장. 삼위일체: 절대정신으로서 신

7장. 창조, 인간성 그리고 악

8장. 그리스도와 화해

9장. 성령과 공동체

10장. 그리스도교와 다양한 세계 종교

4장
그리스도교와 종교의 개념

『종교철학』의 세 부분

네 차례의『종교철학』이 한결같이 유지하고 있는 한 가지 요소는 "종교의 개념", "유한한 종교", "완성된 종교 혹은 계시종교"라는 세 부분으로 나뉘어 있다는 것이다. 각 판본의 "서론"은 '주제의 분류'나 '우리가 다룰 주제의 밑그림'을 설명하고 있다(1821년 1:109-112, 1824년 1:141-147, 1827년 1:174-184, 1831년 1:462-463).[1] 이렇게 구분한 이론적 근거는 1821년『종교철학』에 나타나 있는데, 그 내용은 이후로도 거의 변하지 않는다. 맨 처음 다뤄지는 것은 표상과 학문의 전제라 할 수 있는 '종교의 개념'이다. 다음으로는 종교의 개념에 들어 있는 것이 특정한 현실로 정립되는 것을 뜻하는 종교 개념의 전개다. 헤겔

---

1 1827년『종교철학』은 3부의 도입부에서 '앞선 발전단계들에 대한 개괄'의 형식으로 이 내용을 반복해서 다루고 있다(3:262-271). 거기에는 그 세 부분의 갖는 내적인 구분도 요약되어 있다. 이 구분은 이후에 새로운 강의가 진행될 때마다 크게 변화한다. 실제로 1824년『종교철학』의 "서론"에 있는 '종교의 개념에 대한 개괄'은 1827년『종교철학』의 '종교의 개념에 대한 현실적 표상'과 상당히 다르다. 이와 관련해서는 1:141 n.64를 참고하라.

논리학의 용어로 표현하면, 그것은 개념이 이념(개념과 현실의 통일)으로 고양되고 완성되는 과정이다.[2] 마지막은 개념의 자기복귀를 통한 특정한 개념 형식들의 완성(절대적 이념)이다. 이것이 바로 진리와 계시의 형태로 나타나는 정신으로서의 신이다(1:110-111). 이러한 완성은 그리스도교에서 이루어진다. 반면 그 이전의 유한한 종교들은 "종교의 개념이 자신을 완성해 가는 도정에 나타나는 이행의 단계들을 구성할 뿐이다"(1:112).

　1827년 『종교철학』은 종교철학이 취하는 학문의 방법과 '개념의 자기전개'라 할 수 있는 그 내용 사이의 동일성을 확립함으로써 그 이론적 근거를 마련한다(1:174). 이는 진리와 방법이 궁극적으로 하나라는 것,[3] 그리고 학문의 순서와 절차는 그 주제 자체의 운동을 따른다는 것을 의미한다. 따라서 종교철학의 첫 논의대상은 종교의 개념 자체다. 둘째 논의대상은 그 개념의 유한한 형태들, 즉 특정한 형태들로 나타난 개념이다. 이러한 형태들은 종교의 개념 안에 이미 들어 있던 것이다. 그러한 의미에서 개념은 마치 나무 전체를 키워나가는 한 톨의 씨앗과 같다. 그 과정에서 나타나는 각각의 형태들은 개념 안에 '이미 형성되어 있는 것'이 아니라 정신적인 방식으로 '전

---

2 이와 관련해서는 1:324; 3:264-265를 참고하라. 헤겔의 논리학은 이념을 '즉자·대자적인 진리, 개념과 대상의 절대적 통일'(Encyclopedia of the Philosophical Science, §213)로 규정한다. "이념은 논리학과 자연철학을 매개하는 역할을 한다. 즉 그것은 '자신을 특수성의 계기로 방출한다. [···] 이념으로부터 자유롭게 방출된 것이 곧 자연이다"(§244). The Encyclopedia Logic, trans. T. F. Geraets, W. A. Suchting and H. S. Harris (Indianapolis: Hackett, 1991), 286, 307 참고. 이념은 논리(존재, 본질, 개념이라는 범주들)에서 실재(자연과 정신)로 이행한다. 이는 신학적으로 '신의 세계창조'에 해당한다.

3 이는 가다머(Hans-Georg Gadamer)의 철학적 해석학, 즉 Truth and Method(2nd rev. edn., trans. Joel Weinsheimer and Donald G. Marshall [New York: Crossroad, 1989])의 중심 주제다. 가다머는 이와 관련하여 헤겔을 여러 번 언급하고 있다.

개되어 나가는 것'이며, 그것은 순서에 따라 특정한 실존형태로 등장한다. 이러한 등장은 외부로부터 그 개념에 강제되는 것이 아니다. 도리어 그것은 자신을 특정한 형태들로 펼쳐나가는 자유로운 개념이다. 처음에는 유한한 형태의 종교들이 서로 대립하는 것으로만 보인다. 하지만 개념의 전개는 "자신의 한정성과 유한성에서 벗어나 자기 자신을 향해 나아간다. […] 이렇게 재확립된 개념이 무한자, 참된 개념, 절대적 이념, 즉 참된 종교다"(1:175-176).

이러한 개념의 자기복귀는 개념을 출현시킨 역사적 규정을 초월해 있는 것처럼 보인다. 하지만 그렇게 보면, 그리스도교와 같은 역사 속의 특정한 종교가 어떻게 절대종교, 참된 종교, 완성된 종교가 될 수 있는지를 이해하기 어렵다. 그리스도교 역시 지금 현존하고 있는 종교에 불과하며, 언젠가는 역사 속으로 사라져야 할 종교로 이해되어야 한다(1:141). 그리스도교의 역사적 형태들과 헤겔이『종교철학』제3부에서 (사변적으로) 재서술한 그리스도교 사이에는 사실 팽팽한 긴장이 있다. 그럼에도 불구하고 헤겔 역시 그리스도교야말로 종교의 개념에 가장 적합한 종교라는 특권을 부여하고 있다. 하지만 종교의 개념을 역사 속에 완성하는 출발점이 왜 꼭 하나의 종교이어야 하는가? 헤겔이 사변적으로 재구상한 '구체적 정신'(파울 틸리히의 표현)의 종교가 그 개념을 설명하기에 더 그럴듯하고 적합하지 않은가? 왜냐하면 구체적 정신은 모든 위대한 종교적 전통들로부터 생겨나는 것이니 말이다. 결국 종교의 개념은 역사 전체를 기반으로 형성된다. 헤겔 역시 종교들의 역사가 그리스도교에서 완성되는 직선적 궤도로 배열될 수 없음을 익히 알고 있었다. 다양한 종교들로부터 완성된 종교가 등장한다는 것을 인정한다 해도, 역사적으로 현존하면서도 더 이상 특정하거나 유한하지 않은 종교의 이념을 파악하는 것은 결코 쉬운 일이 아닐 것이다. 나는 이 문제를 10장에서 다시 한 번 깊이 다룰 것이다.

종교의 개념은 본질적으로 신에 대한 개념이거나 신과 인간 모두에 대한 개념이다. 그리고 이러한 동시성이 바로 헤겔이 '정신'이라 부르는 것이다. 정신이 지닌 추상적이고, 논리적이고, 잠재적인 형태라 할 수 있는 개념, 즉 개념의 역사적 실현과정과 개념의 자기복귀 과정 전반을 지배하는 운동이 바로 정신이다.

> 만일 정신이 직접적이고, 단순하고, 정적인 사유라면, 그것은 정신이 아니다. 왜냐하면 정신의 본질적인 특성은 전적으로 운동하는 것이기 때문이다. 더 정확히 말해, 정신은 자기-현시하는 운동이다. 여기서 '현시'란 '타자가 되는 것'을 의미한다. 정신은 '타자되기'를 통해 대립과 구별 일반으로 나아간다는 점에서 현시는 결국 정신의 유한화를 의미한다. […] 자기-현시하는 정신은 특정한 방식으로 제한되고, 현실적으로 존재하게 되며, 유한한 형식을 부여받게 된다. 이것이 정신의 둘째 계기다. 하지만 셋째 계기는 정신이 자신의 개념에 따라 자신을 자신에게 현시하는 것, 자신의 형태를 보는 것, 최초로 자신에게 반사되는 현시, 자기지양, 자기 자신의 자아가 되는 것, 생성, 암묵적인 방식을 명시적인 방식으로 드러내는 것이다. 이것이 곧 정신 자체의 리듬이자 정신이 지닌 순수하고 영원한 생명이다(1:176-177).

1827년 『종교철학』에서 발췌한 이 구절은 종교철학의 세 주요부를 명확히 보여준다. 그 부분들은 절대정신으로서의 신의 생이 갖는 세 가지 계기와 일치한다. 이와 동일한 양상이 각 부분들 안에서도 다양한 방식으로 반복되고 있다. 왜냐하면 이는 공시적 역사와 통시적 역사를 관통하는 운동으로서의 절대정신이 행하는 삼중적인 자기-매개이기 때문이다. 여기서 종교철학의 구조라 할 수 있는 방법은 절대정신이라 할 수 있는 주체의 운동을 표방하고 있다.

우리가 이 장에서 추구하는 목표는 헤겔이 종교의 개념을 어떻게 정의하고 있는지 그리고 완성된 종교로서의 그리스도교는 그 개념과 어떻게 연관되는지를 살펴보는 것이다. 종교의 개념이 지닌 현실적 내용이 신의 개념(추상적 존재, 인식, 예배)을 포함한다는 점에서, 나는 이 주제를 5장에서 다시 집중적으로 다룰 것이다.

종교의 개념

종교에 대한 경험론적 접근

헤겔은 종교의 개념에 관한 적합한 규정을 단계적으로 완성해나갔다. 1821년『종교철학』은 관찰적인 경험에서 비롯한 종교를 기술하고, 인간 삶에 나타나는 종교적 입장의 필연성을 증명하며, 종교가 예술 및 철학과 어떻게 다른지를 기술하는 우회적 과정을 거쳐 그 개념에 이른다. 여기에는 종교의 개념을 구성하는 본질적인 요소들이 나타나 있긴 하지만 아직 제대로 정리되지는 않았다.

1824년『종교철학』은 이러한 다양한 자료를 체계화하고, 종교에 대한 '경험적' 접근과 '사변적' 접근을 다각적으로 비교한다(1:257-259).

하지만 1827년 『종교철학』에서는 더 이상 그런 비교를 하지 않는다. 헤겔은 오늘날의 경험론적 접근이 모호하다고 말한다. 왜냐하면 경험론적 접근은 '감정'이라는 직접적 경험에서 출발하고, 종교를 감정의 변형으로 규정하면서 또 다른 종교적 의식 형태로 이행하기 때문이다 (1:261-269). 하지만 그러한 방법은 의식의 유한한 범주들에 한정된다는 점에서, 헤겔이 생각하는 독특한 종교적 관계, 즉 유한자와 무한한 정신이 맺는 현실적인 관계에는 결코 이르지 못한다. 말하자면 경험론적 접근은 지면으로부터 결코 날아오를 수 없다.

경험론적 접근은 결국 궁지에 내몰리고 만다(1:277-288). 그들은 감정적으로는 신과 자신이 분리되지 않은 하나라고 인식하지만, '더 특정한 형태'의 종교적 의식은 유한하고 감정적이고 특수한 주체로서의 자신과 무한하고 독립적이고 보편적인 객체로서의 신이 서로 대립한다고 인식한다. 그렇다면 유한자와 무한자의 관계는 어떻게 가능한가? 경험적 관찰의 관점에서 보면, 오직 두 가지 선택만이 가능할 것이다. 그중 하나는 신을 전적인 타자나 전적인 초월로, 즉 나는 신에 대해 아무것도 알 수 없다는 식으로 무한자를 부정하거나 오직 유한자만이 완전히 진실하고 선하게, 즉 유일하게 대자적으로 존재한다고 긍정하는 것이다. 유한자는 신과 부정적으로 관계하거나 자신과 긍정적으로 관계한다. 즉, 유한자는 신과 긍정적으로 관계할 수 없다. 유한자는 철학적으로 말하면 '오성'이고, 종교적으로 말하면 '표상'이라 할 수 있는 '반성적' 인식 형태에 나타나는 이러한 간극을 매우고자 한다. 하지만 이러한 관점에서 볼 때, 무한자는 이해할 수 없는 초월이거나 유한자의 단순한 투사일 뿐이다. 슐라이어마허가 사용한 '절대적인 의존의 감정'이라는 말은 바로 이러한 신과의 부정적인 관계를 나타내는 것이다. 그리고 자신과의 긍정적인 관계가 바로 칸트에서 피히테로 나아가는 근대 무신론의 토대다. 오로지 이성 혹은 사유의 관점만이 유한자를 아우르는 무한자, 유한자를 포괄하고 초월하는 '긍정적인 무한자'를 인식할 수 있다. 여기서 유한한 의식의 관점이 정신이라는 무한한 자기-매개의 관점으로 고양된다. 무한자 자체가 그 통로를 만들어주지 않는다면, 유한자는 결코 무한자로 나아갈 수 없다. 하지만 이것은 이미 사변적인 통찰이다.

헤겔이 '경험론적 관찰'이라 부르는 것은 종교에 관한 현상학적 기술보다 훨씬 더 협소한 작업이다. 사변적인 종교 개념에서 현상학이 차지하는 역할을 살펴보면, 현상학이 이미 암묵적으로는 사변적이라는 사실을 발견하게 된다. 하지만 우리는 우선 사변철학과 사변적 종교 개념부터 이해해야 한다.

사변철학

앞서 말했듯이, 헤겔에게 있어서 '사변적인 것'은 의식과 대상 사이의 이중적인 거울작용의 관계를 의미한다. 실재는 인식행위에 참여하고 있는 의식의 거울이다. 하지만 의식도 궁극적인 실재(자신을 드러내어 인식되게 하는 궁극적인 실재)의 거울이기도 하다. 그것은 객체에서 주체로 그리고 주체에서 객체로 흘러가는 의미의 전도다. 소박한 실재론에 대비되는 사변적 사유는 대상에 대한 직접적인 인식이란 존재하지 않으며, 모든 인식은 사유의 범주들에 의해 매개된 것으로 알고 있다.[4] 소박한 관념론에 대비되는 사변적 사유는 인간 의식은 실재를 창조하거나 환상을 투사하는 것이 아니라 자신이 실재를 현시하게 하는 매개자라는 것을 알고 있다. 객관적인 인식은 반성적으로만 가능할 뿐 직접적으로는 불가능하다. 사변철학은 비판철학과는 달리 주체와 대상의 연관을 지속적으로 유지해나간다. 거기서는 주체와 대상 가운데 어떤 것도 타자의 그림자로 환원되지 않는다. 주체와 대상은 서로 연관되어 있다. 이성적인 것은 현실적이고, 현실적인 것은 이성적이라는 점에서 서로 연관되어 있다.[5]

주체와 객체의 연관, 사유와 존재의 연관, 이상과 현실의 연관은 하나로 통일된 동일성이 아니다. 그래서 헤겔은 자신의 사변철학은 그저 만물이 동일하다고 주장하는 그런 유치한 범신론이 아니라고 강하게 주장한다(1:374). 도리어 사변철학은 구체적인 규정들을 포괄하고 있는 통일을 탐구한다. 그는 이어서 말한다. "이와 같은 맥락에서 종교철학은 한결같이 통일된 상태를 유지하는 불변적인 통일을 탐구하는 것이 아니라 계속해서 더 구체적으로 규정되어가는 통일을 탐구한다. [⋯] 중요한 것은 이러한 통일의 규정들이 지닌 구별이다. 따라서 신 외의 모든 것은 이러한 특정한 통일의 방식을 취하고 있지만 신만은 자신의 통일 상태를 한결같이 유지하고 있다"(1:379-

---

4 인식하는 사람의 이해관심을 강조하는 것은 후기-헤겔주의자들(마르크스, 니체, 프로이트 등)이다. 하버마스(Jürgen Habermas)는 이들을 (칸트의 인식론을 비판하고 개혁한) 헤겔의 인식론을 비판하고 개혁한 대표자들이라 부른다. 이와 관련해서는 Jürgen Habermas, *Knowledge and Human Interests*, trans. Jeremy Shapiro (Boston: Beacon Press, 1971)를 참고하라. 헤겔도 인간의 이해관심이 인식에 미치는 영향을 몰랐던 것은 아니다. 그는 『세계사의 철학』 "서론"의 '역사 서술의 다양한 방식들'에서 그러한 점을 이미 논의하고 있다. 이와 관련해서는 H. B. Nisbet이 번역한 『세계사의 철학』(Cambridge: Cambridge University Press, 1975)의 서론 부분(11-24)을 참고하라.

5 이와 관련해서는 *Elements of the Philosophy of Right*, ed. Allen W. Wood, trans. H. B. Nisbet (Cambridge: Cambridge University Press, 1991), 20을 참고하라. 이는 현실이 이미 이성적이라는 뜻이 아니라 현실은 이성적이어야 한다는 진보적이고 역동적인 의미로 이해되어야 한다. 이와 관련해서는 그 책의 편집자 주(389-390)를 참고하라.

380).6 사변철학은 통일이라는 사태뿐만 아니라 통일이 특정하게 드러나는 방식을 특별히 강조한다. 그것은 문화와 역사를 통해 매우 다양한 방식으로 드러난다. 절대지란 바로 그러한 모든 규정들을 인식하는 것이며, 그러한 규정들 안에서 하나의 통일을 인식하는 한에서만 절대지다. 하지만 유한한 인간은 결코 절대지에 이를 수 없다. 오로지 신만이 절대지를 갖는다.

따라서 인식은 오성의 관점으로는 도무지 헤아릴 수 없는 신비의 양상을 띤다. 왜냐하면 오성은 단지 모순들만을 인식할 수 있기 때문이다. 이성도 그러한 신비를 꿰뚫어 보기는 하겠지만 그것을 모두 구명하지는 못할 것이다. 헤겔은 마치 신플라톤주의자들, 특히 프로클로스가 인식했던 것처럼 '신비적인 것'과 '사변적인 것'을 유사한 개념으로 설명한다(1:382, 445; 3:280-282). 신비는 두 눈을 감고('신비'와 '신비적'이라는 단어는 헬라어 'myein'에서 유래했다), 자기-현시하는 진리를 향해 귀와 마음을 열어 두기를 요구한다(그리스의 신비적 제의들은 그렇게 시작했다). 사변적 사유에 반영된 것은 단지 우리 자신의 사유와 언어일 뿐만 아니라 역사를 통해 자신을 특정한 방식으로 전개하는 절대적 통일의 사유와 언어이기도 하다. 우리가 그러한 신비적 태도를 유지한다면, 사변철학이 범하기 쉬운 이성의 과도한 남용을 막아낼 수 있을 것이다.

---

6 헤겔은 『철학백과』, §573의 보충설명에서도 이와 유사한 점을 지적하고 있다. 이와 관련해서는 이 책의 2장을 참고하라.

사변적 종교 개념

헤겔이 1821년『종교철학』에서 기술하듯이(1:204-206), 종교에 관한 사변적 규정은 종교적 의식과 그 의식의 대상 모두를 포함한다. 종교적 의식의 대상이란 '즉자-대자적으로 참된 것', '절대적으로 자기-규정하는 진리'로서의 신을 말한다. 흔히 의식과 대상은 그저 추상적이고 대립적인 요소로 인식된다. 하지만 사변은 종교적 의식이 절대자를 향해 '날아올라' 거기로 '이행한다는 것' 그리고 절대자도 종교적 의식 내부에서 그리고 그 의식을 통해 자신과 매개된다는 것을 알고 있다. "구체적인 현실성은 이러한 특정한 대립들의 통일로 파악된다. 이것이 바로 사변적인 요소다"(1:205). 따라서 '신의 육화라는 무한한 이념'이 철학과 종교의 '사변적 중심점'을 이룬다 (1:245). '사변적인 직관'은 신과 인간, 사랑과 죽음(3:125)과 같은 절대적인 양극단의 기묘한 통일을 파악한다. 그러한 점에서 그리스도교 자체는 '완전히 사변적'이다(3:61 n.1).

1824년『종교철학』은 이러한 산만한 생각들을 더 체계적으로 발전시켜 나간다. 사변적으로 규정된 종교(1:314-318)는 절대자에 대한 우리의 의식일 뿐만 아니라 유한한 의식 안에서 그리고 유한한 의식을 통해 매개된 절대정신의 자기-의식이기도 하다. 종교는 인간의 의식일 뿐만 아니라 신의 의식이기도 하다.

> 절대정신은 우리가 한편에 구별하여 정립했던 것을 자신과 연결시키는 것이다. 따라서 더 높은 지평에서 볼 때, 종교는 자신과 자신을 관계시키는 정신의 이념이자 절대정신의 자기-의식이다. 이러한 절대정신의 자

기-의식 내부에는 절대정신의 의식도 들어 있다. 이것이 바로 앞서 '관계'로 규정한 것이다. 따라서 최고 이념의 경지에서 볼 때, 종교는 인간만의 사건이 아니다. 그것은 본질적으로 절대정신 자체가 드러난 최고의 형태다(1:318).[7]

종교는 사변적이다. 왜냐하면 인간의 인식이란 신적인 인식의 거울이기 때문이다. 종교에서 발생하는 것은 인간의 투사가 아니라 '유한한 정신을 매개한 신적인 정신의 자기-인식'이다. 1824년 『종교철학』의 또 다른 부분에서 헤겔은 이렇게 말한다. "종교란 신적인 정신의 산물이다. 종교는 단순한 인간의 발명품이 아니라 신의 노동, 즉 인간 내에서 펼쳐지는 신의 자기산출의 과정이다"(1:130).

이는 인간의 인식이 수동적이지 않다는 것, 인간의 인식은 절대정신을 파악하는 단순한 수단이나 도구가 아니라는 것을 의미한다. 종교의 개념은 종교적 대상(신)뿐만 아니라 종교적 의식 자체도 상호-

---

7 호토(Heinrich Gustav Hotho)는 이 구절을 자유롭게 편집하여 다음과 같이 해석하고 있다. '종교는 절대정신의 자기-의식이다. 자신을 자기인식의 대상으로 삼는 관계, 그것이 곧 자기인식이다. 따라서 종교는 정신의 이념이다. 종교는 주관정신 혹은 정신의 전체 내용, 정신의 진리를 자신의 내용으로 삼는 인식이자 자신을 이러한 내용으로 아는 인식이다. 따라서 주관정신은 대상과 분리될 수 없다. 그리고 이러한 대상, 즉 절대정신은 자신을 인식하는 것, 즉 자기인식이라는 대상을 인식하는 것이다. 그러한 의식은 나와는 다른 것을 인식하는 유한한 의식이다. 종교도 의식이다. 그러므로 종교도 자기 내부에 유한한 의식을 지니고 있다. 절대정신은 그 자체로 자신이 인식하는 타자이고, 절대정신은 오로지 자신을 인식함으로써만 절대정신이 된다는 점에서 이후에 그 유한성은 지양되겠지만 말이다. 하지만 결론적으로 절대정신은 오로지 의식 혹은 유한한 정신을 통해서만 매개된다는 점에서, 절대정신이 이러한 유한화를 통해 자기 인식에 이르기 위해서는 자신을 유한화해야만 한다. 하지만 만일 신이 이러한 방식으로 정신이 되기 위해 자신을 인간으로, 즉 인식하는, 단일한, 직접적인 의식으로 유한화하는 것이라면, 한편으로 이는 단일한 인간 존재의 사건이 아닌 셈이다. 도리어 단일한 것은 엄밀한 의미에서 이를 통해 지양된다. 그리고 종교는 유한한 정신의 매개를 통한 신적인 정신의 자기-인식이다'(1:318 n. 120). 호토의 1824년 강의 필기록과 관련해서는 1:16-17을 참고하라.

구성적 계기로 포함하고 있다(1:185-187). 이 두 계기 중 어떤 것도 자신의 타자로 환원되지 않는다. 서로는 서로에게 반드시 필요한 것이다. 그 두 측면은 서로 대립한다. 이들이 지닌 최초의 분리와 소외는 개인의 심정 안에서 그리고 종교의 역사를 구성하는 과정을 통해 극복되어야 한다. 헤겔은 1821년 『종교철학』에서 이러한 갈등을 매우 인상적인 실존적 언어로 설명하고 있다.

> 사유 속에서 나는 무엇보다도 유한한 나 자신을 무한자로 그리고 무한한 의식으로, 실로 나의 경험적 조건의 전 범위로 고양시켜 나간다. 하지만 그럼에도 불구하고 나는 여전히 유한한 자기-의식이다. [⋯] 이러한 두 측면은 서로를 내쫓기도 하고, 서로로부터 달아나기도 한다. 나는 즉자 대자적으로 존재하는 이러한 갈등이자 화해다. [⋯] 나는 이러한 통일과 갈등을 직관하고, 감각하고, 표상하는 주체다. 나는 그 둘 모두를 붙잡고 있는 것이며, 그 둘 모두를 붙잡으려는 노력이며, 이러한 대립을 지배하려는 정신과 심정의 노동이다. 그것은 결국 나를 향해 존재하는 것이다 (1:212).

또한 헤겔은 1821년 『종교철학』에서 종교는 의식에서 대상으로, 유한자에서 무한자로, 직접적 세계에서 지성적 세계로의 '이행' 과정으로 설명한다(1:203-204). 유한자에서 무한자로 이행하기 위한 가능조건은 무한자에서 유한자로의 이행, 즉 무한한 이념의 육화 혹은 신의 인간화다. 종교에 대한 경험론적 접근법의 한계는 바로 이러한 이중적인 이행, 즉 '절대적 보편성과 절대적 단일성의 통일'이라는 현실적인 종교적 관계를 결코 알지 못한다는 것이다.

사변적 종교 개념에서 현상학의 역할

1821년『종교철학』에서 헤겔은 유한한 세계의 구성으로부터 '종교적 입장'의 필연성을 증명하는 현상학적 접근법을 통해 사변적 종교개념에 이른다(1:221-232). '현상학'은 의식의 경험에 관한 학문, 즉 사물들이 어떻게 의식에 드러나는가에 관한 학문이다. 의식에 현상함에 대한 강조나 의식의 오디세이라는 주제야말로 현상학을 경험적 기술이나 관찰과 구별시키는 사변적인 요소다. 1821년『종교철학』의 이 부분은 자연과 유한한 정신이 절대적인 이념에 있는 그들의 목적과 토대로 나아가는 내적 목적론의 운동을 현상학적으로 추적함으로써, '철학의 전 영역'을 압축적으로 보여준다. 그러한 현상학적 방식에서 종교의 개념은 철학에 선행하는 모든 과정들의 결과로 등장한다. 그리고『철학백과』에서도 종교철학은 맨 마지막에 등장한다.

1821년『종교철학』은『정신현상학』을 간략하게만 언급한다(1:229 n. 119). 거기서 헤겔은『정신현상학』의 중심 주제, 즉 유한한 의식이 특정하고 부정적인 의식 형태들을 하나씩 극복해 나감으로써 마침내 절대적 의식에 이르는 과정을 매우 압축적으로 설명하고 있다. 1840년판 전집에는 지금은 소실되고 없는 헨닝(Leopold von Henning)의 1821년 필기록 내용으로 추정되는 다음의 내용이 덧붙어 있다. "철학적 인식에서 앞으로 나아가는 것은 반대 방향으로의 흐름이기도 하다. 즉 그것은 타자를 향해 나아가는 작업이면서 동시에 자신으로 돌아오는 작업이다. 따라서 앞선 형태들에 근거하여 마지막에 등장한 것이 실은 최초의 것, 즉 그 모든 운동의 토대라는 것이 드러난다"(1:227 n. 115). 반대 방향으로의 흐름이라는 연상은 '사변적 전도'를 뜻한다. 즉 유한한 의식이 절대자로 고양되는 과정은 또한 절대정신이 자신으로 복귀하는 과정이기도 하다. 의식의 현상학은 결과로 드러나는 것이 실은 자신의 전제라는 것을 증명한다. 신은 "모든 것을 포괄하고 완성하는 절대자"다. 그러한 운동 안에서 세계의 풍부함은 단순한 가상으로 격하된다. 만물이 '영원한 상 아래에'(sub specie aeterni) 드러나는 것이다(1:230-232).

이러한 해석은 1824년 『종교철학』에 있는 이와 유사한 구절을 통해서도 확인할 수 있다. 자연과 정신의 현상학적 단계들은 종교적 관점의 필연성을 증명하는 방식으로 배열되어 있다(1:319-324). 우선 "논리적 이념은 자신을 방출하여 자연으로 녹아 들어간다. 즉, 논리적 이념은 자연으로 이행한다. 그리고 논리적 이념은 이러한 외재성에서 자신을 상실한다." 그 이후에 자연은 그 외재성에서 벗어나 중심적인 의식, 즉 정신으로 이행한다. 그리고 정신은 자신의 자연적 직접성으로부터 자신의 인륜적이고 합리적인 토대로 이행한다. 이러한 과정을 거쳐 "절대정신은 […] 필연적인 것으로, 만물의 진리로, 자신을 통해 이러한 모든 다른 내용들이 자신으로 돌아오는 절대적 진리로 드러난다"(1:321). 이러한 과정은 자신과는 다른 것(논리적으로 추상적인 자연과 유한한 존재)에서 출발하여 결국에는 절대자에 도달한다는 점에서 다소 일면적이고 왜곡된 특성을 띤다. "하지만 절대적 진리는 결코 하나의 결과일 수 없다. 그것은 순수하고도 단순한 의미에서 최초의 것이자 유일한 것이다. 절대적 진리는 모든 것을 자신으로 흡수하는 것, 즉 모든 것이 그 안에서는 단지 하나의 계기일 뿐인 그런 절대적 충만함이다. […] 일면성이 지양되는 곳은 바로 이러한 결과에서다. 하지만 결과는 또다시 자신의 입장을 재반박하기 시작한다(1:322). 이러한 '재반박'이 곧 사변적 전도, 즉 양방향으로의 흐름이다. 최종적 결과로 나타나는 '자신을 의식하는 절대정신'은 최초의 진리이면서 동시에 유일한 진리다"(1:322). 신은 알파(시작)요 오메가(끝)다. 두 가지 계기 혹은 두 가지 운동, 즉 세계를 창조하는 신과 자신을 신으로 되돌리는 세계 모두가 신의 운동을 이룬다. 이러한 과정은 처음에는 종교의 외부에서 나타나고, 다음에는 종교의 내부에서 나타난다. 종교의 외부에는 신에 관한 무지만이 존재한다. 엄밀한 의미에서 처음이자 마지막인 신은 오직 종교의 내부에만 존재한다(1:323-324).

이 모든 것은 결국 종교의 개념이 사실상 신의 개념, 즉 추상적 존재 혹은 실체로서의 신, 자신을 '무장해제'하여 신이 아닌 존재로 방출하는 창조자로서의 신, 만물을 자신과의 관계로 복귀시키는 완성자로서의 신에 대한 개념이라는 것을 의미한다. 1827년『종교철학』은 1824년『종교철학』이 힘겨운 해명의 과정을 거쳐 도달한 바로 이 지점, 즉 신과 종교의 본성에 관한 사변적 통찰로부터 논의를 시작한다. 이 책의 5장에서 신에 대한 철학적 개념, 추상적인 신 존재에 초점을 둔 개념, 종교적 관계에서의 신 인식 그리고 예배라는 형식으로 이뤄지는 그 관계의 완성이라는 주제를 다룰 때, 1827년『종교철학』의 방법을 한 번 더 다룰 것이다. 그러한 구조 안에서 그리스도교의 삼위일체론도 그 형태를 드러낼 것이다.

완성된 종교 혹은 계시종교로서의 그리스도교

그리스도교는 종교의 개념과 신의 개념이 가장 풍부하게 실현된 종교다. 유한하고 역사적인 종교가 어떻게 종교의 개념 일반과 동일시 될 수 있는가에 대한 문제는 잠시 접어두고, 헤겔의 관점에서 이러한 동일화가 무엇을 의미하는가 하는 문제에만 관심을 집중하기로 하자. 우선 이러한 동일화는 그리스도교의 내적 구조 혹은 그리스도교의 구성 요소들이 신의 생명과정에 나타나는 삼위일체의 계기들과 일치한다는 것을 의미한다. 이것이 바로 이어지는 "세 가지 요소 혹은 세 개의 '왕국'"에서 다루어질 주제다. 나아가 그것은 그리스도교가 자기만의 고유한 속성과 특성을 보유하고 있다는 것을 뜻한다. 헤겔의 논의에서 그러한 속성들은 다음 세 가지로 구분된다. 그리스도교는 (a) 완성된 종교 혹은 절대종교, (b) 계시하는 종교이자 계시된 종교, (c) 진리와 자유 그리고 화해의 종교다. 이 세 가지가 그 다음으로 다뤄질 주제들이다.

세 가지 요소 혹은 세 개의 '왕국'

1821년 『종교철학』에 나타난 헤겔의 그리스도교 논의는 크게 두 개의 삼중구조로 이루어져 있는데, 그것은 하나의 삼중구조 안에 또 다른 삼중구조가 들어 있는 형식이다.[8] 외적인 삼중구조는 그 판본의 제2부에 나오는 각각의 유한한 종교들에 이미 적용했던 분석틀

---

8 이하의 논의는 제3권의 편집자 서문(3:11-14)을 활용한 것이다. 이와 관련해서는 그 책의 54-55에 서 논의한 완성된 종교의 구조를 비교 분석하는 도표를 참고하라.

이다. 이러한 분석은 다음 세 가지, (A) 해당 종교에 나타나는 신에 대한 '추상적 개념'(이는 종교와 연관한 신 존재 증명도 포함하고 있다), (B) 구체적 상징들, 심상들 그리고 여타의 사유-범주들(신과의 '이론적' 관계)을 통한 신 그리고 신과 인간의 관계에 관한 종교의 '구체적 표상', (C) 신 혹은 신과의 연합을 추구하는 현실적 참여인 종교의 '제의'(신과의 '실천적' 관계)를 다룬다. 다음 장에서 살펴보겠지만, 1827년 『종교철학』의 제1부에서 종교의 개념을 설명할 때도 헤겔은 이 구조를 사용하고 있다. 만일 종교의 개념이 자신과 자신을 매개하는 절대정신이라면, 그러한 종교에서 절대정신의 전개 혹은 자기실현은 실제적인 자기통일(추상적인 신 존재), 자기구별(신에 대한 인식), 재통일 혹은 자기복귀(신에 대한 예배)라는 세 가지 계기로 나타날 것이다.

1821년 『종교철학』의 내적인 삼중구조는 외적인 삼중구조의 (B) 부분에 속해 있다. 외적인 삼중구조는 그리스도교의 신에 관한 '구체적 표상'을 설명한다. 그 부분의 도입부 설명은 그 삼중구조가 (a) 즉자 대자적인 신의 이념(내재적 삼위일체), (b) 분열 혹은 구별된 이념(자연 세계의 창조와 보존), (c) 유한한 정신에 드러난 이념(소외, 분열 그리고 화해의 역사)으로 구성되어 있다는 것을 분명히 말해준다. 이런 점에서 헤겔의 사상은 애매하다. 그리스도교에서 신의 '구체적인 표상'을 구성하는 것은 삼위일체적인 신의 자기매개라는 점에서 우리는 당연히 그러한 구조를 기대하게 마련인데, 그는 여기서 철학의 세 가지 분과에서 가져온 철학의 삼중구조, 즉 논리적 이념, 자연, 유한한 정신을 제시하기 때문이다. 이는 『철학백과』 §§567-570에서 '계시종교'를 논할 때도 반복되는 삼중구조다.9 여기서는 독특하게도 '성자'(인간학과 그리스도론)가 그 구조의 둘째 계기가 아닌 셋째 계기를 차지하고 있다. 더 정확히 말해서, 성자는 나머지 두 계기에 고루 나눠져 있다. 그 구조에서는 영원한 성자와 신이 창조할 때 사용한 말씀이 둘째 계기로 나타나고(3:87, 99), 육화한 아들, 역사적인 아들이 셋째 계기로 나타난다(3:109 ff). 삼위일체의 셋째 계기인 성령은 일종의 부록이라 할 외적인 삼위일체의 'C. 교회와 제의' 부분에서 다뤄진다. 따라서 그리스도교의 신 이념을 올바로 설명하기 위해서는 철학적 삼중구조의 둘째 계기(자연)와 셋째 계기(유한한 정신)를 결합하여 삼위일체 변증법의 둘째 계기(신의 자기-타자화라 할 수 있는 자연과 유한한 정신의 창조를 통한 신의 자기-구별 혹은 자기-분열)로 통합하고, 외적인 삼중구조의 셋째 계기(교회와 제의)를 삼위일체 변증법의 셋째 계기로 삼아야 한다. 철학적 삼중구조는 사유 자체의 변증법, 즉 삼단논법의 세 가지 논리적 계기들인 보편성(Allgemeinheit), 특수성

---

9 『철학백과』는 1821년 『종교철학』의 배열을 선취하고 있다. 이후의 강의들은 다시 『정신현상학』에 암시되어 있는 배열로 되돌아간다. 헤겔은 두 배열을 모두 실험하고 있다. 하나는 더 그리스도론적이고, 하나는 더 성령론적이다. 이와 관련해서는 *G. W. F. Hegel: Theologian of the Spirit* (Minnea- polis: Fortress Press, and Edinburgh: T&T Clark, 1997), 23-24, 144-145, 275 n. 11에 실린 내 논의를 참고하라. 헤겔이 당면한 딜레마는 부분적으로 다음과 같은 사실, 즉 철학적 삼중구조(Triad)에서 셋째 계기가 유한한 정신으로 규정되면, 그 체계에는 종교와 절대정신의 관계가 들어갈 자리가 없어 보인다는 데 있다. 1802-1803년 초기 체계개요에서, 헤겔은 4단계 분류, 즉 논리학, 자연철학, 인륜적 삶의 철학(유한한 정신) 그리고 '하나된 전체'라 할 수 있는 종교(절대정신)를 보여준다. 하지만 일 년 뒤, 그는 이러한 4단계 분류를 3단계(논리학, 자연, 정신)로 바꿔버린다. 여기서 셋째 부분(정신)은 유한한 정신(인륜적 삶)과 무한한 정신(종교) 모두를 포괄하고 있다. 철학도 전체의 완성으로써 그 셋째 부분에 속한다. 이와 관련해서는 *Hegel: Theologian of the Sprit*, 85과 H. S. Harris가 편집한 *System of Ethical Life(1802/1803)*과 *First Philosophy of Spirit(1803/1804)* (Albany: State University of New York Press, 1979)의 편집자 서문, 특히 6쪽을 참고하라. 그 삼중구조를 그리스도교와 삼위일체에 적용한다면, 그 세 계기는 다음 네 주제와 일치할 것이다. 즉자 대자적인 신의 이념(성부), 자연으로 분열된 이념, 유한한 정신으로 나타나는 이념(인간, 그리스도), 절대자 혹은 성령이라 할 수 있는 이념의 자기 복귀. 둘째와 셋째 주제는 삼위일체의 둘째 계기에 함께 포함된다. 철학적 삼중구조에서 유한한 정신과 무한한 정신은 셋째 계기에서 통합되고, 신학적 삼위일체에서 자연과 유한한 정신이 둘째 계기에서 통합된다.

(Besonderheit), 개별성(Einzelheit)에 근거하고 있다.[10] 하지만 이러한 삼위일체적인 사변은 추상적 통일(보편성), 구별(특수성+유한한 주관성), 복귀(무한한 주관성)라는 계기들이나 헤겔이 1831년『종교철학』에서 마지막으로 사용한 아버지(성부)의 왕국, 아들(성자)의 왕국, 성령의 왕국이라는 계기들로 수정되어야 한다. 이는 변증법의 근본구조를 바꾸지 않으면서 그것을 그리스도교의 신 이념에 맞게 구체적으로 수정한 것이다.

1821년『종교철학』이후에 그는 앞서 논한 방식대로 그 계기들을 수정해나간다. 1821년『종교철학』의 B 부분의 내적인 삼중구조(구체적 표상)의 첫 부분은 1824년과 1827년『종교철학』의 신 이념 전개의 '첫째 요소'(즉자 대자적인 신의 이념, 내재적 삼위일체) 혹은 1831년『종교철학』의 '아버지의 왕국'이 된다. 내적인 삼중구조의 둘째와 셋째 부분은 1824년과 1827년『종교철학』의 '둘째 요소'(표상과 현상 혹은 구별과 화해) 혹은 1831년『종교철학』의 '아들의 왕국'이 된다. 그리고 1821년『종교철학』의 C 부분(교회와 제의)은 1824년, 1827년『종교철학』의 '셋째 요소' 혹은 1831년『종교철학』의 '성령의 왕국'이 된다.[11] 결국 '추상적 개념', '구체적 표상', '교회와 제의'라는 원래

---

10 이와 관련해서는 *Science of Logic*, trans. A. V. Miller (London: George Allen & Unwin, 1969), 600ff., 664 ff.; 그리고 *Encyclopedia*, §§181-93 (The Encyclopedia Logic, 256-271)을 참고하라.

11 이와 관련해서는 3:185-188(1824), 3:271-274(1827), 3:362-263(1831)을 참고하라. 1821년『종교철학』B 부분 제목에 헤겔이 덧붙인 말(이것이 그때에 쓴 것인지, 1824년 강의를 준비할 때 쓴 것인지는 확실치 않다), 즉 '구체적 표상'은 '신의 이념의 전개'라는 '규정'을 포함하고 있다. 그리고 '그것은 스스로 제의가 된다'는 대목에 이미 이러한 변화가 예견되고 있다(이와 관련해서는 3:73 n.39를 참고하라). 존재론적 신 존재 증명을 다루는 강의록의 A부분 '추상적 개념'은 1824년과 1831년『종교철학』에서도 그대로 유지된다. 하지만 1824년과 1831년『종교철학』에서는 '추상적 개념'이 세 가지 '요소들' 혹은 '왕국들' 앞에 배치된다. 그리고 1827년『종교철학』은 이 모든 증명들을 "종교의 개념"에서 다룬다.

의 분석적 도식은 사라지고 이제 내적인 삼중구조가 삼위일체의 계기들로 바뀌게 된다. 내적인 삼중구조의 둘째 계기, 즉 신의 세계 내 출현 혹은 아들의 왕국에서도 여전히 양극단이 존재하지만 그것은 더 이상 자연과 유산한 정신이라는 철학적 구별과 일치하지 않는다. 도리어 그 양극단은 구별의 양상(구별은 자연 세계의 창조뿐 아니라 인간의 소외와 악으로의 타락도 함께 포함한다)이며, 화해의 양상(화해는 단일한 개체 안에 신과 인간의 통일이라는 이념이 나타날 때 이루어진다)이다. 이제 신적인 자아의 퇴각과 복귀가 시작되는 '전환점'은 1821년『종교철학』(3:90-91)[12]에 묘사된 첫째 아담의 창조가 아니라 1824년『종교철학』(3:215)에 묘사된 둘째 아담의 성육신과 십자가형이다.

그리스도가 복귀의 시작이라면, 성령은 그 전체 과정의 완성이라 할 수 있다. 헤겔은 이제 성령론적인 삼위일체론으로 나아가는 것처럼 보인다. 1821년『종교철학』의 배열에서 성자는 신이 세계를 창조할 때 사용한 영원한 말씀이라는 둘째 계기에도 그리고 세상을 떠나면서 자기 대신 성령을 내려 보낸 그리스도라는 셋째 계기에도 나타난다. 하지만 이후의 배열에서는 그 두 성자가 둘째 계기로 통합되고, 성부와 성자가 지양된 마지막 형태로서의 성령이 셋째 계기를

---

12 1821년『종교철학』의 배열은 자연에는 악이 존재하며, 악에서 구원으로의 '전환'은 인간존재의 출현과 더불어 일어난다는 인상을 준다. 하지만 헤겔은 영지주의 방식처럼 결코 자연을 본래 악한 것으로 생각지 않는다. 자연을 신과는 다른 존재로 만드는 '최초의 분리' 혹은 창조적 분리는 선악의 가능조건이기는 하지만, 그 자체가 본래적인 악은 아니다. 1821년『종교철학』에서 소외와 악은 둘째 계기가 아니라 셋째 계기(유한한 정신으로 나타난 이념)에 속한다. 그리고 그러한 소외와 악은 인간의 행위를 통해 발생한다. 신성은 자연에서가 아니라 인간적 악에서 '자기 외부에서의 가장 극단적인 존재방식'에 이른다. 상징적으로 말하면, 그것은 아담으로 시작하여 그리스도의 십자가형에서 그 정점에 이른다. 이것이 바로 '(신성)박탈의 절정'이다(3:91). 1821년『종교철학』에서 그리스도는 둘째 전환점, 즉 구원과 화해의 역사가 시작되는 것을 나타낸다.

이룬다. 첫째 형식에서 성령은 그리스도에 종속된 것처럼 보인다. 그러면 둘째 형식에서는 그리스도가 성령으로 대체되는가? 바로 이 것이 이 책의 8장과 9장에서 다룰 문제다.

헤겔은 '요소들' 혹은 '왕국들'이라는 용어가 문자 그대로 시공간 적인 의미로 해석되어서는 안 된다는 점을 분명히 하고 있다. 그 용어 들은 절대정신의 운동과 영원한 생명, 즉 '전개와 복귀'(자신으로의 전개)를 표현하기 위해 만든 구성적인 언어에 불과하다. 우리는 그것 을 더 엄밀하게 사유(Denken), 표상(Vorstellung), 주관성(Subjektivität) 이라는 세 가지 용어로 나타낼 수도 있다. 달리 말해, 즉자-대자적인 영원한 신의 이념, 감각적 직관과 표상에 나타난 신, 신앙공동체의 상호주관성을 불러일으키는 성령으로서의 신이 바로 그것이다 (3:185-188, 271-274). 둘째와 셋째 계기는 시공간적인 세계에서 일어 나는 그리스도의 삶과 죽음 그리고 성령공동체의 형성과 유지라는 객관적인 지시체를 갖는다. 신의 '표상'은 신에 관한 인간의 사유방 식이 아니라 신이 실제로 드러난 것(vor-stellen)이다.

완성된 종교, 절대종교

헤겔이 그리스도교를 사변적으로 재서술하는 과정에서 그리스 도교에 이름붙인 '완성된 종교'나 '절대종교'와 같은 용어들은 매우 중요하다. 종교들에 관한 철학적 명칭은 그 종교들의 의미가 역사적 인 양상과 원칙적으로 일치하지 않는다는 것을 의미한다. 헤겔은 몇 가지 개념들을 도입하여 그것들을 변증법적으로 연관시키고 있 다. 그는 '차이들'을 '서로-연관시켜'(dia-lectically) 말하고 생각하며,

전체의 분리된 양상들을 '움켜쥐듯'(Be-griff) 파악하고 통합하는 사유방식을 취한다. 그는 단 하나의 범주에 만족할 사람이 아니다.

1821년『종교철학』의 제3부 첫머리에 그리스도교에 붙여진 이름은 '완성된 종교'(die vollendete Religion)다. 헤겔은 그 아래에 '혹은 계시적 종교'(계시종교)(oder offenbare)라는 말을 덧붙이고 있다(3:61). '완성적'이라는 명칭과 '계시적'이라는 명칭이 둘 다 좋았나 보다. 헤겔은 학생들에게 "이 종교는 종교의 개념이 자기로 복귀한 것 혹은 그것이 인간 의식의 객관적인 대상이 된 것이라고 규정한 바 있다"는 점을 환기시킨다. 종교의 개념은 유한한 의식이 절대적 대상과 맺는 관계이며, 궁극적으로 그 둘의 통일은 절대자의 자기-매개 혹은 자기의식이라는 점에서, 그러한 관계가 완전히 계시된 종교가 '완성적' 혹은 '계시적' 종교라는 것이다. 그러한 종교의 개념은 그리스도교에서 완성된다. 왜냐하면 유한자와 무한자, 의식과 대상이라는 양극단이 통일되는 '신의 성육신이라는 무한한 이념'이 그리스도교의 핵심이기 때문이다. 이것이 바로 종교에 관한 '사변적 중심점'이다. 이로써 그리스도교는 '전적으로 사변적인' 종교가 된다(1:245; 3:61 n. 1, 3:125).

그리스도교는 또한 '절대적 종교'(절대종교)다. '절대적'이라는 용어는 어감의 차이는 있지만 '완성된'이라는 용어와 같은 의미다. 그리스도교의 절대성이란 그리스도교 안에서 종교 개념, 즉 신적인 것과 인간적인 것의 관계가 완성되고, 풍부하게 실현된다는 것을 뜻한다. 헤겔에게 '절대적'이라는 용어는 정적인 개념이 아니라 동적이고 관계적인 개념이다. 절대정신은 만물과 전적으로 연관되어 있다. 절대정신이란 바로 그런 관계성이다. 신은 자기 내부에서 절대적으로 자유롭다. 신이 타자를 자유롭고 독립적인 존재로 '방출하는'(entläßt) 것도 바로 이러한 절대적 자유 안에서다. 그렇게 방출된(entlassen) 타자가 바로 이 세계다(3:292).13 신이 방출한 세계는 신이 호혜적으로 관계하는 진정한 의미의 타자다. 타자는 자신을 외부에서 제한하고 통제하는 절대자를 '넘어선'(초월한) 곳에 존재하지 않는다. 즉, 신적인 삶은 모든 것을 포괄한다.14 '방출하다'는 뜻의 독일어 동사 ent- lassen은 '~로부터 놓아주다' 혹은 '해방시키다'라는 뜻의 라틴어 동사 absolvere와 같은 뜻으로, 영어의 형용사 absolute도 이 동사에서 유래한 것이다. 헤겔이 release라는 동사와 absolute라는 개념을 연관시키는 것은 그가 absolute라는 개념을 관례적인 용법과는 완전히 다른 의미로 사용하기 때문이다.

absolute를 이러한 의미로 변용한 사례는 위-디오니시우스(Pseudo-Dionysius)에게서도 나타난다. 그는 한편으로는 전체로부터 절대적으로 방출된 존재자를 초월해 있는 신을 말하기도 하고, 다른 한편으로는 인간에서 신으로, 신에서 인간으로의 이중적 전환을 말하기도 한다. 신비적 묵상에 들어간 사제는 "존재자를 초월해 있는 신적인 암흑의 빛"으로 "녹아드는 전환"을 통해 고양된다. 그리고 신은 그저 자기와만 관계하는 것이 아니라 모든 존재자들을 존재하게 한다. 그런 점에서 신은 모든 존재자를 자신으로부터 산출한다.15

---

13 이와 관련해서는 『철학백과』, §244 (*The Encyclopedia Logic*, 307)도 참고하라.

14 비이원론적 타자를 과연 인식할 수 있는가 하는 문제는 결론 장에서 다룰 것이다. 이 문제는 헤겔과 레비나스의 차이를 결정적으로 보여준다.

15 Pseudo-Dionysius Areopagite, *The Divine Names and Mystical Theology*, trans. John D. Jones (Milwaukee: Marquette University Press, 1980), 3-4, 145, 211, 222. 위-디오니시우스(Pseudo- Dionysius)는 헤겔의 *Lectures on History of Philosophy*, ed. Robert F. Brown, vol

이러한 비유적 언어를 헤겔에게 적용한다면, 우리는 이렇게 말할 수 있다. "신이란 방출된 것이자 동시에 방출하는 것이며, 자신을 전적으로 보존하면서도 동시에 전적으로 방출하는 것이다." 신과 인간 사이에서 일어나는 이러한 두 가지 방식의 방출운동이 '종교'를 구성한다.

1824년 『종교철학』에서 헤겔은 다음과 같이 말한다. "그리스도교에서는 보편적인 정신과 개별적인 정신, 무한한 정신과 유한한 정신이 서로 분리되지 않는다. 이 둘의 절대적인 동일성이 곧 종교다. 그리고 절대종교란 바로 이러한 내용에 대한 깨달음이다. […] 따라서 우리는 여기서 드러나는 그 전체, 즉 절대자가 바로 종교라고 말할 수 있다." 그리고 그러한 종교가 바로 관계성의 종교다. '절대자'라는 말은 '언제나 우리를 초월해 있는 대상'으로만 인식되는 그런 '신의 위엄'을 뜻하지 않는다. 얼핏 보면, 신학은 신을 의식 외부의 대상으로 간주하는 것처럼 보이지만, 절대종교의 개념이 뜻하는 것은 "그런 외적인 대상이 아니라 주체와 대상의 통일, 즉 대상이 주체 내부에 존재하는 방식이라 할 수 있는 종교 그 자체다"(3:165-166). 절대종교는 주관성과 실체라는 두 가지 특성을 동시에 갖고 있다. "이러한 주관성은 […] 무한자의 형태, 즉 자신을 내적으로 분리시킬 수 있고, 자신을 자신의 대상으로 삼을 수 있는 실체의 무한한 탄력성이다"(3:169).

---

3 (Berkeley and Los Angeles: University of California Press, 1990; Oxford: Oxford University Press), 52, 61에 언급되고 있다. 하지만 헤겔은 위-디오니시우스의 작품을 라틴어로 번역했던 에리게나(John Scotus Erigena)와 그에 관한 글을 썼던 그레이트(Albert the Great)만 언급하고 있다. 하지만 헤겔은 위-디오니시우스의 사상적 토대였던 프로클로스(Proclus)에 대해서도 매우 박식했다.

헤겔이 말하는 절대자란 초월적인 것, 불변하는 것, 분리된 것, 단절된 것, 탁월한 것, 최고의 것, 무관계적인 것과는 완전히 다른 것이라고 말하는 것이 아마도 가장 명쾌한 설명법이 아닐까 한다. 그런 의미에서 원전비평 연구판 제11~12권의 『종교철학』16 때문에 그리스도교가 흔히 '절대종교'로 인식되었다는 점은 참으로 안타까운 일이다. 헤겔은 그리스도교를 '절대종교'라 부르는 것을 그리 좋아하지 않았다는 것을 그들은 몰랐던 것 같다.

하지만 헤겔이 의도한 대로, 역사적으로 하나의 특정한 종교에 불과한 그리스도교가 종교 개념의 완성이나 신의 절대적 관계성이 될 수 있다면, 그런 이름을 붙이는 것도 그리 부적절해 보이진 않는다. 헤겔은 이러한 동일화를 옹호했다. 하지만 종교의 역사적 상대성을 받아들이고, 종교다원주의를 지지하는 포스트모더니즘의 관점에서 볼 때, 이러한 '완성된 종교'나 '절대종교'라는 용어는 그저 하나의 이상일 뿐이다. 왜냐하면 역사의 운동에서 그런 이상은 결코 완전히 실현된 적이 없으며, 또한 언제나 새로운 가능성을 열어두고 있기 때문이다. 이러한 관점에서 보면, 종교의 개념이 완성되고, 신이 절대적으로 관계적인 것이 되는 것은 오로지 종교들의 역사 전체를 통해서라고 말할 수 있다. 그러한 역사는 무한히 풍부한 역사요, 끝없이 개방된 역사다.

---

16 『종교철학』은 '동료들의 공동작업'으로 출판된 헤겔 전집판의 11-12권으로 처음 출판되었다. 『종교철학』의 첫 판본은 마라이네케(Phillip Marheineke)가 1832년에 편집하였고, 둘째 판본은 마라이네케와 바우어(Bruno Bauer)가 1840년에 편집하였다. 이 편집판의 제3부에는 '절대종교'(Die absolute Religion)라는 제목이 붙어 있다.

계시적 종교, 계시된 종교

이미 살폈듯이, 헤겔이 그리스도교를 특징짓는 데 사용하고 싶어한 또 다른 표현은 '계시적'(offenbar)이라는 용어다. 이는 포스트모던적 감수성에도 잘 와 닿는다. 헤겔이 1821년『종교철학』의 도입부에서 그리스도교의 특징들을 설명할 때, 실제로 가장 강조한 것도 완성이나 절대성이 아니라 '계시성'이다.

> 그리스도교는 계시종교다. 그리스도교에서는 신이 무엇인지가 있는 그대로 계시된다. 이는 역사상 존재했던 그 어떤 종교에서도 일어나지 않은 것이다. 계시(Offenbarung)와 현시(Manifestation)야말로 그리스도교의 특징이자 내용이다. 말하자면, 계시와 현시는 신의 존재가 의식에 주어지는 것이다. […] 신은 처음으로 특수한 존재로, 객관적인 존재로, 유한자의 형태로 스스로를 드러낸다(3:63).

그리스도교는 계시종교다. 왜냐하면 '계시'(Offenbarung)야말로 그리스도교의 신을 특징짓는 속성이기 때문이다. 이후의 강의들은 이 점을 아주 명백하게 보여준다. 1824년『종교철학』은 '계시'라는 단어는 "무한한 주관성 혹은 무한한 형식이 빚는 최초의 분열을 가리킨다"고 말한다. 이는 타자를 향해 존재하게 되는 것(대타존재)을 의미한다. 이러한 계시 혹은 자기-현시가 정신 자체의 본성이다. 자신을 계시하지 않는 정신은 진정한 의미의 정신이 아니다. […] 타자를 향해 존재하는 것, 자신을 계시하는 것이 정신의 본질이다(3:170). 1827년『종교철학』역시 신은 본질적으로 계시적이자 자기-현시적이라고 주장한다. 플라톤과 아리스토텔레스가 신비적 제의들에 맞서 논했던 것처럼, 신은 질투하지 않으며, 자신을 감추거나 숨기지 않는다. 신이 계시하는 것은 그저 자신에 관한 더 많은 진리와 정보가 아니라 자신의 본질이 계시성과 자기-소통이라는 것이다. 이것이 곧 신이 '정신'이라는 말의 의미다. 왜냐하면 정신은 본질적으로 정신을 향한 존재, 즉 관계하고, 계시하며, 자기-개방하고, 자기-분열하는 정신이기 때문이다(1:382-383; 3:250-251).

하지만 그리스도교는 '계시된'(geoffenbart) 종교이기도 하다. 그리고 이것이 사실상 그리스도교를 부르는 더 관례적인 방식이다.17 '계시된'이라는 말은 직접적 현현, 성서 혹은 권위 있는 전통을 통해 역사적이고 실정적인 방식으로 주어진 것을 말한다. 헤겔은 '계시된'이라는 말을 그런 뜻으로 사용한다. 하지만 신이 계시되어 있다는 말의 첫째 의미는 신이 본질적으로 계시적이고, 현시적이라는 것을 뜻한다고 그는 주장한다(3:170-1, 252). 과거분사 geoffenbart는 현재시제 동사 offenbaren과 그것의 형용사 offenbar 그리고 명사 Offenbar-ung과 Offenbarkeit에서 파생된 것이다. 계시된 것은 다름 아닌 계시함과 드러냄이다. 신은 자신과 다른 대상이나 내용을 계시하지 않는다. 이렇게 계시된 것과 계시하는 것이 같다는 그의 주장은 이성이냐 계시냐를 둘러싸고 벌였던 후기 계몽주의의 모든 논쟁이 순전히 엉터리였음을 알려준다. 계시된 것은 엄밀히 말해 이성과 진리가

---

17 『정신현상학』, 7장 C의 첫머리에는 그리스도교가 '계시적 종교'(Die offenbare Religion'로 표기되지만, 『철학백과』, §§564 ff에는 그리스도교가 '계시된 종교'(Die geoffenbarte Religion)로 표기되어 있다. 안타깝게도 지금까지의 번역에서는 이 두 용어가 제대로 구별되지 않고 있다. 헤겔은 그 두 용어를 함께 사용하지만, 『종교철학』은 이 둘 중 '계시적 종교'라는 제목을 더 많이 사용하고 있다.

스스로를 드러내고 계시하는(offenbar) 과정이다.

　　1821년 『종교철학』은 신의 역사적인 계시를 가볍게 대충 다뤘지만, 1827년 『종교철학』은 이 부분을 무척 강조하고 있다. 그리스도교의 정신성뿐만 아니라 실정성도 함께 인식되어야 하다(3:251-262). 그리스도교는 진리가 외부의 권위를 통해 감각적이고 역사적인 방식으로 매개된 '실정적인' 종교다. "의식에 주어진 모든 것은 의식에 객관적인 것이기 때문이다. 신과 그리스도교를 포함한 모든 것은 외부로부터 우리에게 주어져야 한다"(3:252). 물론 외부로부터 우리에게 주어진 것도 내부적으로 전유되어야 한다. 그리고 그 과정에서 그것은 우리가 직관적으로 혹은 잠재적으로 인식하고 있는 것과 결합된다. 이로써 외부로부터 우리에게 주어진 것도 이성적이고 내면적인 것으로 드러난다. 칸트의 소박한 주관성 이론이나 플라톤의 소박한 상기론을 헤겔은 그리 탐탁케 생각지 않는다. 그들에게 진리는 감각적이고 죄 많은 인간 본성 안에 미리 주어져 있는 것이다. 진리는 객관적인 진리들, 교리들, 율법들, 개인들 그리고 실천적 형식으로 주어지는 외부적 교육과정을 통해 주어지고, 일깨워져야 한다. 따라서 신도 자신을 외부적이고, 감각적이고, 역사적인 형태로 드러내야 한다. 신의 계시는 역사적 매개를 필요로 한다.

　　하지만 헤겔은 역사적인 매개의 필연성에도 불구하고 그리스도교에서 계시된 본질적으로 이성적인 진리는 그리스도교의 실정성이 아니라 자신의 정신성에서 도출된 것이며, 그러한 진리는 역사적인 증명들이나 기적들 혹은 증언들이 아니라 오직 정신의 증언을 통해서만 입증될 수 있다는 점을 강조하고 있다(3:254-257). "그러한 정신적인 것은 비정신적인 것, 즉 감각적인 것을 통해 직접적으로 입증될 수 없다." 헤겔은 성서의 내용들 가운데 기적을 아무런 가치가 없거나 증명할 거리가 되지 못하는 것으로 제쳐두는 대목에 관심을 기울인다. 예컨대 이집트의 마법사들이 모세의 기적을 모방했을 때, 그리스도가 '표식과 경이로움'으로서의 기적은 진리의 기준이 될 수 없다고 부정하는 대목이 그것이다.

이는 무엇을 의미하는가? 헤겔이 말하는 정신의 증언(Zeugniß des Geistes)이라는 표현은 양의적인 혹은 이중적인 의미를 담고 있다. 한편으로, 그것은 신의 정신 혹은 성령의 증언을 뜻한다. 성령의 증언은 인간 주체 내에 진정한 신앙을 일깨우고, 신앙공동체를 형성하고 유지시킨다. 다른 한편으로, 그 표현은 정신적 진리 혹은 성령을 향한 인간 정신의 증언을 뜻한다(이와 관련해서는 1:337 n. 149를 참고하라). 이 두 의미는 사실 하나의 진리가 갖는 두 가지 측면이다. 왜냐하면 신의 정신은 오로지 인간의 정신을 통해서만 증언하기 때문이다. 인간 정신의 운동과 분리된 신의 증언이란 존재하지 않는다. 인간 정신의 운동은 자율적이고 독자적인 운동이 아니라 신성하고 보편적인 성령의 내적 노동이다. 그래서 헤겔은 이렇게 설명한다. "역사에 나타나는 모든 고귀하고, 고결하고, 신적인 것은 우리에게 내적으로 말한다. 즉, 그 증언은 우리의 정신 안에 존재한다." 이러한 증언은 일종의 '일반적 공명' 혹은 명시적인 신앙, 통찰 그리고 사상에 대한 공감으로 규정될 수 있다. 헤겔은 철학이야말로 정신의 증언이 나타나는 최고형태라고 생각한다. 하지만 사람들의 정신적 단계가 서로 다르기 때문에, 그래서 대부분의 사람들은 아직도 진리를 외부적인 권위와 감각적인 경험에서 구하고자 한다는 것도 알고 있다 (3:254-256).

혜겔이 성서를 언급하는 것도 이와 관련해서다. 그리스도교 교리는 성서에 실정적인 방식으로 주어져 있다. 우리가 그 교리에 영향받거나 그 교리를 전유한다면, 그것은 우리 내부에서도 주관적으로 공명해야 한다. 그리스도교인에게 성서는 "자신들에게 영향을 주고, 그들 내부에 울림을 주는 그리고 그들의 신념에 확신을 주는 근본적인 토대다." '공명'의 비유는 일종의 영적인 조율이나 상호작용을 의미한다. 이러한 공명에 기초해서 인간들은 성서와 그 내용을 생각하게 되고, 성서의 내용을 그저 읽는 것을 넘어 그것을 해석하는 신학으로 나아가게 된다. 모든 사람, 심지어 악마조차도 성서를 인용할 수 있다(3:258 n. 29). 하지만 그들은 결코 신학자가 될 수는 없다. 성서에 나타난 단어의 의미를 규정하기 위해 설명과 주석과 해석을 도입하는 순간, 우리는 문자적인 텍스트를 넘어 추론과 반성과 사유의 과정으로 나아가게 된다. 성서 자체는 다음과 같은 사실을 지적하고 있다. "문자는 생명을 앗아가고, 성령은 생명을 부여한다." 따라서 혜겔은 어떤 정신이 우리를 일깨우고, 어떤 정신이 실정적인 것에 생명을 부여하는가 하는 것이 문제라고 말한다. 인간의 정신은 종교의 모든 것을 인간의 자율성으로 환원하는 것인가? 아니면 스스로 운동하고 계시하는 신의 정신을 증언하는 것인가?

1827년 『종교철학』에서 혜겔은 그리스도교의 정신성(계시하는 것)과 실정성(계시된 것)에 관한 논의를 마무리한다. 현재의 논의에서 "우리는 단순히 역사적인 방식으로 작업해서는 안 된다. 물론 그러한 방식이 외적인 문제들을 다루는 출발점이기는 하지만 그것은 반드시 개념적인 방식으로 나아가야 한다"(3:262). 『종교철학』은 종교를 단순히 역사적으로 서술하기보다 철학적 학문에 적합한 개념적 방식으로 재서술한다. 참된 신학적 작업을 구성하는 개념적 방식은 그리스도교의 역사성을 결코 부정하는 것이 아니다. 도리어 그것은 역사성에 내재한 참되고, 현실적이고, 이성적이고, 정신적인 것을 파악한다. 개념이 사용하는 방법은 경험적인 것이 아니라 사변적인 것이다. 우리는 '사변적 재서술'이라는 주제를 이 장의 마지막 부분에서 집중적으로 다룰 것이다.

진리, 자유 그리고 화해의 종교

우리가 다룰 그리스도교의 마지막 특징은 그것에 담긴 윤리적이고 신학적인 내용이다. 이는 앞서 다룬 '완성된' 혹은 '계시적'과 같은 그리스도교의 형식적인 특징과는 구별되는 것이다. 첫째, 그리스도교는 진리의 종교다. 이는 그리스도교가 역사적으로 정확히 일치한다는 것이 아니라 그 내용이 '참되다'(진리)는 것을 의미한다. 하지만 신은 곧 진리라는 점에서 신은 곧 내용이다. 그리고 진리에 관한 참된 인식은 진리를 정신으로, 자기-현시하는 것으로, 즉자-대자적으로도 진리이고 우리에게도 진리인 것으로 인식하는 것이다(3:64). 1821년 『종교철학』에 나타난 이러한 특징들은 앞서 언급한 특징들을 반복하는 것이다. 1824년 『종교철학』도 약간 다른 접근법을 사용하기는 하지만 결국은 동일한 결론에 이른다. '진리'란 객관적인 것에서도 낯섦을 느끼지 않는 것이다. 진리의 종교인 그리스도교에서, 정신을 향해 있는 것은 곧 정신이다. 정신은 자신을 전제이자 결과로, 주체이자 객체로 바라보는 '영원한 직관'이다. 진리란 주체와 객체의 '상호적 타당성'이다(3:171).

그러한 의미에서 그리스도교는 자유의 종교다. 다소 추상적으로 규정된 이 자유는 '자신에게 낯설지 않은 대상과 관계하는 것'을 뜻한다. "이러한 규정은 진리의 규정과도 일치한다. 자유의 경우에는 차이 혹은 타자성의 부정이라는 계기가 강조되고, 그래서 자유는 화해의 형태로 드러난다는 점만 빼면 말이다"(3:171). 차이는 소외의 형태를 가정한다. 소외는 신과 인간의 관계에서 나타나는 분열뿐 아니라 (이러한 분열이 화해를 요청한다), 인간 상호 간의 관계에서 나타나는 예속, 억압, 부정과 같은 분열도 포함한다. 이러한 인간적 분열로부터의 해방이 필요하다. 그리스도교는 해방의 종교다. 거기에는 예속적 상태로부터의 해방도 포함된다(3:172, 340). 그리스도교는 고대 동양의 군주제에서처럼 단지 한 사람만이 자유롭거나 그리스와 로마에서처럼 소수만이 자유로운 것이 아니라 모든 사람이 자유로운 종교다.

1824년 『종교철학』은 그리스도교와 유한한 종교들의 관계를 설명하는 대목에서 이러한 자유의 특성을 특별히 강조하고 있다. 자유의 종교는 자연종교와 유한한 정신의 종교라는 앞선 두 단계를 통일하고 완성하는 셋째 종교 형태다. 왜냐하면 자유의 종교에서는 "정신의 객관성과 자기-소유의 자유가 평등하게 주어져 있기 때문이다"(3:172-173). 자기-소유 혹은 자기-관계적 존재(Beisichselbstsein)야말로 자유의 본질적인 특성이다. 이는 일반적으로 알려진 개인주의적 자유 개념이 아니다. 왜냐하면 자기와 함께 있음은 타자와 함께 있음을 통해 이뤄지기 때문이다. 이때의 타자란 자율적인 개인들이 아니라 자유로운 제도들이다. 이러한 제도들이 자유를 실현하는 데 결정적인 역할을 한다. 그리스도교에서는 이러한 제도가 자유로운 공동체인 교회의 형태로 나타난다(이와 관련해서는 9장을 참고하라).

더 나아가 1831년 『종교철학』에서도 자유는 종교의 역사가 지향하는 궁극적인 목적으로 강조되고 있다. 거기서 헤겔은 종교적 의식이 분열과 소외를 극복하는 자유의 과정을 설명하기 위해 페르시아 종교, 유대교, 이집트 종교 그리고 특히 그리스 종교까지 거슬러 올라가 설명하기 시작한다. 그리스도교는 그런 유한한 자유의 종교들과 대비되는 절대적 자유의 종교로 묘사되고 있다(2:736-760; 3:359-360). 이 마지막 강의에서 헤겔은 정치-사회적인 문제들(이는 당시 프랑스와 영국에서 일어난 사건들로 인한 것이다)과[18] 종교와 국가라는 두 영역에서 자유를 실현할 수 있는 방법에 각별히 많은 관심을 기울이고 있다(1:451-460).

결국 그리스도교는 화해의 종교다. 이는 주로 세계와 신의 화해를 의미한다. 왜냐하면 세계는 신으로부터 분리되고, 우상들에 대한 의식이라 할 수 있는 "유한한 의식에 고착되어 있기 때문이다. [···] 이러한 분리를 중단시키는 것은 신에게로 되돌아가는 것이다"(3:65). 이러한 되돌아감은 자율적인 인간의 능력이 아니라 세계와 자신을 화해시키는 신의 능력을 통해서만 가능하다. 이것이 바로 종교의 중심주제다. 실제로 우리는 1827년 『종교철학』에서 신과 인간의 암묵적이고 명시적인 화해가 곧 '모든 종교적 의식의 토대'라는 점을 확인한 바 있다. 1824년 『종교철학』은 이 점을 더 명확하게 설명한다. "화해는 서로 대립하는 구별된 실체들, 즉 자신의 본질로부터

---

18 특히 1830년 7월 혁명에서 부르봉 군주제의 종말 그리고 1831년 영국 의회의 선거법 개정. '영국의 선거법 개정'에 관한 헤겔의 논문은 그가 죽기 전에 출판한 마지막 저술이었다. 이와 관련해서는 *Hegel's Political Writings*, trans. T. M. Knox, ed Z. A. Pelczynski (Oxford: Clarendon Press, 1964)를 참고하라.

소외된 세계를 마주하는 신에게서 시작된다. [⋯] 화해는 이러한 분리나 분열에 대한 부정이자 서로가 타자 속에서 스스로를 인식하는 것, 즉 자신의 본질 안에서 자신을 발견하는 것을 뜻한다. 결국 화해란 자유다. 그것은 그 어떤 부동의 침묵도 아니다. 화해는 소외를 극복하는 운동이다"(3:171-172). 신과 세계의 통일 혹은 신과 인간의 통일은 신적인 생의 내부에 암묵적으로 이미 현존하는 것이다. 그것이 세상에 실현되려면 그것이 명시적으로 드러나야 한다. 이를 위해서는 운동과 행위가 필요하다. 첫 운동은 신이 그리스도의 형태로 세계에 등장하는 것이다. 즉 신 자신은 소외와 죽음의 고통을 경험한다. 그리고 십자가에 못 박힌 그리스도는 그리스도교인들의 화해 과정에 있어서 핵심적인 위치를 차지한다(이 책의 8장을 참고하라). 하지만 그것은 인간이 그러한 소외의 극복을 위한 운동과 노동에 동참해야 한다는 것을 의미한다. 여기서 화해는 해방의 형식을 취한다.

우리는 그리스도교를 규정하는 세 가지 운동, 즉 진리, 자유, 화해 모두가 실은 "하나의 보편적 과정을 구성한다는 것, 그래서 그 과정은 결코 일면적으로 파악된 하나의 단순한 명제로 표현될 수 없다는 것을 알고 있다"(3:172). 이미 말했듯이, 이것이 바로 헤겔이 말하는 변증법적 과정의 특성이다. 개별적인 특성들은 전체를 이루는 각각의 요소들이며, 전체는 그러한 각각의 요소들을 포괄하고 연결시킨다. 우리는 그 전체를 단번에 파악할 수는 없고, 다만 그 명제들의 복잡한 상호작용을 통해서만 파악할 수 있다.

그리스도교 거대담론의 사변적 재서술

혜겔의 의도는 종교를 역사적으로 서술하려는 것이 아니라 철학적으로 이해하려는 것이다. 그리스도교의 관점에서 보면, 그는 그리스도교의 거대담론을 사변적으로 재서술하는 것이다.[19] 바로 그것이 『종교철학』의 전체 내용, 즉 종교의 개념에서 출발하여 유한한 종교들을 거쳐 완성된 종교에 이르는 전체 과정을 이룬다. 그리스도교 거대담론은 근본적으로 통일, 구별, 화해, 혹은 성부, 성자, 성령이라는 세 가지 요소로 전개되는 삼위일체적인 신의 이야기다. 이러한 거대담론은 종교의 역사 전반을 통해 드러난다. 그리고 바로 그 과정이 그리스도교 이야기를 탄생시키는 장치다.

하지만 종교들의 역사를 다루기에는 그리스도교 거대담론에 대한 혜겔식의 독특한 설명방식보다는 그리스도교의 일반적인 설명방식이 더 적절하지 않은가? 거기에도 삼위일체의 구조나 삼중적인 구조가 들어 있으니 말이다. 이러한 삼중구조는 그리스도교뿐만 아니라 힌두교의 삼신일체(trimurti), 즉 세계의 창조신 브라만(Brahmā), 유지신 비슈누(Vishnu), 파괴신 시바(Siva)로 구성된 삼주신, 불교의 깨달음(해탈, 열반), 도교의 음양오행설(yin-yang), 피타고라스와 플라톤의 삼중성 그리고 신플라톤주의와 영지주의의 사변적 사유 속에

---

19 이와 관련해서는 Emil Fackenheim, *The Religious Dimension in Hegel's Thought* (Bloomington, Ind.: Indiana University Press, 1967), esp. chap. 6, "the transfiguration of Faith into Philosophy"와 Cyril O'Regan, *The Heterodox Hegel* (Albany: State University of New York Press, 1994), esp. chap. 7, "Representation and Concept: Speculative Rewriting"을 참고하라. 그리고 *Modern Theology* 11 (July 1995): 385-386에 실린 오레건의 책에 대한 나의 서평을 참고하라.

서도 다양하게 나타난다. 사실 헤겔도 이미 알고 있었다. 그는 그러한 다양한 삼중구조의 형태들을 언급하고 있을 뿐만 아니라(3:80-86, 286-289), 이미 살폈듯이, 그리스도교의 삼위일체를 설명하기 위해서는 논리적인 삼중구조(보편성, 특수성, 개별성)나 철학적인 삼중구조(이념, 자연, 정신)가 적절히 활용되어야 한다는 것도 알고 있었다. 논리적이고 철학적인 삼중구조가 아마 더 근원적이고 보편적인 구조일 것이다. 나는 이 문제를 10장에서 집중적으로 다룰 것이다.

헤겔은 그리스도교 거대담론을 직접적으로 설명하기보다 그것을 사변적으로 재서술(변형)한다. 헤겔은 이원론적이고 신화적인 세계관, 순차적인 시공간, 표상적인 언어로 기술된 고전적 거대담론에는 심각한 결함이 있다고 생각한다. 가장 심각한 결함은 신과 인간이 분리되어 있고, 이 세계는 존재론적으로 불완전한 영역이며, 신은 이 세계에 초자연적인 방식으로 개입하고 있다는 점이다. 헤겔은 근대성의 비판들에 응답할 뿐만 아니라 신의 생에 이야기 구조(서사)를 도입하는 새로운 대안을 마련하고자 한다. 내재적 삼위일체란 아르키메데스적인 토대가 아니라 계시적인 운동 전체, 즉 신과 세계 모두를 포괄하는 경륜적 삼위일체나 포괄적 삼위일체의 한 요소에 불과하다. 자기-계시하는 신이 곧 정신이다. 정신은 신적인 것의 한 측면이나 위격이 아니라 모든 행위와 과정, 이야기, 삼위일체적인 전개까지도 포괄한다.

이러한 재서술의 주요한 수단은 은유, 상징, 이야기로 표현된 표상적인 언어를 사변적인 개념으로 번역하는 것이다. 그리스도교 거대담론을 탈신화적으로 풀어가는 과정에서 서사적인 관계들은 논리적인 관계들로 바뀐다. 헤겔은 당시를 지배하던 적대적인 탈신화화(주관주의자, 유물론자, 무신론자)에 반대하면서, 그리스도교 거대담론의 신학적 의미와 심오한 통찰을 보존하는 자신만의 우호적인 탈신화화를 전개한다.[20]

하지만 이러한 전략에도 몇 가지 위험 요소가 있다. 어떤 비판가들은 그 위험을 과장하여, 헤겔은 목욕물을 버리려다 아기까지 함께 버린 꼴이라 말하기도 한다.[21] 헤겔은 이렇게 말한다. "다른 점이 있다면, 그것은 내용으로부터 표상에 속하는 것만을 따로 분리시키는 것이다. 물론 그 과정에서 철학이 내용까지 함께 제거한다는 비난을 듣는 것도 사실이다. 이러한 변형이 내용 자체도 파괴하게 되리라는 것이다"(1:397). 그렇다면 헤겔이 그리스도교의 주제들을 변형한 것은 그것을 파괴한 것인가 아니면 해체하고 재구성한 것인가? 이것이 바로 앞으로 다룰 해석적 과제다. 여기서는 대신 몇 가지 질문으로 논의를 마무리하고자 한다. 과연 적대적인 탈신화화에 맞선 우호적인 탈신화화가 그리스도교 신앙을 수호하는 가장 효과적인 방법이라 할 수 있는가? 신학과 종교가 사용하는 은유들은 철학적 개념들 속에서도 여전히 울림을 주는가? 아니면 말살되고 마는가? 그리스도교 거대담론에 대한 헤겔의 이단적 접근은 성서의 신앙이 말하는 역동적인 신에 더 가까이 다가가는 것인가? 아니면 이단의 길로 빠지는 것인가?

---

20 이는 오레건(Cyril O'Regan)이 만든 공식을 차용한 것이다. 이와 관련해서는 n. 19를 참고하라.

21 오레건은 헤겔에 관한 탁월하고 섬세한 해석을 보여주고 있다. 하지만 그것은 단지 그의 관점일 뿐이다. 그는 헤겔이 영지주의와 신플라톤주의 그리고 신비주의의 요소들을 결합하고 있다는 점에서 정통설의 전통을 '벗어났다'고 생각한다. 왜냐하면 그 요소들은 창조자-피조물 모델에 따라 신과 세계를 이해하는 그리스도교의 전통을 뒤집는 것이기 때문이다. 영지주의의 유산에 관한 오레건의 관심은 *The Heterodox Hegel*보다 *Gnostic Return in Modernity* (Albany: State University of New York Press, 2001)에 더 자세히 나와 있다. 이와 관련된 더 자세한 논의는 11장을 참고하라. 거기서 나는 데즈몬드(William Desmond)의 헤겔 비판도 함께 다루고 있다.

5장
개념과 인식 그리고 신앙

종교의 개념과 신의 개념

우리는 이제 신의 개념을 다루는 두 장 가운데 첫째 부분을 시작한다. 첫째 부분은 개념과 인식 그리고 신앙을 반성하는 철학적 신학의 형태를 취하고 있다. 여기에는 신 존재 증명에 관한 논의도 들어있다. 반면 둘째 부분은 그리스도교의 삼위일체론에 관한 구체적인논의를 펼치고 있다. 물론 이 두 접근법 사이에 구조적 일관성이 있기는 하지만 사실 그것은 일반적인 논의가 구체적인 논의로 발전되는과정으로 이해되어야 한다. 신에 관한 일반적 개념은『종교철학』의제1부 "종교의 개념" 논의의 핵심이고, 삼위일체론은 제3부 전체가직간접적으로 관심을 기울이는 그리스도교 신 이념의 핵심이다. 신의 개념이야말로 헤겔 철학이 밝히고자 하는 핵심이다. 이미 살폈듯이, 헤겔은 1821년『종교철학』의 도입부에서 신은 만물의 시작이자끝이요, 철학의 유일무이한 대상, 즉 철학의 유일한 주제라고 선언하고 있다.

"종교의 개념"에 관한 헤겔의 논의는 수년간에 걸쳐 진화해나갔다. 1821년『종교철학』제1부에서 그는 '종교적 입장에 관한 학문적 관점'에 초점을 두고 있으며, 종교가 예술 및 철학과 맺는 관계에 대한 논의로 마무리한다.[1] 1824년『종교철학』은 '경험적 관찰'에서 '사변적 종교 개념'으로 이행한다. 그는 방대한 논의 끝에 결국 다음과 같은 통찰에 이른다. "종교의 개념이란 실체적인 자기-통일(신에 관한 추상적 개념), 자기-구별(신에 관한 인식), 자기-복귀(신에 대한 예배)라는 세 계기가 곧 자기-매개하는 절대정신이다." 1824년『종교철학』은 이 가운데 둘째 계기와 셋째 계기를 신에 대한 '이론적' 관계와 '실천적' 관계에 대입하여 더 깊이 분석해 들어간다(1:328-364). 반면에 첫째 계기는 제2부와 제3부에서 뒤늦게 다뤄진다. 거기서 그 계기는 구체적인 종교들과 연관하여 신 존재 증명을 논의하는 기본 틀이된다. 이는 1824년『종교철학』이 제1부에서 신에 관한 개념을 제시하는 방식과 매우 유사하다.

1827년『종교철학』은 1821년과 1824년에 논의한 종교의 개념에 관한 예비적 고찰을 건너뛰고 종교의 개념에 알맞은 내용이라 할 신의 개념에 관한 설명으로 곧장 들어간다. 그 설명은 다음 세 단계, 즉 신에 관한 추상적 개념, 종교적 의식 혹은 신에 관한 인식, 제의 혹은 예배(1:366 n. 6)로 전개된다. 이와 관련한 1821년과 1824년 자료들은 매우 깔끔하게 복원되어 있다. 1831년 강의는 1827년의 강의구조를 그대로 따르면서 부분적으로 약간만 각색하고 있다.[2]

---

1 '종교적 입장'의 핵심은 유한한 의식이 무한자와 맺는 관계다. 사변적으로 표현하면 이는 무한자의 자기복귀다. 따라서 신의 개념은 종교의 개념 안에 포함된다. 하지만 1821년『종교철학』은 이 점을 분명히 밝히지 않는다.

이 장의 내용은 필요에 따라 다른 강의 자료도 통합적으로 활용했지만 대체로 1827년『종교철학』에 근거한 것이다.[3]

신에 관한 추상적 개념

이 내용은 오직 1827년『종교철학』에만 나온다. 물론 다른 강의에도 이와 유사한 내용이 나오긴 하지만 거기서는 그것이 신 존재 증명들을 보여주는 수단으로 사용되고 있다. 그러한 증명들이 구체적인 종교마다 갖고 있는 신에 대한 '추상적 개념' 혹은 '형이상학적 개념'을 이룬다. 그리고 그러한 개념들은 제2부 "유한한 종교"와 제3

---

[2] 1:464-473(이와 관련해서는 이 부분에 대한 편집자 주를 참고하라). 슈트라우스의 발췌문을 보면, 1831년『종교철학』의 제1부는 1824년과 1827년『종교철학』에서 다룬 다양한 주제들을 다만 선별적으로 다루고, 주로 신의 개념과 종교의 개념 사이의 관계를 집중적으로 다루고 있다. '종교의 토양'은 사유다. 사유는 보편자의 활동이다. 신은 실체 일반일 뿐만 아니라 자기-인식하는 실체 혹은 주체이기도 하다. 신은 인식하는 자이자 동시에 인식의 대상이며, 주체이자 동시에 신적 인식의 대상이기도 하다. 신은 인간에게서 자신을 인식하고 사랑하며, 인간은 신에게서 자신을 인식한다. 이것이 곧 종교의 개념, 즉 "신은 정신에게서 자신을 인식하고, 정신은 신에게서 자신을 인식한다"는 말이 의미하는 바다. 제2부는 1827년『종교철학』과 달리, '신에 관한 인식'을 빼고, 대신 '종교의 형식들'을 다룬다. 그 형식은 감정과 표상 그리고 신앙이다. 하지만 이제 신앙은 1827년『종교철학』에서처럼 최초이자 가장 직접적인 형식이 아니라, 종교적 인식의 형식들 가운데 최고의 것으로 다뤄진다. 제1부에서 말한 '사유'를 대신해서 말이다. 신앙의 가치를 이렇게 조정한 것(이는 아마도 슐라이어마허의『기독교신앙』제2판에 대한 응답일 것이다)은 신앙의 권위에 따른 것이라기보다 신앙의 토대나 근거에 따른 것이다. 제3부는 1827년과 마찬가지로 '제의'를 다루고 있다. 하지만 1831년『종교철학』에는 '종교와 국가의 관계'를 다루는 넷째 부분이 추가되어 있다. 헤겔은 당시의 정치적 사건들로 인해 이 주제에 새로운 관심을 갖게 되었다. 헤겔은 1827년『종교철학』에서 종교의 개념을 이미 완성했음에도 불구하고 계속해서 새로운 실험을 시도하고 있다.

[3] 이하의 논의는 Lectures on the Philosophy of Religion: The Lectures of 1827 (Berkeley and Los Angeles: University of California Press, 1988; Oxford: Oxford University Press, 2005), 1-71에 실린 내가 쓴 편집자 서론에서 일부와 편집자 주를 활용한 것이다. 그 내용은 네 차례 강의를 모두 담은 전체판과 1827년『종교철학』만 담은 단행본에도 그대로 실려 있다.

부 "그리스도교"에서 논의되고 있다. 1827년『종교철학』은 제1부 '신에 관한 인식'의 마지막 부분에서 다양한 신 존재 증명들을 시간적 순서에 따라 통합적으로 구성하고 있다. 우리가 이 장에서 그 증명들을 다루어야 하는 것도 바로 이 맥락에서다. 결론적으로, 제1부의 첫째 부분인 '신에 대한 개념'은 새로운 내용으로 보완될 필요가 있다.

1827년『종교철학』에 따르면, 이 내용은 종교철학에 선행하는 전체 철학체계(논리학, 자연철학, 정신철학)의 내용으로 보충된다. '신은 절대적 진리요, 만물의 진리다'라는 것이 바로 그 이념이다. 철학이 도달하는 꼭대기는 "만물을 절대적으로 포괄하고 아우르는 즉자대자적인 보편자가 만물의 근원이요, 존재의 근거라는 것을 증명하는 것, 즉 그러한 보편자가 진리라는 것을 증명하는 것이다. 이러한 일자야말로 철학이 이르러야 할 종착점이다"(1:367). 헤겔은 학생들에게 "여러분은 이런 점에서 신이 철학의 종착점이라는 나의 확신을 공유하고 있다"고만 말할 뿐, 그 확신의 근거를 밝히지는 설명하지는 않는다(1:368). 그것을 증명하려면 다시『철학백과』전체로 되돌아가야 할 것이다. 신은 종교적 의식의 지원을 받는다. 종교적 의식이란 신을 "만물이 거기로부터 나와서 거기로 되돌아가고, 만물이 그에게 의지하며, 그러지 않고서는 그 어떤 것도 절대적이고 참된 독립성을 갖지 못하는 바로 그 중심점이자 절대적 진리"로 확신하는 의식이다. 헤겔은 신이라는 말의 일상적인 의미와 용법에서 출발하지만 그것들은 철학적 분석을 통해서야 비로소 확정된다.

신이 만물의 보편적 진리라는 이러한 규정은 매우 추상적이다. 사실상 맨 처음 단계의 신은 '자기 내부에 은폐되어 있는 것'(das in sich Verschlossene) 혹은 '자신과의 절대적 통일에 머물러 있는 것'이라 말할 수 있다. 하지만 이는 신이 독립적인 특수자들 외부에, 그것을 초월해 있는 보편자라고 말하는 것이 아니라 신이 아직 보편성의 단계에서 벗어나지 못한 단계에 있다는 것을 말하는 것이다. 보편자는 실로 "절대적으로 구체적이고, 풍부하고, 충만한 내용을 가진 것으로 드러날 것이다." 이러한 전개는 "절대적으로 충만하고 풍부한 보편자"의 내부에 이미 주어져 있는 본성이다(1:368-369). 엄밀하게 말해서, 신의 '외부'에는 어떠한 것도 존재하지 않는다. 신이란 모든 특수자를 포괄하고 있는 전체이자 보편자다. 추상적 보편이 실은 처음부터 구체적 보편이었다는 것이 마지막에 드러난다.

좀 더 친숙한 스피노자의 철학적 범주들로 표현해 보자면,[4] "신은 절대적인 실체요, 유일하게 참된 현실성", 즉 만물을 존재하게 하는 실체 혹은 본질이라 할 수 있다(1:369). 만일 이러한 추상적인 신 개념만을 고수한다면, 우리는 스피노자주의나 범신론이라는 결점을 피할 수 없을 것이다. "하지만 신이 실체라는 사실은 주관성을 배재하지 않는다." 사실상 실체는 절대적으로 자신과 함께 있는 신이다. 이는 절대정신의 한 가지 속성이기도 하다. 우리가 실체라고 말할 때, "그 보편자의 내면은 아직 구체적으로 파악되지 않은 상태다." 그것이 구체적으로 파악될 때에야 비로소 실체는 정신이 된다

---

4 *Ethics*, part 1. 특히 증명11 (*The Chief Works of Benedict de Spinoza*, trans. R. H. M. Elwes [New York: Dover, 1951], 2, 51-54). 스피노자가 사용한 '실체' 개념은 아리스토텔레스에 그 기원을 두고 있다. 아리스토텔레스에게 '실체'(ousia)는 사물들의 '본질'을 가리키는 근본적인 형이상학적 범주다. 절대적 실체는 영원하고, 보편적이고, 부동하며, 현실적이고, 이성적인 것이다. 이러한 실체가 곧 신이다. 이와 관련해서는 *Metaphysics*, 12.7, 1072^b18-30을 참고하라. 헤겔은 『철학백과』, §577의 끝부분에 이 구절을 인용하고 있다(*Hegel's Philosophy of Mind*, trans. William Wallace and A. V. Miller [Oxford: Clarendon Press, 1971], 315). 헤겔의 『논리학』에서 실체는 '본질'이라는 범주에서 논의되고 있다.

(1:370-371). 신은 단순하고 무차별적인 실체가 아니라 다양한 구별들이 순차적으로 자라나는 '단순한 토양'이자, 모든 구별들이 아직 여전히 은폐되어 있는 '분리되지 않은 통일'이다. 바로 이것이 내재적 삼위일체의 의미다. 그것은 무한한 생산력을 가진 모체와도 같다. 따라서 신은 세계를 창조할 때에도 여전히 자신과의 통일에 머물러 있다. 신은 여전히 일자이자 풍부한 보편자다. 신은 "부동의 추상적 보편자가 아니라 만물이 거기로부터 나오고, 만물이 거기로 되돌아가는 절대적 모체이자 무한한 근원이다. 만물은 영원히 그 안에 존재한다" (1:372-374). 헤겔은 신플라톤주의의 신비주의적 전통에서 사용하는 이러한 감각적이고 성적인 연상을 통해 신을 보편적 실체로 규정해 나간다. 동시에 우리는 그러한 신을 감정과 감각의 형식이 아니라 사유의 형식으로 다루고 있다고 말한다. 헤겔에게 신비적인 것과 이성적인 것은 이렇게 서로 연관되어 있다. "사유는 이러한 내용의 유일한 토대이자, 보편자의 운동, 즉 자신의 운동과 효력을 발생시키는 보편자 그 자체다." "동물들은 오로지 감정만을 가지고 있다. 하지만 인간은 사유한다. 그래서 인간들만이 종교를 갖는다." 따라서 종교는 의심할 여지없이 느껴지고, 믿어지고, 상상되고, 실천되는 것이지만, 그럼에도 자신의 '가장 깊은 자리'는 사유에 두고 있다(1:372-373).

이것이 사변철학에서 말하는 추상적인 신 개념이다. 헤겔은 1827년『종교철학』에서 이 개념을 처음으로 탐구한다. 어떤 이들은 이러한 신 이념을 '범신론'이라 부르기도 하고, 그러한 이념과 결부된 철학을 '동일성–철학'(이는 셸링이 1801-1804년에 출간된 그의 주요저작들을 특징짓기 위하여 사용한 용어다)이라 부르기도 한다는 말을 그는 덧붙이고 있다. 1820년대 중반에 헤겔 철학은 처음으로 범신론이라는 오해를 받게 되었다. 그래서 그런 오해를 풀고자 그는 1827년 『종교철학』에 이 부분을 새로 마련해 넣었다(1:374-380, 432).[5] 만일 범신론이 문자 그대로 종이나 담배갑이나 탁자와 같은 모든 사물을 신이라고 말하는 것이라면, 세상의 그 어떤 철학도 그따위의 범신론은 지지하지 않을 것이다. 스피노자나 동양에서 말하는 진정한 범신론은 신을 만물에 내재하는 본질, 실체, 보편적인 힘과 동일시하는 것이지 그런 사물들과 동일시하는 것이 아니다. 철학적으로 말해서, 이러한 본질은 현실적인 것이다. 정확히 말하면, 세계는 경험적으로는 실재하지만 그 어떤 '현실성'(Wirklichkeit)도 갖고 있지 않다. 스피노자의 철학적 경향은 무신론(atheism)이라기보다 무우주론(acosmism)에 가깝다(이와 관련해서는 1:377 nn. 27, 28을 참고하라). 왜냐하면 그의 철학이 증명하는 것은 세계의 현실성이 아니라 신의 현실성이기 때문이다. 스피노자와 헤겔의 철학을 '무신론'이라 비난하는 사람들은 자신이 결코 유한성에서 벗어날 수 없다는 것을 자인하는 셈이다. 왜냐하면 그들에게 '현실적인 것'이란 고작해야 경험적인 것 혹은 감각적으로 경험할 수 있는 것에 불과하기 때문이다.

헤겔은 1827년 『종교철학』의 제2부에서 불교를 논의할 때도 이러한 범신론 문제를 거론한다(2:572-575). 거기서 그는 매우 유익한 설명을 덧붙이고 있다. 헤겔에 따르면, 야코비가 레싱에게 부여한 '하나이자 전체'(hen kai pan)[6]라는 표현은 '하나인 전체, 전적으로 하

---

5 이와 관련해서는 1:370 n. 11, 375 n. 20을 참고하라. 헤겔은 1827년에 수정된 *Encyclopedia* §573의 긴 보충설명에서 이와 유사한 반론을 펼치고 있다. 이와 관련해서는 *Hegel's Philosophy of Mind*, 302-313을 참고하라.

나로 머무는 전체'를 의미한다. 물론 이때 pan은 '만물'을 의미하기도 한다. 하지만 그 경우에 우리는 '범신론'을 '만물이 신이다'(Alles-götterei)라는 뜻으로 이해할 뿐, '모든 것이 신이다'라는 뜻으로는 이해하지 못한다. 하지만 '모든 것이 신이다'라는 것만이 철학적인 의미에서 진정한 범신론이다. 신은 유한한 만물이 참여하고, 거기에서 자신의 존재를 마련하는 모든 것 혹은 전체다. 그것은 결코 사물과 같은 것이 아니다. 그런 철학은 아마도 '범재신론'(panentheism)이라 불러야 할 것이다. 물론 범재신론이란 말을 헤겔은 사용한 적은 없다. 그는 다만 '범신론'이라는 용어가 매우 궁핍한 표현이라는 점만을 지적한다. 왜냐하면 이때 pan이라는 말은 '보편성'(Allgemeinheit)보다는 '집합적 전체'(Allesheit)로 간주될 수 있기 때문이다. 이로 인하여 20세기 비평가들은 헤겔의 철학을 '전체화'로 특징짓기도 한다. 하지만 헤겔의 관점에서 모든 것(das Alle), 전체(das Ganze), 보편자(das Allgemeine)는 그런 전체화가 아니다. 왜냐하면 그것은 유한한 사물들에 자유롭고 독립적인 실존을 부여하기 때문이다. 즉 헤겔이 말하는 보편자는 만물을 동일한 것으로 환원하는 무차별적인 집합이 아니다.

'동일성–철학'이라는 용어도 이와 유사한 모호함을 가지고 있다. 결정적인 이유는 동일성(보다 정확히 말해 통일)이라는 용어가 추상적인 실체라는 뜻으로도, 구체적인 정신이라는 뜻으로도 사용되기 때문이다. 철학은 이러한 통일이 어떻게 자기가 산출하는 지속적인 형태들을 거쳐 점점 더 구체적인 규정으로 나아가는지를 탐구한다.

---

6 Friedrich Heinrich Jacobi, *Briefe über Spinoza*, 22, 23, 62 (Werke (Leipzig, 1812-1825), 4/1. 54, 55, 89). 이와 관련해서는 1:370 n. 11, 377 n. 31을 참고하라.

헤겔은『철학백과』에서도 이와 유사한 맥락에서 "통일에 대한 가장 심오하고도 궁극적인 규정은 절대정신이라는 규정이다"라고 말한다.7 절대정신은 모든 것을 전체화하는 실체가 아니라 특수한 규정성과 차이를 포괄하는 통일이다.

신에 관한 인식

신에 관한 추상적 개념은 신적인 생의 첫째 계기, 즉 신의 근원적 자기-통일 혹은 그리스도교 신학의 내재적 삼위일체에 해당한다. 절대적 보편성은 둘째 계기에서 최초의 구별 혹은 판단(Urteil)을 통해 자신의 내적인 구별을 외부에 정립한다. 이러한 방식으로 세계는 신이 창조한 타자로 존재하게 된다. 그리스도교 신학에 따르면, 이렇게 창조된 세계는 로고스의 작품이라 할 수 있는 영원한 아들이다. 인간의 창조와 더불어 우리는 처음으로 신과 의식이라는 두 가지 요소를 가지게 되며, 이로써 신은 비로소 의식의 대상이 된다(1:380-381). 신과 의식의 관계는 두 가지 관점에서 검증될 수 있다. 신의 행위와 관련해 볼 때, 세계의 창조는 정확히 말해 신이 자신을 현시하고 계시하기 위한 수단이다. "정신은 추상적인 현시다. 신의 현시는 특수한 규정을 정립하는 것이자 타자를 향해 존재하는 것이다" (1:381). 신의 결정적 본성은 자신을 계시하는 것, 자신을 현시하는 것, 자신을 알리는 것이다. 신은 신비스러운 존재지만 그렇다고 비밀

---

7 *Encyclopedia*, §573 보충설명. 이와 관련해서는 *G. W. F. Hegel: Theologian of the Spirit*, ed. Peter C. Hodgson (Minneapolis: Fortress Press; Edinburgh: T&T Clark, 1997), 150을 참고하라.

스러운 존재는 아니다. "신비는 심오한 것이다. 그리고 이후 신플라
톤주의 철학자들 사이에서는 이러한 신비가 직접적인 신을 표현하
는 사변적인 요소가 된다"(1:382 n. 44). 이러한 신비는 이성적 신비다.
신비는 자신을 드러낸다. 즉, 신비는 자신과 소통하기를 원한다. 마
치 자신의 불빛을 다른 램프에 옮겨 주어도 그 불빛이 줄어들지 않는
것처럼, 신은 자신과 소통하면서 그 어떤 것도 상실하지 않는다. 따
라서 이러한 주체의 인식은 곧 신이 일으킨 관계다. 이러한 일으킴을
통해 신은 정신을 향해 있는 정신이라는 절대적 판단에 이른다
(1:382-383).

인간적 관점(둘째 관점)에서, 신과 의식 사이의 관계는 직접적 인
식, 감정, 표상, 사유라는 신에 관한 인식의 네 가지 기본형태를 만들
어낸다.8 이는 1827년 『종교철학』의 "종교의 개념" 둘째 부분에서
상세히 논의되고 있다.

직접적 인식: 확신, 신앙

직접적 인식이란 신이 존재한다는 직접적 확신, 즉 신은 "즉자
대자적으로 존재하는 이러한 보편성이며(diese an und für sich seiende
Allgemeinheit), 나에 대해서 존재할 뿐만 아니라 나의 외부에서 나와
독립적으로도 존재한다는 직접적 확신이다"(1:386). 확신(Gewißheit)
은 이러한 내용과 나 자신이 맺는 직접적인 관계다. 이러한 확신의

---

8 이러한 형식들은 '부분적으로 심리학적'(1:385) 특성을 띠고 있다. 실제로 그 논의는 『철학백과』
(§§445-468)의 "심리학" 첫 부분의 내용과 매우 흡사하다. 거기서 헤겔은 '이론적 정신' 혹은 우리가
'인식론'이라 부르는 것과 관련한 심리학을 다루고 있다.

맨 처음이자 가장 기본적인 형태는 신앙(Glaube)이다. 신앙은 인식
(Wissen)과 대립하는 것이 아니라 그 자체가 하나의 인식 형태다
(1:386-389). 헤겔은 신앙이라는 용어를 그리 자주 사용하지 않는다.
아마도 야코비9나 슐라이어마허와 논쟁 중에 있었기 때문일 것이다.
그는 신앙이라는 용어 대신 자신의 인식론에서 사용하는 '직관'
(Anschauung)10이라는 용어를 가져온다. 신앙이 자신의 대상인 신을
소유한다는 확신은 결코 직접적인 감각적 직관의 방식에 주어질 수
없다. 왜냐하면 신은 감각적 경험의 대상이 아니기 때문이다. 신앙은
그 내용의 필연성도 통찰하지 못한다. 그것은 '지성적인' 직관의 대
상이다. 종교에서 말하는 직접적 인식은 칸트적 의미(감성)의 '직관'
도 아니고, 사변적 의미(지성)의 '직관'도 아니다. 그것에 가장 적합한
용어는 '신앙'이다.

신앙은 직접적인 경험적 증거나 그것의 필연성에 대한 직관이
없음에도 불구하고 진리로 받아들이는 것(Fürwahrhalten)11을 의미
한다. 그러한 신앙의 토대나 근거는 부분적으로 우리가 신뢰하는
사람들의 증언에서 유래한다. 그런 점에서 신앙은 외적인 권위에
의존한다. 하지만 신앙이 의지하는 진정한 권위와 올바른 증언은
곧 성령의 증언이다. 이러한 증언은 성령의 증언일 뿐만 아니라 "우
리 정신의 증언이기도 하다. [⋯] 이러한 내용이야말로 내 정신의 본
성에 부합하고, 내 정신의 욕구들도 충족시킨다"(1:389; 1:243-245 참

---

9 1824년 『종교철학』에서 그는 우리가 직접적인 인식을 가지고 있다고 말하는 것은 옳지만 그것이
신에 대한 유일한 인식은 아니라고 지적한다. 그것은 야코비가 주장한 바와 같다. 야코비는 그런
직접적 인식을 '신앙'이라고 불렀다(1:261).
10 '직관'은 『철학백과』 §§446-450과 1821년 『종교철학』 1:234-237에서 분석되고 있다.
11 이와 관련해서는 2장에서 논의했던 헤겔이 쓴 힌리히스의 『종교』(Religion) 서문을 참고하라.

고). 그러한 의미에서 신앙은 객관적 내용에 대한 직접적인 인식이자 증명, 즉 나의 실존과 그 증언의 내용(예컨대 교회의 사도신경)이 일치한다는 판단이다.

신앙은 감정과 표상이라는 두 가지 형식을 갖는다. 감정은 자신의 주관적 측면을 해명하며, 표상은 신앙의 내용이 갖는 객관적인 형식, 즉 신앙이 의식의 대상이 되는 방식과 관계한다.[12]

감정

1821년 『종교철학』에서 헤겔은 신앙의 주관성을 표현할 때, 주로 감성(Empfindung)이라는 용어를 사용했지만, 1824년과 1827년 『종교철학』에서는 그것을 감정(Gefühl)이라는 용어로 대체하고 있다. 이러한 변화는 분명 1821~1822년에 출판된 프리드리히 슐라이어마허의 『기독교신앙』의 영향 때문일 것이다. 『기독교신앙』은 감정이라는 용어를 중요한 신학적 주제로 끌어들이고, 그것을 화두로 삼고 있다. 물론 감성과 감정은 긴밀하게 연관되어 있지만 헤겔은 이 둘의 미묘한 차이를 구별한다.[13] '감성'은 자아에게서 일어나는 단일하고 일시적으로 변화하는 감각들, 마치 '발견되는'(emp-finden) 것처럼 직접적으로 수용된 감각들을 가리킨다. 이와는 대조적으로 '감정'은 그러한 감각들을 하나의 '반성된 총체성'으로 통합하는 자아

---

12 이와 대조적으로 1831년 『종교철학』에서 신앙은 감정과 표상이 참여하는 종교적 인식의 셋째 형식이자 최고의 형식으로 구상되어 있다(1:467-469). 하지만 신앙의 특성에 관한 내용은 1827년 『종교철학』과 거의 비슷하다.

13 이와 관련해서는 *Encyclopedia*, §§402-403 그리고 1:268-269 n. 20을 참고하라.

의 활동을 가리킨다. 물론 감정은 감각에서 비롯하지만, 감정은 이념의 영역, 즉 주관성의 영역에 속한다. 따라서 감정은 신과 같은 비감각적 대상과의 직접적 관계를 표현할 수 있다. '내가 신을 느낀다'라는 말은 신이 나의 존재 안에 있다는 것을 의미한다. 그때 신과 나는 둘이 아닌 하나이지만, 그 하나는 또한 둘이기도 하다. 왜냐하면 신은 내 감정의 산물이 아니라 내 존재의 근거로서 나와는 독립적으로 존재하는 것이기 때문이다(1:268-270).

만일 헤겔이 감성의 측면에 방점을 두었더라면, 그는 슐라이어마허가 이해한 종교적 감정, 즉 신에게 전적으로 혹은 절대적으로 의존하는 존재의 의식을 더 잘 이해할 수 있었을 것이다. 하지만 그는 도리어 감정의 측면, 즉 감각적 경험과 유사한 직접적 접촉에 방점을 두었다. 헤겔에게 감정의 가장 중요한 측면은 바로 이것이다. '내가 어떤 것을 딱딱하게 느낀다'고 말할 때, 나 자신과 그 어떤 것을 이어주는 공통요소는 '딱딱함'이다. 즉, 딱딱함은 내 감정 안에도 있고, 그 대상 안에도 있다. 이러한 방식으로 "그 대상은 나에게 영향을 주고, 나는 그 대상의 특성으로 채워진다"(1:270). 이는 감정이 왜 모호한지를 설명하는 데 도움을 준다. 우리가 어떤 것을 느낄 때, 우리는 그 대상과 개별적이고 주관적으로 관계한다. 우리 자신뿐만 아니라 느껴진 대상에 대해서도 타당성을 부여하면서 말이다. '마음'이란 감정을 뜻하는 은유다. 우리가 마음속에 가지고 있는 것은 우리의 인격성이라는 존재, 우리의 가장 내밀한 존재에 속한다. 따라서 우리가 신, 권리, 의무 등을 인식하고, 그러한 것들을 우리의 감정 안에 소유하고자 하는 것은 지극히 당연한 것이다. 종교는 마음의 문제일 뿐만 아니라 머리의 문제이기도 하다. 따라서 우리는 우리가 믿는 것과 정신적으로뿐만 아니라 육체적으로도 하나가 되고, 우리는 그에 따라 행동한다(1:390-391). 성례에서 빵과 포도주를 먹을 때 일어나는 감정이 바로 그런 것이다.[14]

하지만 감정에는 심각한 한계가 있다. 감정은 선과 악, 참과 거짓에 대한 어떠한 규정도 가지고 있지 않다. "종교, 법, 윤리, 범죄, 정념들과 같은 모든 내용이 오로지 감정적으로만 존재할 뿐이다." 감정은 주관적이기 때문에 그 내용들의 타당성과 관련한 어떠한 판단도 내릴 수 없다. 따라서 마음속에 있는 감정들은 정화되고 도야되어야 한다. 이는 엄밀히 말해 사유의 영역에 속한다. 우리가 사유하기 시작할 때, "의식이 들어서게 되고, 그 의식을 통해 감정에서는 아직 분열되지 않은 것들이 비로소 분열되기 시작한다. […] 의식은 감정으로부터 내용을 뽑아내는 것이다. 의식은 일종의 해방이다." 더군다나 신, 권리, 의무와 같은 내용들은 의식의 산물이라는 의미에서 감정에 속하는 것이 아니다. 이러한 내용들은 '이성적 의지'의 규정들이라는 점에서 사유의 산물들이다. 물론 감정에도 그러한 것들이 존재하기는 하겠지만 그것은 그리 적합한 방식은 아니다. "사유야말로 이러한 내용(신)이 이해되고 산출되는 진정한 토양이다"(1:391-396, 270-271, 372 참고).

헤겔은 1824년 『종교철학』에서 "감정은 인간과 동물이 공통적으로 지니고 있는 것이다. 감정은 동물적이고 감각적인 형식이다"라는 말로 감정에 최후의 일격을 날린다. 감정은 저급한 형식이다. 법, 인륜적 삶, 신 등의 내용을 감정적으로 정립하는 것은 그야말로 '최

---

14 이와 관련해서는 이 책의 9장, 269-272를 참고하라.

악의 방식'이 아닐 수 없다(1:273, 275). 동물뿐만 아니라 인간도 자신이 세계에 구속된 유한한 피조물이라는 한계를 느낀다. 하지만 정신적인 존재로서의 인간은 자신의 한계를 인식하고 그 한계를 초월한다. 오로지 인간만이 종교를 갖는다. 왜냐하면 오로지 인간들만 사유를 가지고 있기 때문이다. 슐라이어마허처럼 "종교가 이러한 의존의 감정에 근거하고 있다고 말한다면, 동물들도 종교를 가지고 있어야 할 것이다. 왜냐하면 그러한 감정은 동물들도 느끼기 때문이다" (1:279). 여기서는 감정(Gefühl)이 무화되어버리는 것이 아니라 감각 (Empfindung)으로 나아가는 것처럼 보인다. 그리고 슐라이어마허에 대한 헤겔의 희화화는 슐라이어마허가 말하는 전적인 혹은 절대적인 의존의 감정이란 결코 감각적인 경험이 아니라 모든 존재의 근원과 목적에 대한 전(前)반성적인 앎이라는 점을 간과한 것이다.15 그러한 전반성적 앎은 삶을 영위하고, 세계를 인식하기 위한 가능조건이라는 점에서 훗설(Edmund Husserl)이 말하는 '자연적 태도' 혹은 '근원적 믿음'(Urglaube)과도 유사하다. 그가 말하는 전반성적 앎이란 헤겔이 말하는 '무매개적 인식'이나 '신앙'보다는 훗설이 설명하는 감정 개념에 더 가깝다. 전반성적 앎은 자신의 내용에 대한 필연성을 통찰하고 있고, 그런 점에서 지성적 직관에 더 가깝다는 점만 제외하면 말이다. 슐라이어마허에게 감정은 인식이나 행위와는 독립된 이해방식이지만, 그럼에도 불구하고 감정은 인식과 행위의 토대가 된

---

15 슐라이어마허는 세계에 대한 상대적 자유와 신에 대한 절대적인 의존의 감정을 뚜렷하게 구분하고 있다. Friedrich Schleiermacher, *Der christliche Glaube*, §§4-5 (*The Christian Faith*, ed. H. R. Mackintosh and J. S. Stewart [Edinburgh: T&T Clark, 1928], 12-26). 하지만 첫째 판본 (1821- 1822)에서는 이 두 가지가 뚜렷하게 구분되지 않았다. 헤겔은 첫째 판본과 둘째 판본 (1830-1831)의 이러한 차이를 알지 못했던 것 같다. 이와 관련해서는 1:279 n. 37을 참고하라.

다. 반면에 헤겔에게 감정은 (제한적인) 인식의 한 형태다. 헤겔과 슐라이어마허는 둘 다 서로의 입장을 제대로 이해하지 못했고, 자신들이 동일하거나 유사한 용어들을 얼마나 다르게 사용하고 있는지도 알지 못했다. 그래서 그들의 사이의 논쟁은 가끔 오도되기도 했다.16 주목할 점은 1827년『종교철학』부터는 더 이상 슐라이어마허를 비판하지 않는다는 점이다.

표상

종교는 감정과 표상 모두와 관련된 문제다. 그래서 둘 중 어떤 것이 먼저인가라는 질문이 생긴다. 그에 대해서는 두 가지 방식의 답변이 가능하다. 감정은 무규정적이고, 모든 가능한 내용을 포함할 수 있다는 점에서 감정이 표상에 선행한다고 말할 수 있다. 하지만 감정 자체는 자신의 내용을 정당화하는 척도가 될 수 없다. 즉 감정은 어떤 것이 참된 것인지를 결정할 수 없다. 감정은 오로지 감정에만 머물러 있기 때문이다. 그래서 진리의 문제로 접근하면, 표상이 감정에 선행한다고 말할 수 있다. 실제로 우리는 종교적인 가르침이 표상에서 출발한다는 것을 알고 있다. 그러나 "감정은 교리와 교의를 통해 각성되고 정화된다. 즉, 감정은 잘 다듬어진 다음에 마음으로 들어간다"(1:402-403).

표상(Vorstellung)은 객관적인 양상, 즉 내용에 참여한다. 표상은

---

16 슐라이어마허는 그리스도교 교리학이 사변철학을 받아들이는 태도를 경계했는데, 그때 그는 분명히 헤겔을 염두에 두고 있었을 것이다. *Der christliche Glaube*, §283 (*The Christian Faith*, 122).

우리가 주관적으로 확신하고 있는 모든 내용에 참여하지만, 그럼에도 불구하고 그 내용을 아직 이성적으로 혹은 인식적으로 통찰하지는 못한다. 그러한 통찰은 오성(Verstand)의 몫이다. 오성은 이미지와 감각적 인상들을 범주들 하에(ver-stehen) 그리고 정신 앞에(vor-stell-en) 객관적이고 무매개적인 관념들로 둔다. "표상이란 우리 앞에 객관적으로 주어진 것에 대한 의식이다"(1:396). 이것이 바로 사람들의 일상적인 사유방식이다. 그런 점에서 "종교는 모든 인간들에게 생겨나는 절대적 진리에 대한 의식이다." 철학도 이와 동일한 내용을 갖는다. 하지만 철학의 과제는 오로지 그러한 표상들을 개념으로 변형하는 것이다. 철학이 표상에 해당하는 것을 제거해나가는 과정에서 그 내용까지 제거한다는 비난을 받기도 하지만 사실 그 내용은 철학에서도 그대로 보존된다(1:396-397).[17] 이러한 작용은 환원이 아니라 변형으로 이해되어야 한다. 그럼에도 불구하고 표상의 이미지들이 개념 안에서 어떻게 그리고 얼마나 유지될지는 여전히 의문이다. 이미지들이 없으면 개념은 추상적이고 무미건조해지게 마련이다. 헤겔이 사유에서 상상이 차지하는 역할을 얼마나 크게 생각했는지는 모르지만, 잘 알려진 바대로 그의 사유에도 이미지와 은유 그리고 비유는 넘쳐난다.

표상은 감각적인 것과 비감각적인 것이라는 두 가지 기본 형태를 가지고 있다. 감각적 형태란 우리가 '이미지'(Bilder)라 부르는 것으

---

17 헤겔은 1821년『종교철학』에서 이렇게 말한다. "사변철학의 의도는 종교를 폐기하는 것이 아니다. 다시 말해, 종교의 내용이 대자적인 진리가 될 수 없다고 단언하는 것이 아니다. 반대로 종교는 엄밀한 의미에서 참된 내용을 갖는다. 하지만 그것은 표상의 형식에서다. 그리고 철학은 실질적인 진리를 제공하는 시초가 아니다. 인간은 진리에 대한 의식이나 인식을 처음 받아들이기 위해서 철학을 고대할 필요가 없다"(1:251).

로, 거기에는 직접적이고 감각적인 직관에서 주어진 것이 그것의 주된 내용과 형식을 이룬다(1:397-400). 하지만 그 이미지가 의미하는 바는 그저 직접적이고 감각적인 대상이 아니다. 도리어 그것은 '처음에는 직접적이지만, 그 다음에는 그것이 의미하는 것, 즉 그것의 내적 의미'라는 이중적 의미를 갖는다. 그러한 의미에서 이미지는 상징적이고, 비유적이고, 은유적이고, 신화적인 것이다. 하지만 헤겔은 이러한 형태들을 구별해서 규정하지는 않는다. 예컨대 우리가 '신이 아들을 낳았다'고 말할 때, 우리는 이 말이 문자 그대로의 의미가 아니라 '하나이면서 다른 관계'를 의미한다는 것을 알고 있다.

이렇듯 명백하게 비유적인 것뿐만 아니라 역사적 실재로 받아들여진 것들도 모두 감각적인 양식을 가진 표상에 속한다. 역사적 사실을 다루는 많은 이야기들, 특히 종교적 이야기들은 마치 주피터에 관한 이야기처럼 순수하게 신화적인 것이다. 물론 예수의 이야기처럼 역사로 가정된 그리고 사실이기도 한 그런 이야기도 있다. 하지만 그런 이야기도 실제로는 '이중적'이다. 그것은 외적인 역사, 즉 일상적인 인간의 이야기이기도 하고, 신적인 것의 역사, 즉 신의 사건, 행위, 활동을 다루는 이야기이기도 하다. "이러한 절대적인 신의 행위야말로 외적인 역사가 지닌 내적인 차원이자 진정한 차원이자 실제적인 차원이다." 그러한 의미에서 외적인 역사는 내적인 행위의 표상이라 할 수 있다(1:399). 이미 살폈듯이, 외적인 역사는 또 다른 의미에서 표상적인 것이기도 하다.[18] 외적인 역사에서 신은 자신을 특정하고 객관적인 방식으로 세계에 드러낸다. 표상은 형이상학의

---

18 이와 관련해서는 이 책의 2장, 69-71을 참고하라.

범주일 뿐만 아니라 인식론의 범주이기도 하다.

표상에 들어 있는 것은 비감각적 형태들(nichtsinnliche Gestaltung-en)이다. 물론 비감각적인 형태들도 근원적으로는 감각적인 이미지에서 비롯한 것이지만 그렇다고 그러한 감각적인 것에 의존하지는 않는다(1:400-401). 이러한 비감각적 형태들은 정신의 내용이나 정신의 운동 그리고 정신의 관계들과 연관되어 있다. 예컨대, 우리가 '신이 세계를 창조했다'고 말할 때, '신'이나 '세계'와 같은 용어들은 비감각적 표상들로 기능할 뿐 경험적인 것을 가리키지는 않는다. 결국 신이란 자기 내부에서 다중적인 방식으로 규정된 보편자다. 하지만 우리는 이러한 표상적인 진술의 한 편에는 신을 세우고, 다른 한 편에는 세계를 세운다. 세계 역시 신과 마찬가지로 무한히 다중적인 복합체다. 하지만 '세계'라고 말할 때, 우리는 그것을 단순한 표상의 방식으로 환원한다. 물론 이런저런 용어들(실제로 종교와 신학에서 사용하는 거의 모든 어휘들)이 사유에서 비롯하거나 사유를 자신의 '고향'으로 삼고 있지만 그럼에도 그것들은 모두 표상적인 형식을 띠고 있다. 왜냐하면 그 용어들이 접속사들로 연결되어 한데 모여 있기는 하지만 사실은 각기 독립적인 실체들이기 때문이다. 즉, 그 용어들은 아직 그 안에 깃든 구별과 연관을 본질적으로 이해할 만큼 내적으로 분석되지도, 개념적으로 매개되지도 않았다.

사유

1827년 『종교철학』에서 '사유'(Denken) 부분은 매우 길다. 그래서 여기서는 그것의 처음 두 부분만 다룰 것이다. 거기서는 사유와 표상의 관계 그리고 인식이란 직접적인가 매개된 것인가의 문제가 다뤄지고 있다. 그 두 부분 중 첫째 부분과 관련하여 중요한 점은 표상은 자신의 다양한 감각적, 정신적 내용들을 각각 분리된 상태로 파악하는 반면, 사유는 그 내용들의 관계와 보편성을 추구한다는 것이다. 사유는 표상을 통해 드러난 내용의 단순한 형태를 풀어낸다. 단순한 실재에 깃든 독특한 규정들을 파악하고 보여주는 방식을 통해 사유는 표상의 내적인 다양성을 드러낸다(1:404-406). 사유는 표상적인 형식을 개념적인 형식으로 고양시키는 방식으로 이러한 과제를 수행한다. '개념'(Begriff)은 다양한 감각적 혹은 비감각적 이미지들을 대하는 정신 앞에 단순히 주어진 것(vor-stellen)에서는 흩어져 있는 요소들을 한데 움켜쥐는 것(be-greifen)을 의미한다. 개념적 사유는 새로운 용어들을 고안하거나 모든 것을 논리적 문법으로 변환하기보다 그저 표상이 제공하는 재료만을 사용한다. 사유가 행하는 것은 표상적인 특징들의 통일(실로 필연적인 통일)을 해명하는 논거들과 가설들을 발전시키는 것이다. 이러한 방식을 통해 사유는 '확신'(Überzeugung)에 이른다. 이러한 확신은 사유의 형식이 갖는 확실성이다. 사유는 새로운 개념적 도구가 아니라 변증법적인 사유의 방식이다. 따라서 사유란 표상의 형태로 주어진 이미지들을 활용하여 끊임없이 새로운 열매를 생산하는 것이다. 표상이 없다면 사유도 존재할 수 없다. 그리고 표상과 사유 사이의 변증법은 지속적으로 일어난다. 하지만 헤겔은 이를 그리 명확히 설명하지는 않는다.

헤겔은 그 예로 신의 어떤 속성들을 제시하고 있다(1:406). 우리는 성서의 언어를 빌어, 신은 자비롭고, 정의롭고, 전능하고, 지혜롭다고 말한다. 표상에 있어서 이러한 특징들은 서로 평화롭게 공존한다.

변증법의 과제는 무엇보다 그러한 특징들이 서로 모순된다는 것을 보여주는 것이다. 자비는 정의와 모순되고, 유한한 것을 부정하는 전능함은 그것을 소원하는 지혜와 모순된다. 하지만 변증법적 사유의 과제는 신에게 적용된 이러한 특성들이 상호적으로, 필연적으로 연관되어 있다는 점을 보여주는 것이다. 사유의 목적은 필연성이다. 즉, "우리는 존재하는 하나의 요소로부터 또 다른 요소가 정립되는 것을 '필연적인 것'이라 부른다."

필연성은 매개를 필요로 한다. 그래서 헤겔은 이제 직접적 인식과 매개된 인식의 관계를 논한다(1:407-411). 직접성이 표상의 원리라면, 매개는 사유의 본질이다. 참된 사유 혹은 이해는 이 두 요소를 통합한다. 직접적인 인식에서는 나와 존재가 하나로 통일되어 있지만, 매개된 인식은 추론을 통해 하나로부터 다른 하나의 결론을 도출한다. 직접적 인식은 경험적이지만 인식의 최고 형태인 매개된 사유는 사변적이다. 직접성이라는 것도 사실 매개가 없이는 결코 존재할 수 없다. 추상과 같은 것을 제외하면 순수한 직접성이란 존재하지 않는다. 모든 것은 연관되어 있기 때문이다. 순수한 직접성의 영역에서도 우리는 순수한 연관을 맺고 있다. 헤겔은 개방적인 논리의 운동, 즉 어떻게 존재(단순한 직접성)가 무(부정적 직접성)로 전화되고, 어떻게 존재와 무의 진리가 생성되는가(이미 존재하고 있는 것임에도 불구하고, 또 다른 의미에서는 이제 처음으로 존재하게 되는 것)를 보여주는 존재-무-생성의 변증법을 그 예로 들고 있다.[19] 인식은 언제나 매개되어 있다. 왜냐하면 인식은 주관적인 요소(인식행위)와 내용(인식대상)을

---

19 1:410. 이와 관련해서는 『철학백과』, §§86-88을 참고하라.

모두 포함하고 있기 때문이다. 직접성과 매개의 연관은 인식된 것과 인식행위가 완전히 일치할 때, 즉 사유가 자신의 대상에서 자신을 인식할 때 비로소 완성된다. 이것이 바로 '절대적 인식'이다. 하지만 이는 이미 획득된 것이 아니라 앞으로 획득해 나가야 할 목표라 할 수 있다. 헤겔은 이러한 목표를 『정신현상학』의 마지막 결론 장에서 아주 간략히 논하고 있다.[20] 대부분의 철학은 '진행과정'일 뿐 종착지가 아니다. 종교적으로 표현하자면, 그러한 종착지는 오로지 축복의 비전이자 신의 자기인식이라 할 수 있다.

종교적 인식에 관한 한(1:411-413), 그것은 한편으로 매개된 인식이다. 우리는 종교 내에서 교육을 받고, 교리적인 가르침을 얻는다. 실정종교는 개인의 외부에서 오는 계시에 근거하고 있다. 하지만 다른 한 편으로 외부에서 주어지는 그러한 방식의 종교를 통해서는 어떠한 실정적인 계시나 교육도 생겨날 수 없다. 도리어 매개된 인식만이 우리에게 근원적으로 내재하는 것을 '자극'(Erregung)하고, '상기'(Erinnerung)시킬 수 있다. "종교, 정의, 윤리를 비롯한 인간의 모든 정신적인 것들은 오로지 내부에서 불러일으켜진다. 우리는 암묵적으로 정신이다. 왜냐하면 우리 안에 있는 진리와 우리 안에 있는 정신적인 내용은 반드시 의식되어야 하기 때문이다." 그러한 진리와 내용을 의식하게 하는 것이 곧 매개다. 이러한 매개의 일깨움이 없다면, 진리는 여전히 직접성 속에 잠들어 있을 것이다. 우리를 일깨우는 것은 사유다.

---

20 이는 『철학백과』의 "철학"(§§572-577) 결론부에서도 간략히 다뤄지고 있다. 거기서 헤겔은 철학과 종교의 관계를 깊이 다룬 이후에 논리학에 나오는 삼단논법의 원리를 요약하고 있다.

신 존재 증명

1827년 『종교철학』의 '사유'에 속하는 마지막 셋째 부분에는 '종교적 인식을 통한 신으로의 고양'이라는 제목이 붙어 있지만, 사실 거기서는 신 존재 증명들이 다뤄지고 있다(이와 관련해서는 1:414 n. 109를 참고하라). 헤겔이 이 주제로 넘어가는 과정은 매우 복잡하다. '직접적 인식과 매개된 인식'에 관한 논의의 도입부에서 그는 이렇게 말한다. "매개된 인식은 이른바 신 존재 증명의 형식에서 훨씬 잘 드러난다"(1:407). 신을 인식하기 위해서는 나 자신과 나와는 다른 대상(신) 사이의 매개가 필요하다. 삼단논법에서 두 항은 셋째 항을 통해 매개된다. 그 셋째 항이 증명의 성격을 지닌다. 따라서 신에 관한 인식은 신 존재 증명의 형식을 띤다. 그리고 이러한 인식을 매개하는 것이 곧 종교다. 왜냐하면 종교 자체가 신과 인간을 매개하는 것이기 때문이다. 이러한 매개작용은 단순히 대상과 맺는 관계가 아니라 내적으로 일어나는 운동, 즉 신으로의 이행이나 고양이다. 그러한 이행은 유한자에서 무한자로의 이행(혹은 유한자에서 신의 개념으로의 이행) 그리고 주관적 무한성에서 객관적 무한성으로의 이행(혹은 신의 개념에서 신의 존재로의 이행)이라는 이중적 방식으로 이루어진다. 이 중 첫째가 우주론적 증명과 목적론적 증명에 해당하고, 둘째가 존재론적 증명에 해당한다. 결국 이러한 증명들은 다양한 종교들이 신을 인식하는 구체적인 형태들이라 할 수 있다(1:411-416).

헤겔은 1821년, 1824년, 1827년, 1831년 『종교철학』 모두에서 구체적인 종교들에 나타나는 신의 개념과 관련한 신 존재 증명을 시도한다. 자연종교, 유대교, 그리스 종교와 관련해서는 우주론적 증명을 시도하고, 그리스도교와 관련해서는 존재론적 증명을 시도한다. 특이하게도 1827년 『종교철학』은 이러한 신 존재 증명들을 "종교의 개념" 부분에서 다루고 있다. 이러한 특이한 구조는 헤겔이 자신의 강의 구조를 끊임없이 실험하고 있었다는 사실을 보여주는 단적인 증거다. 만일 아니라면, 자신의 철학에 제기된 무신론의 혐의에 맞서기 위해서 혹은 근대의 세속적 부르주아 세계에서 일어난 무신론 논쟁을 일축하기 위해서 신 존재 증명에 그렇게 많은 비중을 둔 것일지도 모른다. 헤겔은 말년의 베를린 시기에 신의 실재-위상 문제에 지속적인 관심을 가졌던 것 같다. 그는 1829년 여름, 신 존재 증명에 관한 강의를 따로 진행했는데, 그것은 1831년에 그 강의를 출판하기 위해서였다. 하지만 그는 그 전에 세상을 떠났다.[21]

헤겔은 각각의 신 존재 증명을 논하기 이전에 두 가지 중요한 질문을 던진다. 하나는 대부분의 증명들이 지닌 왜곡에 관한 문제고, 다른 하나는 증명의 참된 형식에 관한 문제다. 이 내용은 1827년 『종교철학』에서 처음 나온다. 이는 일반적으로 불신당하고 있던 신 존재 증명들을 어떻게든 구제해보려는 시도로 보인다.

신의 '존재'를 '증명'하려는 시도에서는 두 가지 종류의 왜곡이 발생한다. 첫째 왜곡(1:417-418)은 신이 '존재한다'고 말할 때 발생한다. 이것이 왜곡인 이유는, '현존재'(Dasein)란 특정하고 유한한 존재를 가리키는 것인데, 신은 그렇게 제한된 방식으로 존재하지 않기 때문

---

21 이 강의는 전집판 12권(종교철학강의)에 부록으로 실려 있다. 그리고 E. B. Speirs와 J. Burdon Sanderson의 이후 번역에도 실려 있다(London: Kegan Paul, Trench Trubner & Co., 1895), 3. 155-327. 이 자료의 원전비평 연구판은 헤겔 전집(ed. Walter Jaeschke (Hamburg: Felix Meiner Verlag, 1995)) 18권에 실려 있다.

이다(이와 관련해서는 1:415 n. 111을 참고하라). 그리고 신 존재 증명의 목적은 신과 그의 존재(현실성, 객관성) 사이의 연관을 보여주는 것이다.

둘째 왜곡(1:419-421)은 유한한 존재로부터 신의 존재를 '증명'하거나 예증하는 것이 가능하다는 견해에서 발생한다. 왜냐하면 이러한 견해는 신을 유한한 존재에 의존하는 결과나 결론으로 간주하기 때문이다. 하지만 엄밀히 말해, 신은 유한한 존재로부터 파생되지 않는 '즉자대자적으로 완전한 현실적 존재'다. 하지만 이러한 증명형식이 없다 하더라도 종교는 여전히 신으로의 '고양'을 추구한다. 신 존재 증명들의 형식에 관한 칸트의 비판이 종교적 인식과 그러한 활동까지 모두 없애버렸다고 볼 수는 없다. 유한자의 자기투사에 근거하여 유한자로부터 무한자를 '증명'하는 그런 방식으로는 신으로의 '고양'을 제대로 설명할 수 없다.

이로써 우리는 진정한 신 존재 증명의 형태로 나아간다(1:421-425). 간단히 말해, 무한자(유한성과 우연성에 대한 앎으로부터 무한자의 관념이 생겨난다)를 향한 종교적인 고양은 유한자의 '긍정', 즉 무한자를 향한 유한자의 자기확장이나 자기투사에 기초하지 않는다. 왜냐하면 그런 무한자는 '가짜 무한자'(확장된 유한자)에 불과하기 때문이다. 종교적 고양은 도리어 유한자의 부정, 유한자의 자기지양에 기초한다. 따라서 유한자는 자신이 관계의 한 '측면'이 아니라 무한자와 유한자를 아우르고, 자기 내부에 부정을 포괄하는 전체라는 것 그리고 그러한 전체만이 진리라는 것을 깨닫게 된다. '긍정적인 것' 혹은 운동하는 것은 유한자가 아니라 무한자다. 종교적 관계와 그러한 관계를 통한 신 존재 증명은 유한한 정신의 자율적인 자기고양에 기초하지 않는다. 사변적으로 말해서, 그것은 유한한 정신의 자기부정을 통한

무한한(절대적인) 정신의 자기복귀에 기초한다.22

우주론적 증명

1827년 『종교철학』은 신 존재 증명들 가운데 마지막 두 가지만 간략히 설명한다. 헤겔은 우주론적 증명으로 시작한다(1:426-427). 우주론적 증명은 우연적인 세계로부터 절대적으로 필연적인 존재를 논하려는 시도다. 하지만 이는 타당한 논증이 아니다. 왜냐하면 필연적인 것은 우연적인 것으로부터 증명될 수 없기 때문이다.

1827년 『종교철학』에서 헤겔은 우주론적 증명에 관한 논의를 생략한다. 1821년과 1824년 『종교철학』에서 그는 우주론적 증명을 매우 자세히 다루었다. 특히 1824년 『종교철학』에서는 구체적인 종교들과 관련하여 우주론적 증명의 기본형태를 다음 세 가지로 구분하고 있다. 유한자로부터 무한자를 논하는 형태(자연종교), 다자로부터 일자를 논하는 형태(유대교), 우연성으로부터 필연성을 논하는 형태(그리스 종교).23

유한자로부터 무한자를 논의하는 첫째 형태와 관련하여(2:250-266), 헤겔은 모든 종교적 증명들의 토대에는 유한자에서 무한자로,

---

22 1821년과 1824년 『종교철학』의 '사변적 종교 개념'을 논하는 부분과 동일한 분석이다. 거기서는 유한자와 무한자가 맺는 관계의 '전도' 문제를 다루고 있다. 이와 관련해서는 이 책의 4장에서 다룬 이 자료에 관한 논의를 참고하라.

23 1821년 『종교철학』에서 우주론적 증명은 자연종교(2:100-104), 유대교, 그리스 종교와 관련하여 (2:127-2:250-266) 논의되고 있다. 1824년 『종교철학』에서도 그 논의는 자연종교(2:250-266), 유대교, 그리스 종교와 관련하여(2:390-404) 논의되고 있다. 이하의 논의는 1824년 『종교철학』을 중심으로 할 것이다.

개별자에서 보편자(즉자대자존재)로 '고양'하고자 하는 인간들의 근본적인 종교적 활동이 깔려 있다고 말한다. 이러한 '고양' 혹은 '이행'은 유한자가 자신의 허무, 부정, 한계를 깨달을 때 발생한다. 사실상 유한자의 한계가 무한자다. 그러한 의미에서 유한자는 이미 자신의 타자인 무한자에 속하며, 그래서 유한자가 곧 무한자이기도 하다. 하지만 그러한 이행은 유한자의 자기부정을 통해 이루어진다는 점에서, 무한자는 그러한 유한자에 근거하여 증명될 수 없다. 유한자로부터 무한자를 정립하는 것은 유한자란 존재하기는 하지만 그 자체로는 아무것도 아니라는 것을 의미한다. 무한자에 대한 진정한 증명은 오직 무한자의 자기증명뿐이다.

신적인 통일에 기초한 증명(2:392-395)은 일자와 다자라는 해묵은 범주들을 활용한다. 오직 일자만이 존재하고 다자는 존재하지 않는다는 것은 그리스의 사료들에서 발견되는 고대의 격언이다. 이는 논리적으로는 타당하지만 그 일자가 신을 의미하는지는 확실치 않다. 단일성의 범주, 즉 매개를 결여하고 있는 비변증법적인 범주는 신의 개념을 제대로 설명할 수 없다.

우연성으로부터 필연성을 논의하는 형태(2:395-404)는 유한자로부터 무한자를 논의하는 형태와 논리적으로 유사하다. 하지만 '우연한 것'은 '유한한 것'보다 훨씬 더 풍부하고 구체적인 범주다. 왜냐하면 우연한 것은 자기 내부에 자신에 대한 부정을 포함하고 있기 때문이다. 그것은 그저 가능성으로만 존재하는 것, 확실히 존재하지 않을 수도 있는 것이다. 우연한 존재의 진리는 필연성이다. 여기서 말하는 필연성은 내적 필연성이어야 한다. 왜냐하면 외적 필연성 자체는 우연적인 것이기 때문이다. 절대적으로 필연적인 원인만이 우연한 존재들을 설명할 수 있다(그렇지 않으면 무한소급에 빠지고 만다)는 이 증명의 결론도 논리적으로는 타당해 보인다. 하지만 이는 우연적인 것을 한 편에 정립하고, 다른 한 편에 필연적인 것을 정립한다는 점에서 그리고 그 둘 사이의 관계를 '전제하는', '수반하는' 등으로 표현한다는 점에서 결함이 있다. 그러한 증명에서는 우연적인 사물들이 절대적인 필연성을 조건 짓는다. 즉, 거기서는 우연한 사물들이 절대적 필연성의 존재를 위한 필요조건이다. 하지만 절대적 필연성은 자기 외부의 어떤 것에 의해 제약되거나 그것에 의존하지 않는다. 신 존재 증명의 진정한 형태는 절대적 필연성에 내재하는 매개에서 출발하여 우연한 것들을 그 과정에 나타나는 계기들이나 단계들(절대자가 우연한 것, 부정적인 것, 즉자 대자적으로 존재하지 않는 것으로 정립한 것)로 이해하는 것이어야 한다. 하지만 이러한 형태는 우주론적 증명이 아니라 존재론적 증명이다.

목적론적 증명

목적론적 증명은 합목적성 혹은 유용성(Zweckmäßigkeit)의 경험에 기초하고 있다. 이에 관한 헤겔의 논의는 모든 강의에서 비슷한 방식으로 이뤄지고 있다.[24] 우리가 일반적으로 접하는 목적론적 증명은 (예컨대 로마 종교에서처럼) 대체로 내적 합목적성보다는 외적 합목적성의 특성을 띠고 있다. 세계에 외적으로 연관된 사물들 사이에

---

24 1821년 『종교철학』에서는 2:199-206, 1824년 『종교철학』에서는 2:404-421, 1827년 『종교철학』에서는 1:427-433에서 다뤄지고 있다. 이하의 요약은 1824년과 1827년 『종교철학』에 바탕을 둔 것이다.

드러나는 불가사의한 조화, 사물들 자체만으로는 설명할 수 없는 조화가 명백하게 드러날 때, 우리는 그것들을 질서 짓는 제삼의 원리를 정립한다. 그 원리는 구체적인 목적들을 위한 구체적인 수단들을 배열한다. 목적론적 증명은 마치 코르크나무는 병마개가 되기 위해 존재하고, 쥐들은 고양이의 먹이가 되기 위해 존재한다는 식으로 신을 아주 사소하고 무가치한 목적들에 종속시킨다. 이것이 곧 '물리신학적 증명'이다. 칸트는 『순수이성비판』에서 이러한 물리신학적 증명에 대한 고전적인 반박을 선보인 바 있다.[25]

헤겔은 칸트의 비판을 단순히 받아들이기보다 그것을 더욱 정교하게 발전시킨다. 그가 말하는 핵심은 우리가 경험적으로 관찰할 수 있는 상대적이고 유한한 세계의 환경들로부터는 결코 절대자와 무한자를 논할 수 없다는 것이다. 우리는 세속적 권력으로부터 전능함을, 인간적 지혜로부터 전지함을 논할 수 없다. 따라서 이러한 목적론적 증명은 기껏해야 세속적인 의미에서의 위대한 지혜, 위대한 권력, 위대한 통일과 같은 개념만을 논할 수 있을 뿐이다. 하지만 우리가 신에게서 바라는 것은 절대적 지혜, 절대적 권력, 절대적 통일이다. 우리는 '위대한 것'에서 '절대적인 것'으로의 도약을 행한다. 목적론적 증명이 비록 신앙심을 자극하지는 못한다 해도 최소한 마음의 변화는 이끌 수 있다. 하지만 이 역시 신을 인식하는 것과는 별개의 문제다. 또한 이 증명은 윤리적인 문제에 있어서도 선이 악보다 우월하다는 가정을 전제하지 못한다. 왜냐하면 그 근거가 너무 모호하기 때문이다.

---

25 Kant, *Critique of Pure Reason*, trans. Norman Kemp Smith (London: Macmillan, 1933), B 649-58 (518-524).

칸트는 자신의 『판단력비판』 제2부에서 이러한 외적 합목적성의 대안으로 '내적 합목적성' 혹은 '유기적 생명'이라는 중요한 개념을 도입했다. 이에 따르면, 모든 생명체는 하나의 목적을 가지고 있는데, 그 목적은 자기 내부에 그것을 실현할 수단들을 내포하고 있다 (1:428-431). 이러한 부분과 전체의 상호적인 인과관계가 곧 유기적 생명이다. 그는 이러한 유한한 유기적 생명으로부터 절대적인 유기적 생명, 보편적으로 합목적적인 생명, 세계영혼 혹은 누우스(Nous)를 도출한다. 이렇듯 절대적인 유기적 생명을 요청하는 것은 유한한 배열과 목적을 설명하기 위해서가 아니라 유한한 유기적 생명의 특수성을 부정하기 위해서다. 하지만 이러한 물리신학적 증명은 신을 '정신'이 아니라 그저 '영혼' 혹은 '힘'으로 규정함으로써 신을 세계혼의 선함과 지혜로는 판단하지 못한다. 이러한 점에서 물리신학적 증명도 여전히 불충분하다.

칸트는 물리신학이 '윤리신학'으로 대체되어야 한다고 생각했다. 윤리신학은 『판단력비판』에서 자연의 목적들이 아니라 인간 본성이 지닌 도덕적 목적들(선험적으로 인식될 수 있는 목적)로부터 궁극적인 원인과 그것의 속성들을 추론하는 시도로 규정된 바 있다.[26] 이것이 칸트가 『판단력비판』에서 수행한 프로그램이다. 거기서 그는 목적들의 왕국을 보증하는 자, 즉 실재와 최고선을 보증하는 자로서의 신은 도덕적 목적에 부합하는 행위를 위한 필연적인 전제라고 말한다.[27]

---

[26] Kant, *Critique of Judgement*, trans. James Creed Meredith (Oxford: Clarendon Press, 195), 2. 100-101(§85).

[27] Kant, *Critique of Practical Reason*, trans. Lewis White Beck (New York: Liberal Ats Press, 1956), 128-136. 칸트는 실제로 최초의 존재, 최고의 존재, 가장 완전한 존재 그리고 가장 실재적인 존재와 같은 전통 형이상학의 신 개념을 그대로 사용하고 있다. 이러한 신 개념은 실체, 통일, 단순

칸트는 오로지 이러한 윤리신학적 증명만을 타당한 것으로 여겼다. 하지만 헤겔은 『종교철학』에서 칸트의 윤리신학적 증명을 거론조차 하지 않는다. 그는 1790년대에 이미 종교에 대한 도덕적 해석의 실패를 확신하고 있었다. 헤겔이 보기에, 칸트가 말하는 도덕적 목적론과 그 전제들에 관한 이론은 아무런 설득력이 없었다.[28]

존재론적 증명

우주론적 증명과 목적론적 증명도 나름대로 타당한 면이 있기는

성, 불변성, 탈세속성과 같은 전통 존재론의 특성들을 담고 있다. 따라서 칸트가 말하는 신은 운동하거나 변화하거나 고통받거나 세계와 상호작용할 수 없다. 그의 신 개념에는 시간성과 역사성 같은 범주들이 적용되지 않는다. 이러한 관점에서 헤겔의 신 개념은 칸트의 신 개념보다 훨씬 더 급진적이다. 하지만 칸트는 그러한 신 존재는 이성신학이나 사변신학 혹은 초월신학으로는 증명될 수 없는 것으로 결론짓는다. 존재론적 증명에 대한 비판이 그가 한 논의의 핵심이다. 우주론적 증명과 물리신학적 증명은 존재론적 증명의 타당성에 의존하고 있다. 이 중에 칸트는 물리신학적 증명에 더 많이 공감하는데, 그 이유는 그것이 선험적 원리가 아니라 경험적 원리에 기초하기 때문이다. 이성신학의 대안은 도덕신학 혹은 윤리신학이다. 이들은 신앙을 위한 안전한 토대를 제공한다. 왜냐하면 실천이성은 필연적으로 신의 존재를 요청하기 때문이다. 만일 성스럽고 자비로우며 정의롭고 무한히 인과적인 신이 존재하지 않는다면 그리고 도덕적으로 완성된 미래 세계가 존재하지 않는다면, 도덕적 의무들에 부합하는 행위의 유인도 존재하지 않을 것이다. 바로 여기서 헤겔이 매우 지루하게 생각하는 전통적인 신 이해가 또다시 등장한다. 여기서 종교는 제의적 혹은 지성적인 신으로의 고양(헤겔의 신비적-사변적 관점)이라기보다 그저 도덕적 행위를 진전시키기 위한 하나의 도구로 전락하고 만다. 이러한 칸트의 견해는 자신의 *Lectures on Philosophical Theology* (trans. Allen W. Wood and Gertrude M. Clark (Ithaca, NY: Cornell University Press, 1978))에 구체적으로 나타나 있다.

28 이와 관련해서는 Walter Jeschke, *Reason in Religion: The Foundations of Hegel's Philosophy of Religion*, trans. J. Michael Stewrt and Peter C. Hodgson (Berkeley and Los Angeles: University of California Press, 1990), 1장을 참고하라. 헤겔이 도덕적 증명과 관해 아무 말도 하지 않는 것은 당혹스럽고 실망스럽다. 그는 분명 자신의 철학적 과제를 위해 칸트를 활용하고 있다. 그리고 그는 편견을 가진 해석가다. 새로운 철학 체계를 세우려면 언제나 자신보다 앞선 학자들의 체계를 파괴해야만 한다. 헤겔의 칸트 해석도 결국은 그렇게 탈구축된 것에 불과하다. 그리고 헤겔 역시도 그런 운명으로 고통받고 있다.

하지만 헤겔은 오로지 존재론적 증명만이 타당하고 충분한 증명이라 생각한다. 존재론적 증명은 유한한 존재에서 신으로 나아가는 증명방식이 아니라 신으로부터 존재로, 신의 개념으로부터 신의 존재나 실재로 나아가는 증명방식이다. 이러한 증명은 12세기가 지나서 캔터베리의 안셀무스가 처음 선보인 통찰이다.29 하지만 칸트가 지적한 바처럼, '완전함'에서 출발하는 안셀무스의 논의는 아직 증명되지도 않은 개념(사유)과 존재의 통일을 애초부터 전제하고 있다는 문제점을 지니고 있다. 이러한 비판을 극복하고자 헤겔은 자신의 논리에 기반한 후기-칸트주의적인 존재론적 증명을 시도한다. 그 첫 시도는 1821년과 1824년 『종교철학』에서 이루어지고 있다. 거기서는 매우 자세한 분석이 시도되고 있지만 그리 세련된 형식을 갖추고 있지는 않다. 이후 1827년 『종교철학』에서는 전보다 훨씬 명쾌한 논의가 전개되고 있다. 하지만 이와 관련한 현존하는 최고의 논의는 단연 1831년 『종교철학』이다.30

---

29 Anselm, *Proslogion,* chap. 2 (*Anselm of Canterbury: The Major Works,* ed. Brian Davies and G. R. Evans [Oxford University Press, 1988], 87-88).

30 1821년 자료는 3:65-73, 1824년 자료는 3:173-184, 1827년 자료는 1:433-441에 실려 있다. 전집(둘째 편집판(Berlin, 1840), 12. 546-553) 부록에는 1831년 『종교철학』의 '존재론적 증명' 전문이 실려 있는데, 이는 3:351-358에 번역되어 있다. 이하의 내용은 1827년과 1831년 판을 요약한 것이다. 헤겔의 존재론적 증명과 관련한 최근의 세부적 연구는 Patricia Marie Calton, *Hegel's Metaphysics of God: The Ontological Proof as the Development of a Trinitarian Divine Ontology* (Aldershot: Ashgate, 2001)을 참고하라. 부제가 보여주듯이, 칼튼(Calton)은 존재론적 증명을 헤겔의 삼위일체적 존재론 전반의 핵심으로 간주한다. 물론 이러한 관점으로 종교철학을 해석하는 것도 가능하기는 하지만, 나는 그러한 접근법이 헤겔의 논의에 나타난 제의적, 표상적, 인륜적 측면들은 등한시하고, 종교에 나타난 이성적이고 개념적인 측면만을 지나치게 강조하는 것이라 생각한다. 칼튼은 철학적 사유야말로 인간과 신을 화해시키고, 비본질적 혹은 경륜적 삼위일체를 완성하는 것이라 생각하면서(95), 철학을 통해 신학을 지양하는 헤겔의 사유를 너무나 무방비하게 받아들인다. 나는 이 주제를 이 책의 9장 마무리 부분에서 다시 다룰 것이다.

칸트는 그것보다 더 큰 것이 사유될 수 없는 존재라는 신의 개념으로부터 신의 실재가 도출될 수는 없다고 주장했다.[31] 왜냐하면 '존재'는 내용을 구성하는 술어가 아니기 때문이다. 내용에 어떤 것을 그것에 내용을 부여하는 술어가 아니기 때문이다. 백 탈러의 현존은 백 탈러의 개념에 어떤 내용도 부여하지 못한다. 나는 백 탈러를 가지고 있지 않아도 그것을 상상할 수 있다. 하지만 헤겔은 그러한 '개념들'은 일상적인 의미의 표상들이지 엄밀한 의미의 개념들이 아니라고 응수한다. 참된 개념은 주관적인 관념이나 상상력의 산물이 아니다. 참된 개념은 자기 내에 객관성을 포함하고 있다.[32] 그것은 생동적이고 활동적이다. 참된 개념은 자신을 자신과 매개한다. 마치 인간이 자신들의 충동과 목적을 실현하는 것처럼, 처음에는 그저 이념적인 것을 점차 실재적인 것으로 만들어나가는 것처럼, 참된 개념은 자신의 주관성을 고양시켜 나가는 자기객관화의 운동 혹은 그 과정이다(1:434-436, 438-439). "존재는 술어가 아니며, 우리는 […] 개념에 어떤 것도 부가하지 않는다. 도리어 우리는 개념에서 '이념'이 아니라 주관적인 것만을 제거한다." 개념과 존재의 동일성은 전제가 아니라 결과, 즉 자기 자신을 규정하는 운동의 결과다. 개념은 "자신을 실현함으로써 주체와 객체가 통일된 진리가 된다"(3:354-356).

가장 완전한 개념은 가장 완전히 실재적인 것이다. 그리고 신은 가장 완전한 개념이다. 이러한 논리적 진리는 육화의 종교인 그리스도교에서 가장 잘 드러난다. 신은 자기분리와 자기복귀의 과정을

---

31 Kant, *Critique of Pure Reason*, B 620-630 (500-507).
32 *Encyclopedia*, §213 (*The Encyclopedia Logic*, 286)

거쳐 절대정신에 이른다. 그 과정에서 신은 유한하고, 세속적이고, 특정한 존재(Dasein)의 모습으로 나타난다(1:437, 3:36-37). 그러한 의미에서 결국 신의 현존재(Dasein Gottes)를 말하는 것은 부적절하다. 이러한 신의 현존은 어떤 부정한 논리적 속임수가 아니라 세계과정에 개입하는 신을 통해 입증된다. 그러한 신은 완전히 현실적인 존재자(das Seiende), 세속적이고, 특정하고, 실존하는 존재(Dasein)다. 신을 향한 종교적 고양은 이러한 신의 내려옴(낮춤)을 전제한다.

물론 신에 대한 개념이나 신에 대한 인식 그리고 신으로 고양되는 종교적 체험이 없는 이들에게는 이러한 증명이 통하지 않을 것이다. 한 사람을 종교적인 존재로 '입증하는' 방식은 존재하지 않는다. 필요한 것은 종교적 공동체의 실천, 종교의 제의적 활동, 신에 대한 예배에 참여하는 것이다.

신에 대한 예배

"종교의 개념"의 셋째 계기는 삼위일체 변증법의 셋째 계기, 즉 성령의 성화를 통해 모든 피조물들이 신으로 복귀하고 참여하는 계기에 대응한다. 이는 앞선 두 계기에서 형성되고, 그 두 계기를 포괄하는 가장 구체적이고 풍부한 계기다. 그럼에도 불구하고 1824년 『종교철학』이전에는 제의(der Kultus)나 예배에 관한 논의가 전체구조 안에서 적절한 자리를 갖지 못했고, 그 논의조차도 매우 소략했다. 유한한 종교들이나 그리스도교를 다루는 대목에서도 이미 제의적 활동에 관한 논의를 했기 때문에 그랬을지도 모른다.[33]

신에 관한 인식, 즉 종교에 관한 이론적 관계의 경우, 나는 대상에 빠져들어 나 자신에 대해서는 아무것도 알지 못한다. 하지만 참된 상태는 나와 대상의 관계다. 나는 그 대상으로 채워진 나를 인식해야 한다. 이러한 통일을 이루는 것이 바로 제의라는 행위다. 그러한 의미에서 제의는 종교에 관한 실천적 관계다(1:441-443). 내가 이론적으로 인식하는 것이 실존적인 관계와 참여로 나아간다. 실천적 영역에서 나는 독립적이고 자유롭다. 나는 대상을 나에게 동화시키고, 자아에 대한 감정을 회복한다. 제의는 "자아 안에서 나와 신을 포괄하는 것, 다시 말해, 신 안에서 나를 인식하고, 내 안에서 신을 인식하는 것이다"(1:443). 이는 '향유', '참여', '교감'의 행위, 즉 '성례'의 행위를 통해 이루어진다. 이것이 특정한 제의적 행위다(1:443). 헤겔은 이러한 행위를 표현하기 위해 'Genuß'(향유)라는 용어를 사용한다. 이 용어는 어원상 먹고 마시는 육체적인 모습을 뜻한다. 우리는 신이 실재로 현존하는 성례의 음식을 먹음으로써 십자가에 못 박힌 신을 상징적으로 우리 안에 받아들이고 동화시킨다.[34] 이러한 행위는 그리스도의 대속에 대한 보상, 예컨대 신의 마음에 들 만한 제물을 바침으로써 신과 인간을 화해시키는 것이 아니다. 오히려 이는 화해를

---

33 1824년 『종교철학』에서, 제의는 '종교에 관한 사변적 개념'이라는 주제에서 다뤄지는 신과 관계하는 두 가지 방식(이론적 관계, 실천적 관계) 중 둘째 것(실천적 관계)으로 다뤄지고 있다 (1:336-364). 여기에는 다양한 주제들이 뒤섞여 있어서 1827년 『종교철학』만큼 체계적인 논의형식을 갖추고 있지는 않다. 이 부분은 우선 제의가 지닌 독특한 인식론적 활동이라 할 수 있는 신앙과 외적인 권위나 정신의 내적인 증언을 통한 신앙의 정당화를 집중적으로 다룬다. 다음으로는 범신론의 혐의에 맞서 사변신학을 옹호한다. 그리고 마지막으로 다양한 종교들에 나타나는 제의의 역사('제한된 형태의 제의'로부터 '자유로운 요소를 지닌 제의'로 나아가는 운동을 추적)를 탐구한다. 처음 두 주제는 1827년 『종교철학』의 다른 부분에서도 다뤄지고 있다.

34 이 점은 '그리스도교의 제의'를 논의할 때, 매우 상세히 다뤄진다. 이와 관련해서는 이 책의 9장을 참고하라.

이미 전제하고 있다. 신의 은총으로 말미암아 이미 암묵적이고 명시적으로 실현되어 있는 화해에 참여하는 것이다(1:443-444).35

헤겔은 "오늘날에는 이러한 제의의 측면이 뒷전으로 밀려나고, 그 중요성도 더 이상 강조되지 않고 있다"고 말한다. 오늘날 개신교 교회는 신과 하나 되는 제의적 실천보다는 그 자리를 단지 주관적인 신앙으로만 채우고 있는 것 같다. 그럼에도 불구하고 "교리신학에서 "신비적 통일"(de unione mystica)이라는 고전적인 장은 제의라는 주제를 다루고 있다. 신비로운 것(das Mystische)은 오성으로는 도무지 헤아릴 수 없는 사변적인 것(Spekulative)이다. 제의의 가장 심오한 특징은 감정(Gefühl)이다. 신의 은총 안에서 그와 함께 있으며, 신의 정신이 내 안에서 생동하고 있다는 기쁨(Genuß), 신과의 연합과 화해에 대한 의식이 바로 그것이다"(1:444-445). 이 구절에 등장하는 신비로운 것(Mystische), 사변적인 것(Spekulative), 감정(Gefühl), 향유(Genuß)라는 범주들은 무척 매혹적이다. 사변신학의 심장부에 이루는 신과 인간의 신비적인 연합은 감각적인 제의적 행위를 통해 이루어진다. 여기서 감정은 오성보다 더 많은 것을 이해하고, 말씀을 듣는 것보다 신의 영적인 현존에 더 깊이 동화된다. 그러한 의미에서 신의 말씀을 선포하는 것보다 성례를 거행하는 것이 예배의 중심예식이 되어야 할 것이다.

헤겔은 제의의 세 가지 기본 형태를 구별한다(1:445-446). 첫째 형태는 예배(Andacht)다. 예배는 "그저 신이 존재한다는 것에 대한 단순한 믿음이 아니다. 예배는 믿음이 생생해질 때, 주체가 기도하면서

---

35 이 문제는 1831년『종교철학』에서 특별히 강조되고 있다. 이와 관련해서는 1:447 n. 180을 참고하라.

그 내용에 도취될 때, 객관적인 태도에 머물지 않고 그 내용에 완전히 빠져드는 것이다. 여기서 본질적인 것은 불처럼 뜨거운 기도다." 기도는 비이성적인 것이 아니라 열정적인 방식의 사유(Denken)다. 따라서 거기에는 두 가지 외적인 제의형식이 있다. 하나는 성례(감정과 감각적 의식에서 일어나는 화해)이고, 다른 하나는 제물(신에게 제물을 바치는 행위를 통한 유한자의 부정)이다. 제물을 바치는 부정적인 행위는 제의적 행위(그리스도교의 성례)를 통해 신과의 통일을 의식하는 향유의 상태로 나아가야 한다. 제의의 셋째 형태이자 최고의 형태는 회개다. 우리는 이러한 회개를 통해 외적인 소유물을 단념할 뿐만 아니라 우리의 심정이나 내밀한 자아까지도 모두 신에게 바친다.

심정의 순수함이 올바로 '도야되면', 인륜적인 삶이 나타난다. 인륜적인 삶이야말로 가장 진정한 제의다. 하지만 그것은 신에 대한 의식이 신과 함께 하는 한에서만 그러하다(1:446). 따라서 사회정치적 윤리들은 종교적 제의의 확장이자 '현실화'라 볼 수 있다. 헤겔은 1827년 『종교철학』의 마지막 부분인 '그리스도교의 제의'에 관한 논의에서 이 점을 간략히 설명하고 있다(3:341-342).[36]

그 논의는 "철학 역시도 끊임없는 제의다. 다시 말해 철학은 참된 것을 자신의 대상으로 삼으며, 참된 것의 최고 형태를 절대정신(신)으로 삼는다. 이러한 참된 것을 인식하는 것은 신의 단순한 형태 속에서 신을 인식하는 것일 뿐 아니라 신의 작품들 속에서 이성적인 것을 인식하는 것이기도 하다. […] 이것이 곧 철학이다"라는 고찰로 마무리된다(1:446-447). 헤겔은 여기서 강의를 시작할 때 다룬 주제를 다

---

36 1831년 『종교철학』에서 헤겔은 "종교의 개념"의 '제의' 뒤에 '종교가 국가와 맺는 관계'를 덧붙이고 있다. 그 자료는 전집판에 복원되어 있으며, 1:145-160에 번역되어 있다.

시 한 번 언급한다. "철학은 곧 신학이며, (철학에 대한 몰두가 아니라) 신학에 대한 몰두다. 신학에 몰두하는 철학은 그 자체가 곧 예배(Gottesdienst)다"(1:84).37 하지만 만일 철학이 지성적이고 실천적인 신학 작업이라면, 신학 자체에는 어떤 변화가 일어날까? 신학은 단지 철학의 하위분과로 사라지게 될까? 아니면 표상적인 사유의 영역으로 물러나게 될까? 신학을 철학으로 몰고 가는 헤겔의 논의는 다소 강압적이다. 나는 이 문제를 9장의 결론부에서 다시 한 번 다룰 것이다.

---

37 라손(Georg Lasson)의 필기록에 따르면, 헤겔은 1827년 『종교철학』의 마지막에 "종교의 개념" 전체를 간략히 요약하고 있다(1:448-449). "대충 정리하자면, 종교는 우리가 신과 맺는 관계다. 우리는 이러한 관계는 사유 속에서 발견되는 것이라고 말했다. 이러한 암묵적이고 명시적인 보편자에 대한 최초의 분열 혹은 판단, 즉 창조는 자신을 특수화하는 것, 절대정신을 그와는 대립하는 특수한 정신으로 구별하는 것이다. 우리가 고려했던 첫째 관계는 인식의 관계요, 즉 이론적 관계였다. 둘째 관계는 실천적 관계 혹은 이러한 고양에 대한 인식이다. 그리고 이러한 고양이 그 자체로 인식이다. 셋째 계기는 이러한 인식을 인식하는 것이다. 그것이 곧 현실적인 종교다."

6장
삼위일체: 절대정신으로서 신

절대정신과 삼위일체

우리는 비로소 그리스도교가 '전개하는' 신의 개념에 도달했다. 헤겔에 따르면, 이러한 전개는 세 가지 '요소들', '계기들', '영역들/왕국들'로 이루어진다.[1] 즉자 대자적인 신의 이념(신의 '위격들'로 상징되는 내재적 삼위일체의 관계들), 표상과 현상의 영역에 나타난 신의 이념(그리스도라는 인물에 초점을 둔 자연과 인간 세계의 역사) 그리고 교회공동체에 성령으로 나타난 신의 이념(신 안에서 만물을 구원하고 완성하는 성령공동체에 현존하는 신).[2] 첫째 계기에서 신은 추상적인 보편성으로 존재한다. 다음으로 보편적인 것은 유한한 것, 특수한 것, 구별된

---

[1] 1824년과 1827년 『종교철학』에서는 '요소들' 혹은 '계기들'이라는 표현이 사용되고 있지만, 1831년 『종교철학』에서는 그 대신 '영역들'이나 '왕국들'이라는 표현이 사용되고 있다. 이 장의 주제들에 관한 헤겔의 논의는 모든 강의들에서 거의 동일하다. 따라서 나는 특별한 경우를 제외하고는 문헌의 출처를 밝히지 않을 것이다.

[2] 3:185-8(1824); 3:271-274(1827). 이러한 그리스도교 논의구조의 변화와 관련해서는 3:185 n. 65 및 4장 바로 앞부분을 참고하라.

것, 분리된 것으로 정립되거나 등장한다. 마지막으로 이제 구체화된 보편자는 절대적 주관성, 절대적 대자존재 혹은 절대정신인 자기 자신으로 복귀한다. "신적인 이념은 바로 이 세 가지 형태로 자신을 전개한다. 정신은 신적인 역사, 즉 자기구별(분리)과 자기복귀의 과정이다"(3:186-187). 신은 이러한 삼위일체적인 자기매개를 거쳐 절대적 실체에서 절대적 주체로 나아간다. 주관성이란 "자신을 내적으로 분리시킬 수 있고, 자신을 자신의 대상으로 삼을 수 있는 실체의 무한한 탄력성이다." 정신으로서의 신은 '무한한 실체적 주관성'이다(3:169).

헤겔은 1827년 『종교철학』에서 이러한 신의 역사를 다음과 같이 깔끔하게 요약하고 있다.

(1) 첫째, 신은 세계의 창조 이전에 그리고 세계의 외부에 있는 자신의 영원성 속에 즉자대자적으로 존재한다.

(2) 둘째, 신은 세계를 창조하고 분리를 정립한다. 그는 자연과 유한한 정신을 창조한다. 하지만 신은 그렇듯 본질적으로 소외된 것, 특수한 것, 자신과는 분리되어 정립된 것을 자신과 화해시키는 것이다. 그는 자신으로부터 소외된 것, 즉 이념의 자기분열 속에서, 자신에게서 분리된 것으로부터 자신의 자유와 진리를 되찾아야 한다.

(3) 셋째 단계에서, 정신은 이러한 화해의 과정을 통해 자신의 분열 행위, 즉 근원적 구별에 의해 구별된 자신과 화해했다. 이렇게 화해된 정신이 바로 자신의 공동체에 현존하는 성령 혹은 정신이다.

이러한 구별은 우리가 마음대로 지어낸 외적인 구별이 아니다. 도리어 절대정신 자체의 운동, 즉 절대정신 자체가 가진 생명력의 발양이다(3:273-274).

헤겔은 이 요약을 충분히 설명한 후에 그리스도교 거대담론을 사변적으로 재서술하기 시작한다. 이것이 『종교철학』 제3부의 내용이다. 우리는 그 주제를 이 책의 7-10장에서 다룰 것이다.

그중 7장은 절대정신으로서의 신 개념을 집중적으로 다룬다. 그러한 신 개념은 본질적으로 삼위일체적이다. 정신은 삼위일체의 변증법을 통해 자신을 정신으로 구성한다. 이는 다음과 같은 신에 대한 축약적인 규정에서 명백히 드러난다. "자신의 영원한 보편성 속에 머물러 있는 신은 자신을 구별하고, 자신을 규정하고, 자신에 대한 타자를 정립하는 자이자, 또한 그러한 구별을 지양하는 자이고, 이러한 지양을 통해 자신과 함께 머무는 자이다. 그리고 신은 이러한 전개 과정을 두루 거치는 한에서만 정신이다"(3:284-285). 정신은 펼쳐지는 과정이자 자신을 펼쳐나가는 과정이다. 신은 이러한 과정을 필연적으로 전제한다. 왜냐하면 정신은 의식 혹은 인식이며, 의식은 언제나 구체적으로 표현되게 마련이기 때문이다. 이러한 절대정신의 자기인식은 유한한 정신이 지닌 여러 단계의 의식을 거쳐 생겨난다.[3] 절대정신으로서의 신은 정신과 자연의 통일이다. 즉, 정신은 그 통일의 한 측면이면서 동시에 "나머지 한 측면을 포괄하는 것이기도 하다. 그러한 의미에서 정신은 자신과 타자의 통일이다"(1:325, 352). 자연은 정신과는 다르지만 궁극적으로는 정신에 낯설고 소원한 것이 아니다. 자연은 신적인 생의 일부다.

---

3 우리는 1장에서 이미 헤겔이 1824년 『종교철학』에서 사용한 감각적이고 신비적인 비유를 살펴본 바 있다. '정신이란 자기 인식의 지속적인 과정이다. 이는 자신을 개인의 의식이라는 유한한 불빛들로 분열한 이후에 이러한 유한함으로부터 자신을 재통합하는 과정이다. 단, 유한한 의식 내부에서 정신의 본질을 인식하는 과정이 발생하고, 이를 통해 신적인 자기의식이 등장하는 한에서, 거품처럼 피어오르는 유한자의 요동으로부터 정신은 향기롭게 피어오른다'(3:233 n. 191).

정신을 절대적이고 무한하게 하는 것은 신적으로 구성된 상호인정의 공동체 내에서 생겨나는 정신의 모든 관계들이다. 절대정신이 자신을 자신과는 다른 것으로 방출한 타자는 절대정신의 범위를 넘어선 것, 즉 절대자를 한계 짓고 절대자를 유하게 만드는 것으로 정립된다. 말하자면, 신을 한계 짓는 것은 신 안에서 일어나는 작용이다. 그것은 세계를 신의 '외부'에 위치시키는 공간적 사유방식이다. 위의 인용구에서 헤겔은 공간적인 비유를 사용하고 있다. 하지만 이는 영원한 신의 역사를 파악하는 데 시간적인 비유가 부적합하듯이 이 역시 분명 개념적으로 부족한 방식이다(3:187-188). 물론 유한한 정신들은 외적인 관계들을 갖는다. 이것이 그러한 정신들은 유한하며, 시공간적으로 존재한다는 의미다. 절대정신은 이러한 외재성을 통합한다. 절대정신이 이러한 외재성과 맺는 관계는 철저히 내면적이다. 말하자면 그러한 관계들은 하나의 유기적인 상호주관성, 즉 전체를 구성하는 내부적으로 구별된 계기들/차원들이다. 이 관계의 항들은 진정한 의미에서 전적인 타자가 아니다. 물론 간혹 통제되지 않을 때도 있지만 그렇다고 해서 그 항들이 신과 무관한 것은 아니다.

절대정신으로서의 신은 '전체'다. "전체로 존재하는 보편적 정신은 자신을 세 가지 특정한 형태로 드러낸다. 즉, 보편적 정신은 자신을 전개하고, 자신을 실현하고, 마지막에 이르러서야 비로소 자신을 완성한다. 하지만 이 마지막은 결론이면서 동시에 전제이기도 하다."4 헤겔은 전체(Ganze), 전체성(Ganzheit), 총체성(Totalität)이라는 용어들을 번갈아가며 사용한다. 이는 그가 사용하는 '총체성'이라는

---

4 3:186. 영어판은 'das Ganze'(전체)를 'totality'로 번역하고 있다. 이와 관련해서는 n. 66의 '스스로를 정립하다'(setzt sich)와 '내세우다'(Voraussetzung) 사이의 말놀이에 관한 논의를 참고하라.

용어가 전체주의적인 것이 아니라 전일적이라는 것을 의미한다. 전일적 체계는 타자를 동일자로 환원하지도 않고, 동일자와 타자를 상호배타적인 원자들로 간주하지도 않는다. 헤겔의 전일론은 원자론과 일원론의 중도를 지향한다.

　고전적인 신학과 관련해 보자면, 헤겔은 내재적 삼위일체(세계가 창조되기 이전의 삼위일체)와 경륜적 삼위일체(세상과 함께하는 삼위일체)를 하나로 보는 것 같다. 내재적 삼위일체는 영원한 신, 세계의 창조에 앞서 있고, 세계와 분리되어 있는 즉자대자적인 신, 성부와 성자와 성령으로 상징되는 동일성과 차이 그리고 매개의 내적인 변증법이다. 경륜적 삼위일체는 신의 세계운영(oikonomia)에 나타나는 신적인 이념의 '분열'이다. 자연과 인간 세계의 창조, 악으로의 타락, 그리스도를 통한 신의 등장, 화해와 구원의 역사, 신 안에서 이루어지는 만물의 완성이다(3:77, 86-91, 273-275). 이 두 가지 삼위일체는 하나가 끝나는 곳에서 다른 하나가 시작되는 것처럼 외적으로 서로 분리되어 있는 것이 아니다. 경륜적 삼위일체는 내적인 삼위일체 변증법을 단순히 반복하는 것이 아니라 그것을 외적으로 재현한 것이다. 이러한 재현은 신의 자기실현에 필수적인 것이며, 자신과의 삼위일체적인 사랑의 유희에도 이미 들어 있는 것이다. 신은 이념적으로는(논리적으로는) 세계와 독립적으로 완성되어 있지만 신적인 생의 현실적인(실존적인) 완성을 위해서는 세계를 필요로 한다. 이는 그저 자신과의 사랑의 유희가 아니라 타자들을 위한 진지한 사랑이다.

　헤겔 자신은 '내재적'이라든가 '경륜적'이라는 용어를 사용한 적이 없다. 따라서 그의 논의를 이 두 가지 삼위일체와 연관시키는 것은 바람직하지 않다. 경륜적 삼위일체는 자신의 첫째 계기라 할 수 있는 내재적 삼위일체를 포함하고 있다. 따라서 보다 정확한 명칭은 포괄적 5삼위일체 혹은 전일적 삼위일체다. 포괄적 삼위일체는 신적인 생을 나타내는 세계 창조 이전의 내적인 변증법과 세계를 창조하고, 구원하고, 신을 절대정신으로 만드는 외적인 매개를 모두 포함하고 있다. 전체적인 삼위일체는 신적인 생을 구성하는 세 가지 요소나 영역을 포함하고 있다. 하지만 그 세 가지 요소로 두 가지 삼위일체를 설명하는 것은 혼란만 가중시킨다. 존재하는 것은 오로지 세 가지 요소로 구성된 하나의 삼위일체이며, 나머지는 그것의 복제된 패턴들에 불과하다. 그 세 요소와 영역을 표현하는 언어가 시공간적인 구별을 나타낸다고 생각하는 것은 오해다. 왜냐하면 신은 (시간적으로) 영원하고 (공간적으로) 편재하기 때문이다. 하지만 시공간적인 실재들은 신의 창조와 세계 내의 운동을 통해 구성되고, 신은 이러한 실재들에 참여한다. '영원한 신의 역사'는 시공간적인 역사를 통합하

---

5 이는 오레건(Cyril O'Regan)이 사용한 용어를 차용한 것이다. 이와 관련해서는 *Heterodox Hegel* (Albany: State University of New York Press, 1994)의 6장, 파켄하임(Emil Fackenheim)의 *The Religious Dimension in Hegel's Thought* (Bloomington, Ind.: Indiana University Press, 1967), 205-206, 218-219에 있는 '두 가지 삼위일체'에 관한 논의를 참고하라. 내가 포괄적 삼위일체라 부르고 있는 것은 파켄하임이 헤겔 사유의 본질적인 것으로 간주하는 두 측면을 통합하고 있다. "우리는 현실 세계를 논리적 영역으로 환원한 헤겔 우파의 해석을 오랫동안 거부해 왔다. 이러한 해석은 세속적인 삼위일체를 무시간적인 삼위일체적 유희로 환원하는 해석에서 자세히 드러난다. 그리고 우리는 이념과 정신을 세속적인 유한자로 환원하는 좌익의 해석도 거부했다. 이러한 해석은 세속적인 삼위일체를 결코 완성될 수 없는 신의 자기실현으로 환원하는 해석에서 자세히 드러난다. 이러한 해석은 세계를 설명하기 위하여 세계 이전의 삼위일체를 부정하고 있다. [⋯] 세계 이전의 삼위일체적 유희는 그것이 세계에 현시되는 것과는 별개로 이미 완성되어 있다. 그럼에도 불구하고 그 유희의 단순한 반복이라 할 수 없는 후자(세계에 현시)는 그리스도교 신앙뿐만 아니라 철학적 이해에 대해서도 실재한다. 삼위일체적 신은 세계와 분리되어서도 그리고 세계 안에서도 완전히 실재한다. 그리고 오로지 신의 세계 이전의 실재를 통해서만 그의 세계 내의 현시도 완성될 수 있다"(205). 나는 그 반대 논리도 성립한다고 생각한다. 신의 세계 이전의 실재는 세계의 현시를 통해서만 완성된다. 그러한 완성 혹은 완전한 계시는 종국에 가서야 비로소 이루어진다. 하지만 헤겔의 말에 따르면 종국은 곧 시초이기도 하다.

지만 거기로 환원되지는 않는다. 그것은 시공간을 가로지르는 이성적 과정이다.

헤겔이 말하는 삼위일체를 포괄적인 것으로 이해하는 것은 신이 맺는 외적인 관계들이 신에게 비본질적인 것이 아니라는 점을 일깨워준다. '내재적 삼위일체'(ad intra)와 '경륜적 삼위일체'(ad extra) 모두가 신의 생 전체에 속한다. 세계(신이 아닌 것)는 신 내부에 있는 한 계다. 두 삼위일체의 구별은 신의 구체적 전체를 비유하는 추상적 형태다. 포괄적 삼위일체는 외적인 관계들을 통합하고, 그것들의 외재성(서로에 대한 외재성과 신에 대한 외재성)을 소멸시키지 않으면서 자기-내재화한다. 세계는 여전히 세계로 머물러 있다. 세계는 신 내부에 있는 신 아닌 것이다.

삼위일체의 요소들/영역들에는 어떠한 우선권이나 순위도 매겨질 수 없다. 그것들은 모두 상호-본질적이다. 고전적인 신학은 신의 이념적인 자기 관계들에 우선권을 부여했다. 거기서 세계는 그 관계가 인식 가능한 현상으로 드러난 것일 뿐이다. 근대의 신학은 신의 내적인 생, 다시 말해 즉자대자적인 신의 본질을 알 수 없다는 이유로 성자와 성령, 즉 경륜적 삼위일체에 우선권을 부여한다. 하지만 헤겔은 그러한 분리를 전제하지 않는다. 왜냐하면 그러한 분리는 신의 핵심적인 본질을 파괴하기 때문이다. 그 요소들은 구별될 수는 있어도 분리될 수는 없다. 비록 논증과정에서는 그 요소들이 불가피하게 직선적인 연관으로 논의되지만, 실은 각 요소가 앞선 요소를 나선형적으로 중첩하고 포괄하는 동심원적 연관이다. 이러한 양상은 하나의 삼위일체 안에 또 하나의 삼위일체가 들어 있는 양상, 즉 성령 안에 성자가 있고, 성자 안에 성부가 있는 양상이다. 우리는 마지막 나선 단계에 가서야 비로소 신이 무엇인가를 완전히 이해할 수 있다. 이 장에서 우리는 가장 추상적인 나선에서 출발한다.

그리스도교의 삼위일체론

가장 추상적인 단계에서 신은 '자신을 특수화하는 보편적 정신' 으로 규정된다. 이것이 곧 그리스도교 신학이 '삼위일체'라 부르는 것이다. 그리스도교의 삼위일체론은 신이 자신을 구별하면서도 어떻게 자기-동일하게 머무는가를 기술하는 교리다. 이러한 삼위일체가 신의 신비를 구성한다. "삼위일체의 내용은 신비적이고 사변적이다"(3:192). 그것은 이성적인 신비다. 삼위일체의 세 가지 구별을 '수로 셀 수 있는 감각적 속성들'이 아니라 '생동하는 이성적 과정의 논리적 요소들'로 이해하는 사유방식만이 그러한 신비를 파악할 수 있다. 그리스도교의 삼위일체론의 문제는 그것이 수나 위격을 사용하는 표상적인 언어로 표현되어 있다는 점이다. 헤겔의 과제는 삼위일체론의 진리를 더 잘 설명하기 위해 그러한 표상적 언어를 해체하는 것, 즉 표상(Vorstellung)에서 사유로 나아가는 것이다.

수와 관련해 보자면, 삼위일체는 속성의 문제나 계산의 문제가 될 수 없다. 삼위일체는 수로 나타낼 수 없다. 삼위일체를 계산의 문제로 본다면, '세 개가 결국 하나다'라는 'tri-une'(3=1)과 같은 비수학적 결론에 이르게 된다. 수의 문제는 비유적이고 변증법적인 관계들을 나타내지 못하고 다만 고정된 속성만을 나타낸다는 것이다. 수를 통한 사유는 단일한 것(통일)이 다양하고 특정하게 전개되는 방식을 파악할 수 없다. 그래서 헤겔은 이렇게 결론짓는다. "이성은 오성의 모든 관계들을 사용할 수 있지만, 오성의 형식들을 파괴하는 한에서만 그러하다"(3:192, cf. 81-2, 285). 왜냐하면 오성(Verstand)의 형식에서 삼위일체는 합리성을 넘어서는 역설이자 오직 신앙의 권위를 통해서만 받아들여진다는 점에서 그것은 이성 자체(Vernunft)의 진리가 아니기 때문이다.

위격들과 관련해 보자면, '아버지'와 '아들'로 표현된 가족관계를 도입하는 것은 오해를 불러일으킬 수 있다. "이는 아주 유치한 관계이자 조야한 형식이다. 하지만 오성은 이를 더 적합하게 표현할 범주나 관계를 갖고 있지 않다. 따라서 이는 단지 비유적인 관계로 인식되어야 한다. 성령은 이러한 관계로 들어가지 않는다" (3:194). 사실상 "세 위격 모두가 정신이다." 정신은 자신의 과정을 거쳐나가는 보편적인 노동이자, 스스로를 구별하는 작용이자 처음부터 이미 존재하던 것을 생성해가는 운동이다. "신의 생이 거쳐 나가는 구별은 외적인 과정이 아니라 내적인 과정으로 규정되어야 한다. 그래야만 첫째 위격인 성부가 곧 마지막 위격인 성령이라는 것을 파악할 수 있다. 결국 이 과정은 정신에서 일어나는 자기보존과 자기확인의 유희다"(3:195).

1831년『종교철학』에서 헤겔은 '성부'를 하나의 구체적인 신의 위격이 아니라 내재적 삼위일체의 '왕국'을 뜻하는 하나의 상징, 즉 신이 구별을 통해 아직 세계에 드러나지 않은 자신을 드러내는 운동으로 생각한다(3:362). 교리신학은 성부로서의 신은 끊임없이 자신의 아들을 산출한다고, 신이 아들을 갖기 위해 그렇게 한다고 말한다. "하지만 이러한 모든 '행위'가 곧 신 자체다. 신은 바로 이러한 총체성이다. 아버지로 받아들여진 추상적인 신은 참된 신이 아니다." "신이 곧 정신이라는 것은 신이 곧 이러한 총체성이라는 것을 뜻한다"(3:363-364, 283 n. 93). 우리는 1831년 『종교철학』에서도 이와 유사한 도발적인 진술을 찾을 수 있다. "성부가 지닌 추상성이 성자에서는 사라진다. 그러한 의미에서 이는 곧 죽음이다. 하지만 이러한 부정의 부정이야말로 성부와 성자의 진정한 통일이다. 그것이 사랑, 즉 성령이다."[6] 이는 성부와 성자가 성령에서 사라진다는 것이 아니라 성령이야말로 삼위일체의 상징들 가운데 가장 구체적이고 포괄적이라는 것을 뜻한다. 그리스도의 죽음은 초월적인 아버지 상징과 개별적인 구세주 상징의 죽음을 의미한다. 하지만 성부의 추상성이나 성자의 죽음, 즉 동일성과 차이, 보편성과 특수성의 변증법과 분리된 성령이란 존재하지 않는다. 헤겔이 직접 말한 것은 아니지만, 성령에서 이루어지는 성부와 성자의 지양(부정과 보존)이 갖는 장점은 신에 관한 구체적인 성적 언어를 거의 사용하지 않는다는 것이다. 고전적 삼위일체의 특징들 가운데 이 점이 가장 배울 만한 것이다.

헤겔은 정의, 선, 전능함 등은 오성이 신을 규정하기 위해 사용한 술어들이라고 말한다. 슐라이어마허가 생각했던 것처럼,[7] 이러한

---

6 3:370. 이 공식은 슈트라우스가 출처를 알 수 없는 1831년 강의 필기록에서 발췌한 내용을 가져온 것이다. 하지만 이 공식은 전집 판에도 그대로 실려 있다(3:324n. 199). 그러나 잘 알려진 바와 같이 전집 판의 내용 전개는 그리 극적이지 않다. "첫째 영역에서와 마찬가지로 신의 은둔은 끝났다. 그리고 그의 근원적 직접성, 즉 근원들의 근원이라 할 수 있는 추상적 보편자는 지양되었다. 그 결과 여기 둘째 영역에서는 인간으로 추상화된 것, 즉 단일성을 유지하는 직접성은 죽음을 통해 지양된다. 하지만 그리스도의 죽음은 이러한 죽음 자체의 죽음, 즉 부정의 부정이다." 슈트라우스가 사용한 자료가 전집 판에 사용된 자료와 같은 것인지는 확실치 않다.

7 Friedrich Schleiermacher, *The Christian Faith*, ed. H. R. Mackintosh and J. S. Stewart (Edinburgh: T&T Clark, 1928), §50 (194).

술어들은 단지 우리가 신과 맺는 관계들이나 신이 세계와 맺는 관계들(이는 신이 자신과 맺는 관계들과는 다르다)을 나타내는 것도 아니고, 신이 지닌 다양한 외적 측면들, 즉 서로 대립하기도 하고, 끝없이 늘어나기도 하는 그런 특수한 속성들을 가리키는 것도 아니다. "특수한 성질을 나타내는 술어들은 신의 본성에 어울리지 않는다." 신의 본성에 어울리는 술어란 신을 신이게끔 하는 바로 그 운동과 관계하고, 신의 자기구별 방식을 보여주는 술어들이다(3:76, 277-278). 즉, 삼위일체의 관계를 보여주는 술어들이야말로 신의 본성을 보여주는 진정한 술어다.

헤겔은 고전적인 삼위일체 논쟁들이 다룬 전문적 주제들, 예컨대 성자와 성령은 성부와 동일한가(존재의 동일성 혹은 동등성), 성령은 오로지 성부에서 나오는 것인가 아니면 성부와 성자에서 나오는 것인가와 같은 문제들을 다루지 않는다. 헤겔의 관점에서 볼 때, 이러한 논쟁과 범주(하나의 실체, 두 개의 발현, 세 개의 위격, 네 개의 관계, 다섯 개의 특징들 등)는 표상이라는 허구의 단계에 머물러 있기 때문에 삼위일체 관계의 논리를 제대로 파악하지 못한다. 그럼에도 불구하고 삼위일체론에 관한 헤겔의 사변적 재서술은 전통적인 삼위일체론과 완벽히 일치한다. 헤겔에게, 신의 신성은 신의 생이 갖는 둘째 계기(십자가형으로 죽음)와 셋째 계기(성령의 공동체에 나타남)에서 줄어들기보다 더욱 고양된다. 그리고 성령은 첫째 계기뿐 아니라 둘째 계기에서도 필연적으로 나타난다. 성령은 그 두 계기를 연결시키고 완성시킨다. 헤겔의 삼위일체론은 논리적 구조상 아퀴나스의 삼위일체론(낳고 산출하는 관계로 연결된 성부, 성자, 성령의 삼각형 모델)보다 아우구스티누스의 삼위일체론(제삼자에 의해 주체와 객체가 매개된 삼중적 모델)에 더 가깝다. 이미 알고 있듯이, 헤겔은 아우구스티누스의 신학을 직접 알지는 못했지만 영지주의나 신플라톤주의의 문헌들에는 매우 익숙했다.[8]

삼위일체에 관한 사변적 이념

삼위일체에 관한 헤겔의 사변적 재구성[9]은 고전적 삼위일체론에 관한 그의 비판과 절대정신으로서의 신 개념을 논하는 대목에서 이미 다루어진 바 있다. 신은 세 가지 위격들이 아니라 자신 내부에 구별들을 만들어내고, 그러한 구별들을 보존하면서도 자신과의 통일을 유지하는 무한한 인격성 혹은 무한한 주관성으로 이해되어야 한다. 인격성이란 죽어 있는 실체나 운동하지 않는 실체가 아니라 사랑과 우정으로 형성된 살아 있는 관계들의 유희다. 오로지 사변적인 사유만이 어떻게 구별들이 정립되고 해소되는지 그리고 왜 모든 살아 있는 구체적인 만물에는 모순이 현존하는지를 파악할 수 있다. 삼위일체의 신은 감각적인 지각이나 표상적인 사유에는 그저 하나

---

8 나는 *God in History: Shapes of Freedom* (Nashville: Abingdon Press, 1989), 55-70에서 아우구스티누스, 아퀴나스, 헤겔의 삼위일체 모델을 논한 바 있다. 아우구스티누스와 헤겔 사이에는 직접적인 영향이 없었음에도 불구하고 그 둘의 삼위일체 모델이 이렇게 유사하다는 것은 참으로 놀라운 일이다. 그 둘은 공통적으로 신플라톤주의의 유산을 공유하고 있다. 아우구스티누스와 헤겔에게는 제삼자가 필요하지만 아퀴나스에게는 필요가 없다. 아퀴나스의 삼위일체 모델은 '삼중적'이다. 그에게 성령은 성부나 성자 혹은 순환의 완성과 상관이 없다. 반대로 제삼자는 그 둘에 종속되어 있거나 의존한다. 성서는 삼위일체 안에 성령을 포함시키기를 원한다. 이성은 아니지만 말이다.
9 1821년 『종교철학』(3:78-83), 1824년 『종교철학』(3:191-195), 1827년 『종교철학』(3:275-286)에도 기본적으로 이와 유사한 용어들이 사용되고 있다.

의 비밀이나 신비로 보이겠지만, 사변신학은 그 신비의 합리성을 이해하고 있다. 그것은 우리에게는 익숙한 논리적 패러다임과 관련해서도, 우리에게 이미 친숙한 논리적 패러다임과 관련해서도 그리고 인륜적 관계들의 비유를 도입하고 인격성의 본성을 기술하는 대목에서도 드러난다.

다음은 그러한 관계들을 보여주는 1824년 『종교철학』의 대목이다.

구체적인 만물, 생동하는 만물은 자기 내부에 모순을 포함하고 있다. 오로지 죽은 오성만이 자기 자신과 동일하다. 하지만 모순은 또한 이념 속에서 해소된다. 그러한 해소가 곧 정신적인 통일이다. 생동하는 것은 오성으로는 파악할 수 없는 것의 한 사례다. '신은 곧 사랑'이라는 것은 이 점을 너무나 잘 보여주는 표현이다. […] '사랑'으로서의 신은 하나의 위격이다. 그리고 그 관계는 한 위격이 오로지 타자의 의식 속에서만 자신을 의식하는 그러한 관계다. 신은 […] 오직 절대적으로 외재하는 타자를 통해서만 자신을 의식한다. 이는 감정의 형식에서 일어나는 정신적 통일이다. 우정과 사랑 그리고 가족의 관계에서도 이러한 두 인격의 동일성이 발견된다. 이것이 바로 실체적이고 보편적인 인륜적 관계다 (3:192- 193).

1827년 『종교철학』에도 이와 유사한 대목이 있다.

우리가 '신은 사랑'이라고 말할 때, 우리는 매우 위대하고 참된 것을 말하는 것이다. […] 사랑은 둘 사이의 구별이지만, 그 둘은 결코 절대적으로 구별되지 않는다. 자신의 외부에 존재하고 자신에게는 타자인 그 둘 사이의 동일성에 대한 의식이나 감정, 그것이 바로 사랑이다. 나는 나 자신이 아니라 타자 속에서 나의 자기의식을 갖는다. […] 타자 역시도 자신의 외부에 존재하기 때문에 그 역시 오로지 나에게서 자신의 자기의식을 갖는다. 그리고 타자와 나란 그저 우리의 외부 존재에 대한 의식이자 우리의 동일성에 대한 의식일 따름이다. 우리는 그저 우리의 통일에 대한 직관, 느낌, 인식만을 가진다. 하지만 이것도 사랑이다. 굳이 우리가 사랑이란 구별이자 구별의 지양이라는 것을 인식하지 않더라도 그리고 우리가 사랑을 공허하게 말하더라도 말이다(3:276).

이 대목에서 동일성 차이 그리고 매개라는 논리적 범주들은 사랑과 우정이라는 인륜적 관계들로 전환되고 있다. 사랑은 둘을 구별하는 것이자 그 구별을 지양하는 것이다. 바로 그러한 과정이 외적이고 내적인 신의 생을 구성한다. 그리고 신에 관한 가장 단순하면서도 가장 참된 진술은 '신은 사랑이다'라는 것이다. 사랑은 삼위일체의 변증법을 필요로 한다.

생명 또한 그러하다. 생명은 충동과 욕구를 가지고 있다는 점에서 자기 내부에 구별을 지닌다. 하지만 욕구를 충족시킴으로써 그 모순은 사라진다. "생명은 계속해서 생겨나는 모순을 해소하는 것, 욕구를 충족시키는 것, 평화를 회복하는 것이다. 구별과 모순 그리고 그 모순의 부정은 상호-교호적이다"(3:281-282). 달리 표현하자면, 생명은 구별로 들어가 특수성과 투쟁함으로써, 즉 구별 속에서 자신을 발견하고, 새로운 형태로 이행함으로써 자신을 유지해나간다. 생명은 다양화와 단일화의 지속적인 과정이다(3:195). 신은 영원히 생동하는 역동적인 과정이다. 따라서 '신은 생명이다'라고 말하는 것도 진리다.

신의 사랑하심(사랑)과 살아계심(생명)도 충분히 입증된다. 신성의 내적 역동성의 유출과 유한한 세계(신이 사랑하고, 투쟁하고, 고통 받고, 구원하는 세계)로의 방출이 바로 그것이다. 이제 내적으로 이루어지는 '자신과의 사랑의 유희'(3:195, 292)라는 것이 매우 중요해진다. 이것이 다음 장에서 다룰 주제다. 여기서 우리는 세계가 문자 그대로 신의 공간적 외부에 존재하는 것이 아니라 신적인 생의 총체성에 포함된 것이라는 점을 반드시 기억해야 한다.

사랑과 생명으로서의 신은 인격적이다. 최고로 인격적이고, 절대적으로 인격적이다. 헤겔은 1821년『종교철학』에서(3:82-83) 이렇게 말한다. "고전적 신학은 신성의 '위격들'을 말하기는 했지만 그것은 의식이 신에게 부여한 것들에 불과하다. 그런 추상적인 이해로는 결코 신의 인격성이 갖는 의미를 파악할 수 없다." 인격성이란 자기확신을 가진 무한한 주관성이요, 구별을 통한 자기반성이다. 신의 인격성은 자기 내부에 이미 다양성을 포함하고 있다. 삼위일체론에 나타나는 세 가지 의인화는 결국 하나의 인격이다. 이는 자연의 비유를 통해 이해될 수 있다. 종은 같지만 성이 다른 부모들이 하나의 자녀를 낳는다. 그런 점에서 가족은 그 구성원들의 자연적 통일이다. 그리고 가족은 사랑을 통해 그 인륜적 통일을 유지한다. 신은 이러한 가족적인(통합적인) 인격성이다. 이렇듯 신은 성적인 구별을 이미 자기 내에 포함하고 있는 것이지 그것을 새롭게 산출하는 것이 아니다.[10]

---

10 헤겔은 셸링이나 포이어바흐와는 달리 신성이 가진 남성적 원리와 여성적 원리를 동일시하지 않았다. 이와 관련해서는 포이어바흐의 *The Essence of Christ ianity*, trans. George Eliot (New

혜겔은 1824년『종교철학』에서 삼위일체는 서로 다른 세 가지 신 혹은 위격(이들은 단지 '이행하는 계기 혹은 국면'으로 정립된 것이다)이 아니라 하나의 위격 혹은 인격으로 구성되어 있다고 설명한다(3:193-194). 인격성은 사랑과 우정의 관계 속에서, 즉 서로에 대한 사랑 안에서 서로가 자신의 주관성을 획득할 때 완성된다.

1827년『종교철학』은 고립과 분리 속에서는 사람들이 자립성을 가질 수 없다는 점을 다시 한 번 말한다(3:285-286). "인륜적 삶, 즉 사랑은 엄밀히 말해 자신만의 특수성이나 특수한 인격성을 포기하고 자신을 보편성으로 확장하는 것이다. 이는 우정에서도 마찬가지다. 우정과 사랑의 관계에서 우리는 자신의 추상적인 인격성을 포기함으로써 구체적인 인격성을 획득하게 된다. 인격성의 진리는 엄밀히 말해 이러한 타자로의 침잠과 침몰을 통해 되돌려 받는다는 데 있다." 신은 완전히 구체적이고 보편적인 인격성이다. 이러한 인격성은 추상적이고 순수한 내적 관계에서 획득되는 것이 아니라 신적인 생의 전체과정(총체성)을 두루 거쳐 나감으로써 비로소 획득되는 것이다. 각각의 위격들이 지닌 무한함이 신적인 인격성을 이룬다. 신의 가족은 온 세상, 즉 정신들의 영역 전체다.

삼위일체에 관한 회상과 예상

신학적 정통설의 관점에서 볼 때, 삼위일체에 관한 헤겔의 사변

York: Harper & Brothers, 1957), 7장을 참고하라.

적 재서술은 이단적인 관점에서 비롯한 일종의 도발이었다.11 설상
가상으로 그는 삼위일체론은 그리스도교만의 고유한 교리가 아니
라는 말로 그리스도교를 해하는 모독을 범하기도 했다. 삼위일체(반
드시 삼위일체는 아니더라도 적어도 삼중구조)에 관한 '기억과 흔적'12은
힌두교와 같은 초기종교들에도 나타난다. 힌두교는 브라만, 비슈누,
시바라는 삼중구조로 이루어져 있다. 물론 이 중 셋째 요소(시바)는
"성령도 아니고 진정한 화해도 아니며, 단지 근원과 소멸을 뜻한다
는 점에서 다르기는 하지만 말이다." 그러한 삼중구조는 아리스토텔
레스가 전하는 피타고라스주의자들(만물은 삼이라는 수로 규정된다),
플라톤(세계혼의 세 가지 형태는 동일성, 차이, 존재다), 필로(Philo)와 알렉
산드리아의 유대인들, 발렌티누스주의자들의 영지주의, 프로클로
스와 같은 신플라톤주의자들에게서도 매우 중요한 역할을 차지한
다(3:79-81, 286-289).13 근대의 칸트도 이러한 삼중구조의 형태를 사
유의 도식으로 아주 단순하게 수정했다.14 헤겔이 이런 다양한 선례
들을 열거하는 이유는 그런 삼중적 구조가 인간 의식에 깊이 뿌리내

---

11 우리는 이 책의 마지막 장에서 이렇듯 정통설의 궤도를 벗어난 헤겔의 논의가 현대의 신학적 반성
   에 어떤 생산적 기여를 하는지 비판적으로 살펴볼 것이다.

12 '흔적들'(Spuren)이라는 용어는 아우구스티누스가 사용한 삼위일체의 흔적(vestigia triniatis)이
   라는 표현을 생각나게 한다(De Trinitate, 8,10). 물론 헤겔은 아우구스티누스의 이러한 표현을
   몰랐을 테지만 말이다. 아우구스티누스가 말하는 삼위일체의 흔적들은 지각적, 심리학적 분석에
   나타나 있다(전망, 사랑, 인식 등). 반면에 헤겔이 말하는 '흔적들'은 종교사나 철학사의 선행하는
   단계들을 염두에 둔 것이다.

13 이와 관련해서는 Aristotle, *De Caelo*, 1,1; Plato, *Timaeus*, 34c-35b; Proclus, *Platonic
   Theology*, 3,9-14를 참고하라.

14 칸트는 *Critique of Pure Reason*, trans. Norman Kemp Smith (London: Macmillan, 1933), B
   110 (p.116)에서 '개념들의 선험적 구별은 이분법적이어야 하지만, 각각의 층위에서 범주들은 언
   제나 세 개다. 그리고 각각의 층위에서 셋째 범주는 언제나 앞선 두 범주의 조화를 통해 생겨난다.'
   고 주장한다. 이것이 바로 헤겔 변증법의 전례다.

리고 있다는 점, 즉 인간 의식은 그러한 삼중적 구조를 실재 자체의 기본구조로 이해한다는 점을 보여주기 위해서다. "고대인들은 자신이 이러한 삼중구조의 형태(진리에 대한 절대적인 의식)를 소유하고는 있다는 사실을 자각하지는 못했다"(3:81). 이러한 형태는 그리스도교의 삼위일체론에서 가장 완벽한 방식으로 나타난다. 헤겔은 삼위일체론을 경시했던 텔러(W. A. Teller)와 될러(J. G. Töller)와 슐라이어마허(F. Schleiermach)[15] 그리고 삼위일체를 그저 이교도들의 수입품이나 그리스도교 신학을 위한 '장식용 목재' 정도로 간주했던 신경건주의자 톨룩(F. A. G. Tholuck)을 신랄하게 비판한다(1:157 n. 17;3:81 nn. 61, 63).

헤겔은 네안더(August Neander)의 작품을 통해 알게 된 신플라톤주의자들과 발렌티누스(Valentinus)와 발렌티누스주의자들의 영지주의적인 체계들에 많은 관심을 기울였다(3:84 n. 71).[16] 이 두 유파에서는 신적인 일자(궁극적인 것, 사유할 수 없는 것, 심연, 영원한 토대)와 누우스, 로고스, 소피아(sophia), 독생자(Monogenes), 즉 인류의 원형인 아담 카드몬(Adam kadmon) 등으로 자신을 드러내는 신의 자기계시를 구분한다(3:84-85, 196-197. 288). 하지만 독생자는 여전히 신의 품 안에 있다는 점에서 그 구별은 실로 아무런 구별도 아니다. 성자로부

---

15 슐라이어마허는 『기독교신앙』(*Glaubenslehre*)을 마무리하는 대목에서 삼위일체론을 다룬다. 그는 거기서 삼위일체론은 그저 '부차적인 문제'일 뿐이라고 말한다. *The Christian Faith*, 738-751.

16 이와 관련해서는 August Neander, *Genestische Entwickelung der vornehmsten gnostischen System* (Berlin 1818)을 참고하라. 오레건(Cyril O'Regan)은 *Heterodox Hegel*에서 발렌티누스주의자들의 영지주의가 헤겔의 사유에 미친 영향을 논의하고 있다. 이와 관련해서는 그의 후기 연구 *Gnostic Return in Modernity* (Albany: State University of New York Press, 2001)를 참고하라.

터 성령이 나기는 하지만 성자는 '특정한 중요성'을 지니지 않는다. 헤겔의 관점에서 보면, 여기에는 진정한 구별도 없고, 진정한 은폐도 없다. 그는 이렇게 말한다. "이러한 표상들의 한계는 총체적인 관점에서 최초의 것이 곧 최후의 것이라는 점을 파악하지 못한다는 것이다"(3:197). 영지주의에서 자연세계는 신의 창조행위를 통해 생겨난 것이 아니라 둘째 물질적 근원, 즉 창조신 데미우르고스(Demiurge)를 통해 생겨난 것이다. 하지만 헤겔은 그러한 이원론과 아무런 상관이 없다.

1827년 『종교철학』에서 헤겔은 삼위일체의 선례들에 대한 자신의 입장을 이렇게 요약하고 있다. "한때 이러한 진리와 이념을 가진 사유형식들이 등장하기도 했다. 물론 미개한 수준이기는 하지만 그것들 역시 이성적이라는 것을, 그것들도 이성에 근거하고 있다는 것을, 거기에도 이성이 깃들어 있다는 것을 인식하는 것이 중요하다. 하지만 우리는 합리성의 형식을 갖춘 것과 아직 개념에 적합하지 않은 것을 구별하는 방법 또한 인식해야 한다"(3:288-289). 이와 관련하여 헤겔은 삼위일체를 최초로 보편적인 것으로 인식했던 뵈메(Jakob Böhme)를 언급한다. "어떻게 보면 그가 표상하고 사유하는 방식은 미개하고 몽상적이기까지 하다. 그는 아직 순수한 사유의 형태에 이르지 못했다. 하지만 그의 정신에서 일어나는 동요를 잠재운 토대는 […] 삼위일체가 만물에 그리고 도처에 현존한다는 인식이다. 그는 그러한 인식이 인간의 심정에 생겨나야만 한다고 말했다"(3:289).17

---

17 이와 관련해서는 Jakob Böhme, *Theosophia revelata*의 *Aura, oder Morgenröthe im Aufgang* (1715), 10, 116을 참고하라. 오레건(O'Regan)은 뵈메가 헤겔에 준 영향을 매우 상세히

이는 만물과 도처에서 삼위일체의 현존을 인식해야 한다는 헤겔의 제안과 매우 유사하다. 차이가 있다면, 헤겔은 삼위일체의 현존을 개념에 적합한 철학적 형식으로 인식하고자 했다는 점이다. 삼위일체의 이념을 신의 본질적이고도 유일한 본성으로 받아들인다면, "신은 우리를 넘어서 있거나 앞서 있는 존재로 간주되지 않을 것이다. 인식의 궁극적인 목적은 도리어 특수한 사물들 안에서 진리를 발견하는 것이다. […] 우리가 논리적으로 해명해야 할 과제는 삼위일체의 이념이야말로 진정으로 참된 것이며, 사유의 모든 범주는 바로 이러한 규정의 운동이라는 것을 보여주는 것이다"(3:289- 290). 달리 말해서, 삼위일체는 신에 관한 진리일 뿐만 아니라 신의 모든 규정성과 특수성을 포함하는 현실 전체에 관한 진리이기도 하다. 그러한 의미에서, 창조된 세계는 창조자의 모습을 하고 있다. 전체의 구조는 모든 부분들에도 그대로 반영되어 있다.

논하고 있다. 이와 관련해서는 *The Heterodox Hegel*과 *Gnostic Return in Modernity*의 참고문헌 목록을 참고하라.

7장
창조, 인간성 그리고 악

세계의 창조

내적인 구별에서 외적인 분리로

이 장에서는 신적인 생의 둘째 요소들/영역들, 즉 세계의 창조, 세계의 소외, 그리스도를 통한 세계의 화해에 관한 논의를 다룬다. 비유적으로 표현하면, 이는 '성자의 왕국'이다.

신과는 구별되는(물론 세계도 신의 총체성에 포함되는 것이지만) '세계'의 창조를 위한 가능조건은 신적인 생 내부의 내적인 구별이다. 이러한 구별이 신을 그저 창이 없는 모나드가 아니라 주체로 만들어주는 요소다. 신은 자신에게 소원하고 외적인 것으로 창조하는 것이 아니라 자기 내부의 다산성 혹은 생산력으로 창조한다. 신의 내부에 있는 논리적 타자가 창조 행위에서는 실존적 타자로 정립된다. "이념의 첫째 계기에서는 한낱 가상(Schein)이었던 구별이 이제는 실제적인 구별이 된다"(3:365). 가상은 이제 현상(Erscheinung)이 된다. "정립된 것은 더 이상 절대정신이 아니라 유한한 정신이다. 지금의 구별은 내적인 구별이 외적인 자연과 유한한 정신으로 정립된 것이라는 점에서 그것은 세계의 창조요, 성자가 실제적인 타자로 정립된 형태다"(3:365, cf. 294 n. 128). 가상에서 현상으로 나아가는 이러한 운동을 통해 이념적이고도 영원한 성자(신의 본성인 자기-타자화)는 실제로 살과 피를 가진 역사적인 성자가 된다. 역사적 출현은 실증적이고도 경험적인 것이다. 하지만 나타나고 사라지는 모든 것, 즉 가상(Schein)의 요소는 현상(Erscheinung) 안에 그대로 보존되어 있다.

즉자대자적으로 존재하는 절대적 이념은 한편으로는 완전하지만, 그것이 지닌 '주관적인 측면'에서는 완전하지 못하다. 왜냐하면 그것은 아직 구체적이지도, 자신에게 반성되지도, 구별되어 정립되지도 않았기 때문이다. 이러한 것은 둘째 요소(출현)에 속한다. 1824년 『종교철학』에 따르면, 이러한 요소(출현)은 두 측면에서 파악될 수 있다. 신적인 이념의 측면에서 볼 때, 그것은 보편성의 양상을 띤 정신이 자신을 특수성의 양상으로 정립하는 것이다. 하지만 그럼에도 정신은 영원한 이념의 형태를 유지한다. 즉, 신은 보편적인 것과 특수한 것, 내적인 구별과 외적인 분열을 모두 포괄하는 '전체적인 총체성'이다. 앞 장에서 논한 바와 같이, 이러한 외재성은 포괄적 삼위일체로 통합됨으로써 신적인 생에 내재하게 된다. 아니면 우리는 성자가 그 두 가지 양상을 통일시킨다고도 말할 수 있다. 즉, 성자는 '사랑 안에서 그리고 성령 안에서' 차이의 이념과 실재를 동시에 구성한다. 이는 보편성의 형식에서는 성자가 여전히 이념과 동일하게 머문다는 것을 의미한다. 말하자면, 보편자와 특수자, 동일성과 차이라는 두 가지 양상은 "서로 다른 것으로 정립되지만, 그것은 단지 일시적으로만 그러하다. 왜냐하면 사실 그 둘은 구별되는 것이 아니기 때문이다." 시공간적인 세계란 영원성의 관점에서 보면, 그저 일시적인 것에 불과하다는 것이다. 시간적으로 분리된 그 두 측면을 파악하고, 창조와 타락 그리고 구원의 역사를 추적하는 것은 바로 표상이다. 이것이 바로 신적인 생의 둘째 요소(삼위일체의 둘째 요소)를 파악하는 둘째 측면, 즉 유한한 정신의 측면이다. 이는 본질적으로 유한자에서 무한자로, 피조물에서 창조주로 나아가는 '고양'의 과정이다.[1]

창조: 최초의 분열 그리고 타자의 방출

헤겔은 창조의 행위나 과정을 설명하기 위해 독특한 전문용어를 사용한다. 그는 창조행위를 설명할 때, 어떤 때는 '정립'(Setzen) 혹은 '최초의 판단/분열'(Urteil)이라는 용어를, 어떤 때는 '방출'(Entlassen)이라는 용어를 사용한다.

'정립'(Setzen)과 '판단'(Urteil)이라는 용어는 논리적이고, 문법적이고, 율법적인 의미를 담고 있다. 그것은 신의 창조가 태초의 말씀이나 명령, 있으라는 부르심, 말씀으로 지으심, 구별하는 판단을 통해 이루어진다는 것을 나타낸다. 창조는 지성적인 행위이자 물리적인 행위다. 신은 말씀으로 창조한다. 우리는 1821년 『종교철학』

---

1 1827년 『종교철학』에서는 그 두 측면이 역순으로 논의되고 있다. 사유하는 주체의 관점에서 볼 때, 신의 출현이라는 이념은 객관적으로도 확실한 진리가 되어야만 한다. 반면 이념의 관점에서 볼 때, '영원한 즉자 대자 존재는 자신을 탈은폐하고, 자신을 규정하고, 자신을 분열시키고, 자신을 자신과는 다른 것으로 정립하는 것이다. 하지만 그 차이는 동시에 끊임없이 지양된다'(3:291).

(3:86)에서 이를 보여주는 구절을 찾을 수 있다. "타자존재의 측면에 독립성을 보장하는 것은 절대적 판단 혹은 최초의 분열(Urteil)이요, 그런 자기소외의 측면에 전체로서의 이념을 보장하는 것은 바로 선하심이다." 뒤이어 헤겔은 두 가지 판단/분열이 일어난다는 점을 설명한다(3:87-88). 그중 하나는 신의 생 내부에서 일어나는 판단/분열이고, 또 하나는 신과는 구별된 세계를 정립하는 판단/분열이다. 이 두 가지 판단은 사실 암묵적으로 동일한 것이지만, 표상은 이 둘을 서로 분리된 행위로 파악한다. 왜냐하면 성부의 영원한 아들인 성자는 물리적이면서 정신적인 세계라는 점에서 성부와 동일하지 않기 때문이다. 쉽게 말해 자기구별이라는 계기에서 신과 세계는 동일하지 않다. 도리어 신의 내적 구별(ad intra)은 자연과 유한한 정신이라는 세계를 창조하기 위한 가능조건이다. 신 아닌 것으로서의 자연과 유한한 정신의 사명은 신의 타자가 되는 것이다. 물론 신의 영원한 활동은 두 가지가 아니라 오직 한 가지이지만 말이다. 그러므로 "세계의 다양한 실체들을 이렇게 독립적인 것으로 구별하는 것은 타자존재 혹은 자기-외적-존재를 부정적인 계기로 정립하는 것이다. 그것은 진리가 아니라 하나의 계기에 불과하다. […] 신 자체에서, 이는 잠시 나타났다 사라지는 계기다." 세계에 시공간적으로 연장된 현상의 계기가 신에게는 곧 사라져버리는 한 계기에 불과하다. "그것은 한 순간 반짝이다 사라지는 불꽃이나 말하는 순간에만 들리다 흔적 없이 사라지는 음성과도 같다." 이러한 신비적인 비유들은 신의 영원함과 창조의 일시성, 근본적으로 신에 의존하는 세계와 대상화할 수 없는 창조 행위(불꽃, 사라지는 음성) 사이의 질적인 차이를 느끼게 해 준다. 신의 관점에서 볼 때, 세계는 잠시 정립되었다가 사라지는

'순간'에 불과하다. 반면 세계의 관점에서 볼 때, 창조는 비존재의 경계에 머무는 것이며, 오로지 신의 선함을 통해서만 유지되는 것이다.

1827년 『종교철학』에서는 이러한 주제들이 다른 방식으로 강조되고 있다(3:291-293). 거기서는 '창조'와 '현상'이라는 말을 사용하지 않는다. "우리는 신 혹은 이념이 자신과 맺는 관계를 알고 있다. 구별 행위는 단지 자기 자신과 벌이는 사랑의 유희일 뿐이다. 이러한 운동은 타자존재, 즉 분리와 분열의 진지함을 알지 못한다. […] 여기서는 구별된 요소들이 아직 동일한 것으로 정립되어 있다." 만일 신 내부의 타자라 할 수 있는 영원한 성자가 '타자존재'라는 규정이나 '현실적 실체'라는 규정을 얻기 위해서는 이러한 분리가 생겨나야만 한다. "타자는 차이가 존재하기 위한 필요조건이다." "구별된 것은 반드시 실체의 타자가 되어야만 한다." 그 강의는 다음과 같은 비판적 논의를 이어간다.

> 오직 추상적 이념만이 자기 자신을 규정한다. 그리고 추상적 이념은 이러한 자기규정을 통해 자기 내부에서 절대적인 자유를 누린다. 이러한 이유로 추상적 이념의 자기규정은 이러한 규정된 실체를 자유로운 것으로, 독립적인 것으로 혹은 독립적인 대상으로 방출하는 것이기도 하다. 오로지 자유로운 존재에게만 자유가 존재한다. 즉 오로지 자유로운 인간에게서만 타자 또한 자유를 갖는다. 그것은 규정하고 분리하는 행위 속에서도 타자를 자유롭고 독립적인 존재로 방출하는 이념의 절대적 자유에 속한다. 자유롭고 독립적인 것으로 방출된 이러한 타자가 바로 그렇게 존재하는 세계다(3:292).

여기서 헤겔은 창조, 방출 혹은 존재하게 하는(Entlassen) 행위를 묘사하기 위해 또 다른 핵심적인 비유를 사용한다. 그것이 사용된 맥락을 살펴보자. 절대적 이념(신)의 절대적 자유란 타자를 방출할 수 있다는 것, 본질적으로 자기 자신에 속하는 타자를 현실적이고도 독립적인 실존으로, 즉 신과 대립하는 세계로 방출할 수 있다는 것이다. 완전히 자유로운 존재만이 이러한 방출을 행할 수 있다. 자유롭지 않거나 부분적으로만 자유로운 존재는 자신의 자아구성에 본질적인 타자에 집착할 수밖에 없다. 하지만 신은 세계를 창조하면서도 자신의 근본적인 자유를 상실하지 않는다. 신의 자유는 즉자대자적으로 완전하며, 아무런 대가 없이 자신을 있는 그대로 세계에 방출한다. 신은 자신의 풍부함을 신 아닌 것으로 방출하는 마르지 않는 샘이다.[2] 이러한 방식을 통해 자기 자신과의 사랑의 유희라는 진지하지 않은 상태로부터 유한한 세계의 고통이라는 매우 진지한 상태로 나아가게 된다. 이 과정에서 신은 축소되기보다 더욱 확대된다. 왜냐하면 세계는 신으로부터 나온 신의 타자임에도 불구하고 여전히 신의 생 내부의 계기이기 때문이다. 신은 세계를 져버리기보다 그것을

---

2 '방출', '유출', '확장' 등의 용어는 독일 신비주의의 전통을 반영하고 있다. 헤겔은 에크하르트 (Meister Eckhart)와 매우 유사하다. 이와 관련해서는 1:347 n.166를 참고하라. 에크하르트가 세속적인 것에 대한 집착으로부터의 해방을 표현하기 위해 사용한 'lassen', 'gelassen' 같은 말이 그 배경이다. 이와 관련해서는 Robert Forman, *Meister Eckhart: The Mystic as Theologian* (Rockport, Mass.: Element, 1991), 77-80과 Oliver Davies, *Meister Eckhart: Selected Writings* (Harmondsworth: Penguin Books, 1994), pp. xxix-xxxi을 참고하라. 이 책은 뵈메(Jakob Böhme)를 언급하기는 하지만, 단지 그가 두 아들을 구별하는 내용만을 다룬다. 그 둘 중 첫째 아들은 외적인 세계로 떨어져 나온 루시퍼(Lucifer)다(3:293, cf. 200, 289). 여기서는 유대교 신비주의의 영향이 감지되기도 한다. 비록 유대교 신비주의에서는 세계(신의 철퇴 혹은 모순인 세계)를 자유롭고 독립적으로 존재케 하는 신의 방출 혹은 확장이 크게 강조지는 않지만 말이다. 헤겔의 '총체성'에 대한 레비나스(Emmanuel Levinas)의 비판에서도 이러한 그리스도교와 유대교 신비주의 사이의 차이가 드러난다. 이와 관련해서는 이후의 11장을 참고하라.

보존하고 구원한다. 그리고 신은 그러한 세계를 통해 사실상 보다 풍부하게 완성된다. 하지만 그 완성은 실존적인 완성이지 논리적인 완성은 아니다. 따라서 다음 두 가지 진리, 신은 세계와 별개로 완성되어 있다는 진리와 신은 세계를 통해 완성된다는 진리는 모두 유지되어야 한다.

헤겔은 1827년 『종교철학』에서(3:293) "세계의 진리는 오직 그 세계의 이념"이라는 점을 계속해서 강조한다. 분명 세계는 실제로 존재하지만 그것은 독자적으로 존재하는 '참다운 현실성'을 결여하고 있다. 실재(Realität)의 진리는 그것의 이념(Idealität)이다. 이는 실재란 그 자체로 영원한 것이 아니라 창조되고 정립된 것에 불과하다는 것을 뜻한다.[3] 실재의 운명은 그저 일시적으로만 존재하는 것, 신으로부터의 소외와 분리를 무화하는 것, 자신의 근원으로 복귀하는 것, 사랑의 관계(성령)로 이행하는 것이다. 이것이 포괄적 삼위일체의 셋째 요소다. 그러므로 둘째 요소는 사랑 안에서 세계가 타락과 분리로부터 화해로 나아가는 과정이다. 1821년 『종교철학』에서도 이 주제가 희미하게 다뤄지고 있다(3:88-89). 거기서 헤겔은 물질적 세계란 신의 이념이 부정적으로 '정립된' 것에 불과하다는 점을 강조한다. 이처럼 자연세계는 우리에게뿐만 아니라 그 자체로도 상대적인 현상에 불과하다. "이것이 자연세계의 특성이다. 자연세계는 다음 단계로 이행하고 나아가는 것이자 궁극적인 이념으로 복귀하는 것이다." 자연세계는 시간적으로는 그대로 유지되지만 그것의 존재론적 지위는 사라져버린다. 그것은 사라져버리는 현상(eine versch-

---

3 이와 관련해서는 1장에서 논의한, 헤겔이 말하는 이념과 현실의 관계를 참고하라.

windende Erscheinung)이다.

혜겔에게는 창조와 타락이 과연 밀접한 것인가? 신으로부터의 분리나 구별은 필연적으로 소외와 저항을 수반하는가? 이 문제는 이 장의 뒷부분에서 다뤄질 것이다. 잠시 핵심만 말하자면, 유한하고, 무상하고, 우연한 세계는 그 자체가 목적이 아니다. 세계의 목적은 신으로 복귀하는 것이다. 이는 물질세계의 선함을 영지주의적으로 모독하는 것이 아니라 고전적인 그리스도교의 주제를 재서술하는 것이다. 세계는 선 자체와는 구별되는 상대적인 선이자 궁극적으로는 사라져버릴 현상에 불과하다.[4]

바로 이러한 이유로, 혜겔의 해석에서 창조와 보존이라는 주제는 사실 동일한 것이다(3:89-90). 세계에는 자신을 보존할 독립성이 없기 때문에 이를 위해서는 지속적인 창조가 필요하다. 거꾸로 말해, 세계의 창조는 곧 세계의 보존이다. 왜냐하면 타자존재라는 계기는 그 자체가 이념을 유지하는 계기이기 때문이다. 창조가 신에 의한 세계의 방출을 필요로 한다면, 보존은 세계 내에서 유지되는 신을 필요로 한다. 이러한 지속적인 창조/보존이 자연에 깃든 신의 지혜다. 앞서 언급했듯이, 신의 지혜라는 주제는 초기종교에서는 발견되지 않는, 오로지 유대교에서만 발견되는 독특한 주제다. 혜겔은 자연에 깃든 이러한 지혜의 개념을 인식하는 것, 자연을 신의 이념이 반영된 체계나 구조로 파악하는 것을 철학적 인식의 과제로 생각한다. 이것이 그가 『철학백과』 제2부 '자연철학'에서 강조한 철학의 과제다. 자연철학이라 하면 혜겔 체계에서 가장 취약한 부분으로 간주되

---

4 우리 시대의 과학, 생태학, 종교의 핵심 주제가 바로 세계의 연약함과 덧없음이라는 점을 기억해야 한다.

기도 하지만 사실 자연철학은 초기 연구부터 다뤄진 주제일 뿐만 아니라 그의 사유 내에서도 결정적인 역할을 수행한다. 1821년 『종교철학』에서 그는 그 강의의 중심 주제를 '생은 자연에서 드러난 최고의 이념'이라는 말로 요약한다. 하지만 엄밀히 말해, 자연적 생은 자아의 희생, 이념적 실존에 대립하는 이념의 부정이자 정신의 존재가 되는 것, 즉 인간이 되는 것을 의미한다(3:90).

따라서 유한한 세계는 자연세계와 유한한 정신이라는 두 영역으로 분화된다(3:293-294). 자연은 그 자체로 신에 대해 아무것도 알지 못하고, '의존적 측면'을 제공하는 인간을 통하지 않고서는 신과 관계 맺지도 못한다. 자연 안에 깃든 신적인 이념을 인식하고, 자연을 자신의 진리로 고양시키는 것은 바로 인간이다. 헤겔은 자신의 자연관을 대략 이 정도로만 논하고 있다. 물론 1831년 『종교철학』에서는 이보다 좀 더 길게 논하기는 하지만 말이다.[5] 둘째 요소의 나머지 부분에서는 인간성, 인간성이 소외되는 타락, 그리스도에게서 일어나는 인간성의 화해에 관한 논의가 전개된다. 자연에 대한 헤겔의 접근법은 명백히 인간중심적이다. 왜냐하면 그에게 있어 자연은 인간과 달리 신과 어떠한 관계도 맺지 않으며, 고작해야 인간의 목적에 봉사하는 것에 불과하기 때문이다. 그럼에도 불구하고 자연 안에는 신적인 이념이 존재한다. 신적인 이념은 자연 안에 전-자아적인 방

---

5 3:294 n. 128. 여기서 헤겔은 자연을 그렇게 논의하기보다 그저 자연과 정신의 관계만을 논의한다. "인간에게 자연은 그저 직접적이고 외적인 세계이지만, 인간은 그 세계 안에서 신을 인식하기도 한다. 그러한 의미에서 인간에게 자연은 신의 계시다." 자연종교에서 신은 자연의 힘으로 나타난다. 하지만 정신의 종교는 더 이상 그러한 지각을 갖지 않는다. 헤겔은 신이 놀라운 음성으로 천둥을 치는 것만으로는 신이 인식되지 않는다는 것을 말하기 위해 욥기 37:5를 인용한다. "신이 정신으로 인식되기 위해서는 천둥 그 이상을 행해야 한다."

식으로 '잠들어' 있다. 생태학적으로 민감한 자연신학은 이러한 통찰에 근거하여 구성될 수 있을 것이다. 하지만 정신이 자연을 능가한다는 위계질서는 좀 더 변증법적인 방향으로 수정되어야 할 것이다. 그러한 방향 전환이야말로 헤겔의 가장 심오한 직관들을 더 충실히 따르는 길이 될 것이다. 철학의 삼중적 매개에서 자연과 정신은 각각 타자를 위해 봉사한다는 점에서 자연은 그 자체로 목적이기도 하다. 자연은 구별이 지닌 비판적 기능을 보유하고 있다. 이러한 구별이 없다면, 단지 메마른 동일성만 존재할 뿐 어떠한 과정이나 생명도 존재하지 않을 것이다. 당시 헤겔은 자연을 지나치게 낭만적으로 이상화한다는 혐의를 받고 있었기 때문에 자연에 깃든 정신성을 이보다 더 자세히 논하기는 어려웠을 것이다.[6] 그리고 그는 인간기술이 자연에 미친 악영향도 당연히 모르고 있었다.

---

6 헤겔은 '자연철학' 강의에서 신은 자신을 자연과 정신이라는 두 가지 방식으로 드러낸다는 점과 '그 두 가지 현시가 곧 신적인 현존으로 채워진 신의 사원'이라고 말한다. 자연철학의 목적은 자연 안에 깃든 이성과 정신의 현존을 발견함으로써 자연을 해방시키는 것이다. '바로 그 돌들은 소리를 지르면서 정신으로 고양된다.' 자연은 외재성에 예속된 상태로부터 그리고 단일화, 고립, 개별화(Vereinzelnung)와 혼돈(자연 속의 정신은 자신을 제한할 수도 없고, 자신을 자각하지도 못하는 바쿠스 신이다)의 경향으로부터 해방되어야 한다. 자연력이 외적으로 분열하는 경향은 정신의 내적으로 통합하는 경향과 대립한다. 이와 관련해서는 *Encyclopedia of the Philosophical Sciences*, §§246-248의 보충설명을 참고하라(*Hegel's Philosophy of Nature*, trans. A. V. Miller (Oxford: Clarendon Press, 19700, 13, 14-16, 18-19). 자연의 정신성에 관한 이러한 암시들은 『철학백과』 원전이 아니라 학생들의 필기록 보충설명에 나타나 있다. 자연철학에 관한 『철학백과』 강의 필기록은 아직 출판 과정에 있다. 이와 관련해서는 이 책의 맨 뒤에 실린 '참고문헌' 부분을 참고하라.

인간의 본성

'인간 본성'이라는 표현은 매우 애매하다. 이 표현은 인간성이 지닌 '본질적인 것'을 가리킬 수도 있고, 인간들이 자연에 속해 있다는 것, 즉 그들의 실존이 유한하고 자연적이라는 것, 그들이 '자연적 인간성'을 지니고 있다는 것을 가리킬 수도 있다. 후자와 관련하여, 헤겔이 주로 문제 삼는 것은 이러한 자연적 인간성은 과연 선한가, 악한가 그리고 인간들은 그러한 자연적 상태로부터 어떻게 정신적 상태로 고양되는가 하는 것이다. 이 문제들에 관한 그의 논의는 해가 지날 때마다 조금씩 달라지고 있다.

1821년 『종교철학』(3:92-95)은 자연적 인간성이 '내적으로 해소되지 않은 모순'이라는 점을 강조하고 있다. 만일 인간이 정신이라면 그리고 정신이 본질적으로 자신과 자신을 매개하는 것이라면, 인간은 자연적인 직접성의 상태에 머물러 있을 수 없다. "자연적 인간성은 아직 그렇게 완성된 형태로 존재하지 않는다." 자연적인 상태에서 인간성은 개별적인 존재로 특징지어진다. 개별적인 존재는 의지하고 욕망하는 존재이지만 아직 사유하는 존재는 아니다. "따라서 자연적 인간은 자기 자신이나 외부적 세계와의 내적인 대립으로부터 자유롭지 못하다.[7] 자연적 인간은 욕망하는 존재, 미개한 존재, 자기만 아는 존재, 의존과 공포로 가득 찬 존재다." 여기서 헤겔은 여행기에서 본 원시인들을 묘사하면서, "정신의 사명은 자신의 개념에 반하는 이러한 자연성과 무지함의 상태에 머무는 것이 아니다."

---

7 슐라이어마허가 내린 종교의 정의는 '의존의 감정'이라 말할 수 있다. 이와 관련해서는 3:93 n.93을 참고하라.

라고 말한다. 무지함이란 선악을 구별하기 이전의 상태다. 그러한 상태의 인간은 아직 현실적인 인간이 아니다(3:102-103).

1824년 『종교철학』(3:202-205)은 인간성의 참된 '본성'은 자신의 직접성을 포기하는 것, 자신의 자연적 상태를 단념하는 것임을 강조하고 있다. 이는 흔히 말하는 것처럼, 인간은 본성적으로 악하다는 말인가? 인간은 본성적으로 선할 수도 있지 않은가? 인간의 참된 본성은 이성적이고, 정신적이며, 신의 형상을 지녔다는 점에서 선한 것임에 틀림없다. 다만 문제는 자연상태의 인간들은 암묵적으로만 이성적이고 정신적이라는 것이다. 이는 분명한 결함이다. "왜냐하면 정신은 그렇게 암묵적인 상태에 머물러서는 안 되기 때문이다. 정신은 명시적으로 드러나야 한다." 자연상태 자체가 악이 아니라 그러한 상태에 머물고자 하는 것, 정신이 아니라 본성에 따라 살고자 하는 것이 악이다. 그러므로 인간이 '본성적으로' 악하다고 말하는 것은 오해의 소지가 있다. 어린이들은 악하지 않다. 그들은 통찰력, 결정을 내리는 의지, 책임감을 결여하고 있다는 점에서 그저 무지할 뿐이다. "결정할 수 있고, 의지할 수 있고, 행위의 본성에 대한 통찰력을 가지고 있어야만 악해질 수도 있다." 하지만 이러한 능력은 또한 선의 가능성이기도 하다. 그러한 의미에서 인간은 본성적으로 선하지도 악하지도 않다. 인간은 훈육, 교육, 법, 문화적 실천 등을 통해 자신의 본성을 어떻게 고양시켜 나가는가에 따라 선해질 수도 있고, 악해질 수도 있다.

1827년 『종교철학』(3:295-300)은 이보다 더 구체적인 분석을 시도한다. 인간이 암묵적으로 선하다고 말하는 것은 옳다. 하지만 '암묵적'이라는 말은 그들이 아직 자신의 참된 바를 명시적으로 드러내지 못했음을 뜻한다. 그들의 운명은 이러한 암묵적 상태의 본성을 넘어서는 것, 자연적인 삶으로부터 정신적인 삶으로 나아가는 것이다. 이는 인간성에 대한 개념과 직접적인 인간 실존을 '분리'(Trennung)시킨다. 이것은 인간 내에서 일어나는 '분열'(Entzweiung)이다. 이러한 분열은 정신에게 본질적인 것이다. 왜냐하면 정신이란 정확히 말해 자신을 의식하기 위해 자신을 분리시키는 것이기 때문이다. 앞으로 살펴보겠지만, 이러한 분리와 분열은 소외와 악의 가능조건이기는 하지만 엄밀한 의미에서 아직 악 자체는 아니다. 악은 두 가지 방식, 즉 이러한 분열(Ent-zweiung)이 소외된 분열(Ent-fremdung)이 되거나 인간이 분열의 필연성을 거부한 채 직접성의 상태에서 '오로지 본성에 따라서만'(nur nach der Natur) 존재할 때 발생한다. '오로지 본성에 따라서만'이라는 이 구절은 사도 바울이 '영을 따르는 삶'(kata pneuma)과 대비하여 말하는 '육을 따르는 삶'(kata sarka)을 말하는 것이다. 육을 따르는 삶이 순진한 상태(Unschuld)로 타락하는 것이라면, 영을 따르는 삶은 책임(Schuld)으로 나아가는 것이다. 그러한 책임으로 나아갈 때 비로소 엄밀한 의미에서의 선한 행위나 악한 행위가 가능해진다. "인간성은 본성적으로 선한가, 악한가라고 묻는 것은 잘못된 것이다. [⋯] 이와 마찬가지로 인간성은 선하기도 악하기도 하다고 말하는 것 역시 피상적인 것이다." 자연상태에서 인간은 생존을 위한 이기심과 투쟁의 형태를 띤 자연적인 악의 상태에 빠져 있다. 그리고 의식과 인식을 통해 그러한 본성에서 벗어난 후에는 분열을 소외시키는 방식으로 정신적인 악의 상태에 빠져든다. 그들은 소외와 분열의 상태에서 자신들이 지닌 선함, 즉 하느님의 형상(imago Dei)을 실현한다. 인간들은 이렇듯 자연적이면서도 정신적이고, 유한하면서도 무한하다는 딜레마에 빠져 있다. 이러한 분열상태에서는 악이 불가피한 것처럼 보인다. 말하자면 악은 보이지 않는 본성에도 존재하고, 눈앞에 보이는 교만에도 존재한다.

헤겔은 창세기 1-2장에 나오는 인간창조에 관한 이야기는 더 이상 논하지 않는다. 그 대신 그는 (앞으로 살펴보겠지만) 소외와 악으로의 타락을 설명할 때, 다시 창세기 3장으로 돌아간다. 헤겔은 인간이 창조된 원초적 조건을 다루는 대목에서, 그 논의는 원초적이고 낙원적인 상태의 신화를 필요로 한다고 말한다(3:96-99). 하지만 그는 원초적 상태를 "최고로 완성된 정신의 상태라거나 자연과 인간이 통일을 이룬 상태라거나 분열되지 않은 지성으로 묘사하는 철학적 논의들을 못마땅하게 생각한다. 왜냐하면 그렇게 모순이 없는 상태는 아직 반성을 통해 자연에서 정신으로 복귀한 것이 아니기 때문이다." 이 대목에서 헤겔은 힌두교나 여러 고대 신화들에 매료되어 있었던 슐레겔(Friedrich Schlegel)이나 원초적인 완전성의 상태를 역사적으로 실재한 것으로 받아들이고 감정과 직관 그리고 전반성적인 저성의 요소들을 동경했던 셸링(Friedrich Schelling)의 작품을 염두에 두고 있다.[8] 인간의 원초적 조건에 관한 헤겔의 해석은 그런 낭만주의적 신화들과는 완전히 다르다. 헤겔은 인간이 '본성적으로' 선하다는 관점은 '근래의 학설'에 불과하다고 주장하면서 그 주인공을 칸트로 지목하는데, 이는 루소를 칸트로 잘못 언급한 실수다.[9] 헤겔은 루소

---

8 3:97 n.99. 이와 관련해서는 Friedrich Schlegel, *Über die Sprache und Weisheit der Indier: Ein Beitrag zur Begründung der Alterthumskunde* (Heidelberg, 1808), 295, 303; 그리고 F. W. J. Schelling, *On University Studies* (1803), trans. E. S. Morgan (Athens, Ohio: Ohio University Press, 1966), 83을 참고하라.

9 3:100 n. 106. 칸트는 인간 본성이 선하다고 생각했던 루소에 반대하여 인간성 안에는 근본적인

의 교육학적 관점이 갖는 함의에 특별한 관심을 가졌다. 루소는 문명을 근원적 순수함을 훼손하는 것으로 여기면서 자연의 원리들을 이상화하는데, 이는 훈육이나 지식 습득의 필요성을 전혀 인식하지 못한 탓이다.[10]

타락 이야기

성서는 순수함의 상태로부터 책임과 죄의 상태로 이행하는 과정을 기술하고 있다. 이것이 곧 '신적인 이념과 신의 형상으로부터의 타락'이다(3:101). 하지만 이는 역설적으로 신적인 이념과 신의 형상으로의 고양이기도 하다. 아담과 이브는 선악을 알리는 나무의 열매를 따 먹음으로써 '신처럼' 된다. 하지만 그들은 또한 자신의 영원성을 상실하고 다른 모든 피조물처럼 죽음에 종속되고 만다. 1821년 『종교철학』에서(3:104-107) 헤겔은 그 이야기의 '모순'을 강조한다. 만일 선악의 인식이 '정신'을 이루는 것이라면, 신은 왜 그 나무의 열매를 따 먹는 것, 더 정확히 말해, 왜 인간이 신으로 고양되는 것을 금하는가? 신은 인식을 인간의 신적인 능력으로 여기면서도 왜 그것을 유혹으로 간주하는가? 그렇다면 고작해야 죄에 대한 처벌을 받거나 자연적인 상태에 머물러 있는 것이 도덕이란 말인가? 우리의 의

악이 존재한다고 주장했다. 그는 루소가 말하는 그러한 근원적인 선함은 도덕법칙을 따름으로써 다시 회복될 수 있다고 생각했다.

10 3:100 n. 107. 이러한 교육 체계는 '범애주의'(philanthropinism)로 알려져 있다. 이에 대한 헤겔의 비판은 니트함머(Friedrich Immanuel Niethammer)의 영향을 받은 것이다.

식과 인식으로는 모호하기만 한 이러한 모순들은 오로지 사변적인 사유를 통해서만 제대로 이해될 수 있다. "이 이야기에 담긴 심오한 통찰은 그 안에 인간의 영원한 역사에 대한 의식이 들어 있다는 것이다." 헤겔은 유대교 성서에는 이런 이야기가 나오지 않는다는 점 그리고 첫째 아담과 둘째 아담을 연결하고 있는 것은 그리스도교인이라는 점을 지적하고 있다. 둘째 아담인 그리스도는 회복된 신성(신과의 유사성)을 상징하지만, 유대교의 사람들에게는 이러한 약속, 즉 '인식의 무한한 측면'이 아직 일깨워져 있지 않았다.[11] 타락 이야기에 대한 헤겔의 해석은 반드시 살펴볼 만하다. 그리고 그 부분은 그의 성서주석 가운데 가장 잘 보존되어 있기도 하다.

1824년과 1827년 『종교철학』은 1821년 『종교철학』의 주석을 가감 없이 그대로 사용하고 있다. 헤겔은 1824년 『종교철학』에서 불복종에 대한 벌은 노동이라는 것, 살아가기 위해서는 일을 해야만 한다는 것, 하지만 또한 노동은 인류가 지닌 고도의 정신적 본성을 나타내는 것이라고 설명한다(3:208). 인간은 낙원에서 역사로 추방된다. 그리고 정신이 성숙해 가는 것도 바로 이 역사를 통해서다. 규율이나 처벌이 없다면 인간은 어린아이 단계에 머물러 있을 것이다. 1827년 『종교철학』은 죄가 생물학적으로 유전된다는 잘못된 관점은 인간이라는 말을 문자 그대로 최초의 사람으로 이해했기 때문이라는 점을 덧붙이고 있다(3:302). 이 이야기는 역사가 아니라 신화로 읽혀야 한다. 헤겔은 두말할 나위 없이 그렇게 생각했다.

---

11 1821년, 1824년, 1827년 『종교철학』에서 헤겔은 타락 이야기를 그리스도교의 맥락에서 다루지만, 1831년 『종교철학』에서는 그것을 '선의 종교'로 묘사된 유대교의 맥락에서 다루고 있다. 이와 관련해서는 2:739-741, n. 64를 참고하라.

인식, 소외, 악[12]

타락 이야기는 인간 본성에 관한 비극적 관점을 보여준다. 선의 가능조건은 동시에 악의 가능조건이기도 하다. 자연상태로부터 고양되기 위해서 그리고 자신의 정신적 잠재성을 실현하기 위해서 인간은 근심, 소외, 자기보존의 노력을 유발하는 분열과 분리의 단계를 거쳐야만 한다. 인식은 인간을 만드는 것이자 인간을 해치는 것이다.

헤겔은 타락 이야기에 담긴 역설들을 철학적으로 분석한다. 1821년 『종교철학』(3:101-103)에서, 그는 '이행'의 관념은 표상적인 것이며, 이야기를 필요로 한다고 말한다. 그 이야기는 서로 연관된 두 가지 조건이 있다는 것과 자신의 직접성에 머물러 있는 본성 자체는 이행이 아니라는 것을 보여준다. 첫째 조건은 직접적이고 자연적인 욕망의 상태다. 둘째 조건은 직접적이고 자연적인 의식의 상태다. 그 의식은 이러한 상태를 선, 즉 보편적인 것에 대한 인식으로 변화시킨다. 하지만 의식이 욕망과 연관되면, 그것은 악 즉 분리에 고착되어 있거나 타자들에 맞서 자신의 개별성만 추구하는 상태로 나아간다. 악이란 결국 자기 추구의 악이다. 그것은 자유로운 선택이다. 인간은 자신의 선택에 책임을 져야 하고, 또한 책임을 져야 한다는 것도 알고 있다. "따라서 자기 추구의 의지라 할 수 있는 악은 오로지 의식과 인식을 통해서만 생겨난다. […] 하지만 자기로의 복귀와 회

---

12 헤겔의 강의에서 '죄'는 '악'의 범주만큼 자주 사용되지는 않는다. '악'이 좀 더 철학적인 범주라면, '죄'는 좀 더 신학적인 범주다. 헤겔이 그 두 용어를 어떻게 구별하고 있는지는 확실치 않다. 악은 인간에게 적용되는 것이지 본성이 아니다. 본성이 지닌 직접성, 외부성 그리고 개별화 자체가 악은 아니지만, 인간들이 그러한 것들에 따라 행동할 때 비로소 악이 된다.

귀라는 신적인 원리 역시 바로 그 인식 안에 있다. 인식이란 상처를 주기도 하고, 그것을 치유하기도 한다. 왜냐하면 그 원리가 정신이자 진리이기 때문이다."

1824년 『종교철학』은 인식과 악 사이의 연관을 더 깊이 탐구한다 (3:205-206). 인식(Erkenntnis)은 악이 등장하게 되는 대립(Gegensatz)을 정립한다.

악은 분리와 분열(Entzweiung)의 영역에서 처음으로 등장한다. 악은 외적인 자연과 대립할 뿐만 아니라 개념적이라는 의미에서 그리고 이성적 의지라는 의미에서, 내적으로 보편적인 객관적 진리에도 대립하는 자기 자신만 생각하는 의식이다. 내가 나를 위해 존재하게 되는 것은 바로 이러한 분리를 통해서다. 그러한 분리가 곧 악이 존재하는 장소다. 추상적으로 말해서, 악의 존재는 자신을 보편자(이성적인 것, 율법들, 정신의 규정들)에서 분리시켜 개별화하는 것(mich vereinzeln)을 뜻한다. 하지만 이러한 분리와 더불어 대자존재가 등장하고 처음으로 당위적인 것이라 할 수 있는 보편적으로 정신적인 것, 즉 율법들이 등장한다. 그래서 이는 악과 외적으로 관계하는 반성(Betrachtung)이 아니다. 그러한 분리 자체가 악이다. 인간이 정신이라면, 그는 인간은 그러한 대자존재라는 대립으로 나아가야 한다. […] 정신은 자유롭다. 자유는 이러한 자기 내적 분리를 위한 본질적인 계기다. 이러한 분리를 통해 대자존재가 정립되고, 악이 생겨나게 된다. 이곳이 곧 모든 악행의 근원이자, 화해가 자신의 궁극적인 근원을 마련하는 지점, 즉 질병의 발생지이자 동시에 치유의 근원지다.[13]

이 구절에는 의식(대자존재)에게 필연적인 구별이 그 자체로 악은 아니지만 악과 밀접한 연관을 맺고 있는 것으로 나타난다. 의식과 악이 그저 같은 것이 아니라는 것은 '~에서 나타난다', '~내부에서 일어난다', '자신의 자리를 마련한다'와 같은 표현에서 찾을 수 있다. 이렇듯 악은 의식의 내부에서 일어난다는 점에서 실존적으로는 아니더라도 최소한 논리적으로는 의식과 구별된다. 그러한 구별이 생겨나게 되면, 의식은 궁극적인 보편적 진리에 대립하는 대자존재가 된다. 다시 말해, 이때가 바로 의식이 보편자 혹은 여타의 인간들에 맞서 자신을 '개별화'하는 시점이자 악이 발생하는 시점이다. 사실상 이러한 대자존재로의 변화를 유발하는 것은 언제나 그러한 대립과 개별화다. 여기에 비극적인 요소가 있다. 자유는 언제나 오용될 가능성이 있다. 소외와 화해는 동일한 근원을 갖는다. 그 근원은 의식과 인식이다. 화해란 자기중심성과 개별화에 빠져 있는 의식을 진리중심성과 공동체 형성의 방향으로 되돌리는 것이다.

1827년 『종교철학』은 이러한 심오한 논의를 계속 이어간다 (3:301-310). 여기서 헤겔은 인식에 고유한 '자기 내적인 자기구별'인 '판단'(Urtiel) 혹은 '분리'와 악 혹은 최소한 악의 자리(왜냐하면 그것은 선의 자리이기도 하기 때문이다)라 할 수 있는 '분열'(Entzweiung) 사이의 어원적 연관을 추론한다. 인식은 선과 악 모두에 대한 인식을 낳는다 (3:301). 우리가 본래적으로 악하다는 것은 우리가 이러 저러한 율법

---

13 3:206. 영어 판은 '객관적인' 뒤에 붙은 괄호에 '진리'가 아니라 '실재'라는 말을 삽입하고, 'Betrachtung'을 '이성적 고찰'로 변역하고 있다. 이와 관련해서는 호토(Hotho)가 각색한 마지막 두 문장을 참고하라(3:206 n. 115). 거기서 분리는 인간들이 마시면 죽고 타락하는 '독이 든 성배'로 묘사되어 있다. 이는 화해를 이루게 하는 '생명을 주는 성배'의 의미와 대비된다.

을 어겨서가 아니라 인간들 사이에, 인간과 세계 사이에, 인간과 신 사이에 분리를 정립하기 때문이다. 우리는 신과 세계 모두와 분열되어 대립하고 있다(3:304-305).

여기서 헤겔은 그러한 인간의 근원적 악을 이전과는 다른 방식으로 설명한다(3:305-310). 신 앞에서 우리는 무한한 고통, 신과 분리된 고통, 자신에게 빠져 있는 고통, 신성을 상실한 고통을 겪는다. 이것이 바로 고대 후기에 등장한 유대교의 종교적 조건이었다. 무한한 고통의 가능성은 순수하고도 정신적인 신이라 할 수 있는 유일신에 대한 신앙을 전제한다. 그 유일신의 판단은 언제나 올바르고 공정하다. 우리는 세계와의 대립 속에서 불행을 경험한다. 우리는 세계 속에서 만족을 누릴 수 없고, 세계 속에서 삶의 궁극적인 토대와 목적을 발견할 수도 없으며, 그래서 자기 자신으로 달아나 내적인 조화를 추구할 수밖에 없다. 이것이 바로 서력기원 시초에 로마세계에서 금욕주의와 회의주의가 등장하게 된 조건이었다. 고통과 불행이라는 이 두 가지 조건은 추상적으로 일면적이다. 한편으로는 무한자와 유한자 사이에는 해소될 수 없는 대립이 존재하고, 다른 한편으로는 세계로부터 도피하여 자신에게 절망적으로 빠져드는 경향이 존재한다. "앞에서 다룬 종교들의 개념은 이러한 대립에 기반하고 있다. 그리고 그 대립이 실제로 존재하는 욕구로 드러나는 것을 서서는 '때가 차매, 하느님이 자신의 아들을 내 보내셨다'는 말로 표현하고 있다." 이러한 설명과 함께 이제 화해라는 주제로 넘어간다. 거기서는 그리스도가 특정한 시대와 장소에 필연적으로 나타날 수밖에 없었던 이유를 증명한다.[14] 사실상 고통과 불행은 종교적 소외가 일으키는 지속적이고 보편적인 특징이다. 하지만 헤겔은 그것을 오로지 자기 시대에만 국한된 특징으로 해석한다. 유대인들의 고통은 근대의 개신교 신앙에서 그대로 재현되고 있다. 개신교 신앙은 자신이 신과 분리되어 있다는 것 말고는 신에 대해 아무것도 알지 못한다. 그리고 로마인들의 불행은 계몽주의적 합리주의의 형태에서 그대로 재현되고 있다. 계몽주의적 합리주의는 유한자를 안심시켜주기는 하지만 세속주의나 무신론을 피하기 어렵다.

헤겔은 악의 문제를 너무 가볍게 다룬다는 비판을 받기도 한다. 왜냐하면 그는 악의 문제를 지나치게 인식과만 연관시키고, 그것 자체가 갖는 부조리하고 불합리한 측면들을 간과하기 때문이다. 하지만 헤겔은 악과 인식의 연관을 통해 악에 놀라운 능력을 부여하고 있다. 악은 인간에게 가장 저급한 것이라는 인식을 가장 고귀한 것이라는 인식으로 전도시켰다. 이로써 악은 자연파괴나 이성 스스로 극복할 수 없는 자기기만의 능력마저도 초월할 수 있는 잠재력을 가진 것으로 평가된다. 필요한 것은 이성을 구제하는 것이지 폐기하는 것이 아니다. 하지만 그는 최소한 『종교철학』에서만큼은 제도적 구조나 사회적 이데올로기 안에서 개인적 악이 훨씬 더 강화될 수 있다는 것은 생각지 못하고 있다. 그리고 그는 인간 역사의 비극적이고 폭력적인 특성은 깊이 이해하고 있었지만, 미래에 일어날 홀로코스트나 대량학살과 같은 인종적인 악은 예상치 못하고 있다. "지난 세기에 일어난 악의 경험들은 근본적인 재사유를 요청하지 않는가?" 이것이 바로 포스트모더니즘이 헤겔에게 던지는 질문이다.

14 이러한 이행에 대한 관심은 1827년 『종교철학』이 왜 인식, 소외 그리고 악이라는 주제들을 타락이야기의 요약 앞이 아니라 뒤에서 다루는지를 설명하는 데 도움을 준다. 우리의 논의는 1827년 『종교철학』의 순서를 따르고 있다. 이와 관련해서는 3:300 n. 138을 참고하라.

8장
그리스도와 화해

화해의 가능성, 필연성, 현실성

"때가 차매, 하느님이 자신의 아들을 내 보내셨다"(3:310). 헤겔은
사도가 한 이 말(갈라디아서 4:4)에 심오한 철학적 의미가 담겨 있다고
생각한다. '내 보내시다'라는 말은 영원한 성자가 인간과 화해하기
위하여 여성의 몸에서 태어나 시간적이고 역사적인 성자로 육화된
다는 것을 뜻한다. '때가 차매'라는 말은 이러한 사건이 특정한 시대
와 장소의 구체적인 종교적-문화적 조건하에서 일어났다는 것을
뜻한다. 하지만 로마세계에서 고조된 고통과 불행이 보편적인 의미
를 갖듯이 이러한 특수한 사건도 보편적인 구원의 의미로 이해되어
야 한다.

헤겔은 그리스도로 나타난 신의 육화가 이루는 화해의 가능성과
필연성과 현실성을 철학적으로 증명하고자 한다. 그 과정에서 헤겔
은 그리스도론의 다른 범주들을 다룰 때처럼 '화해'와 '육화'의 개념
도 새롭게 재구성한다.[1]

가능성: 신적인 것과 인간 본성의 암묵적 통일

1821년『종교철학』은 강력한 진술로 이 주제를 설명하기 시작한다(3:109-110). 화해의 가능성은 인간이 즉자 대자적으로 보편적인 것(신)을 자신의 본질과 무한성으로 의식하는 데 있다. 인간은 '개별적인 이기심'을 추구함으로써 그런 보편적인 것으로부터 소외되었다. "자기를 추구하지 않으면서 자기로 머무는 것이 곧 무한한 의식의 형태다. [...] 무한한 주관성이라 할 수 있는 정신으로서의 신이야말로 [...] 절대적인 진리이자 의지의 절대적인 목적이다. 인간이 무한한 주관성을 목표로 할 때, 그는 그것이 '무한한 자유'를 목표하는 것임을 깨닫게 된다. 결과적으로 인간은 자신이 지역성이나 민족성 그리고 삶의 조건이나 상황 등과 같은 모든 것을 초월해 있음을 인식하게 된다. 모든 인간은 평등하다. 예속이란 참을 수 없는 것이다."[2]

화해의 가능조건은 인간이 자신 안에 신적인 이념, 신적인 것과

---

1 헤겔의 그리스도론은 그의 신학 체계의 다른 어떤 부분보다도 많은 관심을 받고 있다. 이와 관련해서는 Emilio Brito, *La christoligie de Hegel: Verbum Vrucis* (Paris: Beauchesne, 1983); Hans Küng, *The Incarnation of God: An Introduction to Hegel's Theological Thought as a Prolegomenon to a Future Christology*, trans. J. R. Stephenson (New York: Crossroad, 1987); James Yerkes, *The Christology of Hegel*, 2nd edn. (Albany: State University of New York Press, 1983)을 참고하라. 하지만 이 작품들은『종교철학』의 원전비평 연구판이 출판되기 이전에 나온 것들이다. Wolf-Dieter Marsch의 가치있는 연구, *Gegenwart Christi in der Gesellschaft: Eine Studie zu Hegel's Dialektik*(Munich: Chr. Kaiser Verlag, 1965)은 종교철학보다는 그의 초기 신학 저술들과 그의 사회 저술들에 관심을 갖고 있다.

2 여기서 헤겔은 '예속'이라는 말을 사회 비판적인 의미로 사용하지는 않지만, 그래도 매우 중요하게 여긴다. 왜냐하면 자유의 종교인 그리스도교는 모든 억압적인 사회적 관습들을 근절하고자 하기 때문이다. 헤겔은 1827년『종교철학』의 다른 맥락에서 다음과 같이 말한다. "주체의 자유는 주체의 합리성이다. [...] 예속은 그리스도교와 모순된다. 왜냐하면 예속은 이성에 반하기 때문이다.' 따라서 '화해는 세속적 영역에서도 이루어져야 한다"(3:340).

인간 본성의 통일이라는 이념을 암묵적으로 담지하고 있다는 데 있다. 신의 형상(imago Dei)이라 할 수 있는 이러한 이념이 지금은 비로소 상실되고 왜곡되었다 하더라도 그것은 인간에게 소원한 것이 아니라 인간의 실체적인 본성이다. 인간의 사명은 자신의 본성을 회복하는 것이다. 그 본성은 자신의 노력이나 공덕으로 얻은 것이 아니다. 그것은 신의 선물이다. 게다가 "신은 구별과 복귀의 과정에 있는 정신이기 때문에 […] 신적인 것과 인간 본성의 통일은 인간의 본성뿐 아니라 신적인 것을 규정하는 데도 똑같이 중요하다." 신은 신성과 인간성의 암묵적인 통일이 현실적인 통일을 이룰 때 비로소 완전한 신이 된다. 신적인 것과 인간 본성의 현실적 통일, 이것이 바로 '육화'에 대한 헤겔의 철학적 해석이다. 신성의 육화(in-carnatio) 혹은 인간화(Mensch-werdung)는 외적으로 일어나는 기적처럼 유일회적인 사건이 아니라 신적인 본성의 실현과정에 나타나는 하나의 계기다(3:109-110). 하지만 헤겔이 보기에 그리스도교 신앙은 육화를 여전히 유일회적인 계시적 사건으로 규정하고 있다.

1824년 『종교철학』은 '화해'(Versöhnung)의 이념을 집중적으로 다룬다. '육화'와 마찬가지로 '화해'도 헤겔이 철학적으로 재구성한 범주다(3:211-213).3 화해는 빚을 갚거나 속죄하는 것과 같은 외적인 행위를 뜻하지 않는다. 그것은 무한자와 유한한 자아처럼 서로 양립해 있거나 그래서 통일될 수 없어 보이는 것들이 실제로는 그렇지 않다는 것을 보여주는 것이다. "진리는 […] 유한자와 무한자의 통일

---

3 헤겔은 일반적으로 '화해'라는 용어를 '구원'이라는 의미로 사용한다. 왜냐하면 '화해'라는 말은 주로 소외의 극복이나 신과 인간의 재통일을 뜻하기 때문이다. 하지만 3:128에서는 '화해' 대신 '구원' (Erlösung)이라는 용어를 사용하고 있다.

이다. […] 신적인 것과 인간 본성은 하나로 통일된다. 그 통일의 상태에서는 서로가 서로에 대해 갖던 추상성이 사라진다. […] '신적인 것과 인간 본성'이라는 표현은 참으로 까다롭고 어려운 표현이다. 우리는 이러한 표현과 연관된 표상들을 잊어버려야 한다. 사실상 그것은 정신적인 본질(die geistige Wesenheit)을 나타내는 표현이다"(3:211-212). 엄밀히 말해, '정신의 본질'이란 신과 세계, 유한자와 무한자, 신적인 것과 인간적인 것의 통일을 의미한다. 왜냐하면 정신이란 이 모든 분열을 매개하는 것이자 그러한 대립의 상호작용으로 형성되는 것이기 때문이다. '신적인 것과 인간 본성'이라는 어색한 표현은 존재론적으로 양립할 수 없는 두 본성의 기적적인 결합을 뜻하지 않는다. 화해의 가능조건은 그 둘의 통일이야말로 근원적이고 궁극적인 신-인의 조건이라는 뜻이지 외적인 행위로 그 둘을 하나로 만든다는 뜻이 아니다. 우리는 이러한 규정을 통해 '육화'와 '화해'가 동의어는 아니지만 밀접한 연관이 있다는 것을 알게 된다.

주체는 화해를 '정립'하는 자신의 행위를 통해서 그러한 화해를 이룰 수는 없다. 정립된 것도 실은 암묵적인 것이기에 우리는 그것을 '정립'이라기보다는 '전제'라고 불러야 할 것이다. "진리는 […] 주체에게 전제로 드러나야 한다. 따라서 중요한 것은 무한히 추상적인 관점에서 진리가 어떻게 그리고 어떤 형태로 드러나는가 하는 것이다." 따라서 화해가 근원적인 신-인의 조건이라고 말하는 것은 '무한한 고통'에 빠져 있는 현재의 인간적 조건, 그래서 '현실에서 도피'하여 자기 자신으로 달아나는 현재의 인간적 조건을 부정하거나 폄하하는 것이 아니다. 문제는 화해가 그런 소외된 현실에 어떻게 나타나고, 그런 소외를 어떻게 극복하는가 하는 것이다.

1827년『종교철학』은 이 논의를 계속 이어간다(3:310-312). 암묵적으로 화해는 끊임없이 이루어지고, 신성과 인간성 사이의 대립은 원칙적으로 극복된다. 인간들이 대립의 지양 혹은 무화라 할 수 있는 화해(Aussöhnung) 의 욕구를 인식할 수 있으려면 대립이나 고통이 극대화되어야 한다. 이러한 무화는 유한한 주체가 스스로 이룰 수 있는 것이 아니다. 그것은 신적인 이념 안에서 지속적으로 일어나는 것이다. "생동하는 정신으로서의 신은 스스로를 분리시키고, 타자를 정립하며, 그 타자 속에서도 자신과 동일하게 머문다." 타자존재, 유한자, 나약함, 인간 본성의 연약함은 신적인 통일에 어떠한 '손상'도 주지 않는다. "왜냐하면 성자와 성부는 다르며, 이러한 타자성이 차이이기 때문에, 즉 성자는 아직 정신이 아니기 때문이다. 하지만 그 타자 또한 신이다. 그리고 그 타자는 자기 내부에 완전히 충만한 신의 본성을 지니고 있다. […] 이러한 타자성은 끊임없이 정립되고, 끊임없이 지양된다. 이러한 타자의 자기정립과 자기지양이 곧 사랑이요, 정신이다"(3:311-312). 악이 한편에 존재하고 신이 다른 한편에 존재한다고 생각하는 것은 오해다. 도리어 신은 그 양쪽 모두에 존재한다. 신은 소외의 고통과 극복을 통해 그것을 신적인 삶으로 통합한다. 그러한 의미에서 신적인 생이란 부정의 부정이다.

　　화해는 가능하다. 그 이유는 신이란 곧 영원한 화해의 과정이기 때문에, 신을 신이게 하는 것은 타자를 정립하고 소외를 지양하는 바로 그 운동이기 때문이다. 유일한 문제는 인간이 어떻게 이러한 과정을 인식하고 거기에 동참하게 되는가 하는 것이다. 이것이 이제 우리가 다룰 화해의 필연성과 현실성에 관한 문제다. 물론 헤겔 자신은 '가능성', '필연성', '현실성'이라는 범주를 엄밀히 구별하지는 않았지만 그의 분석에는 이러한 범주들이 뚜렷이 구별되고 있다.

필연성: 역사 속에서 나타나고 이루어져야 하는 통일

유한성과 소외의 조건들을 다룰 때 이미 설명했듯이, 신과 인간의 통일이라 할 화해에 대한 인식은 인간이 경험할 수 있는 방식으로 나타나야 한다. 아울러 그것은 단일한 인간의 모습으로, 완전히 시간적이고 일상적인 세계의 현상으로 나타나야 한다. 이때 그는 "신적인 이념, 즉 단순한 교사나 일반적으로 좀 더 높은 존재 정도가 아니라 최고의 이념, 즉 신의 아들로 인식된다"(3:110). 1821년 『종교철학』에도 나타나듯이 이러한 주장은 헤겔 논의의 둘째 단계(필연성)와 셋째 단계(현실성)를 통합한다. 신과 인간의 통일이라는 이념은 (a) 역사 속에서 확실히 경험할 수 있는 사건으로, (b) 그저 한 명의 인간 교사(물론 이것 자체도 중요하다)로도 인식되고, 신의 아들(신의 이념, 신과 인간의 통일의 이념)로도 인식되는 한 인간으로 나타나야 한다.

1821년 『종교철학』에 나타난 (a)에 관한 설명은 더 복잡하다 (3:110-112). 그 이유는 타락하고 육체를 가진 인간들에게서 나타나는 '직접적 확신과 신성의 현존'의 필연성과 연관이 있다. 이것이 바로 자연적 의식에 나타나는 '있음'(das Ist)의 방식이다. 신성의 바로 그 '있음'(isness)이 본질적인 주제다. 신의 객관성은 인류 전체에 직접적으로 실현되어 있다. 헤겔은 실러(Friedrich Schiller)의 시 〈우정〉(Freundschaft, 1782)의 마지막 연을 인용하면서 이러한 주장을 증명한다. "정신의 왕국이라는 술잔으로부터 신에게는 그의 무한성이 거품처럼 피어오른다."4 헤겔은 거기다 괴테(Johann Wolfgang von

Göthe)의 시 〈줄라이카에게〉(*An Suleika*)에 나오는 구절, "하나의 왕국을 건설하기 위하여 수만 명의 인간을 학살했던 티무르(Timur)처럼 향수를 만드는 사람은 한 병의 향수를 만들기 위해 수천 송이의 장미를 소모한다"는 의미심장한 말을 덧붙이고 있다. 이처럼 세계 전체는 결국 신에게 사랑을 바치기 위해 존재한다. 헤겔이 괴테와 실러의 시 구절을 인용한 이유는 아마도 신을 무한하게 하는 것은 인류 전체의 고통(성배)이라는 말을 하기 위해서였을 것이다.5 그런 의미에서 화해는 한 인간의 행위가 아니라 인류 전체의 행위이어야 한다. 세계의 모든 고통이 곧 신의 육체적 현존이다. 화해의 이상은 다양한 세계 종교를 반성하는 무의미한 사유가 아니라 바로 이러한 고통에 찬 사랑의 형태 속에서 실현된다.

1824년 『종교철학』은 '필연성'이라는 주제를 좀 더 직접적으로 다룬다. 신성과 인간성의 통일은 감각적이고도 분열된 인간 의식에 나타나야 한다. "신은 감각적으로 현존하는 […] 구체적인 신으로 나타난다." "신은 추상적인 것이 아니라 완전히 구체적인 것이다." 더구나 "신은 자신의 영원한 이념과 관련해 볼 때, 자신의 아들을 낳아야만 하고 스스로를 분리시켜야만 한다. 거기서는 분리된 것도 전적으로 자기 자신이다. 그리고 그 둘의 통일이 곧 사랑이자 성령이다." 성령은 인간이 겪고 있는 '무한한 고통' 속에서 등장한다. 그리고 "그러한 성령이야말로 이러한 고통을 견디게 하는 절대적인 힘이다.

---

4 3:111 incl. n. 129. 이 시구는 『정신현상학』의 결론부에도 약간 다른 방식으로 인용되어 있다. 그러나 두 인용 모두 실러가 실제 쓴 표현과는 약간 다르다.

5 3:111-113 incl. n. 131. 이 시는 1819년에 출판된 J. W. von Goethe의 *West-Östlicher Divan*, Buch des Rimur, Poem 2, *An Suleika*에 실려 있다.

[···] 따라서 고통 자체가 곧 신의 등장이다"(3:214-215). 달리 말해서, 신이 정신적인 신이 되기 위해서는 고통스러운 역사 속에 등장해야만 한다. 그리고 인간들은 자신의 구원을 구체적으로 입증하는 신의 등장을 필요로 한다.

필연성에 관한 논의들 중 가장 명쾌한 공식은 1827년『종교철학』에 나타나 있다. 그저 확신의 단계에 머물러 있는 신적인 것과 인간 본성의 통일은 '직접적인 감각적 직관과 외적인 현존'의 형식을 취해야만 한다. 그러한 통일은 세계 내에서 관찰되고 경험되는 것으로 등장해야 한다. "왜냐하면 내적 혹은 외적 직관에 직접적인 방식으로 존재하는 것만이 확실한 것이기 때문이다. 신과 인간의 통일을 인간에게 확신시키기 위해서는 신이 육체를 가지고 세계에 등장해야만 한다"(3:312-313). 하지만 이때 말하는 육체가 단일한 인간 육체인지, 다양한 성육신들의 육체인지, 전체 인류의 육체인지는 역사적 현실에 따라 달리 규정되어야 할 문제다. 여기서는 신이 등장하는 필연성만을 논할 뿐 그 형태까지 구체적으로 규정하지는 않는다.

현실성: 단일한 인간을 통한 화해

이제 헤겔은 자신의 가장 강력한 주장들로 나아간다. 화해의 이념 혹은 신과 인간의 통일의 이념은 (a) 인간 개별성의 형태로, (b) 그리스도교 신앙에 따르면, 단일한 인간 개별자로, (c) 나사렛 예수라는 특수한 개인으로 실현된다. 따라서 현실성에 관한 논의는 이 세 가지 양상을 다루어나간다.

우선 헤겔은 개별성(Individualität, Einzelheit)의 필연적인 역할을 설명한다. 보편자는 일반적인 추상적 양식이나 돌이나 금속 같은 물질적 대상으로 현존하기보다 개별적인 인간존재라는 구체적인 주관성으로 현존한다. 보편자를 열어 세우는 것은 주관적인 의식이며, 보편자는 주관성의 형태로 등장한다. 주관성이란 무한자와 유한자가 관계를 맺는 장소다.

헤겔은 그 논의와 관련하여 논쟁거리가 될 만한 대목에서, 주관성 혹은 개별성은 언제나 유일하다는 점을 계속해서 강조하고 있다. 모든 주체는 타자들로부터 벗어나 각각 독립적으로 존재한다. 따라서 신과 인간의 통일이라는 이념이 계시라는 특정한 방식으로 등장하기 위해서는 오직 하나의 개별자만 존재해야 한다. "만인은 한 명에 포함된다. 신성은 다양성을 추상화한다. 이러한 개별자는 다른 모든 개별자들과 전적으로 다르고 배타적인 것으로 등장한다. 그 이유는 그들 모두를 재구성하기 위해서다"(3:112-114). 그리스 종교와 로마 종교 그리고 힌두교에서 숭배하는 신적인 인간들처럼 육화는 다양한 방식으로 존재할 수 있다. 하지만 인간성의 무한한 이념은 오직 한 사람, 즉 그리스도에게서만 온전히 실현될 수 있다(3:145).

1821년 『종교철학』에 나타난 이 논의는 1824년과 1827년 『종교철학』에서도 약간의 차이는 있지만 그대로 반복되고 있다. 1824년 『종교철학』에서 헤겔은 학생들에게 이렇게 말한다. "신은 감각적인 존재로 나타난다." "신은 오로지 정신의 감각적인 형태(Gestalt)만을 취한다." "그것은 단일한 인간의 형태다." 이는 "살을 가진 신의 등장"이자 "우리에게 필연성을 보여준 거대한 실재(das Ungeheure)다. 그것은 신과 인간의 본성이 본질적으로 다르지 않다는 것, 신은 인간의 모습으로 존재한다는 것을 보여준다"(3:214). 인간의 모습을 한 신의 모습은 이미『그리스도교의 정신과 그 운명』에서도 발표했던 주제다.6 그리고 그것은 '거대한' 실재다. 왜냐하면 그것은 본질적으로 다른 것이라 생각되지만, 실은 같은 본질을 소유하고 있는 정신의 두 가지 본성을 내적으로 결합하고 있기 때문이다. 신이 등장할 수 있는 유일한 형태(Gestalt)는 바로 정신(Geist)의 형태다. 거꾸로 말하면, 형태(Gestalt) 없는 정신(Geist)이란 결코 존재할 수 없다. 형태가 없으면 정신도 없다.

1827년『종교철학』은 1821년『종교철학』에서 이미 발표한 주제의 또 다른 측면, 즉 "신적인 것과 인간 본성의 통일은 오직 한 인간으로만 등장해야 한다"는 점을 강조하고 있다. 분명 인간성의 이념은 보편적이다. 하지만 이 경우에는 인간의 이념이 아니라 구체적이고 감각적인 현실이 문제가 된다. 따라서 "이러한 통일은 오로지 한 인간 존재를 통해 드러난다." "더구나 그것은 단일성 일반의 문제도 아니다. 왜냐하면 단일성 일반이라는 것 역시 보편적인 것이기 때문이다." 보편적 단일성은 하나의 추상에 불과하다. 하지만 여기서는 '직관과 감각의 확실성'에 관심을 두고 있다. 신과 인간의 실제적인 통일은 직접적인 의식이나 일반적인 인식을 초월해 있다. "바로 이 점이 왜 그러한 통일이 다른 이들과는 동떨어진 단일한 인간존재로 나타나야 하는가에 대한 이유다. 그러한 통일은 그 모든 이들로부터 배제된 오직 한 사람에게서만 나타난다"(3:313-314).7

---

6 이와 관련해서는 이 책의 2장에서 언급한 빌립보서 2:6-8을 참고하라. 거기서 바울이 언급하는 지혜의 찬가는 신의 형상을 한 그리스도가 자기 자신을 비우고, 인간의 형태를 취했음을 뜻한다.

7 1827년『종교철학』에 실린 이 구절이 전집판의 1831년『종교철학』에는 아주 방대하게 논의되고 있다. 이와 관련해서는 3:314 n. 173을 참고하라. 1831년『종교철학』도 기본적으로는 같은 주제를 다루고 있지만 거기서는 종교들의 역사를 비교하는 데 더 주력한다.

포스트모더니즘은 질문한다. "인류 전체는 하나의 추상일 뿐이라는 것을 인정하면서도, 왜 다른 종교-문화적 배경에서 등장하는 단일한 육화들은 구체성이 떨어진다고 생각하는가? '단일성', '일회성', '유일성'에 관한 그 주장은 다양성을 포괄하는 통일에 특권을 부여하고, 그리스도가 다른 구원자들보다 질적으로 우월하다는 편견을 담고 있다. 분명 구원의 매개자는 매개되어야 할 다른 인간들과 분리되어 있다. 하지만 이러한 매개자가 오로지 한 사람이라는 논증은 설득력이 없다. 서로 다른 여러 사람들이 다양하게 협력하는 방식도 가능하다. 실제로 화해의 필연성이나 가능성과 관련한 헤겔의 논의들, 즉 신성과 인간성의 통일, 고난과 고통의 보편성, 신성이 구체적 상황에 맞게 경험적으로 구체화되어야 할 필요성에 관한 논의는 다양한 방식으로 해석될 수 있다. 구체적이고 단일한 개인들의 역할을 주장하는 것도 별 무리 없이 수용될 수 있다. 하지만 그러한 단일한 개별자가 다른 모든 사람들을 초월해 있다는 그의 주장은 생동하는 세계 종교들의 다원성을 제대로 설명하지 못한다.[8] 그리고 그것은 헤겔 자신의 철학적 원리와도 맞지 않는 것 같다. 이런 점들을 보면, 헤겔이 자신의 논의를 규범적인 그리스도교 교리에 억지로 끼워 맞추고 있다는 느낌마저 든다.

그렇다면 누가 그 유일자인가? 그는 '현실성' 논의의 마지막 대목에서 이런 물음을 던진다. 화해의 이념은 이러한 단일한 개인을 통해 실현된다. 그는 나사렛 예수(Jesus of Nazareth), 곧 그리스도다(3:114, 142-143). 헤겔은 이 대목에서 신과 인간의 통일은 다수의 육화들을

---

8 헤겔이 보기에 그 문제의 일부는 그리스도교와 이슬람교를 제외한 대부분의 종교들이 더 이상 살아 있는 종교들이 아니라는 것이다. 우리는 이 책의 10장에서 이 주제를 집중적으로 다룰 것이다.

통해서가 아니라 오직 유일한 '이 사람'을 통해서만 객관화된다는 점을 여러 번 되풀이해서 말한다. 다수를 정립하는 것은 개별적인 주관성의 개념에 불필요하다. "한 명으로 족하다." 하지만 우리는 반대한다. 우리에게 주어진 다양한 문화적 사태들을 고려할 때, 그것은 참이 아니다. 어떠한 단일한 인간 주체도 인류 전체를 대표할 수 없다. 그 논의는 "영원한 이념 속에는 오로지 유일한 아들, 즉 다른 유한한 존재들과는 배타적인 유일자만 존재한다"는 삼위일체의 주장을 통해 다시 강화되고 있다. 거기서 헤겔은 신과 인간의 통일의 이념('성자'는 이런 이념의 비유다)이 반드시 단일성을 암시하는 것이 아니라는 의미에서 개념적 범주보다는 비유적 범주들을 사용하고 있다. 그는 구세주의 유일성을 강조하고 있음에도 불구하고, 개별자 자체에 대한 관심도 강하게 논의한다. "직접적인 단일한 개별성으로 나타난 실재의 완성이야말로 그리스도교의 가장 아름다운 면모다. 왜냐하면 그리스도교에 이르러서야 비로소 유한자의 절대적 변형이 직관적으로 드러나고, 이로써 모든 사람들은 이제 그것을 설명하고 인식할 수 있게 되었기 때문이다"(3:114-115).

　　나사렛 예수가 그리스도라는 주장을 뒷받침하려면 어떤 근거들이 제시되어야 하는가? 그 근거는 역사적 사실에 따른 주장이 아니라 무엇보다 신앙의 주장일 것이다. 다음 장에서 논의하겠지만, 헤겔은 예수의 가르침, 생애, 죽음 그리고 부활의 역사는 '엄밀하게 이념에 부합하는 것'(achlechthin der Idee gemäß)이라고 말한다(3:145-149). 이는 계시적으로도 타당하고, 존재론적으로도 타당하다. 존재론적으로 볼 때, 신성과 인간성의 통일은 이미 화해의 가능조건으로 확립되어 있다. 예수는 그러한 통일을 증명하는 가장 완벽한 사건이다.

그 통일이 나타날 때 화해는 현실적으로 일어나고, 우리에게 인식되고, 구체적으로 실현된다. 그리고 이는 예수의 독특한 생과 죽음이 보여주는 강력한 계시적 영향을 따른다. 그러한 이유에서 헤겔은 예수를 존재론적으로 규정하기보다 계시적으로 규정한다. 분명히 말해, 예수의 계시적 영향은 자신 안에 깃든 신의 충만함에서 비롯하는 것이다. 따라서 계시적인 것과 존재론적인 것은 서로 연관되어 있다.

1824년『종교철학』은 1821년『종교철학』의 설명에 다음과 같은 내용을 덧붙이고 있다. 신이 특정한 시간과 공간에 존재하는 특정한 인간을 통해 등장한다는 사실은 신이 자신의 아들을 내 보낸다는 내적 필연성을 통해서가 아니라 오로지 세계사의 관점을 통해서만 증명될 수 있다. 때가 찼다는 말은 오로지 역사적으로만 이해될 수 있다(3:215). 하지만 그러한 인식 자체는 기적이나 역사적 증거가 아니라 오로지 성령의 내적 증언에 기초하는 신앙적 판단에 따른 것이다.

목자, 가르침 그리고 인간 그리스도

1827년『종교철학』에서 헤겔은 나사렛 예수, 즉 '그리스도'에 대한 비종교적 관점과 종교적 관점을 하나로 통합하고 있다(3:316).[9]

---

9 헤겔은 Christ(Christus)라는 단어를 '나사렛 예수'와 같은 고유명사로 사용한다. 반면에 the Christ(der Christ)라는 제목은 구세주, 신의 아들, 신적인 것과 인간적인 것의 통일의 이념을 의미한다. 이와 관련해서는 3:142-143 n. 211을 참고하라. 19세기에는 역사적 예수에 대한 이름으로 '그리스도'를 사용하는 것이 일반적 용법이었다. 나 역시 앞으로 예수(Jesus)라는 말과 그리스도(Christ)라는 말을 병행하며 사용할 것이다. 헤겔에게 묻고 싶은 것은 Christ도 어떤 의미에서는 the Christ가 아닌가 하는 것이다.

비종교적인 관점은 예수를 자신이 속한 외적 환경에 맞추어 살아가는 한 인간으로 간주하며, 그의 목회와 가르침에 관한 역사적 설명들을 따르고 있다. 이러한 관점에서 예수는 마치 소크라테스나[10] 이슬람교도와 같은 인간들의 교사, 신의 사자, 진리를 향한 순교자로 간주된다. 종교적 관점은 예수를 그리스도, 신-인, 신이 특정한 현존으로 나타난 사람과 동일시하며, 성령의 증언을 따른다. 헤겔은 이 두 관점을 분명하게 구별하지만, 실제로는 그 둘이 같은 것이라고 말한다. 역사적 관점이 정신적인 것을 증명해 주기는 하지만 그럼에도 신앙과 정신적 의식의 필수적인 역할을 결코 배제해서는 안 된다는 것이다.[11]

하지만 1821년과 1824년 『종교철학』에서는 이 두 관점을 이처럼 동일시하지는 않는다. 하지만 비종교적 관점과 종교적 관점을

---

10 1831년 『종교철학』은 그리스도와 소크라테스를 더 세부적으로 비교하고 있다(3:321 n. 196, cf. 368). 비종교적인 관점에서 보면, 그리스도의 이야기는 소크라테스의 이야기와 매우 흡사하다. 이 둘은 모두 외적인 권위에 대립하여 의식의 내면성을 일깨우는 선생들이자, 진리를 향한 선교사들이다. 하지만 헤겔은 천상의 왕국과 심정의 순수함에 관한 예수의 가르침이 "소크라테스의 내면성보다 훨씬 더 심오하다"고 말한다. 헤겔의 초기 단편들에는 다음과 같은 구절이 있다. "그리스도 역시 소크라테스와 같은 선생이지만, 그는 소크라테스보다 훨씬 더 탁월하다. 왜냐하면 그는 죄를 짓지 않았기 때문이다"(3:244 n. 215; 이 구절은 그리스도에 대한 이슬람교의 시각을 다루는 대목에서도 나타난다). 헤겔은 역사적 관점에서 볼 때에도 그리스도와 소크라테스는 같지 않다고 생각한다. 소크라테스와 그리스도의 비교는 계몽주의 시대와 19세기 신학의 일반적인 주제였다. 바우어(Ferdinand Christian Baur)도 'Das christliche des Platonismus oder Sokrates und Christus,' *Tübinger Zeitschrift für Theologie* 10/3 (1837)에서 헤겔과 매우 유사한 입장을 보여주고 있다. 이와 관련해서는 David Friedrich Strauss, 'Vergängliches und Bleibendes im Christentum,' *Freihafen* 1/3 (1838), 1-48도 참고하라.

11 헤겔은 1831년 『종교철학』에서 그 두 가지 관점을 비종교적 방식과 신앙의 방식이라 부른다. "우리는 비종교적 방식으로부터 신앙의 방식으로 나아가야 한다. 만일 우리가 외적인 형태를 띠고 나타난 그리스도에서 출발한다면, 우리는 그리스도가 죽음에 이르는 지점까지 따라갈 수 있다. 하지만 이 지점에서 유한한 신앙과 분신 사이에는 유한한 분리가 발생한다"(3:367). 그래서 신앙은 어쩔 수 없이 죽음에 선행하는 그의 생애에 관한 이야기를 재차 언급할 수밖에 없다.

구별하는 이러한 방식은 그리스도를 논하는 편의적인 방법으로 처음부터 계속 사용되고 있다.

인간적이고 역사적인 관점: 교사로서 그리스도

첫째 관점은 두 계기를 통합하고 있다(3:316-317). 첫째 계기는 그리스도를 '모든 외적인 우연성 속에서, 모든 시간적 요구와 조건 속에서 살아가는 그리고 그러한 것들을 필요로 하는 직접적인 한 인간'으로 바라본다. 그는 다른 모든 인간들처럼 태어나고,[12] 그들과 공통된 인간 욕구들을 소유하고 있음에도 불구하고 그들처럼 타락과 정념들 그리고 악의 경향들을 가지고 있거나 세속적 가치들에 매몰되지 않는 인물이다. 둘째 계기는 그의 '설교'인데, 헤겔은 그 주제에 관심을 집중하고 있다.

1821년『종교철학』은 예수의 가르침에 많은 관심을 기울였다 (3:115-122). 우리는 예수의 전 생애와 운명으로 드러나는 신적인 이념이 그의 설교 속에 통합되어 있다고 말할 수 있다. 이는 그가 선포하는 바와 그가 존재하는 바가 일치한다는 것을 뜻한다. 헤겔은 예수의 설교는 정신이 자신의 고향을 이해하는 요소라 할 수 있는 보편적 토양, 즉 지상의 모든 가치들이 소멸된 천상의 왕국 혹은 신의 왕국을 다룬다고 말한다. 따라서 설교는 신뿐만 아니라 정신의 고향 혹은 주관성의 본거지라 할 수 있는 신의 왕국도 함께 다룬다.

1821년『종교철학』은 설교가 갖는 세 가지 측면을 구분하고 있

---

12 헤겔은 동정녀 마리아의 출산이야기는 다루지 않는다. 왜냐하면 그는 그 이야기는 신비적인 것이라고 생각했기 때문이다.

다(3:117-122). 첫째, 설교는 산상수훈이나 그 외의 설교에서 표현된 바와 같이 내적인 축복이나 내적인 의도에 초점을 두고 있다. 그것은 세속에서 위대한 것으로 간주되는 것과는 완전히 다른 것이다. 그 설교에 나타나는 핵심적인 도덕적 명령은 사랑, 즉 이웃에 대한 사랑, 제자들(모든 소유를 공유하라고 배운 이들) 사이의 사랑의 관계, 적들에 대한 사랑이다. 둘째, 예수는 유대교의 율법들처럼 견고하게 확립된 모든 것을 해체해야 한다고 주장한다. 이러한 율법들은 신의 왕국이 가까이 왔다는 선포에서 절정에 이른다.13 이것이야말로 그의 설교가 지닌 '혁명적인' 측면이 아닐 수 없다. 그는 자신을 추종하는 사람들에게 세속적인 일들을 근심하지 말라고 타이르고, 그들에게 모든 가족적 유대를 끊으라고 가르쳤다. 그는 세속과 단절된 공동체로 모여들게 하기보다 도리어 국가를 언급하고 있다. 이로써 그는 사람들을 열광시키기 시작했다. 셋째, 예수는 "나와 아버지는 하나다"라는 말을 통해 자신과 신의 관계를 설명한다. 이와 관련하여 헤겔은 예수가 자신을 '신의 아들' 혹은 '인간의 아들'이라고 자칭하는 내용을 공관복음서에서 검토한다. 그는 예수가 실제로 말한 것을 보여주는 가장 신뢰할 만한 자료는 단연 공관복음서라고 생각한다. 그는 실제로 복음서의 표현들을 단순하고 단조롭게 만드는 주석이나 해석을 경계했다. 도리어 '이념의 진리'를 확증하는 것은 예수의 말씀 자체다. 예수의 말씀만이 그가 그 공동체의 그리스도, 즉 신의

---

13 『종교철학』은 『그리스도교의 실정성』이나 『그리스도교의 정신과 그 운명』과 같은 초기 저술들에서 논한 유대교와 예수의 결정적인 차이를 근거로 그 둘을 대립시키고 있다. 이와 관련해서는 *Early Theological Writings*, trans. T. M. Knox (Chicago: University of Chicago Press, 1948), 68ff., 182ff를 참고하라.

아들이라는 것을 확증한다.

이 교사의 삶은 자신의 설교 내용과 '일치하며', 신과 인간의 통일이라는 이념에도 '완벽하게 부합'14한다(3:122-124, 145). 예수는 자신의 종교적 급진주의로 말미암아 생겨날 위험과 죽음을 애써 피하지 않는다. 예수의 삶에 관한 내용은 단순히 그가 선포하는 신의 왕국이 아니다. 예수는 실로 그렇게 살아감으로써 그러한 삶을 정신적 공동체의 삶으로 옮겨놓는다. 이러한 개별자(신의 왕국에 대한 그의 설교가 그의 신성을 구성한다)를 통해 신의 왕국은 드디어 실현된다. "이러한 역사적 과정들이 곧 신적인 이념이기 때문에, 신의 왕국은 단일한 개별자만의 역사로 일어나는 것이 아니라 자신을 정신적 존재로 구성하는 실재적인 인류의 역사에 내재하고 있다." 이러한 강력한 주장은 그리스도라는 인물에 관한 비종교적인(역사적인) 관점과 종교적(신앙) 관점 사이의 엄격한 구별을 완화시킨다. 곧이어 1827년 『종교철학』의 대목을 다룰 때, 이 점을 다시 다룰 것이다.

1824년 『종교철학』은 예수의 가르침에 대한 설명을 생략하고 있을 뿐 아니라(3:216-218), 예수의 삶에 관해서도 전혀 다루지 않는다(이와 관련해서는 3:219 n. 145를 참고하라). 예수의 설교는 그리스도교의 교리나 교회의 교리가 아니다. 오히려 그것은 신의 본성을 교리보다는 직관에 적합한 방식으로 해석한 것이다. 그 교리는 '새로운 세계, 새로운 종교, 새로운 신 개념'을 제시한다. 그것은 신의 왕국이라는 형태를 띤 신 개념(진정한 신성, 특정한 존재로 나타난 신, 정신적 현실성을 띠고 있는 신)을 위한 '보편적 토양'을 마련한다. 이러한 설교가 갖는

---

14 헤겔은 '~에 적합하다'거나 '~에 일치한다'고 할 때, gemäß나 angemessen이라는 단어를 사용한다.

추상적 보편성은 "현존하는 세상의 모든 것에 부정적인 성격을 띠고 있다. [...] 그것은 세상의 모든 것을 전복시키는 혁명적인 교리다. [...] 그 상상은 보편자가 스스로 확고하게 유지되는 무한한 활력으로의 고양을 필요로 한다." 복음서들에는 이러한 부정적인 급진주의의 사례들이 나타나 있다. 세속적인 관계들이 지닌 완벽한 독립성은 '정신성의 추상적 토양이자 최초의 토양'이다. 긍정적인 측면에서는 사랑이 제일의 율법이 된다. 그 율법은 각별히 교회공동체의 상호적 사랑을 의미하지만, 삶의 특수한 의무들을 구체화하지 않는다는 점에서 그 사랑도 추상적이기는 마찬가지다.

1827년 『종교철학』은 1821년 『종교철학』이 보여준 예수의 설교에 관한 논의를 보다 풍부하게 보완하고, 예수의 삶과 그의 활동이 갖는 신학적 함의들을 보다 명확하게 드러낸다(3:316-321). 설교에 관한 대략적인 내용은 1821년 『종교철학』과 유사하지만 미묘한 차이도 있다. 예수의 설교를 통해 새로운 세계, 새로운 인간 의식, 새로운 종교, 상황에 따라 신의 왕국으로 표현된 절대적인 화해가 이루어진다. 신은 심정 안에서 통치하고, 심정을 지배하고 있다. 그러한 설교는 외부적인 조건들이나 이후 교회의 교리들과는 전적으로 대립한다. "이것이 바로 세속적인 제도들이나 고착된 태도들에 맞서는 예수 설교의 논쟁적인 측면이자 혁명적인 태도다." "예수의 설교는 우리가 유한한 것들로부터 벗어나 그 어떤 속박에도 관심을 두지 않는 무한한 활력으로 고양되기를 요구한다." 일반적인 윤리적 관계들은 '집약적으로 계시된 진리'에 기반하고 있다. 이 모든 것은 가장 순수하고도 매우 대담한 방식으로 표현되어 있다.

헤겔은 설교에 관한 이러한 설명을 통해 예수는 그저 자신의 주관

적 통찰에 근거하여 해석하는 선생이 아니라 선지자로서 말하는 것
이라고 결론짓는다. 1827년『종교철학』은 계속해서 이렇게 말한다.
이 내용은 1821년이나 1824년『종교철학』에는 없던 내용이다.

> 그의 요구는 직접적이기 때문에, 그는 신의 요구를 직접적으로 표현하는
> 사람이라 할 수 있다. 그리고 신은 그를 통해 자신의 요구를 말한다. 그는
> 이러한 정신의 생을 아무런 매개 없이 소유하고 있기 때문에, 신이 그 요
> 구를 말하는 방식에 따라 그 자체를 예언적으로 표현한다. 그것이 바로
> 즉자 대자적인 존재라 할 수 있는 절대적이고 신적인 진리의 내용이자
> 그것이 표현하고 의도하는 내용이다. 그리고 이러한 표현은 신의 행위를
> 통해 확증된다. 그것은 곧 신적인 의지의 실재적 통일에 대한 의식이자
> 그가 신과 맺는 조화에 대한 의식이다. 하지만 이러한 표현형식에서 강
> 조되고 있는 것은 이것을 말하는 자가 또한 동시에 본질적으로 인간이라
> 는 사실이다. 따라서 이러한 것을 말하는 것은 인간의 아들이지만, 그 안
> 에 깃든 즉자 대자적으로 존재하는 것의 이러한 표현과 활동은 본질적으
> 로 신의 작업이다. 그 신은 외적인 계시의 형태로 나타나는 초인과 같은
> 것이 아니라 인간의 모습으로 나타나는 신의 작업과 같은 것이다. 그래
> 서 신의 현존은 이러한 인간과 본질적으로 동일하다(3:320).

예수의 설교와 활동은 인간(인간의 아들)[15]의 설교와 활동이다. 그
럼에도 불구하고 그것은 본질적으로 신의 작업이기도 하다. 신은

---

15 '인간의 아들' 혹은 '사람의 아들'로서의 예수는 인간을 대표한다. 이는 예수가 지닌 신성이나 구세
주의 역할이 아니라 그가 공유하고 있는 인간성을 가리키는 명칭이다. 이와 관련해서는 이 책 2장
에서『그리스도교의 정신과 그 운명』의 명칭을 설명하는 대목을 요약한 구절들을 참고하라.

인간의 발화를 통해 말한다. 그것은 외부적이거나 초자연적인 방식이 아니라 인간 내부에서 일어나는 신의 작용이다. 이것이 성육화론에 대한 헤겔의 해석이다. 신성과 인간성은 신성의 심오함을 알고 있는 인간 교사-선지자의 형태 속에 융합되어 있다. 신과 인간은 신이 인간의 내부에서 작용하되 인간의 주관성이나 인격성을 부정하기보다 그것을 강화하는 방식으로 연관되어 있다. '두 가지 본성', '하나의 개인', '종합적 통일'이라는 정통 그리스도론의 어설픈 장치는 이제 이러한 새로운 철학적 직관으로 대체된다.16 헤겔은 이 모든 것을 오로지 인간의 역사라는 한쪽 측면에서만 논의된 것일 뿐 그리스도에 대한 '종교적 관점'은 아닌 것으로 간주하는데(3:321), 이는 매우 놀라운 발견이다. 만일 신앙과 역사가 일치한다면, 역사는 신앙의 증거를 확증하거나 강화해 주겠지만, 신앙과 역사가 일치하지 않는다면, 신앙은 자신의 근거를 상실하게 될 것이다. 다시 말해, 신앙은 실재하는 역사적 개인이 아니라 신화적인 인물을 자신의 대상으로 삼게 될 것이다.

종교적인 관점: 신-인으로서 그리스도

앞서 역사적 관점이 갖는 종교적 의미는 충분히 논의했다. 하지만 종교적인 관점은 그리스도의 죽음과 부활이라는 측면을 다루어

---

16 헤겔은 삼위일체를 논할 때, 그리스도론의 범주나 교리들이 사용하는 전문적인 용어들을 탐구하지는 않는다. 그는 삼위일체나 그리스도론에 관한 논쟁에서 사용되는 간혹 이해할 수 없는 구별들을 무의미하다고 생각한다. 고전적인 신학 전체는 진정한 통찰을 표현하는 데 있어서, 부적절한 개념과 부적절한 철학적 비전을 사용하여 이렇듯 난해해지고 말았다.

야만 제대로 파악될 수 있다. 1831년『종교철학』(3:368-369)은 "그리스도의 죽음과 더불어 반전이 일어나고, 신앙과 성령에 대한 묵상이 이루어지기 시작한다고 말하면서 신적인 관점(göttliche Betrachtung)을 다루기 시작한다. 그 관점에 따르면, 그리스도에게서 계시되는 것은 바로 신의 본성이다. […] 신이 그리스도 안에 존재한다는 신앙은 곧 신적인 생의 과정이 이러한 인간적인 생의 과정에 존재하고 거기서 드러나고 있다는 확신이다." 그럼에도 불구하고 헤겔은 신적인 생이 그렇게 드러나기 위해서는 우리가 이 개별자로부터 신의 권능을 인식할 수 있는 어떤 '조건들', 이를테면 그리스도의 설교, 그리스도의 자기-언급들, 그리스도가 일으키는 기적도 반드시 필요하다고 인정한다. 기적은 어떠한 독자적인 확증의 힘도 갖지 못한다. 왜냐하면 그것은 오직 신앙에만 존재하는 것이기 때문이다. 하지만 그리스도의 설교와 행위(치유사역)와 자기이해는 신적인 삶이 드러나는 인간적인 삶이야말로 신성을 보여주는 가장 적합한 매체라는 사실을 보여준다. 신성이 그러한 방식으로 유출된다는 신앙은 개인들과 신앙공동체에 전해진 성령에 증언에 기초하고 있다. 오직 신앙만이 그리스도에 현존하는 신을 볼 수 있다. 하지만 그러한 상상에도 나름의 이유가 있다. 그것은 역사적 증언과도 충돌하지 않는다.[17]

---

17 헤겔의 입장은 여러 면에서 키에르케고어(Søren Kierkegaard)와 유사하다. 영원한 의식에게는 하나의 역사적 출발점이 있어야 한다는 점에서 이 둘은 같지만, 영원한 행복은 역사적 인식에 기초할 수 없다는 점에서 이 둘은 다르다. 이와 관련해서는 Kierkegaard, *Philosophical Fragments*, ed. and trans. Howard V. and Edna H. Hong (Princeton: Princeton University Press, 1985), 1의 제목 쪽을 참고하라. 신앙은 역사에 근거하고 있다. 하지만 역사로부터는 신에 대한 어떠한 증거도 찾을 수 없다. 헤겔은 신의 육화에 대한 단순한 '역사'(그러한 육화에 대한 신앙의 역사)만으로 충분하다는 키에르케고어의 주장에 동의하지 않는다. 신앙은 예수의 삶과 성직에 관한 구체적인 내용을 필요로 한다.

1827년『종교철학』에 따르면, 신앙은 예수를 '신-인'으로 본다. 이는 표상과 오성으로는 결코 이해할 수 없는 '위대한 결합'이다. 이러한 결합은 신적인 본성과 인간 본성의 통일에 대한 인식뿐만 아니라 그러한 통일은 유한함, 나약함, 연약함과 같은 타자성으로 훼손되기보다 도리어 그것을 통해 실현된다는 인식을 준다. 왜냐하면 "감각적으로 현존하는 신은 인간과는 다른 형태를 취할 수 없기 때문이다"(3:315). 이러한 모든 우연성을 지닌 채 단일하고도 직접적인 인간으로 현존한다는 것은 신적인 것의 박탈을 의미한다(3:216). 1824년과 1821년『종교철학』에 사용되고 있는 '박탈'이라는 용어는 빌립보서 2장에 나오는 자기-비움적 그리스도론(kenotic christology)의 전통을 연상시킨다. 신의 자기비움이나 자기박탈은 외적이거나 비본질적인 기적이 아니라 신성의 과정에 내적이고도 본질적인 것이다. 그것은 예수를 인간적인 우연성과 타협하지 않게 할 뿐만 아니라 신은 예수의 삶을 통해 다른 모든 사람들의 삶을 변화시킨다는 신앙을 갖게 만든다. 이러한 확신은 죽음 이후 그리고 부활 이후의 관점에서 생겨난다. 그것은 정신을 향한 정신의 증언, 즉 인간의 정신을 향한 성령의 증언으로 나타난다. 기적과 같은 감각적인 증거는 필요치 않다. 참된 기적은 정신 그 자체다. 진정한 증거는 정신들(Geister)을 지배하는 힘, 즉 수 세기 동안 신앙공동체에 계시되고 있는 바로 그 힘이다(3:115-220-221).

그리스도의 죽음

그리스도의 죽음은 관점의 반전을 일으킨다. 따라서 우리는 그것을 두 가지 관점에서 보아야 한다. 역사적인 관점에서 보면, 그것은 범죄자의 죽음이요, 종교적인 관점에서 보면, 그것은 신의 죽음이다. 첫째 관점에서 둘째 관점으로 넘어가는 대목에서 관점의 반전이 일어난다.

역사적인 관점: 범죄자의 죽음

역사적인 관점은 1821년 『종교철학』에 가장 명쾌하게 나타나 있다. 그 논의는 이러한 내용으로 시작된다. "그리스도의 죽음은 기존의 확립된 질서에 맞서는 그의 종교적 급진주의와 혁명적 태도의 결과라는 의미에서 그의 삶이나 설교의 내용과도 일치한다." 그리스도는 "자신의 죽음을 통해 자신의 신앙을 증명한다." 뒤이어 헤겔은 이런 말을 덧붙인다. "사는 방식과 죽는 방식의 일관성을 요구하는 것은 참으로 어려운 일이다. 하지만 그리스도는 그것이 어떻게 가능한지를 그 집단에 보여주었다"(3:122). 그리스도는 마치 진리의 순교자처럼 죽는다. 이러한 관점에서 보면, 그의 죽음은 가히 존경할 만한 사건이지만 그렇다고 해서 유일회적인 사건은 아니다.

하지만 또 다른 관점에서 보면, 그의 죽음은 존경할 만한 사건도 유일회적인 사건도 아니다. 그리스도는 일반적인 범죄자로 고소되었고, 가장 모욕적인 처벌방식인 십자가형을 받았다(3:129-131). 이는 수치스럽고도 모욕적인 죽음이다. 헤겔은 "그 국가가 불명예의 수단으로 사용한 십자가가 그리스도교인에게는 가장 고귀한 것으로 전도되고 있다"고 말한다. 하지만 우리는 십자가가 갖는 종교적인 상징의 의미를 찬양하기 전에 먼저 그것이 갖는 정치적인 기능을 먼저 생각해 보아야 한다. "당시 십자가는 우리 시대의 교수대에 해당한다." 십자가형은 로마황제의 냉혹하고 잔인한 권위를 상징하는 최고의 시각적 기호다. 그것은 "인간들이 높게 평가하고 존경하는 모든 것의 가치를 격하시켰다." 그리스도교인들은 이러한 불명예의 상징을 명예의 징표로 전도시킴으로써 로마의 권위에 대항하고, 로마 국가에서 사는 삶이나 로마 시민이 지켜야 할 의무들을 폐기하고자 했다.18 하지만 이러한 전도는 범죄자의 죽음보다 그리스도의 죽음에서 볼 수 있는 다른 어떤 것, "그리스도의 죽음은 곧 신의 죽음이다"라는 사실에 숨겨져 있다.

종교적인 관점: 신의 죽음

헤겔은 『종교철학』의 모든 판본에서 그리스도의 죽음이 갖는 이러한 측면을 매우 상세히 논하고 있다. 그는 1821년 『종교철학』을 시작하면서(3:124-128), "죽음이란 '유한자의 정점'이며, 신이 육화할 때, 이미 전제된 유한성이다. 따라서 그리스도의 죽음은 신적인 이념

---

18 헤겔은 그리스도교 자체가 정치적 권위를 가지게 되면, 십자가는 저항의 상징으로 뒤바뀌고, 종교적 존경은 정치적 권력, 나아가 억압의 상징으로 뒤바뀌는 역설이 일어난다는 사실은 논하지 않는다. 즉 십자가는 하나의 검이 된다. 하지만 그는 『세계사의 철학』에서 십자군을 논할 때, 이러한 역설을 다루고 있다. *The Philosophy of History*, trans. John Sibree (New York: Dover Publications, 1956), 389-398을 참고하라. 거기서 그는 이렇게 말한다. "십자군을 통해 교회는 자신의 권위를 완성하게 된다. 십자군은 종교와 신적인 정신을 악용했다. 십자군은 그리스도교가 지닌 자유의 원리를 인간 영혼이 지닌 그릇되고 부도덕한 예속의 상태로 왜곡해버렸다."

의 한 계기다"라고 말한다. 육화는 보편자, 즉 신적인 것의 '박탈'을 의미한다. "하지만 신적인 것은 이러한 박탈 속에서도 그대로 유지된다." 신성의 박탈에서도 신성은 그대로 유지되며, 유한자의 형태속에서도 무한자는 그대로 유지된다. 만일 고통스러운 죽음이 유한자의 정점이라면, "신적인 이념의 최고의 박탈은 […] 이렇게 표현될 수 있다. '신은 죽었다. 신 자체는 죽었다.'[19] 이는 분열의 가장 극심한 심연을 상상하게 만드는 무섭고도 두려운 연상이다"(3:125).

하지만 이러한 죽음은 동시에 최고의 사랑이다. 왜냐하면 사랑은 신적인 것과 인간적인 것의 동일성에 관한 의식이며, 신의 유한화는 바로 그 죽음 속에서 정점에 이르기 때문이다. 정확히 말해서 우리는 이러한 연상 속에서 유한화의 정점에서 이루어지는 신적인 것과 인간적인 것의 통일을 직관할 수 있다. 자신을 타자에게 절대적으로 양도하는 것이 사랑이다. 그리스도의 죽음에 나타난 신의 죽음은 신적인 사랑을 보여주는 최고의 표현이다. 우리는 이러한 타자존재와의 보편적 동일성이라 할 수 있는 죽음 속에서 "신성을 발견한다. 이러한 절대적인 양극단의 위대한 통일이 바로 사랑이다. 그리고 이것은 사변적인 직관이다"(3:125). 사변은 성자가 신적인 것으로서의 죽음에 이른다는 것 그리고 그 죽음에서 반전이 일어난다는 것을 알고 있다. 왜냐하면 죽음은 정신의 생을 구성하는 하나의 계기이기 때문이다. 죽음은 "유한자의 극단적인 한계뿐 아니라 자연적인 유한성이나 직접적인 실존의 지양, 즉 박탈의 극복이나 한계의 해소를

---

19 헤겔은 이 표현을 리스트(Johannes Rist)의 수난곡 *O Traurigkeit, O Herzeleid*에서 가져왔다. 헤겔은 그 표현을 무신론적 맥락이 아니라 종교적인 맥락에서 사용하고 있다. 신의 죽음에 대한 무신론적 해석은 주로 니체(Nietzsche)에서 시작되고 있다.

뜻하기도 한다"(3:126). 정리하면, "죽음은 신적인 이념이 자신을 박탈시키고, 박탈된 자신을 극심한 죽음의 고통과 범죄자의 수치스러움에 이르게 하는 마지막 과정이다. 그리고 이를 통해 인간적인 유한성은 최고의 사랑으로 변형된다. 죽음이란 가장 극심한 고통이자 가장 고귀한 사랑이다"(3:131).

이에 따르면, 우리는 이제 그리스도는 '우리를 위해 오셨으며', 그의 죽음은 우리를 위한 희생적 행위이자, 절대적 만족의 행위를 나타내는 것이라고 감히 말할 수 있다. 하지만 이것은 대속의 행위나 신-인으로서의 그리스도만이 갚을 수 있는 빚과 같은 거래의 의미가 아니다. 그리스도를 통한 신의 죽음은 도리어 우리에게 "신적인 이념의 절대적 역사를 실제로 발생한 역사이자 영원히 일어나는 역사로 보여준다." 한 개인인 그리스도가 그럴 수 있는 이유는 신 안에서의 화해란 영원한 상태가 아니기 때문이다. 우리는 "그러한 화해가 즉자대자적으로 일어났다"는 의미에서 만족을 느낀다. "그것은 실제로 일어난 외적인 희생이 주는 만족도 아니요, 우리가 받아야 할 처벌을 누가 대신 받았다는 데서 오는 만족도 아니다." 모든 사람은 살아야 하고, 죽어야 하고, 자신의 행위에 책임을 져야 한다. 그리스도는 우리를 대신하는 사람이 아니다. 우리 자신에게 이미 암묵적으로 이루어져 있는 화해를 현실적으로 실현하기 위해서 우리는 그것을 우리의 주관성으로 가져와야 하고, 그것에 부합하는 삶을 살아야 한다. 신의 영원한 역사가 곧 우리의 구원을 위한 토대라고 인식하면서 말이다. "화해는 우발적인 사건이나 특수한 행위가 아니라 참으로 완전한 사건이다. […] 화해는 단일한 개인의 역사가 아니라 신의 역사다. 왜냐하면 화해를 이룬 것은 신이기 때문이다"(3:126-128). 그리스도는 화해를 이룬 자가 아니라 그것을 계시한 자다.

1824년『종교철학』은 1821년『종교철학』의 이러한 풍부한 논의에다 만족의 본성에 관한 더 깊은 통찰, "신은 자신 외에 다른 어떤 것을 통해서도 만족될 수 없다"는 통찰을 덧붙이고 있다. 그는 이를 그럴듯한 공식으로 설명한다.

> 만족은 직접성이라는 첫째 계기가 부정된다는 사실에 있다. 신은 오로지 이를 통해서만 자신과의 평화로운 상태에 도달하고, 정신성으로 정립된다. 신은 참된 신, 즉 정신이다. 왜냐하면 신은 자기 내부에 은폐되어 있다는 점에서 성부일 뿐 아니라 자신을 타자로 정립하고 그 타자를 지양한다는 점에서 성자이기도 하기 때문이다. […] 죽음을 통해 신은 세계와의 화해뿐만 아니라 자신과도 이른다. 이렇게 원래의 화해 상태로 되돌아오는 것이 곧 신의 자기복귀. 이를 통해 신은 성령이 된다. 그리스도가 이 셋째 계기를 불러일으키는 것이다. 이를 통해 부정이 극복되고, 이제는 부정의 부정이 신적인 본성의 한 계기로 등장한다(3:219-220).

따라서 만족이나 속죄 혹은 화해의 이념은 신을 신이게끔 하는 삼위일체의 매개와 밀접하게 연관되어 있다. 사람들은 바로 이 점을 간과하고 있었다. 그래서 헤겔은 이를 되풀이해서 설명한다. "그 이야기의 의미는 그것이 신의 이야기라는 것이다. 신은 절대자, 즉 정신의 자기 내적 운동이다. 이러한 운동이 여기서는 그리스도라는 개별자를 통해 나타나 있다." 그는 이 문제를 외적인 관계들과 연관시키는 그릇된 방식들(예컨대 신을 희생재물이나 요구하는 폭군처럼 만드는 희생의 이념)이 많다는 점을 덧붙이고 있다(3:220).

또한 이 구절에서 중요한 것은 그리스도의 부활과 삼위일체의 셋째 계기인 성령이 맺는 연관이다. 잠시 이 문제를 들여다 보자.

1827년『종교철학』은 삼위일체의 셋째 계기를 더 풍부하게 발전시켜 나가면서(3:322-326), 그리스도의 죽음은 반전뿐만 아니라 이행, 새로운 실존방식으로의 이행, 감각적인 현존에서 정신적인 현존으로의 이행이라는 점을 보여준다. 따라서 우리는 죽음뿐만 아니라 죽음 이후의 부활도 함께 논해야 한다. 그리스도의 삶의 행적과 목회 그리고 죽음은 도덕적 가르침이나 인간의 주관성일 뿐만 아니라 신과의 무한한 관계이기도 하다. 만족은 대속적인 희생에서가 아니라 신과의 관계에서, 신은 현존하며, 신은 곧 사랑이라는 앎에서 온다. 이러한 통찰은 교회공동체의 형성과 성령의 유출을 통해 생겨난다. 이제 그리스도의 죽음은 더 이상 교사나 친구 혹은 진리를 향한 순교자의 죽음이 아니라 '구원의 수단이나 화해의 중심'으로 이해된다. "그리스도의 죽음은 영광으로 나아가는 과정을 구성한다. 하지만 그것은 구성이라기보다 본래적인 영광의 회복이다. 부정적인 것으로서의 죽음은 본래적인 권능을 이제 막 성취된 것처럼 정립하는 일종의 매개다. 그리스도가 부활하고 승천하여 하느님의 우편에 앉는 역사는 그것이 정신적으로 해석될 때에야 비로소 이해될 수 있다"(3:325-326).

하지만 헤겔은 학생들에게 자신의 가장 강력한 공식들 중 하나를 상기시킨다. "신이 지닌 인간적인 것은 [⋯] 자연적 죽음이다. '신 자체는 죽었다', 이 말은 인간적인 것, 유한한 것, 연약한 것, 나약한 것, 부정적인 것 자체가 바로 신적인 것의 계기라는 인식, 그러한 모든 것들은 신 자체의 내부에 존재한다는 인식, 유한성, 부정성,

타자성은 신의 외부에 존재하지 않으며, 신과의 통일을 방해하지도 않는다는 인식을 표현하는 루터교의 찬송가에 나타나 있다"(3:326). 죽음은 인간이 겪게 되는 최고의 고통이다. 그리고 "신은 바로 거기에 존재한다." 이 공식은 이렇게 정리될 수 있다. 정신적인 것으로 이해된 그리스도의 역사에는 "인간적인 것이란 무엇이며, 정신적인 것이란 무엇인지를 보여주는 과정, 즉 신과 죽음의 의미가 모두 들어있다"(3:326).

희생, 만족 그리고 화해라는 주제와 관련하여, 1827년 『종교철학』은 1821년과 1824년 『종교철학』에서 말한 내용을 반복한다. 만일 신을 삼위일체적인 신으로 이해하지 않으면, 달리 말해 자신을 타자로 분리시키고, 그 타자를 지양하고, 자신으로 복귀하는 사랑과 성령으로 인식하지 않으면, 우리는 그리스도를 통해 나타나는 화해를 결코 이해할 수 없다. '희생한다는 것'은 자연적인 것의 지양, 즉 타자성의 지양을 의미한다. 그것은 이렇게 표현될 수 있다. "그리스도는 만인을 위해 죽었다. 이는 유일회적 행위가 아니라 영원한 신의 역사다. 그것은 신 자체의 본성이 지닌 하나의 계기다. 그것은 신 자체 내에서 일어난다"(3:327-328).

그리스도의 죽음에 관한 1831년 『종교철학』의 내용은 그리 충분치 않다.[20] 그 판본은 앞서 다룬 내용, 특히 1827년 『종교철학』의 주제들과 여러모로 유사하지만 눈에 띄는 것은 십자가형과 부활 사이의 연관이다. "그 과정은 신의 죽음과 관련한 이 지점에서 멈추지 않는다. 오히려 여기서 반전이 일어난다. 말하자면, 신은 이 과정에

---

20 그 논의들은 슈트라우스의 인용문들과 전집의 긴 구절의 내용에 기초하고 있다. 그 전집은 우리가 논의했던 1827년 텍스트와 관련하여 각주로 설명한 바 있다(3:323-325 n. 199).

서도 유지된다. 그리고 부활은 단지 죽음의 죽음이다. 신이 되살아남
으로써 사태들은 반전된다. 부활은 십자가형과 마찬가지로 본질적
으로 신앙에 속하는 것이다"(3:323 n. 199). 그 과정은 다음 구절에 나
타난 삼위일체의 과정과도 연관된다. "성부의 추상성이 성자에게서
는 사라진다. 따라서 이것은 죽음이다. 하지만 이러한 부정의 부정이
야말로 성부와 성자의 통일인 사랑 혹은 성령이다"(3:370).

　우리는 이를 '신은 실제로 죽은 것이 아니라 그저 죽은 것처럼
보였을 뿐'이라고 해석해서는 안 된다. 유한한 피조물들이 그러하듯
신도 실제로 죽은 것이다. 하지만 신에게 죽음은 극복할 수 없는 최후
의 순간이 아니다. 신은 죽음을 피하기보다 그것을 초월한다. 신적인
생에서 죽음은 하나의 부정적인 계기다. 신의 죽음은 죽음의 죽음을
의미한다. 왜냐하면 그리스도의 부활은 곧 신의 부활이기 때문이다.
이 과정에서 신은 신적인 직접성이 지닌 추상성(성부로서의 신)에서
벗어나 구체적이고, 세속적이며, 고통받으며, 죽어가는 신(성자로서
의 신)이 된다. 하지만 신적인 사랑의 힘이란 이러한 부정을 부정하는
것이며, 영원한 것과 시간적인 것을 화해시키는 것이다(성령으로서의
신). 따라서 성령이란 신에게 붙일 수 있는 가장 적합한 이름이다.
모든 시대의 신앙이 가장 궁금해하는 것은 이것이다. "과연 성령으
로서의 신은 죽음을 극복하는 힘을 가지고 있는가?" 그것은 죽음을
더 우월한 힘으로 믿고 사는 우리의 시대, 즉 포스트모더니즘 시대만
의 물음이 아니다. 우리는 이 주제를 마지막 장에서 다룰 것이다.

그리스도의 부활과 승천

헤겔은 십자가형뿐만 아니라 그리스도의 부활도 그리스도교 신앙에 본질적인 것이라고 주장한다. 하지만 부활은 십자가형과 같은 물리적인 사건이 아니다. 그것은 십자가형, 실제로 그리스도의 삶 전체에 대한 해석적 관점, 신앙공동체와 더불어 부흥하고, 역사적 근거나 증거들보다 공동체의 정신적 경험에 기초한 관점이다. 그래서 헤겔은 비어 있는 무덤의 이야기나 제자들에게 나타난 그리스도의 이야기는 전혀 다루지 않는다. 그는 예수의 탄생 이야기와 마찬가지로 이 이야기들도 탈-신화화한다. 문자적인 의미의 육체적인 부활은 결코 일어나지 않는다. 그리스도의 감각적이고 육체적인 현존은 정신적인 현존으로 나아가는 과정에서 사라진다. '부활'(Auferstehung: 이 단어의 문자적 의미는 '나아감' 또는 '높아짐'이다)이라는 주제를 다루면서 헤겔은 고양, 승천, 복귀 그리고 완성이라는 신적인 과정 전반의 연상을 제시한다. 그 연상은 그리스도의 '높아짐'(Erhöhung)을 나타낸다. 그리고 실제로 그러한 종교는 신으로의 '고양'(Erhebung)을 지향한다. 이 연상들은 서로 연관되어 있다. 고양으로서의 부활은 종교적인 삶에 본질적인 것이다.

따라서 1821년 『종교철학』에 나타난 '부활'과 '승천'은 신적인 생의 완성 혹은 자기 복귀를 보여주는 양상들이라 말할 수 있다(3:131). 그리스도의 고양이 직접적인 의식에게는 '현실성의 양상'을 띤다고 해도, 그것은 묘사나 보고가 아니라 표상과 직관(Anschauung)일 뿐이다. 헤겔은 이를 전통적인 언어와 비유를 사용하여 이렇게 표현한다. 인간의 본성은 "사람의 아들(성자)이 아버지(성부)의 우편에 앉아 있는 하늘"로 고양된다. "그 끝은 대립이 지양된 영광의 상태, 즉 신적인 이념 안에서 인간이 누리는 축복의 상태로 나타난다." 하지만 철학적으로 볼 때, 이는 "신적인 이념이 극심한 분열로, 심지어 죽음의 고통이라는 대립의 극단으로 이행하는 것을 의미한다. 이는 그 자체로 자기 내부에 있는 부정적인 것을 부정함으로써 절대적 화해에 이르는 절대적 반전이자 최고의 사랑이다"(3:132). '부활'이란 신의 죽음과 신적인 과정 전체에서 일어나는 것을 설명하는 은유적인 방식이다. 이는 논의의 초점을 단일한 인간에서 성령공동체로 옮겨가는 것이기도 하다(3:133). 부활은 의식의 개별적 흐름들의 존속과 연장을 뜻하는 것이 아니라 신의 생에 나타나는 모든 것들의 완성을 뜻한다.

1824년 『종교철학』은 부활이란 신이 정신이라 할 수 있는 자기 자신으로의 '복귀'를 뜻한다는 것만을 언급하고 있다(3:220). 1827년 『종교철학』은 "그리스도가 부활하고 승천하여 하느님의 우편에 앉는 역사는 그것이 정신적으로 해석될 때 비로소 시작된다"(3:326)고 설명한다. 여기서 '이러한 역사'는 그리스도의 이야기 전체를 가리키고,[21] 그 핵심은 신앙공동체가 그 이야기를 정신적 해석으로 받아들일 때 비로소 부활과 승천의 역사도 시작된다는 것이다. 달리 말하면, 그리스도의 부활은 성령공동체에서 이루어지는 신앙과 삶을 뜻한다. 이는 공동체의 사건이지 개인의 사건이 아니다. 따라서 교회는 그리스도가 죽은 후에 다시 출현한 것에 관한 역사적 탐구들이나

---

21 이는 라손(Georg Lasson)의 자료 중 다음의 내용을 변형한 것이다. "종교의 역사는 그리스도가 죽기 전의 역사를 정신적으로 해석하는 데에서 나타난다. 왜냐하면 복음서들조차 성령의 유출 이후에 기록되었기 때문이다"(3:326 n. 204).

증거들을 더 이상 받아들이지 않는다(3:330).22

혜겔은 부활에 관한 이러한 탈신화적 해석을 자세히 설명하지 않고, 곧장 성령공동체라는 주제로 넘어가 버린다. 그런 점에서, 그의 철학적 신학에 제기되는 의혹이나 반론도 어쩌면 당연한 것일지 모른다.23

---

22 1831년 『종교철학』은 "그리스도가 오로지 자신의 친구들에게만 나타났다"는 사실에 관심을 기울인다. 이는 그것이 객관적인 역사가 아니라 오로지 신앙에서만 일어나는 것을 의미하는 것으로 해석될 수 있다(3:324 n. 199).
23 혜겔은 『종교철학』 "서론"에서 이러한 반론을 염두에 두고 있다. 이와 관련해서는 3장을 참고하라.

9장
성령과 공동체

그리스도교 신학이 성령과 신앙공동체의 형태로 다루는 신 이념의 '셋째 계기', 즉 재통합과 완성의 계기에 관한 논의는 모든 『종교철학』 판본들에서 유사한 구조로 전개된다. 그 세 가지 주제는 다음과 같다. ① 공동체의 기원(감각적 현존에서 정신적 현존으로 이행하는 그리스도 그리고 정신적 공동체의 독특한 상호주관성), ② 공동체의 실존 혹은 존재(제도, 설교, 성례의 형식), ③ 공동체의 실현(신앙이 세속적인 현실로 넘어가는 과정 그리고 공동체 자체의 소멸 여부에 관한 문제). 이 장의 첫째 두 부분은 '기원'과 관련한 문제들을 다루고, 셋째 부분은 '존재'라는 주제를 다루며, 마지막 두 부분은 '실현'이라는 주제를 다룬다.

감각적 현존에서 정신적 현존으로 이행한 그리스도

감각적 현존에 대한 긍정

1821년 『종교철학』에서(오직 거기에서만) 헤겔은 감각적 현존의 계기를 다시 긍정하는 것으로 논의를 시작한다. 감각적 현존은 '추악한 오만함'과 대비되기도 한다(3:134-135). 성령의 종교인 그리스도교의 독특한 특징은 단일한 개별자로 나타나는 신성의 감각적 현존을 긍정한다는 것이다. "수도사적 방식으로 감각적인 것을 회피하는 것은 사유의 비겁함을 드러내는 것이다. 왜냐하면 정신이란 감각적인 것 안에서도 자신과의 평온한 관계를 유지하기 때문이다. 시인은 감각적인 형태도 정신을 지니고 있다는 점에서 [⋯] 그것을 존중한다." 사변적 직관이 그러하듯이 말이다. 사변적 직관은 감정이나 주관성에 감상적으로 매달리기보다 죽음 속에서 사랑을 표상하고, 개별 인간 속에서 신을 존경한다.1 고통받는 사랑 속에서 무한한 자유를 인식하고, 그것을 온전히 전유하는 것이야말로 "최고의 기적이자, 정신의 왕국의 정점이다."

헤겔은 그리스도교에서는 신적인 이념이 '직접적으로 현존하는 개별자'의 형태로 나타난다는 점을 반복해서 말한다. 그 개별자는 보편자와 단일자, 정신적인 것과 감각적인 것의 절대적 통일을 상징한다. 하지만 다음 단계에서 "이러한 단일성/개별성은 감각들로부

---

1 헤겔은 여기에 다음과 같은 설명을 덧붙이고 있다. 부드럽고 온화한 성향을 가진 여성들은 그러한 사랑을 쉽게 상상하지만, 오로지 "개념에만 의존하는 남성들은 그러한 사랑을 도무지 상상하지 못한다"(3:135 incl. n. 191).

터 벗어나 하느님의 우편으로 고양된다." 이제 인간은 내면을 향하게 되고, 세속적인 가치들은 소멸한다. 이러한 내면성으로의 물러남은 자신의 강인함에서 비롯하는 것이다. 하지만 거기에는 무한한 고통이 결여되어 있다. 내면성으로 물러난 그리스도교는 "자신의 특수성과 자기소유를 끊임없이 포기하고, 오로지 무한한 고통 속에만 머물며, 거기에서 비롯하는 사랑에서만 자신의 무한한 가치를 발견한다." 그러한 경향은 십자가라는 치욕스러운 죽음과 연관이 있다(3:136-137).[2]

감각적 현존에서 정신적 현존으로의 이행

우리는 이러한 이행을 성령의 유출이라 부른다. 그것은 그리스도가 물러나고 그가 감각적으로 현존하기를 멈춘 이후에야 비로소 일어난다(3:230, 328).[3] 이 주제는 1824년과 1827년 『종교철학』에서 다뤄지고 있다.

감각적 현존에서 정신적 현존으로의 이행에는 다음 두 종류의 이행, 즉 개별자에서 공동체로의 이행과 외면성(현상)에서 내면성(주관)으로의 이행이 동시에 발생한다. 육화를 통한 신의 등장은 구체적 시대의 구체적 개인으로 나타난 것이므로 그것은 '지나가버린 과거의 역사'라고 말한다. 감각적인 요소는 '엄밀히 말해 사라짐으로써'

---

2 1821년 『종교철학』은 이러한 감각적인 현존에 대한 확신과 정신의 공동체의 독특한 상호주관성에 관한 논의를 혼란스럽게 뒤섞고 있다. 우리는 이 문제를 다음 장에서 다룰 것이다.

3 성령이 오기 위해서는 성자는 떠나야만 한다는 것을 강조하기 위하여 헤겔은 요한복음 16:7을 여러 번 인용하고 있다(3:149, 222). 이와 관련해서는 요한복음 15:26(3:223, 369)와 16:13 (3:115, 146, 149, 325, 383)을 참고하라.

보존된다. 감각적인 요소는 유골이나 성스러운 이미지의 형태로는 유지될 수 없기 때문에 회고되고 재규정될 수 있는 새로운 형태로 나아가야 한다. 모든 역사적인 것들이 그렇듯이 말이다. 그리스도의 육체적 현존을 성변화(聖變化)된 성례의 요소들이나 '재림'이라는 말로 재구성한 것이 그런 것이다. 하지만 '본질적으로 절대적인' 복귀는 외면성에서 내적인 영역인 성령이나 정신으로 전환하는 데 있다(3:222). 이는 복귀가 아니라 성령과 교회공동체로의 전환이다.

성령으로의 전환은 내면성과 주관성으로의 전환, 외부에서 주어진 객관적인 진리에서 주관적인 진리로의 전환이다. 진리는 주체 안에 있다. 왜냐하면 주체는 성령으로 가득 채워져 있는 것과 마찬가지로 '진리로도 가득 채워져 있기' 때문이다. "이것이 바로 내적인 도정으로의 전환이다. 그리고 이 셋째 영역에서 우리는 우리가 그러한 정신의 토양 위에 있다는 것을 깨닫게 된다. 이것이 바로 교회공동체, 제의, 신앙이다." 그 셋째 영역에서 인식은 신앙이라는 독특한 형식을 취하고, 그러한 신앙의 부흥으로 말미암아 정신의 공동체가 생겨나게 된다(3:223-226).

그래서 헤겔은 1824년과 1827년 『종교철학』에서 교회공동체의 역사와 진리는 개별자들과는 구별되고 대립한다는 점을 강조한다. 한편으로 신앙은 직접적인 인식이지만, 다른 한편으로는 "정신의 본성 자체가 이러한 과정이기도 하다. […] 이는 주체가 이러한 과정 자체를 두루 거쳐 나감으로써 그가 곧 정신이 된다는 것, 즉 신의 왕국의 시민이 된다는 것을 뜻한다"(3:239). 바로 그 과정이 개별적인 주체가 정신적인 주체로 고양되는 자기구별과 자기복귀라는 전체적인 신적 과정이다. 그 과정은 개별자에 대립하는 것을 객관적으로 보여주는데, 그것은 처음에는 육화된 그리스도의 형태로, 다음에는 교회공동체로 나아가는 삶의 형태로 나타난다. 신앙이라는 직접적 인식은 교회공동체의 형식과 실천을 통해 매개된다.

신앙과 성령의 증언

이미 살폈듯이, 예수가 곧 그리스도이며, 육화된 신의 아들이라는 확신과 더불어 교회공동체가 생겨난다. 이러한 신앙은 기적들에 기초한 증거들이 아니라 성령의 증언에서 비롯하는 것이다(3:142-143). 헤겔은 이렇게 기술한다. 그리스도 자신은 "신의 왕국은 너희들 안에 있다"고 선언하면서 외적인 표식을 찾지 말라고 명령했다 (3:144). 이는 1821년 『종교철학』 가운데 '기적'을 논하는 대목의 보론(zusatz)에 나오는 내용이다. 거기서 그는 기적들 자체는 자연의 연관을 지배하는 정신의 힘이 만들어낸 결과들이라고 주장한다. 정신은 자연과정과 자연법칙에 고차원적으로 혹은 절대적으로 개입한다. 생명도 이와 마찬가지다. 우리는 소화의 과정, 공포에 의한 죽음, 향유와 신뢰가 주는 치유의 힘 그리고 최면술과 같은 사례들에서 그러한 정신의 개입을 확인할 수 있다. 무한한 신앙, 무한한 신뢰, 정신이 정신에 미치는 영향은 어느 시대에나 존재한다. 절름발이가 치유되고, 맹인이 앞을 보고, 귀머거리가 듣게 되는 것은 오늘날에도 일어나는 일들이다. 그러한 결과들에 대한 불신앙은 소위 자연의 힘에 대한 믿음 그리고 그것은 정신과는 독립적인 힘이라는 미신적인 믿음에 기초하고 있다(3:146-148).[4]

하지만 그런 증명은 여전히 외적이고 우연적이다. 진정한 신앙은 진리에 대한 성령의 내적 증언에 근거한다. 진정한 신앙은 이념의 진리에 기초한다. 그리고 진정한 신앙이 예수를 믿는 방식은 더 이상 자신 앞에 나타난 예수의 감각적 현상에도 그리고 일련의 증언에 대한 기록에도 의존하지 않는다. 그리스도의 죽음에서 유출된 진리를 바라보는 성령의 관점에서 보면(요한 16:7, 13), "감각적인 역사는 본질적으로 지나간 것이며, 하느님의 우편으로 지양된 것이다.5 감각적인 역사는 이미 표상에서 사라졌다는 의미에서 본질적으로 과거의 역사일 뿐이다"(3:148-149).

1824년 『종교철학』은 이 점을 더 자세하게 논의한다(3:226-232). 분명히 신앙은 감각적이고 경험적인 역사로 시작한다. "참된 것으로 간주되는 것은 외적이고 일상적인 사건들이며, 그것의 증명은 그 사실을 입증하는 역사적이고 율법적인 방식으로 이루어진다." 그러한 방식은 그리스도의 외적인 역사와 관련한 세부 사항들, 예컨대 그는 팔레스타인에 살았으며, 로마인들에 의해 십자가형을 당했다

---

4 헤겔은 여기서 19세기에 유행하던 심령주의(spiritualism)의 왜곡, 즉 마음 혹은 정신은 죽은 자와의 소통과 같이 자연을 능가하는 직접적인 힘을 발휘할 수 있다는 믿음에 대해서는 다소 개방적인 태도를 취하고 있다. 슈트라우스는 *The Life of Jesus* 제3판에서 예수의 기적들에 대한 보고를 수용하는 방식이라 할 수 있는 이런 심령주의의 가능성을 조롱하는데, 그것은 이 구절들을 염두에 두고 그랬을 것이다. 그는 다른 판본에서도 예수의 기적들에 대한 보고들을 신비적인 것으로 여기고 거부한다. 이와 관련해서는 *The Life of Jesus Critically Examined* (London: SCM Press, 1973), xlii-xliii에 실려 있는 나의 편집자 서문을 참고하라. 헤겔 자신은 자연적인 것과 정신적인 것 사이의 유동적인 경계에 대한 자신의 통찰을 심령주의라고 왜곡하는 것을 거부했을 것이다. 그의 전반적인 핵심은 비록 그러한 현상들이 일어나기는 하지만 그것들이 신앙에 대한 증명을 구성하지는 못한다는 것이다.

5 여기서 헤겔이 사용한 aufgehoben(지양된)이라는 용어는 예수의 승천(Auferstehung)이 지양(Aufhebung)을 포함하고 있다는 점, 즉 예수의 감각적 현존은 무화되면서도(부정), 그의 실재적 현존은 보존되고(보존), 정신의 형태로 변형된다(고양)는 뜻을 담고 있다. 이와 관련해서는 앞 장 마지막 부분을 참고하라.

는 것과 같은 사건들을 증명하기에는 적합하다. 하지만 예수가 신의 아들이라는 신앙은 이런 외적인 사건들과는 완전히 다른 것이다. 그것은 더 이상 감각적이고 경험적인 것이 아니라 정신적이고 신적인 것이다. 감각적인 것들에 대한 증명은 감각적인 직관과 경험적인 증거들로 이루어진다. 그러한 증명은 언제나 반론들이나 한계들 그리고 새로운 자료 등에 의해서 뒤집어질 수 있다는 점에서 원칙적으로 완전한 확신에 이를 수 없다. 신앙의 증명이 비록 감각적인 것에서 출발한다 하더라도 그것을 증명하는 것은 개념이다. 정신적 공동체의 신앙은 역사의 출발점이라 할 수 있는 감각적인 것을 떠나 이제 완전히 다른 토양에 서 있다. 그래서 이제 교회는 기적이나 부활에 기초한 공격들을 대놓고 비판하기 시작했다. 왜냐하면 그것들은 그리스도가 신의 아들이라는 것을 그런 감각적인 것들을 통해 증명하려 했기 때문이다.[6]

혜겔은 이 논의를 이런 말로 마무리한다. "신앙에 현존하는 단순한 내용은 지나간 사건이 아니라 오로지 철학을 통해서만 입증될 수 있다. 정신은 지나간 사건(Historie)에 관심두지 않는다. 정신은 오로지 즉자대자적으로 존재하는 것, 즉 현존하는 것에만 관심을 둔다. 이것이 바로 교회공동체의 기원이다"(3:232-233). 이처럼 1824년 『종교철학』에서 혜겔은 역사주의를 철저히 비판한다. 물론 정신의 자기구별과 자기재통합의 과정이 근본적으로 역사적(geschicht-lich)이라는 사실을 부인하지는 않는다. 하지만 그는 일반적으로 '신적인 역사'(die göttliche Geschichte) 혹은 신 그 자체라 할 수 있는 '영원

---

6 이것은 교회가 부활에 관한 역사적인 탐구들과 증명들을 곧장 거부했다는 1827년의 내용과는 상반되는 것이다(3:300). 그러한 증명들은 신앙의 증거를 옹호하지도 부정하지도 않는다.

한 역사', '영원한 운동'만을 말한다(이와 관련해서는 3:77, 186-187, 327-328을 참고하라). 정신으로서의 신이 갖는 항구적 역사성은 과거의 자료를 탐구할 때나 사용하는 외적이고 경험적인 탐구의 대상이 될 수 없다. 신은 역사하고 있지만(geschicht- lich) 지나간 사건(Historie)을 통해서는 결코 증명될 수 없다.7 정신에 대한 유일한 증언은 정신 자체의 증언, 즉 신의 자기증명이다. 신앙공동체는 바로 이러한 신의 자기증명에서 비롯하는 것이다. 공동체의 신앙은 인간이 그러한 증명에 참여하는 방식이다.

성령공동체의 상호주관성

이미 알고 있다시피, 헤겔은 정신을 본질적으로 공동체적이고 상호주관적인 실재로 본다. 신적인 생의 셋째 계기로의 이행은 바로 개별적인 것에서 공동체적인 것으로의 이행, 화해의 이념을 계시 받은 사람이 이러한 이념이 실현된 왕국이나 영역, 즉 신의 왕국(basileia tou theou)으로 이행하는 것, 헤겔식 용어를 사용하자면 정신의 왕국(Reich des Geistes)8 혹은 성령공동체(Gemeinde des Geistes)로

---

7 헤겔은 Geschichte와 Historie의 용법을 계속 구별해서 사용하지는 않는다. 이러한 구별은 19세기 후반에 와서야 비로소 일반화되었다. 하지만 그는 역사의 의미를 다음 두 가지로 분명히 구분하고자 했다. ① geschichtlich는 정신이 현상하는 과정의 '역사적 특성'을 의미한다. ② historische는 그러한 과정에 나타난 과거의 '역사적 사건'을 의미한다.

8 헤겔은 1831년 『종교철학』에서만 유일하게 신적인 생의 세 영역들이나 계기들을 설명하기 위해 '왕국'(성부의 왕국, 성자의 왕국, 성령의 왕국)이라는 은유를 공식적으로 사용했다(3:362). 하지만 1821년 『종교철학』에도 '성령의 왕국'이라는 표현이 비공식적이나마 이미 사용되고 있다(3:135, 142). 이러한 '왕국'의 은유는 『법철학』(Philosophy of Right), §4에서도 사용된다. 거기서 헤겔은

이행하는 것을 의미한다. '정신', '왕국', '공동체'는 서로가 서로를 상호적으로 규정하는 범주들이다. 즉, 신은 구원을 위하여 왕국의 형태로 존재한다. 이러한 신의 왕국이 곧 성령이다. 그리고 우리는 그 성령공동체의 구성원들이다(3:142).

1821년 『종교철학』은 이 주제를 가장 풍부하게 다루고 있다(3:133-142). 제3부 "완성된 종교"의 전체 도입부에서 헤겔은 성령에 거주함으로써 새롭게 변형된 인간주관성은 자신이 과거에 가졌던 독립성과 배타성을 모두 포기하고 공동체적 주관성이 된다고 말한다. 무한한 고통에서 발생하는 무한한 사랑은 어떤 인간적인 사랑이나 우정과도 견줄 수 없는 최고의 상호주관성을 창조한다. 1824년과 1827년 『종교철학』은 이 부분을 매우 간략히 다루고 있다.

그 논의는 성령의 왕국을 무한한 사랑의 영역으로 묘사하면서 시작한다. 거기서 개별적인 주체는 자신이 무한한 가치와 절대적 자유를 지니고 있다는 것을 알고 있으면서도 이러한 안정성을 "전적인 타자에게 양도하고, 그 타자 안에서 유지한다는 것도 알고 있다. 사랑은 만물을, 심지어 절대적인 대립마저도 평등하게 한다"(3:135-136 incl. n. 93). 그리스도교를 특징짓는 내면으로의 침잠은 자신의 특수성과 자기소유를 박탈하고, 무한한 고통 속에 들어 있는, 또한 무한한 고통에서 생겨나는 사랑 안에서 자신의 무한한 가치를 발견한다. 이제 직접성은 그런 유일한 가치가 발견되는 '절대적 매개'로 대체된

'현실화된 자유의 왕국'(Reich der verwirklichten Freiheit), 즉 자기 내부에서 산출된 정신의 세계를 논한다(Elements of the Philosophy of Right, 35). 이와 관련해서는 n. 23이하를 참고하라. 정신의 왕국은 곧 자유의 왕국이며, 자유의 왕국이 곧 정신의 왕국이다. '왕국'과 '자유'는 아래에 인용된 강의록의 구절에서도 서로 연관되어 있다. 이와 관련해서는 n. 14를 참고하라.

다. 헤겔은 '상호주관성'이라는 용어를 직접 사용한 적이 없다. 그는 단지 인간 주체는 "직접성이 아니라 오로지 이러한 매개를 통해서만 무한해진다"라고만 말한다. 하지만 거기에는 이미 상호주관성의 이념이 담겨 있다(3:137-138). 그는 계속해서 이렇게 같이 말한다. "주관성은 이러한 무한한 가치 안에서 지배, 권력, 지위, 나아가 성별9과 재산 같은 구별들을 모두 폐기한다. 신 앞에서 모든 인간은 평등하다. [...] 바로 여기에 참된 보편적 정의와 자유의 실현을 위한 가능성과 근거가 깃들어 있다"(3:138).

헤겔은 무한한 고통에서 생겨나는 사랑은 '사변적인 것'이라고 말한다. 그리고 사랑을 일으키는 '무한한 매개'는 그리스도의 삶과 고통 그리고 죽음과 고양 속에서 객관적으로 드러난다. 사랑은 다양한 개인이 단일한 신앙으로 융합된 공동체를 형성한다. 그것은 인간적(관능적) 사랑도 아니고 고귀한 우정도 아니다. 우정은 주관적인 특수성을 지니고 있지만, 사랑 안에서 신도들은 모두가 나와 너를 엮어주는 제삼자, '삼단논법적인 연관' 혹은 서로를 묶어주는 견고한 끈이 되어야 한다. 사랑은 성적인 매력이나 욕구의 충족이 아니라 사변적 요소에 대한 직관, 즉 "무한한 사랑은 무한한 고통에서 생겨난다는, 즉 특수성의 무가치함에서 그리고 무한한 고통을 통한 사랑의 매개에서 생겨난다는 직관에 기초한다"(3:139). 아픔을 분담하는 고통은 우리가 타인을 위해 자신을 버림으로써 자신을 발견하게 되

---

9 헤겔은 '여성들의 성적 자유와 일부일처제'를 구체적으로 다루고 있다. 그는 아마도 이러한 논의를 통해 성에 따른 예속적 역할로부터 여성의 해방, 특히 평등과 상호성을 말하고자 하는 것 같다. 이러한 가치들이 곧 그리스도교 공동체에 나타나는 일부일처제의 혼인 관계를 구성하는 요소들이다. 이와 관련해서는 3:138 n. 198을 참고하라.

는 새로운 인간관계를 창조한다. 헤겔은 여기서 에로스(erōs)와 필리아(philia) 그리고 아가페(agapē)의 차이를 설명한다. 우리가 예상할 수 있듯이, 에로스와 필리아는 무화되는 것이 아니라 아가페 안에서 완성된다. 가장 충만한 의미의 사랑은 타인의 입장을 공감하고 함께 괴로워하는 것이다. 사랑은 신적인 공감에 기초하고 있다.

사랑으로 이루어진 통일은 감각적이고 세속적인 연합이 아니라 "성령 안에서 이루어진 통일이다. 무한한 고통 속에서 생겨나는 이러한 사랑이 바로 정신 자체의 개념이다." 이러한 사랑은 '무한히 멀고도 무한히 숭고한 신앙의 목표'라 할 수 있는 그리스도를 통해 객관적으로 나타난다. 하지만 그것은 신앙공동체(성령공동체)를 구성하는 개인들 사이의 상호주관성 안에서 현실화된다.

성령은 그들 안에 존재한다. 그들이 곧 보편적인 그리스도교 교회, 즉 성도의 교제이자 그것을 구성하는 이들이다. 정신은 자기 자신으로의 무한한 복귀, 표상된 신성이 아니라 현실적인 신성으로서의 무한한 주관성, 즉 신의 현존이다. 그것은 성부나 성자가 실제로 드러난 것도 아니고, 객관적인 형태로 나타난 진리인 그리스도가 실제로 드러난 것도 아니다. 성령은 주관적으로 현존하는 것이다. 성령 그 자체가 사랑과 사랑의 무한한 고통에 대한 객관적인 직관을 제거하고 주관적으로 현존하는 것은 오로지 공동체에서 일어나는 이러한 매개를 통해서다. 이것이 바로 신의 성령이요, 현실적으로 존재하는 성령의 신이요, 자신의 공동체에 거주하는 신이다(3:140).

1827년 『종교철학』은 이러한 복잡한 내용을 간단하게 정리한다. "교회공동체 자체가 현존하는 성령이요, 성령의 현존양식이요, 공동체로 현존하는 신이다"(3:331). 따라서 정신으로서의 신이 갖는 무한한 주관성이란 곧 무한한 상호주관성이다. 그것은 그리스도를 통해 객관적으로 드러난 화해의 이념을 현실화하는 것이자 자신을 지양하고 고통을 분담하는 사랑을 통해 이루어진 화해다. 그러한 이념의 현실화는 주관적인 전유를 필요로 한다. 신과 인간의 통일과 인간 상호 간의 통일을 계시적으로 보여주는 것이 그리스도라면, 성령공동체는 그것을 존재론적으로 보여주는 것이다.[10]

헤겔은 이러한 심오한 의미에서 "그리스도교는 정신의 종교다"라고 말한다. 우리는 이 말을 추상적인 것과 비세속적인 것을 숭배하는 '초자연적인 종교' 정도로 가볍게 받아들여서는 안 된다.[11] "이와는 반대로 그리스도교는 신과 세계라는 무한한 대립의 통일이자 신 혹은 정신의 본성을 유일하게 향유하는 진정한 사변이다. 이것이 바로 그리스도교의 내용이자 그리스도교의 전망이다. 하지만 이는

---

10 헤겔은 1824년 『종교철학』에서 종교는 '성자에 대한 표상과 그에 대한 표상들'에서 한 걸음도 나아가지 못했다고 말한다. 그는 성모마리아와 성자들 그리고 성례의 요소들의 성(聖)변화를 숭배하는 천주교가 바로 그런 경우라고 생각한다. 이런 대상들은 신의 물리적이고 감각적인 현존이다. 둘째 계기는 아직 '정신적으로 파악되지 않았고' 성령은 독자적인 대상이 되지 못한다(2:31). 이러한 비판은 천주교가 규범적으로 사용하는 율법적 표현을 취하고 있으며, 아우구스티누스에서 유래하는 교회의 '영혼'인 성령에 대한 강조를 간과하고 있다. 헤겔은 기본적으로는 천주교에 대한 아우구스티누스의 경향과 거리감이 있다. 그는 둘째 계기(객관성과 타자성의 계기)의 필연성을 주장한다. 하지만 그 계기는 '사랑 안에서 지양되어야' 한다. 셋째 계기는 성령의 공동체 안에서 성부의 추상성과 성자의 객관성을 통일시킨다(2:230-231). 여기서 헤겔은 아우구스티누스와 매우 흡사하다.

11 독일어에서 '정신(성령)의 종교'(Religion des Geistes)와 '영적 종교'(geistige Religion)는 구별된다. 그러한 구별에 따라 헤겔은 '영적 공동체'(이후에 파울 틸리히가 사용한 용어)라는 말보다 '성령공동체'라는 말을 사용하는 듯하다. 교회공동체는 '성령공동체'이지 세속적인 의미의 '영적 공동체'가 아니다.

일반적이고 교육받지 못한 의식에게는 그저 남의 일일 따름이다"
(3:140-141). 성령을 거역하는 죄는 용서받을 수 없다. 왜냐하면 그것
은 사랑의 무한한 고통을 '완성해나가는 과정'을 거부하는 죄이며,
우리가 영원한 생을 상실하거나 공유하지 않음으로써 완성을 방해
하는 것이기 때문이다.[12]

성령공동체의 제도적 형식들

성령공동체는 시시한 의미에서 '초자연적인 것'이 아니라 엄밀한
의미에서 신과 세계를 통일시키는 것이다. 그래서 성령공동체는 이
를 위한 여러 가지 제도적 형식들을 갖추고 있다. 무한한 사랑과 변형
된 상호주관성이라는 이상은 현실화되어야만 한다. 그 과정에서 그
것들은 왜곡되거나 분열되기도 할 것이다. 세속적인 형식들은 신적
인 내용에 어울리지 않는다. 하지만 형태가 없다면, 정신은 흔적 없
이 사라져버릴 것이다. 이것이 바로 비가시적인 교회가 가시적인
교회로 이동하는 이유에 대한 헤겔식의 설명이다. 가시적인 것 없는
비가시적인 교회(성령공동체)는 추상적이고, 비가시적인 것 없는 가
시적인 교회는 기계적이다.

---

12 이와 관련하여 헤겔은 성령에 관한 무지는 용서할 수 없는 죄라고 주장한다. 그리고 그는 인간의
무지함을 풍자하는 중세의 격언, nos poma natamus(We apples swim: 우리는 사과에게 주의를
준다)을 인용한다. 독일어와 영어 원전비평 연구판은 모두 라틴어를 nos proma natamus로 오독
하여 결국 그 속담을 잘못 해석했다(이와 관련해서는 3:141 n.210을 참고하라). 뢰프스테트
(Bengt Löfstedt)는 *Orpheus: Rivista di Umanità Classica e Cristiana* 19-20 (1998-9),
99-100에서 이 인용구를 설명했다. 옥스퍼드 판에는 제대로 교정되어 있다.

교회와 세례

　성령공동체는 자신을 실현한다. 그리고 "그렇게 현실로 드러난 성령공동체가 바로 우리가 일반적으로 교회라 부르는 것이다. 이는 더 이상 부흥하는 공동체가 아니라 존속하는 공동체다. 그 공동체는 자신을 유지해 나간다." 교회는 "자신의 주체들을 진리로 인도하고, 그들이 진리를 전유케 하는 제도로서 유지된다. 이로써 성령은 주체들 내부에 실재적이고 현실적이며 현재적으로 존재하게 되고, 그들 안에 자신의 거처를 마련하게 된다. [⋯] 이는 곧 교회공동체의 주체들이야말로 성령의 생생한 표현이라는 것을 뜻한다"(3:333). 이 내용은 다른 판본에서도 다뤄지고 있지만, 그중에 1827년『종교철학』이 가장 정제된 표현으로 명쾌하게 설명하고 있다. 교회가 지닌 제도적 형식들은 ① 진리로 인도하는 것(세례, 신앙, 교리의 역할)과 ② 진리를 전유하는 것(회개, 예배, 성례의 역할)이라는 이중적 과제를 수행하기 위한 것이다. 성령은 진리를 섬기는 교회의 실천들 속에 거하며 거기서 활동한다.

　헤겔은 이러한 제도적 형식들 가운데 통치, 성직, 목사, 설교 등의 형식들에 대해서는 아무런 언급도 하지 않는다. 그 이유는 이러한 형식들이 진리로 인도하고 그것을 전유하는 과정과 직접적인 연관이 없거나 꼭 필요한 것이 아니라고 생각했기 때문일 것이다. 아니면 개신교 성직자들과 그들의 설교를 그리 탐탁지 않게 생각한 탓일 수도 있다. 1821년『종교철학』의 마지막에서 그는 오늘날 설교되는 복음은 짠맛을 잃어버린 소금과 같다고 말하면서, 이는 성직자들이 자신에게 주어진 설교의 책임을 방기한 탓이라고 비판하기도 한다

(3:160-161).[13]

1821년 『종교철학』은 제도적 형식들에 관한 논의와 더불어 교회가 지닌 인륜적 차원을 강조하고 있다. 왜냐하면 교회는 정신의 현존, 생, 보존 그리고 향유를 이루고 있다는 의미에서 '신의 왕국'이기 때문이다. 하지만 만일 신이 종말론적 이상이라면, 교회도 더 이상 신의 왕국은 아닐 것이다. 따라서 왕국에 대한 예수의 급진적 전망을 그대로 모방하여 세속적인 좋음과 가치를 단념하려는 최초의 논쟁적 경향이 존재하게 된다. 하지만 그러한 단념(우리가 가진 것을 가난한 사람에게 주는 것)은 이 세상에서 더 이상 유지될 수 없고, 불가피하게 가족, 재산, 법률, 통치 등에 대한 관심으로 기울게 된다. 교회는 이러한 문제들에 직접적인 책임이 없다. 교회의 주된 책임은 영혼의 구원이다. 하지만 "교회의 울타리 외부에는 영원한 원칙들에서 유래한 자유로운 삶, 시민적이고 정치적인 삶, 즉 올바름의 절대적인 특성과 자유의 이념에 부합하는 이성적이고 세속적인 왕국이 형성될 필요가 있다"(3:151-152).[14] 따라서 교회는 그러한 정치체제를 형성하는 데에도 본질적인 역할을 해야 한다. 교회는 본보기가 되는 이념과 목적 그리고 프레임의 제공자다. 앞으로 살피겠지만, 헤겔은 신앙공동체가 세상과 맺는 관계에 지속적인 관심을 가지고 있었다.

개인들을 진리로 인도하는 최초의 제도적 형식은 세례다. 세례는 개인이 이미 교회라는 공동체 내에서 태어나서 현존하는 사회적 세

---

13 당시 설교자들에 대한 청년 헤겔의 입장과 관련해서는 H. S. Harris, *Hegel's Development: Toward the Sunlight, 1770-1801* (Oxford: Clarendon Press, 1972), 108-113, 117-119, 129 n. 1, 163, 165를 참고하라.

14 이와 관련해서는 같은 책, n. 8을 참고하라.

계로 결합되어야 한다는 것을 의미한다. 따라서 교회공동체는 아이들이 독립적으로 행동할 수 있는 나이에 이를 때까지 그들의 정신적인 성장을 도와줄 양육의 책임이 있다(3:233, 335).

신앙과 진리

교회공동체는 신앙을 가지고 있다. 신앙은 교회공동체의 인식적 측면이다. 이 책의 5장에서 살핀 바와 같이, 신앙은 확신의 형태다. 헤겔은 1821년『종교철학』에서 이제 교회공동체의 신앙은 절대적 진리에 대한 확신이자 신의 본질에 대한 확신이라는 점을 강조하고 있다. 그러한 확신은 외적인 권위나 과거의 사건들에 의존하지 않고 오로지 이성 자체, 즉 정신에만 의존한다. 이러한 정신은 인간의 자율적인 이성작용이 아니라 오로지 신이 불러일으키는 것이다. 신의 정신은 신의 형상으로 창조된 이성적인 정신들에게 이성적인 방식으로 증언한다. 따라서 공동체의 신앙은 감정의 형식이 아니라 객관적 진리의 형식을 띤다. "정신은 감정의 형식에서 발생하는 것보다 훨씬 더 고차적이다." 정신은 감정을 정복하고 순화함으로써 그것으로부터 해방된다.

예상대로, 1827년『종교철학』은 '진리'에 각별한 관심을 기울이고 있다. 교회공동체의 제도적 형식들이 갖는 궁극적인 목적은 진리의 매개다(3:331-333). "교회공동체는 진리를 파악하고 있다는 사실에서 시작한다. 그것은 이미 알려져 있고, 현존하고 있는 진리다. 그러한 진리가 곧 신의 본질이다. 그것은 삼위일체적인 신이다. 삼위일체적인 신은 생명이요, 자신과 교류하는 과정이요, 자기 내부에서 자신을 규정하는 것이다." 그러한 진리는 이미 드러났다. 그 진리는 주체와 관계 맺고 있고, 주체도 그 진리와 관계 맺고 있다. 이 가운데 후자의 관계, 즉 주체가 진리와 맺는 관계가 곧 신앙이다. 신앙이란 화해가 즉자대자적으로 이루어졌다는 확신, 개인들이 신의 자식들 혹은 신의 왕국의 시민들이 되었다는 확신이다. 신앙을 가진 것은 개인이고, 그들이 유한하고, 잘못을 범한다는 사실과 관련한 고초는 신이 우리의 마음을 들여다보시고, 실제적이고 본질적인 것을 보신다는 인식을 통해 사라진다. 그래서 외면적인 것은 절대적인 통일에 어떠한 손상도 입히지 않으며, 유한성은 '비본질적인 상태'로 간주되기에 이른다. 본질적이고도·지속적인 것은 성령공동체다. 우리의 '본질화'[15]는 우리가 자신의 개별적인 주체성을 단념하고 새로운 상호주관성을 받아들일 때 시작된다. 이때 교회공동체는 신의 진리를 매개하는 자신의 목적, 즉 구체적인 실천을 통해 신의 진리를 지금 그리고 여기에 유효하게 하는 목적을 이루게 된다. 교회공동체는 이러한 목적을 위해 교리와 설교, 회개와 참회 그리고 제의와 성례와 같은 다양한 수단을 동원한다.

교리와 설교

헤겔은 교리와 설교의 역할을 서로 다른 두 가지 방식으로 설명한

---

15 헤겔은 셸링(Friedrich Schelling)과 틸리히(Paul Tillich)가 사용했던 '본질화'(essentialization) 라는 용어를 직접 사용한 적은 없지만 그들과 같은 생각을 하고 있다. 이와 관련해서는 *Tillich's Systematic Theology, 3* (Chicago: University of Chicago Press, 1963), 149 ff., 400 ff을 참고하라. 헤겔은 이와 유사한 구절을 통해 공동체의 삶에서, 개인들의 '개인중심주의'(Privatism)가 사라진다고 말한다(3:344 n. 258).

다. 교리를 뜻하는 독일어 Lehre는 가르쳐진 것과 가르치는 행위라는 두 가지 의미를 가지고 있다. 1821년 『종교철학』에서 그는 교리에 대한 설교는 주관적인 경험보다는 진리의 표상에서 생겨나는 감정들을 일깨우기 위한 것이라고 말한다(3:151). 교리를 자의성과 우연성으로부터 보호하기 위해서는 그것을 교리적 상징들에 가둬두거나 고정된 표현들에 묶어두는 수밖에 없다. 그러한 것에는 성서뿐만 아니라 성서해석을 지배하는 전통도 포함된다. 헤겔은 전통이란 "주어진 것이지 그저 지어낸 것이 아니다"라고 주장한다. 전통은 교회공동체 전체에 깃든 성령이다. 교회의 교리는 교회가 만들어낸 것이 아니라 교회 내부에 현존하는 성령이 양성한 것이다. 중요한 것은 성서와 전통 중 무엇이 더 우선적인가 하는 것이 아니라 교회공동체가 성서와 전통을 자신을 운영하고, 설교를 결정하는 '무한한 권능과 권위'로 인정하는가 하는 것이다. 헤겔의 교회론은 여러 측면에서 개신교보다는 천주교의 감성을 담고 있다. 물론 그는 천주교를 완전히 법정처럼 묘사하기는 하지만 말이다.

1827년 『종교철학』에서 헤겔은 먼저 성령의 유입을 통해 '부흥하는 공동체'와 교리(이러한 교리의 내용은 화해이며, 그러한 화해는 이미 전제되고 정착된 것으로 설명되고 있다)를 통해 확립된 '현존하는 공동체'를 구분한다(3:333-335). 우선, 부흥하는 공동체에서 진리는 '진리, 신앙, 감정'으로 나타난다. 그것은 타오르는 불꽃처럼 느낌으로 다가오는 성령의 증언이다. 따라서 1827년 『종교철학』은 감정과 교리의 논의순서를 바꾸었다. 이전에는 교리가 먼저 논의되었지만, 이제는 감정이 먼저 논의되고 있다. 감정은 내면성의 비옥한 모체다. 교리는 바로 거기에서 생겨난다. 물론 감정에는 불순한 것도 섞여 있지만 그것은 사유의 진행과정에서 말끔히 제거된다. 정신적인 진리는 감각적인 경험의 대상이 아니라 설교를 통해 인식되는 것이다. 교회는 본질적으로 설교실을 갖추고 있는 가르치는 교회다.

개인은 태어나면서부터 설교를 듣는다. 그들은 아직 정신적으로 미숙한 어린 시절부터 암묵적으로 설교에 참석한다. 앞서 살폈듯이, 세례는 바로 이러한 암묵성을 상징한다. 그들에게 외적인 진리는 권위를 통해 그들에게 전수된다. 모든 진리는 애초에 그런 권위의 형식으로 전해지는 것이다. 우리는 그 진리를 가르치고 배워야 한다. 하지만 내적인 정신은 이미 그러한 인식을 동화하고 전유할 수 있는 절대적 가능성을 갖추고 있다. 즉, 우리는 그러한 가르침을 우리가 따라야 할 진리로 인정하고 있다. 교육(Erziehung), 훈련(Übung), 도야(Bildung)에 대한 관심은 엄밀히 말해 외적으로 매개된 진리가 내적으로 동화되는 과정에 대한 관심이다. 진리는 주체에서 생겨난 것이자 주체로 되돌아가는 것이다. 헤겔은 이러한 변증법적 과정을 여러 군데서 열심히 설명한다.16 이어서 그는 태어나면서부터 교회에 다니는 아이들은 악에서 벗어나기 위해서가 아니라 자유롭게 존재하기 위해서라고 말한다.17 악은 원칙적으로 이미 극복되었다. 그리고 도야의 과제는 학습자들이 선과 진리를 '습관화하는 것'인데, 이는 거듭남을 통해 악을 단념하는 방식으로 이루어진다(3:335-336).

---

16 이와 관련해서는 n. 21 이하를 참고하라. 그리고 신에 관한 인식과 관련한 교육은 5장에서 논의된다.

17 헤겔의 교육론은 여러모로 부쉬넬(Horace Bushnell)의 교육론과 유사하다. 부쉬넬은 어린이들에게 자신의 죄를 느끼게 하고, 신이 내리는 벌을 두려워하게 함으로써 그들을 죄에서 벗어나게 해야 한다는 복음주의자들의 주장에 맞서기 위해 *Christian Nurture*를 썼다. 이와 관련해서는 *Christian Nurture* (New York, 1861), 1-2장을 참고하라.

회개, 참회, 거듭남

"정신은 악을 선으로 복원하는 힘을 가지고 있다"(3:336). 이는 짧지만 매우 중요한 주장이다. 세상에는 수없이 많은 악이 존재하지만 그것은 더 큰 힘과 만나게 된다. 이러한 헤겔의 비희극적 전망(Tragicomic Perspective)은 포스트모던한 세계에서도 여전히 타당한가? 앞으로 이 문제를 집중해서 다룰 것이다. 이러한 주장은 신이 악과의 투쟁에서 악을 자신의 선으로 포섭하여 그것을 이겨낸다는 확신에 따른 것이다. 그러한 악은 제거되는 것이 아니라 선으로 '복원되는' 것이다. 1827년 『종교철학』에서 헤겔은 이러한 확신을 '회개'(Reue) 혹은 '참회'(Buße)에 관한 논의의 사유 틀로 삼는다. 회개나 참회의 행위는 진리의 위반을 단념하는 과정이자 진리로 고양되는 과정이다. 우리는 악을 능가하는 진리를 인식하고, 선을 의지함으로써 악을 물리칠 수 있다. 이미 저질러진 악은 감각적이고 외적인 방식이 아니라 정신적이고 내면적인 방식으로만 복원될 수 있다. 악한 행위들은 여전히 존재한다. 과오는 지워질 수 없다. 하지만 성령의 권능을 통해 그 피해는 줄어들거나 전도될 수 있다. 악으로부터 선이 도출될 수 있다. 교회의 관심은 정신을 내면적으로 '길들이고 양성하여' 이러한 과정을 북돋우는 것이다(3:336-337).[18] 1831년 『종교철학』은 이런 설명을 덧붙이고 있다. "화해가 암묵적으로 이미 이루어져

---

18 '악이란 정신 속에서 즉자대자적으로 극복된다는 것을 인식하고 있기 때문에', 이제 더 이상 페르시아 종교와 칸트의 철학이 보여주는 악에 맞선 끝없는 투쟁과 선을 향한 끝없는 진보는 존재하지 않는다. 이 두 전통은 모두 선과 악을 이원론적인 대립으로 보고 있다(3:337 incl. nn. 237, 239). 1824년 『종교철학』도 이 점을 지적하고 있다(3:234 nn. 194, 195).

있다는 믿음에서 비롯하는 행위는 한편으로는 주체의 행위지만, 다른 한편으로는 성령의 행위다. 신앙은 주체 안에서 작용하는 성령의 행위다. 하지만 주체는 성령을 담는 그릇이 아니다. 주체가 신앙을 가지고 있는 한, 주체의 정신이 곧 성령이다"(3:337 n. 239).

1824년 『종교철학』은 '거듭남'(Wiedergeburt)이라는 주제를 가지고 이러한 진리의 전유와 악의 단념이라는 문제를 다룬다. "인간은 두 번 태어나야 한다. 마치 브라만들처럼 처음에는 자연적으로 태어나야 하고, 다음에는 정신적으로 태어나야 한다. 정신은 직접적으로 주어지는 것이 아니다. 정신은 오로지 자기 내부에서 자신을 산출하는 한에서만 정신이다." 악과 끊임없는 투쟁한다는 관점과는 반대로, 정신은 자기 내부에 새롭게 태어나는 힘, 새롭게 출발하는 힘을 가지고 있다. 용서받을 수 없는 유일한 죄는 성령을 거부하는 죄다. 왜냐하면 성령을 거부하는 것은 거듭남의 가능성을 거부하는 것이며, 결국 자신을 영원한 죄의 감옥에 가두는 것이기 때문이다. "거듭나게 하는 것은 성령이다. 이는 신의 자유로운 은총이다. 왜냐하면 신적인 모든 것은 자유롭기 때문이다." 하지만 거듭남은 또한 동시에 인간의 행위다. 하지만 그것은 오로지 주체가 자신의 개별적이고 이기적인 대자존재를 포기하고, 속죄와 참여라는 교회공동체의 행위에 동참하는 한에서만 가능하다.

제의와 성례

제의(Kultus)와 성례에 참여하는 것은 교회의 예배형식들 가운데 가장 중요한 것이다(3:152-154). 헤겔은 특정한 종교들이 행하는 제의적 실천들을 설명한다. 앞서 살폈듯이,[19] 그는 제의야말로 종교 개념의 궁극적인 계기라는 점을 강조한다. 그리스도교 신앙공동체는 제의를 행할 뿐만 아니라 그 자체가 제의이기도 하다. 제의에 속하는 예배와 성례를 통해 그리스도의 삶과 열정과 부활은 교회구성원들에게 영원히 되살아난다. 이러한 제의적 행위의 중심이 바로 성례다. 성례는 진리에 대한 내적인 확신과 신적인 것과 이간 본성의 암묵적인 통일을 증명한다. 헤겔은 이 중 후자의 측면, 즉 신적인 것과 인간 본성의 암묵적 통일에 대한 증언을 교회공동체 혹은 성령공동체가 행하는 성례의 기본적인 의미로 본다.[20] 왜냐하면 성례는 그리스도의 몸과 피를 나누는 데 참여하는 것이기 때문이다. 이러한 참여를 통해 신도들은 신의 왕국과의 신비적 합일에 이르고, 그리스도 안에서 신과 하나가 된다. 따라서 성례에 참여하는 것(Genuß)은 전체적인 화해과정의 완성을 상징한다. 헤겔은 1821년 『종교철학』에서 '성례에의 참여'가 갖는 '직접적이고 감각적인' 측면을 특별히 강조하고 있다. '성례에의 참여'는 헤겔이 사용한 Genuß라는 용어를 번역한 것인데, 그것의 본래 육체적인 '향유'와 '만족'을 의미한다. 실제로 먹과 마시는 일에 참여하는 것은 참으로 중요하다.

왜냐하면, 먹과 마시는 것은 호흡하는 것이나 피부가 공기와 물에 맞닿는 것과는 달리 개별화된 방식으로 어떤 것을 의식적으로 전유하는 것이

---

19 이와 관련해서는 5장 '신에 대한 예배' 부분을 참고하라.
20 헤겔은 천주교에서는 신앙고백이 성례이기도 하다는 점을 슬쩍 언급한다(3:154). 하지만 그는 세례 이외의 다른 성례들에 대해서는 아예 언급도 하지 않는다. 그리고 세례도 성례로 다루지 않는다. 세례는 어린이들의 양육에 대한 교회의 책임을 보여주는 하나의 상징일 뿐이다.

다. 먹고 마시는 것은 바로 이러한 감각적이고 개별적인 주체로 동화되는 것을 뜻한다. […] 여기서 신적인 것을 먹고 마시는 것은 외적이고 감각적인 대상의 방식이다. 그것은 단순히 신적인 것의 상징이 아니다. 그 상징의 의미는 표상의 방식뿐 아니라 그러한 감각적인 향유, 즉 직접적인 확신으로도 드러난다. 따라서 이러한 감각적인 것은 정당화되어야 하며, 신적인 실체 자체로 변형되어야 한다. 거기서 감각적인 것과 신적인 실체는 하나로 통일된다(3:154).

성례의 요소들을 먹고 마심으로써 그리스도에게서 일어난 화해가 아직은 변화과정에 있는 신도들에게 동화되고 그들의 일부가 된다.[21] 직접적 확신을 주기 위해서는 제의적 행위들이 반드시 필요하다. 이러한 점에서 그리스도교의 성례는 신에게 제물을 바침으로써 유한성을 부정하고자 하는 원시적인 희생제례들과도 연관이 있다.

1824년과 1827년 『종교철학』에서 헤겔은 성례에의 참여에서 이루어지는 합일은 '신비적 합일'이지 '육체적 합일'이 아니라는 점을 특별히 강조하고 있다(3:235-236, 337). 성례가 나타내는 것은 "그리스도는 우리의 심정 안에서 영원히 희생당하고 다시 일어선다는 것이다. […] 영원한 희생이란 단일한 개별자들이 지닌 본성을 떨쳐버림으로써 진정한 자기가 되어가는 과정(Sichzueigenmachen)이다." 이

---

21 헤겔은 교육뿐만 아니라 성례에 대해서도 먹는 비유를 든다. 그는 『정신현상학』(*The Phenomelogy of Spirit*) "서문"에서 다음과 같이 기술하고 있다. '개인들의 관점에서 보면 교육은 이미 유용한 요소를 손에 넣는 것, 즉 자신이 지닌 비유기적 본성을 자신에게 유기적으로 만들고, 자신을 위해 소유하는 데 있다.' 이 번역은 *G. W. F. Hegel: Theologian of the Spirit*, ed. Peter C. Hodgson (Minnepolis: Fortress Press; Edinburgh: T&T Clark, 1997), 99에서 가져온 것이다. 이 두 경우에 외부의 것을 섭취하는 것이 내부의 변화를 일으킨다.

는 개인들이 영원한 희생에 동참함으로써 자기 자신과의 화해와 신과의 화해에 이르게 된다는 것을 의미한다. 아울러 "그들은 신의 은총 안에 있고, 화해를 이루고 있기 때문에 그리스도의 부활도 그들 내부에서 일어난다." 성례는 그리스도에게서 자기박탈된 신이 신앙공동체의 삶으로 확장되어나가는 것이다. 이로 인해 희생 혹은 자기증여라는 형식이 확립되고, 앞으로 살피겠지만, 교회공동체 자체는 세계의 화해를 위해 자기를 희생하는 운명을 걸머지게 된다.

헤겔은 성례의 본질은 무엇이며, 그것을 수행하는 방식은 어떠한가에 따라 그리스도교의 신앙고백들이 서로 구별된다고 생각한다. 그는 모든 판본에서 이 점을 강조하고 있다(3:154-155, 236, 338-339). 실제로 이러한 신앙고백의 차이를 논한 것은 그가 처음이자 마지막이다. 그 논의에 따르면, 그리스도교의 이념이 좀 더 완전하게 실현되면, 이러한 구별도 결국은 사라질 것이다. 천주교는 성례에 참여하지 않을 때도 주인을 그러한 방식으로 숭배한다. 천주교는 한때 성직자들이 믿었던 것처럼 감각적이고, 육체적이고, 비정신적인 방식으로 그리스도가 그 주인 안에 현존한다고 믿는다. 하지만 "신은 이렇게 외면적으로 나타난다"는 것을 "숭배자들은은 문자 그대로 다 먹어치워 버렸다." 빵과 포도주처럼 성화된 요소들이 이제는 시장(Messe)이나 장터의 상품들처럼 나눠지고 있다. 그래서 천주교의 성례가 '미사'(mass)로 불리는 것이다. 루터교는 신은 오로지 각 개인의 신앙 안에서만 숭배된다고 생각한다. 신은 정신적 행위라 할 수 있는 성례에 '참여'할 때에만 현실적으로 존재한다. 달리 말하면, 그것은 "신이 아니라 그저 한 조각의 빵일 뿐이다." 성화는 실제로 일어나는 것이 아니라 오로지 공동체의 성례에 참여하는 신앙 안에서 정신적인 방식으로 일어나는 것이다. 개신교는 루터교가 보존하던 '신비적인 요소들', 즉 성례를 거행할 때, 실제로 신이 현존한다는 믿음이나 먹고 마시는 감각적 행위가 신을 불러일으킨다는 믿음을 갖지 않는다. 개신교에게 성례는 단지 추모하는 관계이자 일상적인 심리적 관계에 불과하다. 이로써 '사변적인'(신비적인) 모든 것은 사라졌다. "여기에는 더 이상 신성한 것이 존재하지 않는다. 신성은 그저 하나의 표상으로 추모될 뿐이다." "그러한 의미에서 개신교 교회는 신성과 진리를 계몽주의와 오성의 무미건조한 산문으로 만들어버린 곳이다."

헤겔은 천주교의 초자연주의와 개신교의 합리주의를 매개할 수 있는 것은 오직 루터교뿐이라고 설명한다. 어떤 이들은 그가 루터교인이었다는 이유로, 이것도 한낱 그의 편견에 불과하다고 말한다. 하지만 그는 루터교가 우월하다고 말한 적이 없다. 그리고 헤겔의 철학적 신학은 그러한 신앙고백의 차원을 넘어서 있다. 사실 이러한 신앙고백의 차이나 교리논쟁은 그에게 부차적인 관심사에 불과하다. 그리스도교의 이념에 관한 그의 독특한 해석은 정통과 이단을 포함한 모든 교리전통을 절충적으로 전유하고 있다.

1831년 『종교철학』에서 헤겔은 개신교의 관점은 '츠빙글리'(Zwingli)나 '칼뱅'(Calvin)의 견해라고 말한다. 이는 주님의 만찬이라는 칼뱅주의의 교리를 츠빙글리주의의 교리에 끼워 맞춘 것이다(3:373 incl. n. 29). 물론 칼뱅은 성례에 나타나는 그리스도의 '실재적인 현존'은 거부하지만 천체로 나타나는 그리스도의 신비적인 행위나 현존은 받아들이고 있다. 천주교 교리에 대한 헤겔의 설명은 대상의 큰 특징만 잡아 대충 그린 풍자화처럼 구체적이고 섬세하지 못하다. 그럼에도 불구하고 그는 성례를 그리스도교 제의의 중심으로 삼고, 말씀의 선포를 부수적인 것으로 삼는다. 이는 그가 천주교를 더 선호했다는 뜻으로도 읽힐 수 있다. 역사적 세부사항을 설명할 때, 그의 설명은 가끔 부정확할 때도 있다. 하지만 그가 강조하는 것은 역사적 세부사항들이 아니라 역사 속에 다양한 방식으로 나타나는 개념적 구별들이다.

교회공동체와 세계

교회공동체의 기원과 존재에 관한 논의에 뒤이어, 1821년 『종교철학』은 이제 셋째 부분과 넷째 부분, 즉 '공동체의 소멸'에 관한 논의로 넘어간다. 1824년과 1827년 『종교철학』에서는 이 셋째 부분이 '신앙의 실현'(1824) 혹은 '보편적 현실성으로 실현된 공동체의 정신성'(1827)으로 대체되어 있다. 다시 말해, 그 분석이 '소멸'(Vergehen)이라는 범주에서 '실현'(Realisierung)이라는 범주로 바뀌고 있다. 이러한 변화는 그의 해석이 달라진 탓일까 아니면 그 강조점이 달라진 탓일까? 우리는 이 문제를 이 장의 마지막 부분에서 다룰 것이다. 하지만 다른 경우들처럼, 교회공동체에도 분열과 이행이라는 계기가 포함되어 있다. 이것이 교회공동체가 행하는 제의적 실천의 중심에 성례를 두는 이유다. 마치 신이 그리스도를 통해 자신의 추상적 신성을 포기했고, 그리스도가 신앙 공동체를 통해 자신의 단일한 형식을 포기했듯이, 공동체는 세계의 구원을 위해 자신의 내면적인 정신성을 포기한다.

1824년과 1827년『종교철학』은 이러한 '실현'의 논의구조는 비슷하지만 그 내용은 서로 다르다. 1824년『종교철학』에서 헤겔은 성령공동체라 할 수 있는 신앙공동체 너머에는 서로 구별되는 세 가지 형태, ① 직접적인 세계 혹은 심정의 형태, ② 반성의 형태 혹은 추상적 사유, ③ 개념의 형태를 가진 객관적 현실이 대립하고 있다고 말한다. 신앙은 이 세 가지 형태로 실현된다. 그리고 이것이 정신의 화해를 구성한다(3:237). 1827년『종교철학』은 교회공동체를 실현하기 위해서는 교회공동체가 '변형'(Umwandlung)되어야 한다는 점을 강조한다. 왜냐하면 교회공동체를 실현하려면, 교회공동체의 정신성이 다양한 세속적 현실성의 형태들을 갖추어야 하기 때문이다. 그러한 형태는 현실, 이상, 현실-이상(이상이 실현된 현실)이라는 세 단계로 나뉜다(3:339). 이 세 형태는 1824년『종교철학』에서 말하는 직접적 세계, 추상적 반성, 구체적 개념이라는 세 계기와 일치한다. 하지만 여기서는 1827년『종교철학』의 첫째 단계인 현실이 심정, 교회, 인륜적 삶이라는 세 가지 하위 단계를 포괄하고 있는 듯하다(3:342). 그의 논리적 구조가 이렇게 복잡한 이유는 수 세기에 걸쳐 생산된 방대한 자료들을 해석하기 위해 그가 다양한 논리적 범주와 구별을 시도했기 때문이다. 많은 독자들은 그러한 논리적 범주로 역사 전체를 포섭하려는 시도는 결국 실패할 수밖에 없다고 단정한다. 그것은 근대세계에서 일어난 그리스도교의 신앙과 실천을 다룬다는 점에서 역사가 아니라 종말론의 한 형태에 불과하다.

화해의 세 가지 실재 단계들: 심정, 교회, 인륜적 삶

화해가 맨 처음 일어나는 곳은 직접성 혹은 심정의 영역이다 (3:339-340). "자기 내부에 나타나는 신의 현존에 참여하는 것이 바로 순수한 심정이요, 결론적으로 화해요, 화해의 향유다. 하지만 이러한 심정은 추상적이며, 그러한 심정과 세계는 여전히 대립하고 있다." 문제는 내면적인 정신성과 세속적인 현실성 사이의 긴장이다. 왜냐하면 화해는 자유의 형태로 실현되어야 하기 때문이다. 내면적으로 무한한 주체의 사명은 바로 자신의 자유이며, 이러한 자유가 바로 자신의 합리성, 즉 '자기 관계적으로 존재하는 것'(bei sich selbst seiende)이다. 헤겔이 "예속은 그리스도교와 모순된다. 왜냐하면 예속은 이성에 반하기 때문이다"라고 말한 것도 바로 이 맥락에서다 (3:340).[22] "따라서 화해는 세속적인 영역에서도 반드시 실현되어야 한다." 하지만 교회공동체는 애초에 이러한 현실에 저항하고, 세속적인 영역을 부정하면서 수도사처럼 자신 속으로 달아났다. 이는 수도원주의가 교회의 이상으로 간주되던 시대의 상황이다. "하지만 정신의 본성은 자신을 전개하는 것, 나아가 자신을 세속적인 것으로까지 변화시키는 것이다."

교회라는 둘째 국면에서는 종교성과 세속성이 서로 관계를 맺기는 하지만 아직 외적으로는 분리되어 있다(3:238, 340-341). 이는 하나가 다른 하나를 지배하는 관계일 뿐이다. 거기에는 어떠한 화해도 존재하지 않는다. 교회가 아직 화해되지 않은 세계를 지배한다. 하지

---

22 이와 관련해서는 8장, n. 2를 참고하라.

만 역설적으로 주도적인 힘을 가진 것은 세속적인 세계다. 그래서 "이제 교회 자체는 정신성을 결여한 세속성의 형태를 띠게 된다." 교회가 세속적인 제국(신성로마제국)이 됨으로써 제국의 속성들을 가지게 되는 것이다. 교회는 교황절대주의라는 형태로 성도들을 통치한다. 그리고 "그 통치의 핵심원리는 인간은 결코 자유롭지 않다는 것이다." 이러한 일반적인 예속의 조건은 진정한 화해의 조건과 직접적으로 대립한다. 이로써 인간은 자유를 상실하게 된다.

이러한 모순은 세 번째 국면인 인륜적 영역(Sittlichkeit)에서 해소된다. 인륜적 영역에서는 자유의 원리가 세계를 관통하고 있으며, 세계는 "구체화된 자유이자 이성적인 의지로 존재한다"(3:341-342). 헤겔은 1827년『종교철학』에서 종교 개념의 셋째 형태인 '제의'를 다룰 때, 인륜적 삶이야말로 가장 진정한 의미의 제의라고 말한다(1:446). 이는 신적인 고통과 희생이 재정립되는 성례에서 그 절정에 이르는 화해의 제의적 실천이 이제는 신과 인간을 섬기는 인륜적 실천의 형식을 통해 세계로까지 확장되었다는 것을 뜻한다. 법, 가족, 시민사회, 국가와 같은 인륜적 삶의 제도들은 '신적인 제도들'이다. 하지만 이때 신적이라는 말은 세속적인 것과 대비되는 신성한 것을 뜻한다기보다 신적인 화해와 인간의 자유를 완성하는 세속적인 실천을 뜻한다(3:342). 근대 개신교의 세속적인 부르주아 세계가 이제는 성령의 왕국이 실현된 영역으로서의 교회가 된다. 하지만 이는 단지 헤겔의 희망 사항일 뿐이다. 앞으로 살피겠지만, 그는 그러한 세계가 초래할 심각한 문제들도 이미 알고 있었다.

1831년『종교철학』에서 헤겔은 인륜적 삶을 위한 국가의 역할을 매우 강하게 피력하고 있다. "신적인 것이 현실의 영역에 들어서는 것은 바로 국가라는 조직을 통해서다." 세속적인 영역의 토대는 바로 "신적인 의지, 즉 자유와 권리를 위한 법이다. 신적인 것을 현실의 영역에 실현하는 참된 화해는 국가라는 인륜적이고 법적인 삶 속에서 가능하다. 즉, 이것이 바로 진정한 세속성의 원리다"(3:342 n. 250, cf. 374). 세속성은 자기만족적인 욕망과 우상숭배적인 목적들을 좇기보다 신적인 목적에 봉사하도록 훈육되어야 한다. 국가의 올바른 통치란 이러한 훈육을 완수하는 것이다. 국가가 없다면, 무질서와 야만성이 난무할 것이다.

당시 프랑스와 영국에서 일어난 정치적 사건들은 국가 및 사회철학 일반에 대한 그의 관심을 재점화하는 계기가 되었다. 헤겔은 십여 년 전부터 법철학에 관한 강의와 집필을 통해 그러한 문제들에 몰두해 왔다.[23] 그래서 그는 1831년 『종교철학』의 "종교의 개념" 부분에 '종교와 국가의 관계'라는 부분을 추가했다. 이 자료는 전집판에 수록되어 있으며, 원전비평 연구판 제1권의 부록으로도 실려 있다 (1:451-460). 여기서 헤겔은 세 가지 주제를 다룬다. 첫째 주제는 국가야말로 화해의 이념을 세계에 실현하는 '진정한 방식의 현실성'이라는 것이다. 종교가 신 앞에서는 모든 인간들이 자유롭다는 최상의

---

23 헤겔의 1817-1818년의 하이델베르크 강의는 *Lectures on Nature Right and Political Science* (trans. J. Michael Stewart and Peter Hodgson [Berkeley and Los Angeles: Universit of California Press, 1995; Oxford: Oxford University Press])로 번역되어 있다. 그의 1819-1820년의 베를린 강의는 Dieter Henrich의 편집판(Franfurt: Suhrkamp Verlag, 1983)과 Emil Angehrn, Martin Bondeli, Hoo Nam Seelmann의 편집판(Hamburg: Felix Meiner Verlag, 2000)에 보존되어 있다. 1820년에 출판된 헤겔 자신의 저서는 *Elements of the Philosophy of Right* (trans. H. B. Nisbet, ed. Allen W. Wood [Cambridge; Cambridge University Press, 1991])로 번역되어 있다. '영국의 화폐 개혁'에 관한 그의 논문(1831)이 그의 생전에 출판된 마지막 저술이다. 이는 T. M. Knox가 번역한 *Hegel's Political Writings*, ed. Z. A. Pelczynsky (Oxford: Oxford University Press, 1964)에 실려 있다.

진리에 관한 인식이라면, 국가는 바로 그 자유를 세계 속에 실현하는 것이다. 종교와 국가는 둘 다 자유의 개념이 실현된 것이다. 그러한 의미에서 종교는 국가의 토대이며, 국가는 종교의 목적이다.

둘째 주제는 이러한 종교와 국가의 관계가 어떻게 나타나는가 하는 것이다. 그러한 주장은 법률이나 정부의 권위 그리고 정치적 구성체를 신으로부터 도출한 영국과 같은 개신교 국가들에서 특별히 강조되었다. 하지만 종교적이고 정치적인 권력이 없는 결사체에서는 그러한 주장이 과연 어떻게 정당화될 수 있으며, 또한 아동노동이나 저임금 그리고 참정권의 제한 등을 정당화하기 위해 그러한 주장이 악용할 소지도 있다. 과연 어떤 법이 신적인 의지를 구현하는 법인가? 그것은 지배자의 법인가? 귀족들의 법인가? 대중들의 법인가?

마지막 주제는 마치 프랑스와 같은 천주교 국가들에서처럼 종교와 국가는 서로 분리될 수도 있고, 서로 다른 법을 가질 수도 있다는 것이다. 여기서는 신성함과 영원성의 영역과 법과 시간성의 영역이 철저히 대립하고 있다. 예컨대 금욕은 혼인, 헌신적 노동, 자유로운 삶과 대립한다. 종교는 세속적인 것들을 부정적으로만 표현하고, 어떠한 인간의 권리도 인정하지 않지만 국가는 그러한 순수하게 세속적인 토대들을 받아들인다. 신권정치의 남용을 피하기 위해서는 이렇듯 교회와 국가가 서로 분리되어야 한다. 하지만 이러한 분리에도 위험이 따른다. 그것은 정치적인 원리들이 자신의 궁극적인 토대를 신적인 것에 두지 않는다는 것이다. 만일 종교와 국가가 분리된다면, 종교는 부자유나 비자유로 추락할 수 있고, 국가는 무신론과 세속주의로 추락할 수 있다.

이처럼 종교와 국가의 올바른 관계에 대한 물음은 근대세계 속에서도, 헤겔의 마음속에서도 해결되지 못한 채로 남아 있다. 하지만 그렇다고 해서 그가 근대의 세속적 세계가 교회를 대신해야 한다거나 국가가 종교의 최고 목적이라고 생각했던 것은 아니다. 근대 세속주의에 대한 그의 비판은 세속적 세계가 교회를 대신해야 한다는 생각에 반대하는 것이고, 종교가 신에 대한 인식과 예배 외의 다른 목적에 종속될 수 없다는 그의 확신은 국가가 종교의 최고 목적이라는 생각에 반대하는 것이다. 그는 종교와 국가가 모두 본질적이라고, 그 둘 중 어떤 것도 다른 것으로 해소되거나 대체될 수 없다고 생각하는 것 같다. 그 둘의 궁극적인 목적은 세계의 화해이며, 그러한 목적을 위해서는 종교나 교회뿐 아니라 국가나 또 다른 인륜적 제도들도 필요하다. 종교 하나만으로는 불충분할 뿐 아니라 위험하기까지 하다. 반면에 순수하게 세속적인 국가는 오로지 인간적인 목적들만을 좇는다. 그러니 종교가 국가의 필수적인 토대가 되어야 한다. 문제는 종교와 국가의 관계를 올바로 제도화하는 정책을 마련하는 것이다. 하지만 이는 신권적 국가도 세속적 국가도 할 수 없는 일이다. 헤겔 역시 이에 대해서는 뚜렷한 대안을 내놓지 못하고 있다.[24]

화해의 이상적 단계: 계몽주의, 이슬람교, 경건주의

교회나 인륜적 삶의 제도를 통해 실현된 화해는 무언가 모호하고 불완전해 보인다. 그래서 반발이 일어난다. 종교에서 획득한 이성의

---

24 이러한 결론은 헤겔의 *Philosophy of Right*, §270의 설명과 보충설명(291-304) 그리고 *Encyclopedia of the Philosophical Science*, §552 (*Hegel's philosophy of Mind*, trans. William Wallace & A. V. Miller [Oxford: Clarendon Press, 1971, 282-291])과도 일치한다.

자유는 "이제 정신성을 결여한 단순한 외재성과 예속성에 등을 돌린다. 왜냐하면 이런 것들은 화해나 해방의 개념과는 전적으로 대립하기 때문이다." "사유는 모든 형태의 외재성을 거부하거나 부정하기 시작한다." 이것이 바로 근대의 문화운동으로 일컬어지는 '계몽주의'다(3:238-342, 342-344). 계몽주의로 대표되는 '반성적' 사유는 외면적인 것뿐만 아니라 모든 구체적인 것과도 대립하는 추상적 보편성의 형태를 띤 주관성이다. 계몽주의는 공격했지만 헤겔은 주목했던 특수한 구체성이 있는데, 그것이 바로 '삼위일체론'이다. 삼위일체론은 "삼위일체로서의 신은 그저 죽어 있는 추상성이 아니라 자기 자신과 관계하고, 자신과 함께 편안히 존재하며, 자신으로 복귀한다"는 이념이다. 신에게서 구체적인 모든 것들이 사라지면, 신은 '최고 존재'라는 초월적 영역으로 밀려난다. 우리는 그러한 초월적 신에 대해서는 어떠한 구체적 인식도 갖지 못한다. 계몽주의적 합리주의는 전통적 교리에 대한 비판을 받아들이면서 그것을 추상적이고 공허한 자기동일성에 기초한 주관적인 기준과 목적으로 대체한다. 하지만 그 역시 공허한 피안이기는 마찬가지다. 그들은 그곳을 절대적인 자유의 영역이라 말하지만, 정신은 여전히 부자유한 예속의 상태에 있다. 헤겔은 이러한 부류의 합리주의를 혹독하게 비판한다. 왜냐하면 그가 보기에 그것은 무신론으로 나아가는 결정적인 단계를 뜻하기 때문이다. 계몽주의는 신에 관한 그리스도교의 핵심원리를 비판함으로써 신에 관한 모든 개념을 포기하고, 자율적인 주체가 신을 대체하는 새로운 길을 열어 세운다. 하지만 절대적으로 자유로운 자율적인 주체도 결국은 (마치 로베스피에르의 공포정치와 같은) 새로운 예속의 상태에 빠져들고 만다.

1824년과 1827년『종교철학』도 동일한 방식으로 전개된다. 하지만 이 둘은 둘째 형태(추상적 동일성)으로 전환하는 대목에서 결정적인 차이를 보인다. 1824년『종교철학』에서 추상적 동일성에 해당하는 것은 이슬람교다. 거기서 주관성은 어떠한 권리도 갖지 않는다. 주관성의 사명은 오로지 순수한 무한자인 신과의 합일에 이르는 것이다(3:242-244). 그러한 종교는 한편으로는 계몽주의적 주관성에 정면으로 대립하지만, 다른 한편으로는 그리스도교의 삼위일체와 그리스도의 신성에 대한 계몽주의의 비판을 공유하면서 그것을 극단으로 몰고 나간다. "이슬람교는 [⋯] 구체적인 모든 것을 증오하며, 그것을 사전에 불식시킨다. 이슬람교의 신은 절대적인 일자다. 그러한 신과의 관계에서 인간은 자신을 위한 목적이나 사적 영역, 즉 자신만의 특수한 것들을 결코 소유하지 않는다. [⋯] 그들의 목적은 모든 인간이 오로지 일자만을 숭배하게 하는 것이다. 그래서 이슬람교는 본질적으로 광신적인 형태를 띤다"(3:243).

헤겔은 이슬람교를 제대로 알지 못한 채 비판하고 있다. 몇몇 간략한 언급들[25]을 제외하면, 이슬람교를 의미 있게 다룬 것은 이게 전부다. 사실 이슬람교는 헤겔이 고안했던 유한한 종교들의 도식에도 빠져 있다. 왜냐하면 이슬람교의 종교적 의식은 다른 종교들처럼 초기단계에 속하는 것이 아니라 완성단계에 속하기 때문이다. 이슬람교는 그리스도교에 대적할 만한 당대의 라이벌이었다. 그래서 이슬람교에 관한 논의는 그리스도교나 근대세계에 실현된 화해를 반

---

25 이와 관련해서는 3:242 n. 210 그리고 2:156, 158; 3:121, 218, 316을 참고하라. 이슬람교의 신비주의자 루미(Jalal al-Din Rumi)에 대한 논평은 Encyclopedia of the Philosophical Science, §573의 보충설명(Hegel's Philosophy of Mind, 308-310)에 나타나 있다.

대하는 맥락에 놓였을지 모른다. 하지만 그렇다 하더라도, 계몽주의
와 이슬람교를 한데 다루는 것은 너무 특이하고 즉흥적인 것 같다.
군이 이슬람교를 다루고자 했다면, 근대 문화와 근대 신학을 비판하
는 그 강의의 "서론"에 배치하는 것이 더 자연스러웠을 것이다. 물론
이슬람교도 유한한 종교들 중 하나로 올바로 평가받았으면 더 좋았
겠지만 말이다. 그런 점에서 헤겔의 논의는 자료 면에서도 불충분하
고, 태도 면에서도 편파적이라는 지적을 피할 수 없다.

　　1827년 『종교철학』의 경우에는 이슬람교 대신 추상적 관념론의
형태와 대비되는 경건주의가 논의되고 있다(3:343-344). 이 대목에서
는 이슬람교보다 경건주의를 논하는 것이 훨씬 더 적절하고 설득력이
있다. 왜냐하면 경건주의는 주관성과 자유가 극단적으로 추구된 형
태이기 때문이다. 경건주의는 진리와 그것의 전개를 단념하고, 오로
지 자신이 옳다고 생각하는 것만을 내용으로 삼고, 그것을 선과 악을
결정하는 주인으로 인식하는 자기 내적 운동이다. 하지만 이것은 정
신이 자기 내부에서 짜 맞춘 것에 불과하다. 그들은 이러한 위선적이
고 극단적인 공허함의 형태를 도리어 평화롭고, 고귀하고, 경건한
열망으로 생각한다. 헤겔은 이어 이렇게 말한다. 경건주의는 "어떠한
객관적 진리도 인식하지 못한 채, 종교의 교리와 내용을 자신과 대립
시키고 있다."[26] 경건주의는 오로지 감정의 영역에서만 그리스도와
관계하고 있다. 이는 결국 내용 없는 주관성에 불과하다. 그래서 경건
주의는 "인식을 원하는 철학과 대척점에 놓이게 되었다." 이러한 헤겔
의 경건주의 비판은 1827년 『종교철학』 이전에 톨룩(Friedrich August

---

26 1831년 『종교철학』은 이러한 경건주의가 '사적 종교'(privatism)의 특징을 띠고 있다고 말한다.
　　그러한 경건주의는 '진실로 신앙이 깊은 사람들'로 이루어진 교회공동체에서 제대로 완성된다.

Tholuck)과 같은 신경건주의자들이 헤겔 철학을 맹비난한 것에 대한 일종의 반격이라 할 수 있다.27 톨룩은 헤겔의 삼위일체론을 표적으로 삼고 그의 철학을 범신론이라고 비난했다.

화해의 이상이 실현된 단계: 철학

헤겔은 계몽주의의 '반성', 즉 종교와 그것의 구체적인 내용에 적대적인 태도를 취하는 사유가 한때 종교의 영역을 침범해 들어왔다고 말한다. 그러한 사유는 지금도 계속되고 있다. "그것은 심정과 천국을 공허하게 만든다." "이런 상황에서 종교는 자신의 내용을 지키기 위한 도움이 필요하다. 종교는 개념을 자신의 피난처로 삼고(in den Begriff flüchtet), 사변철학적인 사유를 통해 자신의 정당성을 마련한다." 자신을 "구체적이고 자유로운 존재로 알고 있는 사변철학적인 사유는 단순히 정립된 구별을 그대로 유지하기보다 그것을 자유롭게 내버려 두고, 그 내용을 객관적인 것으로 인식한다"(3:245-247, 345-347).

이러한 관점에서 철학은 교회와 계몽주의를 둘 다 넘어서서 그 둘을 매개한다. 얼핏 보면 철학은 교회와 대립하는 것처럼 보인다. "왜냐하면 철학은 개념화하는 작업이라는 점에서 자신이 표상의 형식에만 머물러 있다고 비판했던 그 시대의 반성문화(계몽주의)와 크게 다를 바 없기 때문이다." 하지만 철학은 표상의 필연성을 인식하고, 표상의 진리내용을 보존한다. 그래서 철학과 교회는 단지 형식적

---

27 이와 관련해서는 같은 책, 3장, 62를 참고하라.

으로만 대립한다. 오히려 철학과 대립하는 것은 계몽주의다. 왜냐하면 철학은 계몽주의처럼 내용에 무관심하지도 않고, 진리를 단념하지도 않기 때문이다. "철학의 목표는 진리(신)를 인식하는 것이다. 왜냐하면 신이야말로 절대적인 진리이기 때문이다. [...] 철학은 신을 본질적으로 구체적인 것, 정신적인 것, 즉 시기하지 않고 자신을 드러내는 현실화된 보편성으로 인식한다." '오성의 공허함'을 보여주는 계몽주의는 이러한 부류의 철학을 맹렬하게 거부하며, 종교 일반의 진리, 특히 그리스도교의 진리를 철학적으로 증명하는 것도 철저히 반대한다. 사변신학으로서의 철학이 지닌 임무는 "종교의 이성적 내용(die Vernunft der Religion)을 보여주는 것"이며, "다양한 방식으로 이성과 종교를 화해시키는 것이다"(3:246-247).

앞 단락에서 간략히 설명했듯이, 1827년 『종교철학』은 1824년의 분석과 거의 일치하지만 거기에 흥미로운 견해를 덧붙이고 있다. 사변철학은 반성철학과 마찬가지로 진리를 주체에 의해 "만들어진 것으로 인식하면서도, 동시에 이러한 진리를 그저 만들어진 것이 아니라 즉자대자적으로 존재하는 것으로 인식한다." 그런 점에서 사변철학은 현실과 이상을 매개하고 있다. 즉, 사변철학은 종교의 객관적인 내용이 종교의 필연성, 즉 이성과 일치한다고 본다. 사변철학은 계몽주의처럼 종교의 객관적이고 표상적인 형식의 한계를 인식하고 있으면서도 그러한 형식 안에서 그것의 이성적 내용을 발견한다. "종교는 철학을 통해 보존된다. 즉, 종교는 사유하는 의식을 통해 자신의 정당성을 마련한다." 순진한 경건함은 이러한 부류의 정당화를 필요로 하지 않는다. 그것은 그저 권위에 기초한 진리만 있으면 된다. 하지만 사유는 구체적이고 권위적인 것을 의심하고,

구체적인 형태들과 이성적인 내용을 화해시켜야만 한다(3:345-346).

> 이러한 화해가 곧 철학이다. 그리고 그러한 한에서 철학은 곧 신학이다.
> 철학은 타자인 자연이 암묵적으로 신적인 것임을 보여줌으로써 그리고
> 자신을 화해로 고양시키는 것이 한편으로는 유한한 정신에 내재하는 것
> 이고, 또 다른 한편으로는 유한한 정신이 세계 속에 이러한 화해를 이루
> 어낸 것이라는 점을 보여줌으로써, 신이 자기 자신과 이루는 화해 그리
> 고 신이 자연과 이루는 화해를 보여준다. 이러한 화해가 바로 신이 말하
> 는 평화다. 그러한 평화는 '이성을 완전히 초월한'[28] 곳에 존재하는 것이
> 아니다. 도리어 그러한 평화는 오로지 이성이 참된 것을 인식하고, 그것
> 을 참된 것으로 인정할 때 얻을 수 있는 것이다(3:347).

이는 참으로 근사한 말이다. 하지만 이는 "종교와 그 내용은 개념
을 자신의 피난처로 삼아야 한다"는 의심스런 전제를 깔고 있다. 여
기서 사용된 '피난처'(Flucht)의 이미지는 일종의 '도피'를 상징한다.
근대세계에서 퇴출된 종교는 철학을 자신의 유일한 피난처로 삼는
다. 그러나 포스트모던한 세계가 철학을 피난처로 인정하지 않는다
면 어떻게 되는가? 그러면 종교가 자신의 자리를 철학에 마련한 것
은 신중하지 못한 성급한 처가가 되는 것 아닌가? 종교와 신학은
철학으로 도피할 것이 아니라 도리어 버티고 저항해야 할 것이다.
그리스도교 신학은 경건주의냐 합리주의냐, 근본주의냐 무신론이
냐 하는 비생산적인 양자택일의 희생양이 되지 않으면서 자기 자신
의 표상적인 형태를 비판하고 초월할 능력을 갖고 있지 못한가? 만

---

28 빌립보서 4:7. 이와 관련해서는 3:347 n. 266을 참고하라.

일 그런 능력이 없다면, 헤겔의 말대로 그리스도교 신학은 철학적 신학으로 도피해야 할지도 모른다. 하지만 그 역시도 엄밀한 의미에서 철학적 신학은 아닐 것이다. 왜냐하면 그것은 개념을 자신의 피난처로 삼는 것이 아니라 단지 자신의 주요한 상징들과 실천들을 해석하고 재형성하기 위해 개념을 사용할 뿐이기 때문이다. 종교가 사용하는 표상적이고 형이상학적인 언어는 그저 뒷전으로 밀려나기보다 개념적 사유를 더욱 풍부하게 하는 조력자가 되어야 한다. 실제로도 그리스도교 신학이 구체적인 신앙공동체들이나 인륜적 실천들과 맺는 지속적인 연관은 철학공동체보다 개념적 사유에 더 큰 도움을 주고 있지 않은가? 철학공동체는 세계에서 일어나는 다양한 사건들에 관심을 갖기보다 패권적인 주장들만 늘어놓는 위험한 상태에 빠져 있지 않은가?29 이런 생각들은 1821년『종교철학』의 결론부에도 부분적으로 나타나 있다.

공동체의 소멸?

1821년『종교철학』(3:158-162)30에서 헤겔은 '성령공동체의 세

---

29 바르트(Graham Ward)는 헤겔의 정신철학이 교회신학에 기여하는 바를 높게 평가하면서도 이와 유사한 관심들을 표현한다. 그는 순수하게 개념적인 언어로 이행하려는 시도를 경계한다. 왜냐하면 "철학 역시도 표상들을 사용하기 때문이다." 철학공동체를 종교보다 우월하게 간주하는 것은 그리스도라는 구체적인 육체성과 성례의 요소들을 부정하는 것이다. 그는 철학적 헤게모니를 추구하는 헤겔의 경향은 그의 정치이론처럼 왜 '신학적 발언'도 오해되거나 세속화되는지를 설명해주리라 생각한다. 이와 관련해서는 *Cities of God* (London and New York: Routledge, 2000), 137-146을 참고하라. 머클링어(Phillip Merklinger)는 그의 또 다른 주저 *Philosophy, Theology, and Hegel's Berlin Philosophy of Religion, 1821-1827* (Albany: State University of New York Press, 1993)에서 철학적 헤게모니의 문제를 크게 강조하지는 않는다.

30 이 구절은 너무 단편적인데, 그것은 헤겔이 자신의 1821년『종교철학』을 서둘러 완성하려 했던

계 내 실현'이 아니라 성령공동체의 '소멸'(Vergehen) 가능성을 논한다. 이는 모든 역사적 현상들은 나타나서 지속하다 결국 소멸한다는 통찰에 따른 것이다. 다양한 세계 종교들도 이와 마찬가지다. 그의 관점에서 볼 때, 다양한 세계 종교들은 몰락 중에 있거나 더 이상 현존하지 않는다. 그러면 그리스도교는 그 예외인가? 만일 신의 왕국이 영원히 확립되어 있고, 성령이 자신의 공동체에서 영원한 삶을 누리고 있다면, 그런 예외도 불필요하지 않은가? 그리스도 자신도 '지옥문들도 나의 가르침을 이기지는 못할 것'이라고 말하지 않았던가?[31] "소멸을 말하는 것은 아마도 이러한 불협화음의 종말을 의미할 것이다"(3:158).

하지만 오늘날의 현실에서도 그러한 불협화음은 계속되고 있다. 헤겔은 근대가 타락했다는 징후들을 로마제국의 시대와 비교하면서 하나하나 열거해나간다.[32] 신성한 모든 것이 인간의 손아귀에 넘어가면 세속적인 것으로 조작된다. 합리성은 사적인 권리와 사적인 선을 자신의 피난처로 삼는다. 종교에 바탕을 둔 일반적인 삶의 의미는 사라져버렸다. 일상의 질서는 사적인 행복과 사적인 향유만을 원한다. 신에 관한 인식은 이미 사라져버렸고, 그 자리는 역사적이고 기술적인 정보들로 채워져 있다. 도덕적 관점과 주관적 감정이 참된

탓일 것이다. 그래서 우리는 원전비평 연구판으로 재구성된 문헌을 따르고 있다. 전집 제2판(1840)은 이보다 잘 교정되어 있다. 이와 관련해서는 3:158 n. 248을 참고하라.

31 마태복음 16:18은 그리스도의 가르침이 아니라 교회에 관한 내용을 다룬다. 헤겔은 이 구절을 예수의 말씀으로 받아들이고, 그것을 증거자료로 사용하고 있다.

32 헤겔은 강의에서 이 비유를 여러 번 사용하고 있다. 이와 관련해서는 제2권 로마 종교에 관한 논의를 참고하라. '시대의 징후들'에 대한 언급은 그러한 언급들을 종말론적 형식으로 다루는 논의에 나타나 있다.

신앙을 대신한다. 성직자와 신학자는 의지할 곳 없는 사람들을 내팽개쳐버림으로써 자신들의 소명을 포기했다. 가난한 사람들을 더 이상 전도하지 못하는 복음은 짠맛을 잃어버린 소금 신세가 되었고, 무한한 고통 속에 있는 사랑의 가르침은 향유 속에서 버려지고 말았다. 이런 일들이 일어나면, 우리는 "자신에게로 돌아선 유한자, 오만한 공허함, 내용의 결여, 자기도취라는 비계몽의 극단"[33]으로 내몰리게 된다(3:159-160).

혜겔을 근대세계에 대한 순진한 낙관론자로 여기는 이들은 위의 단락을 제대로 보아야 할 것이다! 그는 이러한 상태를 결코 철학적인 해탈의 경지나 유토피아적인 국가로 나아가는 과정으로 보지 않는다. 그는 근대의 도전들과 타협하고 있는 교회와 신학이 새롭게 부흥할 것이라는 낙관적인 전망을 하지 않는다. 도리어 그는 자신에게 더 친숙한 철학으로 되돌아간다. 그는 이러한 문제를 해결하기 위해서는 그 문제의 근원으로 되돌아가야 한다고 생각한다. 하지만 그러한 철학적 해결책은 '일면적'일 뿐이다. 철학은 도리어 "성직자들의 고립된 질서(은신처)를 형성한다. 그렇게 고립된 성직자들은 신학이 어떻게 세상과 함께 나아갈 것인지를 고민하지 않는다. 그들은 세상과 함께할 필요도 느끼지 못한다. 그들은 그저 이러한 진리만을 고수하고자 한다. 그들은 세상에서 일어나는 일들에 아무런 관심이 없다"(3:161-162).

이는 매우 엄중한 결론이다. 우리는 1821년 『종교철학』과 같은 시기에 쓴 『법철학』의 서문에 나타난 유명한 구절을 다시 생각해

---

33 원문의 Ausklärung은 '계몽'을 뜻하는 Aufklärung의 의미로 사용되고 있다.

보아야 한다. 미네르바의 올빼미(철학)는 "황혼이 깃든 연후에야 비로소 날갯짓을 시작한다."[34] 철학은 연극이 끝난 이후에 등장한다. 철학은 진리를 보존하고 해석할 뿐 진리를 창조하거나 그것을 위해 투쟁하지 않는다. 당신이 그런 투쟁을 원한다면, 철학은 당신을 만족시켜 주지 못할 것이다. 이 대목에서 헤겔은 자신이 철학자라는 것을 안타까워하는 것일까? 그는 자신의 철학이 근대세계의 투쟁들에 얼마나 막대한 영향력을 행사했는지 당시에는 예상치 못했을 것이다. 하지만 그는 이러한 근대적 도전들에 맞서 철학이 제공하는 것과는 다른 가능성, 즉 그보다 나을 법한 개혁적 신학과 예언적 교회의 가능성을 왜 애초에 차단하고 있는가? 헤겔은 1824년 『종교철학』의 결론부에서 '종교와 교회 그리고 신앙'은 정신의 왕국의 첫째 단계인 비판철학 이전의 상태에 갇혀 있고, '신학'은 둘째 단계인 오성의 상태에 갇혀 있으며, 오직 '철학공동체'만이 셋째 단계인 이성의 상태를 점령하고 있다고 말한다(3:247). 하지만 이는 지나친 독단이 아닐 수 없다. 여기에는 성령공동체가 철학공동체로 이행해야만 살아남을 수 있다는 생각이 담겨 있다. 하지만 그러한 전망은 그리 현실적이지도, 희망적이지도 않다. 우리는 1821년 『종교철학』에도 나타난 이러한 철학공동체에 대한 강압적 요구들을 반드시 기억해야 한다. 왜냐하면 종교공동체에게 더 나은 대안은 근대성의 도전들을 인식하고, 그것들에 비판적이고도 예언적으로 응답하는 것, 즉 합리성을 전유하면서도 그것의 한계를 인식하는 것이기 때문이다. 하지만 사실상 그 도전은 헤겔이 예상한 것만큼 그리 강하지 않았다. 그리고

---

34 *Elements of the Philosophy of Right*, 23.

종교가 그 도전들에 제대로 응답했는가에 대해서도 확답하기 어렵다. 물론 헤겔이 신학을 비관적으로 본 것도 이해한다. 하지만 종교적 처방이건 철학적 처방이건 만병통치약이란 존재하지 않는다. 역사 속에서는 결코 그러한 완전하고 궁극적인 화해가 이루어질 수 없다. 그러한 완성은 오로지 신 안에서만 가능하다.

10장
그리스도교와 다양한 세계 종교

『종교철학』에 나타난 다양한 세계 종교

　『종교철학』 제2부 "유한한 종교"는 세 부분 가운데 가장 방대한 부분이다. 영어번역판만 보더라도 "종교의 개념"[1]은 265쪽, "완성된 종교"는 287쪽 정도지만, "유한한 종교"는 무려 607쪽에 달한다. 이렇게 방대하고 복잡한 자료를 제대로 정리하려면, 그것만을 위한 책을 따로 마련해야 할 것이다. 따라서 여기서는 그리스도교 신학에 관한 헤겔의 해석에만 초점을 둔다. 그 맥락에서 가장 주요한 문제는 그리스도교가 세계의 다른 종교들과 관련하여 어떻게 이해되고 있는가 하는 것이다. 물론 헤겔은 그리스도교를 다양한 종교들의 개념과 역사의 '완성'이라고 했지만 그것은 너무 단순한 표현이다. 그것이 그가 말하고자 하는 전부라면, 우리는 훨씬 더 간략하게도 말할

---

1 이는 헤겔이 1권에 실은 102쪽 분량의 서론이 포함된 양이다. 이는 부록들이나 편집자 서론들과 같은 자료들을 포함하지 않은 수치다.

수 있을 것이다.

1824년 『종교철학』 시기부터 헤겔은 '종교들의 역사'라는 주제에 몰두하기 시작했다. 그는 그 주제를 해석하는 일에 자신의 남은 생을 다 바치다시피 했다. 그 이유는 두 가지다. 우선은 그가 "유한한 종교" 부분을 강의하기 위해 방대한 일차 자료와 이차 문헌을 읽었다는 점이며, 다음은 그럼에도 불구하고 그것들을 포괄할 올바른 배열 공식을 마련하지 못했다는 점이다. 헤겔은 종교철학을 강의하기 위해 무려 240여 권이나 되는 자료들을 활용했는데,[2] 그중 3분의 2가 주로, 아니 전적으로 "유한한 종교" 부분에 활용되고 있다. 제2권의 편집자 서문(2:3-12)에는 헤겔이 논했던 주요한 종교적 전통들(자연 종교 혹은 '마법종교', 중국 종교, 불교, 힌두교, 페르시아 종교 혹은 조로아스터교, 이집트 종교, 유대교, 그리스 종교, 로마 종교) 각각에 활용된 자료들의 출처가 정리되어 있다. 헤겔은 당대의 세계 종교들에 관한 방대한 지식을 가지고 있었다. 하지만 그가 사용한 자료들 대부분은 아직도 종교학계의 연구관심을 받지 못하고 있다. 그 자료들 중 대부분은 여행기나 선교기다. 그는 다양한 종교들이 사용하는 근원적이고 고전적인 표현들, 즉 그 종교들의 등장 이후나 당시에는 거의 자취를 감춘 표현들에 관심을 기울였다. 그는 그리스도교와 이슬람교를 제외한 모든 종교들의 역사를 대체로 이미 지나간 과거로 취급했다. 앞 장에서 살펴본 바와 같이, 이슬람교는 "유한한 종교" 부분에도

---

2 이와 관련해서는 제2권의 부록에 실린 문헌목록을 참고하라(2:783-806). 그 작품의 수는 오로지 수많은 고전 저자들 각각의 대표작만을 실은 것이다. 만일 개별적인 고전 작품들까지 모조리 실었다면, 그 수는 아마 훨씬 더 많을 것이다. 이러한 문헌 확인 작업은 예쉬케(Walter Jaeschke)가 일군 연구 성과다.

빠져 있고, 제3부에서는 고작 당시 그리스도교의 라이벌이라고만 간략히 언급되어 있다.3 앞으로 논의하겠지만, 이것이 헤겔 논의의 가장 심각한 문제들 중 하나다. 전 세계적으로 볼 때, 다양한 종교들은 아직도 여전히 숭배되고 있지만, 정신은 그것들 대부분을 이미 사라져버린 것으로 간주한다. 오로지 그리스도교만이 그런 화석화된 종교 형태들 가운데서 유일하게 살아남은 참된 종교라는 것이다. 하지만 앞 장의 마지막 대목에서도 언급했듯이, 그리스도교도 언젠가는 화석이 되어버릴 수 있다. 하지만 헤겔은 그런 탈종교적 미래를 그리 낙관적으로 보지는 않는다.

헤겔은 다양한 세계 종교들을 포괄하는 말끔한 배열을 마련하기 위해 늘 새로운 시도와 실험을 이어갔다. 네 개의 판본에서 "유한한 종교"의 구성이 매번 달라지는 점이 그것을 입증한다. "완성된 종교"에 관한 논의는 1824년 『종교철학』에서, "종교의 개념"에 관한 논의는 1827년 『종교철학』에서 완벽히 정리되었지만, "유한한 종교"에 관한 논의는 1831년 『종교철학』에서조차 계속 새롭게 시도되고 있다. 그러나 1831년의 정리마저도 이전과 같은 많은 문제를 안고 있다. 그럼에도 불구하고 유한한 종교들에 관한 네 차례의 정리와 각각의 구체적인 논의 속에는 헤겔의 다양한 통찰들이 들어 있다. 헤겔은 이 문제를 매우 진지하게 다루었다. 그리고 그 논의의 수준은 자기

---

3 헤겔은 이슬람교가 그리스도교보다 더 대중적이라고 생각했음에도 불구하고, "유한한 종교" 부분에 이슬람교를 생략했다는 것은 참으로 의아한 일이다(이와 관련해서는 아래 n. 32를 참고하라). 거기에는 아마도 다음과 같은 요인들이 작용했을 것이다. ① 이슬람교에 대한 그의 지식이 한정되어 있었다. 그럼에도 불구하고 그는 이슬람교의 신비적인 저술들에 익숙했고, 그것을 조금은 이해하고 있었다(이와 관련해서는 9장, n. 25를 참고하라). ② 이슬람교는 유한한 종교에서 구사한 자신의 도식에 맞지 않았다. ③ 이슬람교에 대한 유럽인들의 오랜 반감을 그도 공유하고 있었다.

시대, 아니 모든 시대를 통틀어 그 어떤 철학자나 신학자와도 견줄 수 없을 만큼 정교하다. 하지만 그는 아무리 탁월한 개념적 상상력을 발휘해도 그 다양한 종교들을 하나의 통일된 역사로 정리할 수는 없다는 점을 깨달았다. 사실상 그가 내놓은 것은 종교의 역사라기보다 종교지리학이나 종교다원주의에 더 가깝다.

이 장의 다음 부분에서, 나는 1821년, 1824년, 1827년, 1831년 『종교철학』에서 이루어진 유한한 종교에 관한 네 가지 해석을 개괄할 것이다. 이는 종교들의 역사와 관련한 헤겔의 실험을 되살피는 좋은 기회가 될 것이다. 그다음, 나는 도교, 불교, 힌두교, 유대교에 대한 그의 논의를 집중적으로 다룰 것이다. 헤겔은 아직도 현존하고 있는 그 네 가지 종교를 자신의 철학적 신학을 위한 대화상대로 삼고 있다.[4] 마지막으로 나는 헤겔의 종교철학적 논리가 포괄주의(그리스도교가 다양한 종교들을 '완성'한다는 이념)를 넘어 진정한 종교다원주의를 지향하고 있다는 점을 보여줄 것이다. 그러한 종교다원주의에서는 그리스도교도 하나의 유한한 종교 혹은 '구체적인 정신'의 종교들 중 하나로 자리 매겨질 것이다.

---

4 그리스 종교, 이집트 종교, 페르시아 종교, 로마 종교와 같은 고대 종교들을 우리의 논의에서 생략한 것은 결점이 아닐 수 없다. 왜냐하면 고대 종교에 대한 헤겔의 논의는 너무나 매혹적이기 때문이다. 그는 특히 그리스 종교를 그리스도교의 형성에 필수적인 요소로 간주하고 있다. 자연종교에 대한 헤겔의 설명도 가치가 있다. 하지만 이 장에서 그 종교들을 모조리 다루기란 사실상 불가능하다.

"유한한 종교"에 관한 네 가지 해석[5]

개념의 계기들: 1821년 『종교철학』

헤겔은 1821년 『종교철학』의 "종교의 개념" 마지막 부분의 소제목을 삭제하고(1:255 n. 185), 거기에 『종교철학』 제2부에서 종교의 개념은 '유한한 양상들로 파악될 것'이며, 그러한 양상들이 '절대적 이념에 관한 의식의 형태들'을 구성하게 될 것이라고 기술하고 있다. 이는 "유한한 종교" 부분에서 '종교현상학'이 전개될 것이라는 의도를 보여주는 것이다. 종교현상학이란 종교들의 역사를 통해 나타나고 발전하는 절대적 이념의 전개과정 각각에 해당하는 의식형태들을 다루는 것이다. 비록 그 자료들은 역사에서 가져온 것이지만, 거기서는 역사적 설명보다 종교적 의식의 단계들에 관한 철학적 서술이 이루어지고 있다. 그 서술방식은 현상학적이면서 동시에 사변적이다. 그것이 현상학적인 이유는 구체적인 종교적 의식의 단계들을 따라가기 때문이며, 그것이 사변적인 이유는 해석적 관점이란 이미 절대적 이념의 단계에 속하는 것이기 때문이다.

그 서술에는 두 부류의 분석적 범주가 동시에 사용되고 있다. 하나는 종교 내적인 범주고, 다른 하나는 종교 외적인 범주다. 종교 내적인 범주는 종교의 세 가지 양상들, ① 신에 관한 종교의 추상적 개념(이는 신 존재 증명을 이루는 것이기도 하다), ② 신이 종교의 경전들이나 상징들에서 표상적으로 드러나는 방식들, ③ 신적인 공동체가

---

5 이 부분의 논의는(이 장의 다른 곳에서도) 『종교철학』 제2권의 편집자 서문을 위해 준비했던 자료들을 활용한 것이다.

확립되는 실천적 관계와 일치한다. 이를 더 간결하게 표현하면 다음과 같다. ① 종교가 지닌 형이상학적 개념, ② 종교의 구체적 표상들, ③ 종교의 제의. 처음에 그는 두 단계의 도식을 구상했는데, 그 도식에서는 ②와 ③이 따로 구분되지 않았다(2:94 incl. n. 5). 세 단계 구분은 오로지 유한한 종교들을 논의하는 과정에만 사용되고 있으며, 이는 완성된 종교에서도 그대로 적용되고 있다.

종교 외적인 분석은 유한한 종교를 세 부분으로 나눈다. 그 부분은 각각 존재, 본질, 개념이라는 논리학의 근본계기들에 대응한다(2:95-97 incl. n. 6). 하지만 종교들을 다룰 때에는 이러한 범주들이 규정성, 즉 유한성이라는 방식으로 적용되고 있다. 따라서 그 세 부분은 전반성적 직접성 혹은 구별되지 않은 실체(동양의 자연종교들, 이 종교들은 여기서 따로 논의하지 않는다), 특수한 형태로 나타나는 구별(유대교)과 필연성(그리스 종교)('본질'의 두 범주), 외적 합목적성이다. 여기서 외적 합목적성(로마 종교)은 유한자의 신격화를 의미한다. 로마 종교는 모든 유한한 종교들이 진정으로 개념적이고 완성된 종교로 나아가는 과도기적 단계다. 그리스도교는 더 이상 하나의 특정한 종교가 아니다. 그럼에도 불구하고 그리스도교 역시 역사의 산물이다. 로마 종교의 과도기적 상태는 그 논의가 종교적 의식과는 분리된 상태라는 것을 증명한다. 로마 종교는 이미 지나간 종교들보다 상위 단계의 종교가 아니라 그러한 유한한 종교들의 한계들을 한꺼번에 보여주는 단계다. 한편으로 로마 종교는 앞선 종교들처럼 단지 인종적이거나 민족적인 종교가 아니라 '전 인류'와 관계하는 보편종교다. 그러한 의미에서 로마 종교는 개념종교, 즉 철학적 종교다.6 하지만 또 다른 한편으로 로마 종교는 유한한 종교, 즉 우리의 위나 아래가 아니라 '우리를 둘러싸고 있는 것'과 관계하는 종교다. 로마 종교는 초월이나 깊이를 결여하고, '세속적인 환경과 질서'에 종속되어 있다는 점에서 완전히 산문적이다. 네 차례 종교철학 강의가 진행되는 동안 유한한 종교에 관한 논의는 여러 변형을 거치지만 로마 종교의 지위는 한결같이 유지되고 있다. 로마 종교는 유한한 종교에서 완성된 종교로의 이행이 얼마나 힘겨운가를 보여주는 역할을 한다. 그러한 고통은 유한자가 자신을 신격화하기도 하고, 자신을 부정하기도 하면서, 진정한 무한자로의 길을 마련하는 대목에서 잘 나타난다.[7]

헤겔은 종교가 자기 개념의 본성을 획득하기 위해서는 특정한 종교의 형태들을 두루 거쳐 나가야 한다고 말한다. "이러한 특정한 종교들이야말로 개념을 생성하는 계기들이며, 그 계기들의 해소와 자기 복귀가 곧 개념 자체를 구성한다. [...] 처음에는 존재하지 않다가 자기 자신의 설명을 통해서만 충만해지는 것이 개념의 본성이자, 개념의 활력과 생성, 즉 개념의 정신성이다. 개념은 결코 직접적이지 않다. 진리는 처음부터 의식에 드러나지 않는다"(2:94). 종교철학의 제2부는 '개념에 이르는 도정'을 보여주고, 다양한 종교들을 '이 도정 단계들'로 간주하기는 하지만 그 종교들이 참된 종교는 아니다(2:95). 달리 말해서, 종교의 개념은 선험적인 이념이 아니라 역사적인 산물

---

6 '인종적' 종교들이라는 표현이나 로마 종교를 '철학적' 종교로 지칭한 사람은 괴테(Goethe)다. 이와 관련해서는 2:97 incl. 12, 13을 참고하라.

7 헤겔은 1821년 『종교철학』에서 다른 어떤 유한한 종교보다도 로마 종교에 많은 관심을 쏟고 있다. 로마 종교에 관한 강의록은 대략 14장 정도다. 이는 완성된 종교에 관한 강의록의 거의 절반 수준이다. 로마 종교에 관한 헤겔의 비판은 부분적으로 자기 시대에 나타난 종교적 경향들(이와 관련해서는 3장을 참고하라)과 인간의 종교성 일반에 현존하는 우상숭배의 경향들을 간접적으로 비판하는 것이기도 하다. 이는 다양한 논의에 활용될 수 있다.

이다. 종교는 역사적으로 존재하는 것이다. 하지만 종교의 개념이 충분히 완성되면, 그 개념은 역사를 벗어나 이념으로 도약하는 것처럼 보인다. 우리는 이렇게 물을 수 있다. 과연 종교의 개념은 지금까지 충분히 완성되었는가? 그러한 비약은 이상과 현실, 합리성과 현실성, 정신과 역사의 연관에 대한 헤겔의 통찰에서 벗어나는 것은 아닌가?

헤겔은 1821년 『종교철학』의 "종교의 개념"에서, 종교철학은 종교의 역사에 대한 단순한 외적인 의미를 서술하는 것 이상의 욕구를 가지고 있다고 말한다. 그 욕구란 그러한 외적인 역사가 의미하는 바를 이해하는 것, 그것의 합리성을 파악하는 것, 종교들 속에 깃든 이성을 인식하는 것이다. 우리는 그러한 인식을 통해 종교들이 지닌 '두렵고도 불쾌한 것'(여기서는 인간이나 어린이를 제물로 바치는 것을 그 예로 들고 있다)을 옹호하지 않으면서도 종교와의 화해를 이룰 수 있다 (1:198-199). 헤겔은 야만적이고 억압적인 종교적 실천들을 설명할 때면 다소 과격한 표현도 서슴지 않는다. 그는 인간이 행하는 그런 종교적 실천의 구체적인 증거들을 살피면서 그것들은 종교적 진리의 궁극적인 기준인 인간의 자유를 증진시키기보다 도리어 파괴하는 것이라고 비난한다. 또한 그는 '이러한 모든 종교 형태들을 지배하는 것은 우연성과 지역성'이라는 말을 덧붙이고 있는데, 이는 그 역시도 종교의 역사를 이성적으로 이해하는 데 한계가 있음을 자인한 대목이라 할 수 있다(1:199).

자연, 유한한 정신, 무한한 정신: 1824년 『종교철학』

1827년 『종교철학』의 "서론"에 따르면, "유한한 종교"의 세 계기는 ① 직접적 종교 혹은 자연종교(정신적인 것과 자연적인 것이 자연 안에서 통일된 것으로 직관되는 신), ② 개별적인 정신의 종교들(자연과는 다른 것으로 자신을 드러내는 정신, 즉 하나의 개별적인 주체 혹은 여러 주체들로 표현된 신), ③ 유한한 합목적성의 종교(로마 종교)다(2:233-236). 하지만 이러한 구분은 1821년 『종교철학』에서 펼쳤던 존재, 본질, 개념의 변증법에 근거하지 않는다. 헤겔에 따르면, 이러한 구분은 "정신의 본성으로부터 객관적으로 도출되는 필연적인 분류다"(2:237). 하지만 종교철학을 강의해나가는 과정에서 그러한 분류가 계속해서 바뀌는 것을 보면, 저 분류도 필연적인 것이라고 단정할 수는 없다.

앞선 세 단계 분류는 이제 두 단계 분류로 변경된다. (1) 직접적 종교 혹은 자연종교(이 논의는 처음으로 아시아와 중동의 종교들을 다루면서 내용이 상당히 확장되었다) 그리고 (2) 개별적인 정신의 종교들 혹은 유한한 정신의 종교들. 유대교와 그리스 종교의 뒤를 잇는 셋째 하위 단계인 로마 종교가 이 단계에 들어간다. 이처럼 훨씬 방대해진 종교들의 변증법에서는 그리스도교가 셋째 계기가 된다(이와 관련해서는 2:381 n. 386을 참고하라). 헤겔은 이러한 혁신적인 배열을 통해 개별적인 정신의 종교들이 자연종교의 세 가지 형태들에 '역순으로' 대응한다는 것, 즉 유대교는 페르시아 종교8에 대응하고, 그리스 종교는

---

8 이러한 역순에서 유대교는 그리스도교를 제외한 유한한 종교들의 정점이다. 이것이 1827년 『종교철학』에 지배적인 입장으로, 이는 새로운 구조적 배열에 따른 것이다. 1831년 『종교철학』에서는 유대교와 페르시아 종교(조로아스터교)가 '선'의 범주에서 함께 다뤄지고 있다. 1824년 『종교철학』은

힌두교에 대응하며, 로마 종교는 중국의 국가종교에 대응한다는 것을 보여주고자 한다(2:381-390). 따라서 특정한 혹은 유한한 종교들은 사멸하고, 퇴보하고, 거꾸로 순환하는 것처럼, 달리 말해 혹은 유한한 종교들은 사멸하고, 퇴보하여, 거꾸로 순환하는 것처럼(진보적인 문화 단계에서 원시적인 문화 단계로 회귀하는 것) 보인다. 그리고 그것이 완성된 종교로 이행하기 위한 단계다. 하지만 완성된 종교로의 이행은 점진적인 진보를 통해 이루어지지 않는다. 즉, 변증법의 전반적인 구조는 획일적이고 단선적인 진보이론을 따르지 않는다. 사실상 그리스도교는 로마 종교가 지닌 제의나 판테온과는 다른 부류의 종교다. 또한 여기서 그리스도교는 헤겔이 구상한 다른 어떤 배열에서보다 훨씬 더 직접적으로 도출되고 있다. 이를테면, 그리스도교는 유한한 종교의 마지막 단계, 즉 자연에서 유한한 정신을 거쳐 무한한 정신으로 나아가는 운동을 완성하는 단계로 바뀌어 있다. 이런 이유로 그는 1827년과 1831년 『종교철학』에서 "유한한 종교"를 다시 내적인 세 단계 배열로 수정한 것 같다. 거기서 그리스도교는 더 이상 유한한 종교에 속하지 않는다.

이러한 구조실험 외에도, 1821년과 1824년 『종교철학』의 가장 결정적인 차이는 그 내용의 방대함이다. 1824년 『종교철학』의 "유한한 종교" 부분의 전체 내용은 1821년 『종교철학』의 무려 두 배에 달한다. 그중 첫째 부분인 '직접적 종교 혹은 자연종교' 부분을 다섯

조로아스터교를 선의 종교 혹은 빛의 종교라고 부른다. 빛이란 악을 상징하는 어둠에 반대되는 선의 상징이다. 1821년 『종교철학』에서는 유대교도 빛의 종교로 묘사되고 있는데, 이는 『정신현상학』에서 언급한 것과 유사한 이유에서다. 헤겔에게 있어서 페르시아 종교와 유대교는 다양한 방식으로 연관된다. 하지만 그 둘 사이의 근본적인 차이가 있다면 조로아스터교는 우주론적 이원론의 형태를 취하고 있지만 유대교는 가장 순수한 일신론의 형태를 취하고 있다는 점이다.

단계로 확장한 것이 가장 눈에 띈다. 거기서 처음으로 마법종교, 고대의 중국 종교, 불교, 힌두교, 페르시아 종교, 이집트 종교가 방대한 자료에 근거하여 매우 구체적으로 논의된다. 특히 유대교를 해석하는 대목에서는 매우 중요한 변화가 일어나고 있다.

헤겔은 1824년 『종교철학』의 "서론" 마지막 대목에서 유한한 종교를 간략히 요약한다. 이는 1821년 『종교철학』의 "서론" 내용과 비슷하다. "우리는 개념이 자신을 특정한 형태로 방출한다는 것과 정신이 매개와 구별의 운동을 거쳐 자신에 이른다는 것을 말했다. 정신은 유한한 종교들이 필연적인 단계를 이루고 있는 그 역사적 도정을 두루 거쳐 나가지 않고서는 결코 자신에 이르지 못한다"(1:142-145).

> 우리가 개념에 따라 특정한 종교들의 순서를 고찰하게 되면, [⋯] 역사적 종교들은 그 개념의 순서에 따라 우리에게 나타난다. 그리고 이를 통해 우리는 우리 시대에 선행하는 종교들의 역사도 알게 된다. 왜냐하면 개념적으로 필연적인 것은 분명 존재하는 것이며, 연속해서 등장하는 종교들은 우연하게 등장하는 것이 아니기 때문이다. 내적인 것을 지배하고, 그것을 추동해나가는 것은 바로 정신이다. 정신의 작업은 우연한 것이 아니다. 정신을 우발적인 것으로 보는 것은 바람직하지 않다. [⋯] 이는 순수하게 철학적인 논의다. 하지만 동시에 그것은 존재하는 것에 대한 논의이기도 하다. 어떤 철학도 존재하지 않는 것은 탐구하지 않는다. 오로지 존재하는 것만이 이성적인 것이다. 이는 현실적으로 존재하는 것은 그저 우발적으로 현상하거나 그저 존재하는 것이 아니라는 것을 뜻한다 (1:145-146).

따라서 헤겔이 말하는 종교의 역사는 경험적인 것이 아니라 철학적인 것이다. 철학은 현실적으로 드러난 것의 필연성을 파악한다. 하지만 현실적으로 전개되는 역사적 과정을 파악하는 일은 이 대목에서 가정하듯 그리 쉬운 일이 아니다. 만일 그것이 유한한 종교들이 전개되는 순서가 아니라 종교의 개념이 나타나는 다양한 종교형태들을 파악하는 것이라면, 그것은 도리어 종교다원주의의 필요성을 논리적으로 도출하는 것에 불과할 것이다. 정신은 오로지 운동과 구별을 통해서만 자신에 이르기 때문에, 다양한 역사적 종교들이 반드시 존재해야만 한다. 앞서 언급했듯이, 『종교철학』에서 헤겔이 보여주고자 하는 것은 종교의 역사가 아니라 종교유형학이자 종교지리학이다. 역사적으로 다양한 종교들이 유형학적이고 지리학적으로 어떻게 발생하고 상호작용하는가 하는 것은 논리적으로 연역될 수 있는 문제가 아니다. 그것은 단지 역사적 우연성의 문제다. 그럼에도 불구하고 모든 종교에는 공통적으로 정신이 드러나 있다는 점은 확인 가능하다.

헤겔은 1824년 『종교철학』 "완성된 종교"의 서언 마지막 부분에서 '자유의 종교'라 할 수 있는 그리스도교는 자연종교와 유한한 정신의 종교를 통합하고 완성하는 셋째 종교 형태라고 말한다. 그것은 의식으로부터 유한한 것으로 규정된 자기의식으로, 즉 자신을 포함하고 있는 자기의식으로 나아가는 운동이다(3:172-173). 이는 1824년 『종교철학』만의 독특한 구조다. 여기서 그리스도교는 그 구조의 '셋째 형태'라 할 수 있는 유한한 종교의 지평 속에 통합되어 있다. 이 셋째 형태를 궁극적이고 완성된 형태가 아니라 지금도 계속 진행 중인 정신의 변증법적 과정으로 해석한다면, 우리는 헤겔이 추구하고자 했던 진정한 종교다원주의에 한 발 더 다가갈 수 있을 것이다.

정신의 통일, 고양, 소멸: 1827년『종교철학』

1827년『종교철학』은 1821년 판본에서 선보인 바 있는 "유한한 종교"의 세 단계 구분을 그대로 사용하고 있다. 하지만 거기서 사용된 범주들은 존재, 본질, 개념의 논리와는 상당히 다르다. 도리어 그것들은 자연과 정신의 변증법을 따르고 있다(2:513-521).9 1827년『종교철학』에 나타난 "유한한 종교"의 세 단계는 (1) 정신적인 것과 자연적인 것이 통일을 이룬 종교, (2) 정신적인 것이 자연적인 것 너머로 고양된 종교, (3) 아직은 정신적이지 않은 합목적성의 종교다. 이 가운데 (3)이 로마 종교다. 로마 종교는 인간의 편의적인 목적을 위한 충동으로 사실상 정신을 소멸시켜버렸다. 그로 인해 종교문화의 위기가 발생했는데, 그리스도교는 바로 그러한 배경에서 탄생한 종교다. 첫째 단계는 자연종교다. 자연종교는 정신을 결여하고 있지는 않지만 자연적인 형태나 인간적인 형태를 띠고 있는 정신을 숭배한다.10 헤겔은 불교나 힌두교를 더 이상 자연종교의 범주에서

---

9 그 범주들은 1824년『종교철학』논의의 도입부에서 기획된 세 단계 분리를 따르고 있다. 이미 살폈듯이, 그 분리는 이후 두 단계로 바뀐다. 이로 인해 헤겔은 많은 곤혹을 치르기도 했다.

10 1824년과 1827년『종교철학』에서 헤겔은 자연종교에서 신으로 간주되고 숭배되는 것은 자연적이고 물리적인 대상이 아니라는 점을 강조한다. 그것은 자연종교의 대상이면서 동시에 정신적인 것이지만, 처음에는 단지 직접적이고 자연적인 방식으로만 인식된다. 그것은 자연을 능가하는 힘을 발휘하는 감각적으로 현존하는 인간의 모습(무당들, 왕들, 사제들, 도사들, 조상들)을 띠고 있다. 자연종교의 단계는 인간들이 신성을 표상하고, 관계하고, 객관화하는 방식에 따라 구분된다. 마법종교에서는 자연을 능가하는 힘이 직접적으로 드러나지만 더 진보한 자연종교들에서는 그것이 간접적으로 드러난다.

논하기 힘들어지자 약간의 조정을 시도하는데, 이는 1831년 『종교철학』의 새로운 조직을 암시하기도 한다. 헤겔은 이제 아시아 종교들에서 나타나는 신성을 더 이상 자연적 실체가 아니라 정신적 실체로 인식한다.

　유한한 종교의 둘째 단계는 정신적인 것이 사유의 형태(유대교)나 구체적인 개별성의 형태(그리스 종교)를 통해 자연적인 것 너머로 고양되는 단계다. 이 대목에서도 또 한 번의 조정이 일어난다. 1821년과 1824년 『종교철학』에서는 유대교가 그리스 종교 앞에 나오지만, 1827년 『종교철학』에서는 그 순서가 뒤바뀐다. 이제는 그리스 종교(아름다움의 종교)가 유대교(숭고함의 종교) 앞에 나온다. 사실 헤겔은 지금까지 아름다움의 종교가 숭고함의 종교로 고양되는 필연성만을 주장해 왔다(2:669). 이러한 변화는 유대교를 유한한 종교의 정점에 배치했기 때문인데, 그 주된 이유는 유대교가 신의 통일성과 합리성과 정신성을 통찰하고 있었기 때문이다. 이러한 통찰이야말로 완성된 종교가 탄생하게 되는 필연적인 토양이다. 그리스도교의 신은 이스라엘의 신이다. 하지만 유대교는 아직 신성과 인간성의 구체적인 매개나 자유로운 인륜적 제도들을 이해하지 못하고 있다. 그리스 종교는 이러한 결함을 부분적으로 보완하고 있다. 유대교와 그리스 종교의 한계는 로마 종교(종교들을 파괴하고, 타락시키며, 인간 편의에 따라 변형한 종교)에서가 아니라 그리스도교(헬레니즘 유대교의 맥락에서 등장하여, 로마 문화의 공허한 심장부를 채웠던 종교)에서 극복된다. 헤겔은 한편으로 그리스도교의 기원에 관한 역사적 맥락을 간략히 설명하고, 다른 한편으로 그리스도교를 유한한 종교의 틀에서 빼내 다시 더 높은 단계로 격상시키고 있다.

헤겔은 1827년『종교철학』의 "서론" 마지막 대목에 있는 '주제에 대한 개괄'에서 1821년과 1824년『종교철학』과 유사한 내용을 펼치고 있지만 그 내용이 약간 다르다(1:181-183). 원칙상 정신은 직접적인 것이 아니라 살아 있고, 활동적이며, 자기형성적인 것이다. "살아 있는 모든 것은 이미 이러한 자신과의 매개 작용이다." 살아 있는 모든 것들은 직접성, 전개 그리고 반복이라는 순환을 거친다. 최후의 것이라 할 수 있는 열매는 새로운 순환을 위한 씨앗을 자신 안에 품고 있다. 우리는 이러한 비유처럼 완성된 종교 역시 그 과정의 끝이 아니라 새로운 순환을 시작하기 위한 열매를 생산한 것으로 이해하면 어떨까? 헤겔은 아무 대답도 하지 않는다. 다만 그는 "종교가 특정한 형태를 띠고 있으며, 자신이 지닌 규정성들의 순환을 아직 완수하지 않았다면, 그것은 유한한 종교요, 유한하게 존재하는 종교다. 그러한 종교는 역사 중인 종교이며, 종교의 한 특수한 형태에 불과하다"(1:183)고만 말한다. 그리스도교는 역사적으로 구체적인 형태를 띠고 있으면서도 동시에 이미 순환을 완수했다는 점에서 특정함과 유한함을 초월해 있다는 역설을 보여주는 것 같다. 어쨌든 헤겔은 종교의 발전 과정에 나타나는 주요한 계기들을 일련의 역사적 단계들로 파악하는 것이 가능하고, 이에 기초하여 '하나의 단일한 순서의 배열 혹은 한편의 종교사'를 마련하는 것이 가능하다고 생각한다. 하지만 사실 그는 이러한 '단일한 질서'를 끝내 정확히 규명하지 못했다.

직접성, 분열, 화해: 1831년『종교철학』

슈트라우스의 발췌문들은 1831년『종교철학』의 구조를 어렴풋이 보여줄 뿐이다. 하지만 우리가 가진 것은 이 단편적인 필기록이 전부다. 그 단편들은 전집판과 1824년 1827년『종교철학』의 각주에 실려 있다. 이는 참으로 안타까운 일이다. 왜냐하면 헤겔은 1831년『종교철학』에서 "유한한 종교" 부분을 크게 재조직했고, 이전에 선보인 적 없던 새로운 자료와 해석들을 도입했기 때문이다. 1831년『종교철학』은 1824년과 1827년『종교철학』을 특징짓는 자연과 정신의 상호작용 대신 더 엄밀한 변증법적 방법을 시도한다. 그 방법은 1821년 판본과 같은 존재, 본질, 개념의 변증법이 아니라 직접성, 분열 그리고 화해의 변증법이다(2:515-517 n. 5, 721-722). 직접성, 분열, 화해는 엄밀한 논리적 범주들이 아니라 개념의 생, 즉 의식의 변증법을 기술한 것이다. 신적인 생으로 간주되는 바로 이러한 변증법이 그리스도교적 삼위일체의 핵심원리다.

직접성이라는 첫째 계기에는 아직 종교의 형태를 제대로 갖추지 못한 자연종교 혹은 마법종교가 속한다. 여기서 의식은 본질적인 것과 감각적인 자연의 분열을 의식하고, 자연적인 힘과 절대적인 힘(신)의 차이를 인식한다. 이러한 분열을 통해 정신적인 것은 자연적인 것 너머로 고양된다. 1831년『종교철학』에서 헤겔은 이러한 과정을 1827년『종교철학』보다 훨씬 더 앞선 부분에서 다루기 시작한다. 그 내용은 좀 더 발전된 마법종교 부분에 나오는 '신적인 대상의 객관화'에서 다뤄지며, 그 구체적인 사례는 '실체에 대한 세 가지 동양종교: 중국 종교(도교), 힌두교, 불교(라마교)' 부분에서 다루어진다(2:516 n. 5). 여기서 처음으로 아시아 종교들이 '자연종교'라는 범주에서 벗어나 '실체'라는 더 적합한 개념으로 분석되기 시작한다.

셋째 단계는 의식과 의식의 대상이 보다 높은 단계, 즉 매개된 단계에서 그 분열을 극복하고 화해를 이루는 과정을 담고 있다. 그 단계에서야 비로소 자유가 현실적으로 실현된다. 이것이 아직 유한하긴 하지만 그래도 자유로운 종교들의 단계다. 이 종교들은 세 단계를 거쳐 나간다. 첫째 단계는 과도기적 단계다. 이 단계에서 주관성은 비인격적인(여전히 자연과 유사한 측면을 지닌) 실체에 맞서 자신을 정립하고자 투쟁한다. 이러한 투쟁은 역사적으로 선의 종교(페르시아 종교와 유대교), 고통의 종교(페니키아 종교),[11] 그리고 불안의 종교(이집트 종교)[12]로 나타난다. 둘째 단계에서 주체는 신적인 대상과의 관계 속에서 자신이 자유로워진다고 인식한다. 이것이 바로 진정한 자유의 종교인 그리스 종교[13]다. 하지만 주체는 아직 선과 악이라는 무한한 대립을 두루 거치지 않았다는 점에서 그리고 그 신들도 아직 무한한 정신이 아니라는 점에서, 이 단계의 화해는 아직 완전한 화해의 단계가 아니다. 로마 종교에서도 화해는 완성되지 않는다. 대신 로마 종교는 새로운 종교의 탄생을 위한 산고라 할 무한한 불행과

---

11 이것은 역사적 종교가 아니라 아도니스(Adonis)라는 인물 그리고 이집트인들이 성스럽게 생각했던 새, 불사조와 관련한 고전적 신화에서 가져온 구성적 종교다.

12 1824년과 1827년 『종교철학』에서 이집트 종교는 스핑크스와 피라미드로 대표되는 수수께끼(Rätsel)의 종교다. 이집트 종교의 상징들은 언제나 암묵적이고 모호한 것을 나타내고 있다(이와 관련해서는 2:358 n. 314). 홍분(Gärung)은 정신이 자연적 상징들이 불러일으키는 것과 투쟁하고 있다는 것을 나타낸다(2:744 n. 73). 이집트 종교에 관한 헤겔의 인식은 주로 헤로도토스(Herodotus)와 같은 고전적인 자료들에 근거하고 있다. 1831년 『종교철학』에서 그는 1824년 『종교철학』에서 말했던 상형문자 체계의 해독을 포함한 당시의 고고학적 발견들을 다루고 있다.

13 그리스 종교는 여전히 아름다움의 종교다. 하지만 그리스 예술의 아름다움이 이제는 그 예술에 담긴 자유로운 인간 정신의 상징적 표상들과 연관되어 있다. 다양한 신들은 바로 그러한 인간 정신의 표현이다. 인간들은 그들의 행위에 책임을 지는 자유로운 개인들이다. 그리고 그들은 자유라는 목적을 실현하기 위한 정치적 제도들을 형성한다. 하지만 그들은 또한 모든 것을 지배하는 운명에 종속되어 있으며, 인륜적인 힘들을 서로 충돌하게 함으로써 정의를 위한 투쟁을 비극으로 만든다. 그리스 종교에서 미학과 윤리학, 아름다움과 자유는 서로 연관되어 있기는 하지만 그것은 여전히 유한한 단계에서만 그러하다. 이와 관련해서는 2:752-758을 참고하라.

고통 속에서 등장한다. 그러므로 화해와 자유의 종교가 거치는 셋째 단계는 앞선 종교들의 노고로 이루어진 상대적인 화해와 자유의 단계다. 이 단계는 이제 무한한 자유의 종교라 할 수 있는 완성된 종교로 이행한다.

이러한 재구성은 여러모로 개선된 것이다. 동양의 종교들을 실체 개념으로 분석한 것도 매우 그럴듯한 시도다. 또한 여기서는 그리스도교가 고대 이집트, 페르시아, 이스라엘, 그리스로 거슬러 올라가는 자유를 향한 투쟁의 궤도에 배치되어 있다.[14] 앞서 살펴본 바와 같이, 1831년 『종교철학』에서 헤겔은 자유라는 주제에 특별한 관심을 기울이고 있다.[15] 하지만 애석한 점은 이러한 새로운 배열에도 유대교는 여전히 빠져 있다는 것이다. 유대교도 자유를 향한 도상에 있기는 하지만 그리스 종교만큼 자신을 인륜적으로 현실화하지는 못했다. 유대교는 여전히 주인에 대한 숭배에 매여 있다. 그 주인은 선하고 지혜롭기는 하지만 인간의 고통을 함께 하기 때문에 그 고통에서 벗어나지 못한다. 페르시아 종교, 유대교, 페니키아 종교, 이집트 종교와 같은 '과도기적' 종교에 관한 모든 논의는 사실상 설득력이 없다. 페르시아 종교와 유대교를 '선'이라는 범주 안에서 다루는 것도 그렇고, 그 계열에서 최종적인 종교의 단계를 로마 종교로 둔 것도 그렇다. 로마 종교도 사실상 절대적인 예속의 종교에 불과한데 말이다.

헤겔은 이제 정신의 운동을 역사적 방식이 아니라 지리적 방식으

---

14 이와 관련해서는 헤겔의 *Lectures on the Philosophy of World History, Introduction: Reason in History*, trans. H. B. Nisbet (Cambridge: Cambridge University Press, 1975), 54를 참고하라.

15 1831년 『종교철학』에서 종교와 국가의 관계에 관한 헤겔의 논의는 앞선 9장에서 논의한 바 있다.

로, 즉 동양에서 서양으로 나아가는 과정, 중국에서 인도로 그리고 중동으로(페르시아, 이스라엘, 이집트) 그리고 그리스와 로마를 거쳐 유럽으로(2:736 n. 57) 나아가는 과정을 추적해 들어간다. 하지만 그도 이 과정이 그 여정의 끝이라고 생각하지는 않았을 것이다. 그럼 정신은 이제 어디로 나아갈까? 이제 정신은 미국으로 나아갈까, 남반구로 나아갈까, 동양으로 돌아갈까(동서양의 화해)? 그 운동은 결코 단순하고 단일한 연대기적 순서를 따르지는 않을 것이다. 도리어 그 운동은 복잡하고도 변화무쌍한 양상으로 지구 표면을 배회하면서 다양한 시대와 장소에서 일어난다고 하는 편이 더 나을 것이다. 이러한 세계 종교지리학과 관련해서는 아직도 연구해야 할 것들이 쌓여 있지만, 헤겔은 이미 세상을 떠났다.

개념적 유희: 종교지리학[16]

헤겔은 종교들의 역사를 철학적으로 개념화하기 위해 끊임없이

---

16 나는 이 부분에서 예쉬케(Walter Jaeschke)가 'Zur Logik der Bestimmten Religion', in *Hegels Logik der Philosophie: Religion und Philosophie in der Theorie des absoluten Geistes*, ed. Dieter Henrich and Rolf-Peter Hostmann (Stuttgart: Klett-cotta, 1984)에서 맨 처음 공식화했던 이념들을 다룰 것이다. 이 자료의 개정판은 예쉬케의 *Reason in Religion: The Foundations of Hegel's Philosophy of Religion,* trans. J. Michael Stewart and Peter C. Hodgson (Berkeley and Los Angeles: University of California Press, 1990), 3장, 263-284에 실려 있다. 예쉬케는 히데(Reinhard Heede)의 선구적인 작품 *Die göttliche Idee und ihre Erscheinung in der Religion: Untersuchungen zum Verhältnis von Logik und Religionsphilosophie bei Hegel* (Dr. phil. dissertation, University of Münster, 1972)를 활용하고 있다. 그 주제에 관한 유일한 출판작, 로이체(Reinhard Leuze)의 *Die außerchristlichen Religionen bei Hegel* (Göttingen: Vandenhoeck & Ruprecht, 1975)은 라손(Georg Lasson) 판을 활용했다는 점에서 다소 한계가 있다.

노력했다. 예쉬케는 그런 그의 노력을 다음과 같이 생생하게 표현하고 있다. "틀에 박힌 추상적인 범주를 사용하여 다채로운 역사적 현실을 이성으로 단조롭게 환원하려는 오만한 철학자들의 통념으로는 헤겔이 펼치는 순서를 결코 이해하지 못할 것이다."[17] 그는 종교들을 해석하기 위해 철학적 범주들을 사용하고 있다. 그 범주들은 종교의 개념에 대한 그의 이해를 반영하고 있지만, 구체적인 자료를 해석하는 과정에서 다양한 방식으로 변형된다. 그는 새로운 자료를 만나거나 새로운 실험을 시도하면, 그것들을 통합할 수 있는 새로운 도식을 마련한다. 그런 그의 태도는 철학이란 새로운 통찰에 이르기 위한 일종의 개념적 유희이며, 그러한 유희는 변화무상한 상상력에 기초한다는 사실을 보여준다.

예쉬케는 "종교들의 역사에 관한 헤겔의 논의는 사실상 모든 것을 시도해 보는 일종의 실험장"[18]이라 말한다. 이를 위해서는 '구술 강의'라는 매체가 가장 적합하다.[19] 헤겔의 사유 과정은 워낙 개방적이고 유동적이었기 때문에 그 스스로도 자신의 강의가 출판되는 것을 꺼릴 정도였다. 그는 자신의 체계에 갇혀 있는 수감자가 아니었다. 그에게 체계란 폐쇄된 공간이 아니라 사유의 방식이자 원리였다.

예쉬케의 말처럼, 헤겔이 "유한한 종교"에서 보여주는 것은 종교 사라기보다 종교유형학이나 종교지리학에 더 가깝다.[20] 종교가 근

---

17 *Vorlesungen über die Philosophie der Religion, Part 2, Die bestimmte Religion* (Hamburg: Felix Meiner Verlag, 1985)의 "서문", p. ix.

18 Jaeschke, *Reason in Religion,* 277.

19 이와 관련해서는 이 책의 2장, 84-85를 참고하라.

20 *Reason in Religion,* 272, 277-284. 종교지리학이라는 말은 파니카(Raimundo Panikka)가 사용한 표현이다. 이와 관련해서는 n. 24를 참고하라.

본적으로 역사적인 것은 사실이지만 그 역사성은 인간 정신의 역사성을 따른다. 단일한 인간 정신의 역사란 존재하지 않는다. 그러므로 단일하고 통일된 종교사도 존재할 수 없다. 우리에게 최상의 것은 다양한 종교사들이며, 그 다음은 단일하고 포괄적인 철학적 개념으로 구성될 수 없는 다양한 역사들이다. 종교의 역사성을 철학적으로 규명하려던 헤겔의 시도는 일련의 강의들에서 결국 실패하고 만다. 그 강의들은 종교사에 대한 객관적인 논리적 구성이 사실상 불가능하다는 것을 보여준다.

헤겔이 우리에게 밝혀준 것은 종교사에 나타난 다양한 정신의 형태들을 보여주는 종교유형학이다. 그리고 정신은 바로 그런 다양한 형태들을 통해 발전한다. 우리는 그 형태들을 보편적인 목적을 향한 단일한 역사에 배치할 수도 없고, 그렇게 배치되지도 않는다. 하지만 종교들의 다양성과 다원성의 필연성은 증명될 수 있다. 왜냐하면 정신은 보편적인 종교사의 필연성이 아니라 오로지 운동과 구별을 통해서만 자신을 완성하기 때문이다. 다양한 종교의 형태들은 시간적인 진보 과정으로 나타나기보다 특정한 문화적 궤도들 안에서 지리적으로 분산되어 나타난다. "현실을 설명하기에는 헤겔이 추구한 보편적 종교사보다 그가 보여준 종교지리학이 훨씬 적합하다."21

헤겔은 『정신현상학』의 "종교" 장에서 이렇게 말한다. "단일한 진보의 노선은 존재하지 않는다. 왜냐하면 각각의 종교 문화적 궤도가 어떤 지점에서 쇠퇴하여 '매듭'지어지면, 정신은 또 다른 궤도로 이행하기 때문이다. 그래서 역사에는 사실상 많은 궤도들이 존재한

---

21 Jaeschke, *Reason in Religion*, 283.

다. 그 궤도들은 '한데 묶일 수는 있지만 하나로 융합될 수는 없다.' 이는 그도 이 점을 이미 알고 있었다는 뜻이 아닐까?[22]

우리의 주된 관심은 '완성된 종교'로서의 그리스도교가 이러한 종교지리학과 어떤 연관이 있는가 하는 것이다. 특정한 종교들을 다루는 과정에서는 그리스도교의 '완성적' 혹은 '절대적' 특성은 분명히 드러나지 않는다. 그가 보여주고자 한 것은 역사적인 진보가 아니라 역사적인 단절 그리고 그러한 단절의 위기에서 생겨나는 새로운 종교, 즉 종교의 개념에 완벽히 부합하는 종교 혹은 신이 신 그 자체로 인식되는 종교가 출현한다는 것이다. 종교의 개념에 완벽히 부합하는 종교는 규정상 그리스도교다. 종교의 개념과 그리스도교의 본질은 일치한다. 그리스도교야말로 그 개념의 가장 완벽한 사례이며, 그 개념의 가장 완벽한 사례야말로 그리스도교다. 하지만 다원적인 접근을 위해서라면 이보다는 종교지리학이 더 유익하다. 원리상, 종교의 개념이 다양한 역사적 형태 속에서 다양한 방식으로 완성되지 못할 이유는 없다. 오직 하나의 종교만이 완성된 종교라고 말하는 것은 오직 한 사람만이 신의 완전한 육화라고 말하는 것만큼이나 기만적이다. 절대성이 필요로 하는 것은 구체성(개별성)이지 단일성(유일회성)이 아니다. 헤겔의 종교지리학을 통해서는 신 자체를 결코 온전하게 인식할 수 없다. 절대정신으로서의 신은 자신을 세계로 방출하되 분산적으로 방출한다.[23] 그러므로 인식도 궁극성의 방식

---

22 *Phenomenology of Spirit*, trans. A. V. Miller (Oxford: Clarendon Press, 1997), 414-415. 이와 관련해서는 *G. W. F. Hegel: Theologian of the Spirit*, ed. Peter C. Hodgson (Minneapolis: Fortress Press; Edinburgh: T&T Clark, 1997), 114에 번역된 구절을 참고하라.

23 나는 4장에서 헤겔이 말하는 절대정신은 자신을 방출하고 용해시키는 정신이라는 의미라고 논한 바 있다. 절대성이란 신이 지닌 역동적인 관계성, 특히 신이 자신을 타자로 '방출'하는 것을 가리킨

보다 분산의 방식으로 이루어져야 한다. 이러한 사실을 인정한다면, 다양한 종교들은 서로 간의 차이를 가로질러 더 친밀해질 수 있을 것이다. 이어지는 세 절에서는 이러한 헤겔의 개념적 유희를 더 확장하여 바로 그 종교 간 화해의 가능성을 찾아볼 것이다.

아시아 종교와 헤겔의 유사성, 아시아 종교에 대한 헤겔의 비판

종교의 개념에 관한 헤겔의 규정(자아 혹은 정신의 통일과 구별 그리고 재통합)은 힌두교와 불교의 핵심적인 통찰과 매우 흡사하다. 정신을 표현하는 힌두교의 용어 '아드바이타'(advaita, 不二論)는 둘도 아니지만 그렇다고 하나도 아니라는 뜻이다. 정신적인 실체는 나선적 과정을 거치면서 다양한 것들과 매개된다. 모든 결합은 분열되고, 근원적 통일은 계속해서 진화한다. 세계는 갈수록 다양해진다. 그리고 창조는 지속적인 투쟁, 즉 더 높은 복합성의 단계에서 이루어지는 구별과 재통합의 과정이다. 힌두교에서는 '참된 자아'를 인식하는 것이 결국 모든 실재를 인식하는 것이다. 즉, 자아와 최고의 실재(브라만)는 서로가 서로를 비추는 거울이다. 자신을 완전히 인식하는 것이 모든 것을 인식하는 것이다. 왜냐하면 나의 경험적 자아와 구별되는 참된 자아가 곧 모든 것이기 때문이다. 하지만 이는 단순한 동일성이 아니라 무한한 다양성들로부터 그리고 무수한 순환을 통해 이루어진 통

다. 신은 자신을 타자로 방출하면서도 여전히 그 타자와 본질적으로 연관되어 있다.

일이다. 이것이 곧 라이문도 파니카(Raimundo Panikkar)가 말하는, "다원성에 대한 단순한 인식과 통일에 대한 희망적 사유 그 이상을 의미하는 다원주의다."[24]

중국과 인도의 종교를 연이어 논의하면서 헤겔은 이러한 복합적인 세계관을 더 발전시켜 나간다.

중국 종교: 척도의 종교

1824년 『종교철학』에서(2:299-303) 중국 종교에 관한 논의는 매우 제한적이다. 주(周) 왕조의 고대 종교는 마법종교의 일부로 간주되고 있다. 하지만 그것은 신적인 대상을 표현하는 '형식적 객관화'의 마지막 단계다. 1827년 『종교철학』에서(2:547-562) 중국 종교에 관한 논의는 더 풍부하게 확장되며 그 해석도 달라진다. 중국 종교는 하늘(天)의 종교요, 최고의 통치 종교다. 그것은 도덕적 특성들을 모두 하나로 아우르는 자연의 위력이다. 헤겔은 도교를 이러한 중국 종교의 한 부분으로 이해한다.[25] 도교는 자연의 '방식'과 이성의 방식

---

24 이와 관련해서는 Francis X. Clooney, SJ, *Hindu Wisdom for All God's Children* (Maryknoll, NY: Orbis Books, 1998), 1-2장을 참고하라. 그리고 Raimundo Panikkar, "The Jordan, the Tiber, and the Ganges: Three Kairological Moments of Christic Self-Consciousness," in John Hick and Paul F. Knitter (eds.), *The Myth of Christian Uniqueness: Toward a Pluralistic Theology of Religions* (Maryknoll, NY: Orbis Books, 1987), 89-116, 그중에서도 특히 109를 참고하라. 그는 파니카(Panikkar)가 사용하는 강물들의 이미지는 '종교들의 지리학'을 가리킨다고 말한다. 종교들의 지리학은 "아직 개척되지 않은 학문 분야다"(98). 이러한 강물들은 아직 지상에 실현되지 못하고 단지 구름의 형태로 머물러 있다. "그 종교들은 잘 조직된 종교들처럼 아직 제대로 결합되지 않았다. 그 종교들은 연기로 변형되기도 하고, 정신으로 변형되기도 했다가, 마지막에는 셀 수 없는 방언들을 쏟아내기도 한다"(92).

25 역사적인 세부사항에 대한 그의 인식은 다소 부정확하다. 이와 관련해서는 2:556 n. 115를 참고하

이 동일하다는 점을 강조한다. 그는 "셋이라는 규정이 합리적이고 구체적인 것에까지 직접적으로 작용한다는 사실에 관심을 기울인다. 도(道)가 하나를 낳고, 하나가 둘을 낳으며, 둘이 셋을 낳고, 셋이 만물을 낳는다." 만일 무규정적인 일자가 둘이나 셋으로, 즉 '총체성 혹은 유한함의 완성'을 이루지 않는다면, 그것은 아마도 빈곤하고 공허한 추상에 불과할 것이다. 여기서 우리는 '인간이 삼위일체의 형식을 사유하고자 했던 최초의 노력'을 엿볼 수 있다(2:558-559). 헤겔은 도(道)의 상징은 한편으로는 삼각형으로 나타낼 수 있고, 또 한편으로는 하나가 다른 하나보다 위에 있는 세 개의 수평선 그리고 그 세 수평선을 관통하는 하나의 수직선(王)으로 나타낼 수 있는데, 그 수직선은 세 개가 결국 하나로 파악된다는 것을 뜻하는 기호라고 생각한다.[26] 헤겔은 이러한 사유방식은 아직 완전히 추상적인 단계에 머물러 있지만 그렇다고 더 높은 단계의 종교를 생각할 수 있는 수준도 아니라고 말한다.

1831년『종교철학』은 중국 종교를 '척도의 종교'로 규정하고 있다(2:729-730, cf. 550-552 n. 106). 헤겔의 논리학에서 '척도'(Maß)는 질과 양 혹은 실체와 사태가 통일된 존재론의 셋째 범주인 '본질론'으로의 이행을 예비하는 단계다. 도교에서 척도는 하나와 둘, 존재와 비존재, 인정과 부인, 양과 음이라는 추상적인 범주의 형태를 띠고 있

라. 그가 주로 사용한 자료는 Jean Pierre Abel-Rémusat의 *Mémorie sur la vie et les opinions de Lao-Tseu* (Paris, 183)다. 그는 성인 노자(Lao-zi)를 공자(Confucius)와 동시대인으로 여긴다. 그는 단지 공자의 가르침은 '사변적인 것'이 아니라 '도덕적인 것'이라는 것만을 언급하고 있다 (2:558). 1831년『종교철학』에서 그는 척도들과 그 척도들의 기호라 할 수 있는 괘를 언급하는데, 이는 1770년 파리에서 출판된 고빌(Gaubil)의 번역서『서경』(*Shu-jing*)을 참고한 것이다.
26 헤겔은 도(道)의 상징을 왕(王)의 기호와 혼동하고 있는 것 같다.

다. 이러한 기초적인 변증법으로부터 세계를 이성적으로 구축하는 다른 모든 범주의 구별들(지리적 범주, 물리적 범주, 음악적 범주, 수학적 범주)이 생겨난다. 도덕적이고 종교적인 삶은 자신을 이러한 척도에 맞추고자 하며, 구체적인 상황에서는 이러한 척도들 사이의 중용을 지키고자 한다. 척도를 따르는 것은 하늘(天)의 아들인 임금의 책무이며, 하늘은 그러한 척도를 지배하는 힘이다. 이러한 도교의 원리는 실재의 변증법적 구조에 대한 헤겔의 설명방식과 매우 흡사하다.

힌두교: 몽환적 상상과 추상적 통일의 종교[27]

1824년과 1827년 『종교철학』에서 헤겔은 불교를 힌두교보다 더 오랜 종교로 여기고 그것을 힌두교 앞에 다루었다. 1831년 『종교철학』에서는(2:731-735) 그 둘의 역사적 순서를 바로잡았으나 거기에는 도식적인 이유도 한몫했을 것이다.[28] 이제는 불교 대신 힌두교에서 자연적인 힘들로부터 단일한 실체로의 개념적 진보가 이루어진다. 그리고 1831년 『종교철학』에서 헤겔은 불교보다 힌두교를 훨씬 더 자세히 분석한다. 중국의 척도들이 지닌 다양성은 힌두교에서

---

27 헤겔은 1824년, 1827년 『종교철학』에서 힌두교를 지칭하기 위해 '몽환적 상상'(Phantasie)이라는 이름을 사용한다. 하지만 1831년 『종교철학』에서 그는 힌두교를 '추상적 통일'의 종교라 부른다(이와 관련해서는 2:316, 729를 참고하라). 영어번역판에는 Phantasie(독)를 환영이라는 의미의 fantasy나 상상을 뜻하는 칸트의 용어 imagination(Einbildung)과 구별하기 위해 phantasy로 번역한다. 헤겔이 종교들을 철학적으로 지칭하기 위해 사용한 이러한 명칭의 변화 역시 앞서 언급한 개념적 유희의 일환이라 할 수 있다.

28 헤겔의 시대에는 그 두 종교 중 어떤 것이 더 오랜 종교인지가 학문적으로 불분명했다. 1831년 『종교철학』의 배열은 그가 기본적으로 생각한 종교적-지리적-역사적 도식의 분류, 즉 중국에서 시작하여 인도(그리고 인도에서 탄생한 종교들)를 거쳐 중동과 서양에 이르는 정신의 진보가 더 명확하게 나타나 있다. 이와 관련해서는 2:731 n. 30을 참고하라.

하나로 통일된다. 그것이 곧 사유를 통해 스스로를 규정하는 일자다 (브라만). 하지만 그 일자의 사유는 아직 자신의 틀 속에 갇혀 있기 때문에 현실적인 차이를 설명하지 못하고, 그것을 고삐 풀린 망상이라 할 수 있는 '야만적인 무한성'의 몫으로 넘겨버린다. 따라서 그 통일은 자신으로 복귀한 것이긴 하지만 정신성을 결여하고 있다는 점에서 브라만의 통일도 아직은 '추상적인' 방식에 불과한 것이다.

'내적인 자기독자성, 외적인 다양성, 정신성을 결여한 복귀'라는 이 세 계기는 힌두교의 삼신(Trimurti)인 브라만(Brahmā), 비슈누 (Vishnu), 시바(Shiva)에 각각 대응한다. 그래서 1831년『종교철학』은 주로 이러한 삼신성을 중심으로 힌두교를 설명하고 있다. 헤겔은 말한다. 이러한 "삼신성의 통일이야말로 힌두교 신화의 가장 위대한 특징이다. 하지만 우리는 그 세 인물들을 부를 수 없다. 왜냐하면 그들은 근본적인 규정인 정신적인 주관성을 결여하고 있기 때문이다. 그리스도교의 삼위일체를 최고로 여기는 유럽인들은 힌두교에도 이미 그런 고귀한 원리가 숨어 있었다는 데 매우 놀랄 것이다" (2:597 n. 244). 하지만 그러한 섬세함에도 불구하고 그리고 힌두교의 중요한 종교사적 역할에도 불구하고, 그는 힌두교를 이전 판본보다 더 부정적으로 해석한다. '신화적 인물들의 추악함'은 내용과 형식의 불일치를 보여준다. 신성들, 권능들, 현상들, 육화들로 구성된 힌두교의 무한한 세계에는 어떠한 고정된 형태나 규정도 존재하지 않으며, 오로지 상상만이 외적인 실존과 신성 사이를 배회한다. 그리고 그 상상은 "사유 범주들의 이성적 연관으로는 규정되지 않는다" (2:594 n. 234).

헤겔이 힌두교를 부정적으로 평가하는 이유는 다음과 같은 몇 가지 요인 때문이다. 그는 우파니샤드(Upanishads), 마누 법전(Laws of Manu), 마하바라다(Mahābhārata)를 비롯한 바가바드기타(Bhagavad-Gītā), 라마야나(Rāmāyana)와 같은 일차 문헌들에는 능통했지만, 그가 활용한 이차 문헌들은 동인도회사의 편견을 담고 있는 것들이었다. 동인도회사는 자신의 경제 정책들을 정당화하기 위해 인도의 문화와 사회를 부패한 것으로 표현하면서 정략적인 이익을 추구했다(이와 관련해서는 2:6-7을 참고하라). 아울러 그는 인도에 근원을 두고 있다고 생각했던 과거 황금시대의 주도자 슐레겔(Friedrich Schlegel)과 같은 독일 낭만주의자들의 열망마저도 미심쩍게 생각했다. 이들의 태도와 달리, 헤겔은 힌두교의 제의적-윤리적 실천들은 인간의 자유와 풍요를 파괴한다고 믿었다. 1824년과 1827년『종교철학』에서 힌두교의 제의를 논의할 때, 그는 바로 이 문제에 관심을 집중하고 있다.

1824년『종교철학』은 다음 세 가지를 확립하고 있다. 첫째, 개별적인 자아들과 어떤 점에서는 동일한 보편적인 실체로서의 브라만은 그 자체로 인격적이지도 않고 숭배되지도 않는다(2:335-341). 유대교의 신과는 대조적으로 브라만은 인격적인 일자(der Eine)가 아니라 중성적인 일자(das Eine)다(2:339 incl. n. 267).[29] 헤겔은 이것이 '매우 본질적인 차이'라고 말한다. 그의 관점에 따르면, 브라만은 단순한 즉자존재일 뿐 아직 대자존재가 아니다. 결론적으로 브라만은 여전

---

29 브라만은 비인격적인 실체다. 그것은 정신적인 실체이지 물질적인 실체가 아니다. 즉 브라만은 곧 정신과 영혼을 뜻하는 '아트만'(Atman)이다. 브라만은 다양한 인격적 신성들로 육화된다. 그리고 인간 자아는 암묵적으로 브라만과 동일하다. 따라서 브라만은 자기 안에 인격화를 위한 잠재력을 가지고 있어야 한다. 물론 헤겔이 주장한 바와 같이, 브라만은 그러한 인격화를 위해 자신을 벗어나야 하기는 하지만 말이다.

히 자신 안에 추상적으로 머물러 있기 때문에 주관성을 획득하기 위한 인간의 의식을 필요로 한다. 추상적인 지고의 존재라 할 수 있는 브라만은 인식될 수 없는 부정적인 초월신이라는 점에서 계몽주의의 신과 유사하다(2:340 n. 271). 둘째, 바로 그러한 추상성과 초월성으로 인해 브라만은 인간과의 관계에서 생동적이고 구체적인 모든 것을 단념하라고 말한다. 이는 브라만의 상태에 이르기 위해 요구되는 '고행들'이나 지독한 금욕적 실천들(요가)로 나타나는데, 헤겔은 이런 것들을 인간성을 박탈하는 것으로 생각한다(2:341-344). 셋째는 계급(caste)의 구별이다. 그러한 구별들은 브라만 계층을 신격화하고, 다른 모든 사람들을 그보다 무가치한 사람으로 간주하며, 어떤 사람들은 완전히 쓸모없는 사람으로 간주한다(2:344-347). 헤겔은 힌두교를 정신을 결여한 종교로 결론짓는다. 힌두교의 고립된 보편자는 숭배의 대상이 아니다. 그리고 특수자의 세계는 비합리적이고도 부자유로운 특성을 띠고 있다(2:347-350). 유일한 종교적 선택은 일자에 추상적으로 흡수되거나 아니면 감각적인 활동에 예속되는 것뿐이다. 힌두교에서는 신성을 구성하는 자기-내-존재와 자기구별이라는 두 요소가 아직 화해를 이루지 못하고, 그저 그 두 극단 사이를 이리저리 배회할 뿐이다. "우리는 힌두교인들에게서 매우 아름다운 시적 재능을 발견하기도 한다. 하지만 그 시들은 언제나 완전히 비합리적인 것들에 터하고 있다. 우리는 그 시의 우아함에 선뜻 이끌리지만 그것의 혼란스럽고 무의미한 내용에 금세 질려버린다"(2:350).

1827년『종교철학』은 힌두교의 이런 혐오스러운 묘사와 더불어 금욕적인 고행과 인간 삶을 박탈하는 종교적 실천까지 상세히 설명하고 있다. 헤겔은 분신자살(焚身自殺)이나 과부화장(寡婦火葬)과 같은 관습이나 미신을 그 근거로 든다. "이러한 자유의 결핍에서 비롯하는 미신들이 만방에 퍼지면, 어떠한 윤리도, 어떠한 이성적 자유도, 어떠한 권리나 의무도 없는 것들이 줄줄이 등장하게 된다. 힌두교인들은 반인륜적인 삶의 구렁텅이에 완전히 매몰되어 있다"(2:595- 603).

헤겔은 힌두교를 이렇게 끔찍하게 묘사하면서도 어떤 부분에는 경의를 표하기도 한다. 힌두교는 신을 만물의 존재 근거로서의 실체나 본질로 삼은 최초의 종교라는 것이 바로 그 점이다. 이로써 그는 범신론자라는 혐의를 벗게 된다. 왜냐하면 동양의 범신론이든 스피노자의 범신론이든 상관없이 모든 범신론은 저런 신관과는 대립하는 것이기 때문이다. 브라만은 실체이지만 아직 주체는 아니다. 이 점에서는 유대교의 일신론이 힌두교보다 고차적이다. 하지만 힌두교는 일신론을 초월한다. 그것은 다신론이자 삼신론이다. 힌두교의 삼주신은 그리스도교의 삼위일체론을 전조하고 있다. 하지만 셋째 신적 인물, 삶을 창조하고 파괴하는 시바는 일자가 자기복귀하는 정신과 달리, 그저 단순한 변화만을 일삼는다. 따라서 힌두교에는 끝없는 동요만 있을 뿐 그 어떤 화해도 존재하지 않는다. 그리고 둘째 신적 인물인 비슈누 혹은 크리슈나는 단일하게 규정된 육화 대신 다양하고 일시적인 육화들을 낳는다(2:589-593, 604). 하지만 거기에는 신-우주-인간의 상호작용을 보여주는 요소들이 깃들어 있다. 헤겔은 힌두교의 '풍부한 시적 창조물'과(2:591), 방대한 신화에 매료되어 그것을 기쁘게 요약하고 있다. 그는 베다(Veda)와 서사시가 보여주는 탁월한 상상력이나 우파니샤드가 보여주는 지적인 심오함을 인정한다. 그는 힌두교를 반인륜적인 종교라고 비난하긴 했지만, 사

실 그도 다른 평범한 유럽인들처럼 인도종교의 열정적이고, 다채롭
고, 감각적인 역동성이나 인간 삶의 모든 부분에 신이 현존한다는
믿음에는 분명 매력을 느꼈을 것이다. 그는 힌두교에 담긴 철학적
정교함이나 정신적 지혜 그리고 그 내면적 다양성을 제대로 평가하
지 못했다. 그러려면 힌두교에 대한 더 정확한 인식이 필요했을
것이다.

불교: 자기-내-존재의 종교[30]

헤겔 당시에는 부처(Buddha)의 생애를 대략 기원전 1000년경에
두는 견해가 유력했다. 헤겔은 아마도 이러한 초창기의 연대기에 따
라 불교가 힌두교보다 더 오래된 종교로 추정한 듯하다. 더구나 그는
고타마(Siddhartha Gautama)가 살던 시대(그는 고타마를 기원후 40~50년
에 위치시켰다)와 불교가 중국에 도입된 시기조차 헷갈리고 있는 것
같다. 그는 부처의 중국식 이름을 따라 불교를 포(佛)의 종교라 부른
다. 그래서 그는 여러 부처들 가운데 한 명인 고타마가 살기 전에도
불교는 이미 존재했다고 추정한다. 그가 사용한 자료는 대개 극동지
방을 다녀온 영국인들의 여행기였다. 그는 불교의 주요 학파들에 대

---

30 '자기-내-존재'(Insichsein)는 1824년과 1827년 『종교철학』에서 불교를 지칭하는 이름이다. 1831
   년 『종교철학』에서 그것은 '무화(Vernichtung)의 종교'로 바뀐다. 만일 슈트라우스의 발췌문들
   만 참고한다면, 1831년 『종교철학』에서 불교와 라마교에 관한 논의는 너무 간략하다(2:735-736).
   헤겔은 이 종교들은 힌두교와 '매우 흡사하다'고 말하면서 이렇게 평가한다. 첫째, 라마교에서 보
   편적인 실체는 이미 구체적인 개별자로 현존하고 있다. 그는 절대적인 힘으로 숭배된다. 둘째,
   "힌두교와 라마교와는 달리 불교는 살아 있는 존재가 아니라 부처라는 죽은 선생을 숭배의 대상으
   로 삼는다. […] 궁극적인 목적은 부처와 하나 되는 것이다. 그리고 이러한 무화(annihilation)가
   곧 해탈(nirvana)이다."

해서는 잘 알지 못했다. 그리고 그는 중국의 불교와 티베트의 라마교를 본질상 같다고 생각했다.[31] 이런 상태에서도 그의 불교 분석이 꽤 정확하다는 점은 참으로 놀라운 일이다. 그는 불교가 세계에서 "가장 널리 퍼져 있는" 종교이며, "신도의 수도 그리스도교보다 이슬람교가, 이슬람교보다 불교가 더 많다"(2:310, cf. 563-564)[32]고 설명한다. 그는 이슬람교도의 수가 저렇게 많다는 것을 알면서도 왜 이슬람교는 다루지 않았을까? 그리고 그리스도교가 불교나 이슬람교보다 우세하지 않았다는 것을 그는 어떻게 설명할 수 있을까? 만일 완성된 종교가 그리스도교가 아닌 다른 종교라면, 그것은 그의 목적에 어긋나는 것은 아닐까? 하지만 우리는 헤겔이 그런 승리의 시나리오를 내놓은 것이 아님을 기억해야 한다. 완성이란 개념적인 것이지 역사적인 것이 아니다. 그리고 앞으로 살펴보겠지만, 역사적인 그리스도교는 완성종교의 이념과 일치하지도 않는다.

1824년 『종교철학』(2:303-316)에서 불교는 여전히 '마법종교'라는 범주에서 다뤄지고 있다. 물론 헤겔도 그 구상이 부적절하다는 것을 알고 있다. 왜냐하면 우리는 이제 불교에서 신적인 존재를 형식적인 대상이 아니라 현실적인 대상으로 만나기 때문이다. 종교는 유한자와 무한자의 통일이자, 개념과 실재의 통일이다. 불교보다 앞

---

31 이와 관련해서는 2:6, 36-37, 307-308 nn. 190, 192, 193을 참고하라. 헤겔이 보기에 불교와 라마교의 차이는 불교에서는 여러 명의 부처들이 다양한 시대에 걸쳐 한 명씩 존재하지만, 라마교에서는 같은 시대에 여러 명의 라마들이 동시에 존재할 수 있다는 것, 나아가 부처의 육화는 모두 과거지사이지만, 라마의 육화는 현재도 지속하고 있다는 것이다. 그중 가장 잘 알려진 것이 달라이 라마(Dalai Lama)다.

32 나는 19세기에 헤겔이 추정한 수치가 정확한지 확인할 수 없다. 하지만 오늘날에는 그리스도교 신도가 가장 많고, 그 다음은 이슬람교, 힌두교, 불교 순이다. 그리스도교는 헤겔이 살던 시대에야 비로소 아프리카, 아시아, 아메리카로 전파되었다.

선 힌두교에서 신적인 것은 우리가 진정한 것으로 깨달은 내용이 아니라 그저 자연을 능가하는 인간 마음의 힘이었다. 하지만 불교에서 의식은 본질적인 존재를 독립적인 것, 자기 내에 존재하는 것, 자기 자신과 관계하는 것으로 이해한다.

"참으로 객관적인 보편성이 등장하는 것은 바로 이 지점에서다. 여기서는 자연적이고 우연한 것으로 규정된 자기의식과 […] 자기 내부에 안주하고 거주하는 정신이 구별된다. 그리고 바로 이러한 자기-내-존재 안에서 처음으로 신적인 것 일반의 장소가 마련된다"(3:305). 그리고 여기서 자유로운 숭배가 시작된다. 왜냐하면 그 공동체는 영원한 안식과 내적인 명상을 본질적인 것으로 여기기 때문이다. 이는 사유 속에서 자기와 함께 머무는 것이다. 이러한 자신과의 합일 속에서 욕망이 극복된 평정의 상태에 이르게 된다. 그렇다면, 이러한 본질, 즉 자기-내-존재란 무엇인가? 그것은 본질적으로 무(無)다. 이는 비존재라는 의미의 무가 아니라 자기 자신과 완전히 동일하다는 의미의 무이자 아무런 규정도 없는 존재라는 의미의 무다. "따라서 그것은 완전히 순수하고, 전적으로 단순하며, 아무런 구별도 없는 영원한 안식의 상태다. 그것은 덕도 아니고, 힘도 아니며, 지성도 아니다. 그것은 이러한 구별들을 갖고 있지 않다. […] 이러한 완전한 평정심이나 무관심의 상태에 이르면, 미덕과 악덕, 보상과 처벌, 속죄, 영혼 불멸, 예배와 같은 문제들은 더 이상 존재하지 않는다. 이러한 것들은 이미 사라졌다. 인간의 거룩함은 이러한 침묵 속에서 신과의 합일을 구하는 데 있다"(2:312). 불교도는 이러한 합일의 상태를 '열반'(nirvana)이라 부른다(2:314).

1827년 『종교철학』(2:562-579)은 이러한 열반의 상태를 매우 상세히 묘사하고 있다. 헤겔은 이를 서구의 존재론적이고 유신론적인 범주로 설명하고 있지만, 그 내용은 놀랍도록 일치한다. "여기서 우리는 자기-내-존재라는 실체성의 형식을 절대자로 삼는다. 하지만 그것은 스피노자의 경우처럼, 사유를 통해 파악된 실체가 아니라 감각적으로 현존하는 실체, 즉 단일한 인간 존재들이다"(2:564). 이들은 부처나 라마승을 가리키는데, 헤겔은 발가락을 입에 문 듯한 자세로 사유하는 부처의 이미지33가 바로 이러한 자신으로 물러남과 빠져듦을 표현한다고 생각한다. 궁극적인 실재는 무(無) 혹은 비존재, 즉 특수한 모든 것이 부정된 존재다. 그 외의 모든 현실은 우연적이거나 의존적이기 때문에, 인간은 반드시 열반의 상태에 이르러야 한다.

> 얼핏 보면, 인간이 신을 무(無)로 생각한다는 것은 우리를 무척 당혹스럽게 한다. [⋯] 하지만 좀 더 생각해 보면, 순수하고 단순한 신이란 이처럼 아무런 규정도 갖지 않음(무규정성)을 뜻한다. [⋯] 우리가 신을 무한자라고 부를 때, 이는 곧 신이 모든 특수자들의 부정이라는 것을 뜻한다. 오늘날 우리가 '신은 무한자, 본질, 순수하고 단순한 본질, 본질들 중의 본질, 유일한 본질'이라 표현하는 것도 실은 신을 이렇듯 무라고 주장하는 것과 다르지 않다. 하지만 이는 신이 존재하지 않는다는 뜻이 아니라, 신은 공허하다는 것 그리고 그런 공(空)이 곧 신이라는 뜻이다 (2:567-568).

헤겔은 이어 부정신학은 종교적 표상의 필연적인 단계라고 말한

---

33 헤겔이 생각하고 있는 것은 사실상 나라야나(Brahmā Nārāyaṇa)의 이미지다. 이와 관련해서는 2:564 n. 142를 참고하라.

다. 이는 신이란 모든 규정을 자신 안에 담고 있으면서도 그 어떤 규정과도 일치하지 않는 절대적 충만함 혹은 절대적 실체라는 다음 단계의 주장을 위한 토대가 된다. 이러한 실체는 고대 그리스인들이 누우스(nous)라 불렀던 '무의식적인 이성작용'과 유사한 것이다. 이런 점을 보면, 헤겔은 불교의 열반과 힌두교의 브라만을 같은 것으로 보는 것 같다. 여기서 실체성은 본래적인 의미의 '범신론'과 같다고 말할 때 특히 그러하다. 이는 모든 것이 신이라는 투박한 의미의 범신론이 아니라, 만물은 신 안에서 그들의 본질적 존재를 갖는다는 의미의 범신론, '만물'로서의 신은 유한자를 신격화하는 것이 아니라 유한자를 부정한다는 의미의 범신론이다. 만물을 의미하는'pan은 '집합적 전체'(Allesheit)가 아니라 '보편성'(Allgemeinheit)을 의미한다(2:571-573). 앞서도 언급했듯이,[34] 이는 헤겔의 전일론(Holism)이 집합적 전체로서의 총체성을 뜻하는 것이 아니라는 것을 뒷받침하는 구절이기도 하다.

신이 곧 실체라는 것은 '그리스도교'가 지닌 필연적인 특징이기도 하다. 물론 그리스도교는 신이 곧 주체이자 정신이라고 확언하고 있다는 점에서는 다르지만 말이다. "모든 고차적 종교들, 특히 그리스도교에서 신은 유일하고도 절대적인 실체다. 하지만 신은 또한 주체이기도 하다. 이것이 그리스도교가 다른 종교들과 다른 점이다. 마치 인간이 인격성을 지니듯이, 신도 주체성, 인격성, 정신, 절대정신의 특성을 지닌다. 이것이 더 고차적인 규정이다. 그럼에도 불구하고 정신은 유일한 실체로 머문다." 하지만 직접성(헤겔은 동양의 종교들

---

34 이와 관련해서는 이 책의 5장, 157-158을 참고하라.

을 이러한 '직접성'에 배치한다)의 관점에서는 아직 자신을 인식하는 정신성이란 존재하지 않고, 다만 특수한 인간의 형태를 띤 정신성만 존재할 따름이다(2:573-576). 열반이라는 '공'(空)의 상태와 온갖 규정을 지닌 구체적 인간들이 모두 다 신이라는 이런 놀라운 관점 사이에는 서로 통합될 수 없는 긴장과 갈등이 놓여 있다.[35]

이러한 논의는 불교의 열반 이해와는 거리가 멀다. 그리고 그는 사성제(四聖諦)나 팔정도(八正道) 그리고 무아론(無我論)과 같은 불교의 다른 측면들은 거의 언급도 하지 않는다. 그러나 불교와 힌두교를 묶어 논의하는 맥락에서 그가 보여준 범신론에 대한 평가나 범신론에 대한 그리스도교의 입장에 대한 평가는 그래도 의미가 있다. 이는 그가 아시아 종교들에 담긴 정신적 통찰을 인식했다는 점과 아시아 종교들에 대한 오해를 지우려 노력했다는 점을 보여준다. 힌두교, 불교, 유대교 그리고 그리스도교는 신이란 유일한 실체이자 절대적 실체라는 확신을 공유하고 있다. 나아가 유대교와 그리스도교는 신이란 절대적 실체일 뿐만 아니라 절대적 주체이기도 하다는 더 높은 차원의 진리를 공유하고 있다. 그럼에도 불구하고 이 둘은 사뭇 다르다.

---

35 헤겔은 다양한 부처들과 라마승들에 관심을 기울인다. 그리고 자신의 선조가 천연두로 죽고 난 이후에 갓난아이에게서 티베트의 라마승을 발견하는 이야기를 상세히 다루고 있다(2:576-579).

유대교에 관한 헤겔 논의의 변화 과정[36]

유대교에 관한 헤겔의 해석은 1821년과 1827년『종교철학』에서 눈에 띄는 차이를 보인다. 1821년『종교철학』에서 그는 여전히『초기 신학 저술들』의 관점을 유지하고 있다. 거기서 유대교의 정신은 주인과 노예의 관계로 표현되는 소외된 정신이다. 그리고 1821년『종교철학』은『정신현상학』의 관점도 견지하고 있다. 거기서 유대교의 신 이념은 빛 혹은 '빛의 존재'(Lichtwesen)와 연관된다.[37] 1821

---

[36] 이하의 논의는『종교철학』제2권 편집자 서문에 사용한 자료들을 활용한 것이다. 이와 관련해서는 나의 논문, "The Metamorphosis of Judaism in Hegel's Philosophy of Religion," *The Owl of Minerva* 19/1 (1987)도 참고하라. 이는 쿨렌(Bernard Cullen)이 편집한 *Hegel Today* (Aldershot: Avebury, 1988), 88-101에도 실려 있다. 나는 이 논문의 도입부에서 유대교에 대한 헤겔의 논의를 연구한 아비네리(Shlomo Avineri)의 논문을 다루고 있다. 아비네리는 그 논문에서 19세기의 유대인 학자 크로크말(Nachman Krochmal)은 헤겔의 역사철학적 틀 내에서 유대교에 관한 헤겔의 관점을 지양(Aufhebung)했다는 점을 지적하고 있다. 즉 유대인들은 일신론의 이념이 가지고 있는 보편성과 정신성을 통해 절대정신의 참된 담지자가 될 수 있었고, 그로 인해 역사의 시간성을 초월할 수 있었다. 그들은 자신의 몸을 모두 불태우고 그 재 속에서 다시 날아오르는 전설 속의 불사조처럼 부활한 것이다. 반면 다른 모든 민족들은 그들만의 특수한 정신성으로 인해 결국 모두 소멸하고 말았다. 크로크말도 유대인의 생존을 이러한 방식으로 설명하고 있다. 이는 헤겔 자신은 말하지 않았던 방식이다. 물론 그도 유대인들의 생존이나 국가 없는 사람들의 고통을 알고는 있기는 했지만 말이다. 이와 관련해서는 Avineri, "The Fossil and the Phoenix: Hegel and Krochmal on the Jewish Volksgeist," in Robert L. Perkins (ed.), *History and System: Hegel's Philosophy of History* (Albany: State University of New York Press, 1984), 47-63을 참고하라. 이와 유사한 맥락에서 에밀 파켄하임(Emil Fackenheim)은, 유대교는 헤겔이 자기 온 생을 바치게 만든 '풀리지 않는 수수께끼'라고 말했던 로젠크란츠(Karl Rosenkranz)를 언급하면서, 헤겔의 사상에서 유대교는 계속해서 나타나고 있다는 점을 지적하고 있다. 실로 유대교를 시대착오적인 것으로 만든 것은 유럽의 고전적인 고대가 아니라 그리스도교 세계일 것이다. 이와 관련해서는 Fackenheim, "Hegel and Judaism: A Flaw in the Hegelian Meditation," in J. J. O'Malley et al. (eds.), *The Legacy of Hegel: Proceedings of the Marquette Symposium* (The Hague: Martinus Nijhoff, 1973), 161-162를 참고하라.

[37] 이와 관해서는 *Early Theological Writings*, trans. T. M. Knox (Chicago: University of Chicago Press, 1948), 182-205 그리고 *Phenomenology of Spirit*, 418-420을 참고하라.『정신현상학』에 나타난 이러한 유대교 해석에 관해서는 Jaeschke, *Reason in Religion*, 198-204를 참고하라.

년과 1827년 판본에서 한결같이 유지되고 있는 것은 유대교를 '숭고함'(Erhabenheit)의 종교라 부르는 것이다.

헤겔의 이러한 해석은 철저히 그가 읽었던 히브리 성서에 기초하고 있다. 처음 세 번의 『종교철학』(1821년, 1824년, 1827년)에서 그는 히브리 성서의 모세오경과 욥기(그는 고대를 집대성한 철학자라 할 수 있는 욥에게 오랜 관심을 가져왔다) 그리고 시편만을 다루었다. 1831년 『종교철학』에서는 '후기 선지자들'의 보편주의도 다루고 있다(이와 관련해서는 2:9를 참고하라). 그는 모든 판본에서 그리스도교와 유대교의 관계를 밝히는 데 주력하고 있다.

주인에 대한 두려움(1821)

유대교의 대명제는 신은 오직 유일신이라는 것, 즉 신은 중성적 일자(das Eine)가 아니라 인격적 일자(der Eine)이고, 실체일 뿐만 아니라 주체이기도 하며, 자신을 단일하면서도 구체적인 보편성으로 자각하고 있는 무한자라는 것이다(2:127-129). 이러한 신은 전능하다. 그러한 신적 권능의 숭고함은 물리적인 힘이 아니라 순수한 빛과 같은 순수한 말씀으로 표상된다(2:134-141). "주님이 이르시되 빛이 있으라 하시니 빛이 있었다. [...] 오직 하나의 숨결과 같은 빛"(2:136). 이와는 반대로 창조, 보존, 소멸의 교리는 세계의 우연성과 의존성을 말하고 있다. 세계와 관계하는 신의 권능은 아직 규정되지 않았다. 신의 권능은 그러한 힘의 작용 외에 어떠한 특정한 내용과 목적도 필요로 하지 않으며, 신의 선함과 의로움 사이에도 아무런 차이가 없다. 신은 "아직 내적으로 구체화되지도 않고, 자기 내적으로 다듬

어지지도 않은 채"(2:153) 그저 추상적인 권능, 일자라는 대자존재로
머물러 있다.

유대교의 제의(2:152-160)는 근본적으로 노예의식과 주종의 관계
를 표현한다. 신이 단순한 일자라는 추상적인 범주로 이해되면, "인
간과 신의 관계는 엄격한 지배와 막중한 봉사의 형태를 띠게 된다.
참된 해방은 그리스도교의 삼위일체에서 이루어진다"(2:156). 예속
의 조건은 자신의 자기의식을 타자에게서 구하는 것이다. "주인에
대한 두려움은 절대적인 종교적 의무인데, 이는 나 자신을 아무것도
아닌 것으로 여기거나 나 자신을 절대적인 의존적 존재로 여기는
것이다. 이것이 바로 주인에 대한 노예의 의식이다"(2:155). 신이 원
하는 것은 자신을 믿는 사람들이 "자신을 두려워하고, 자신에게 근
원적인 의존의 감정을 갖게 하는 것이다"(2:158). 이러한 언급은 당시
에 슐라이어마허가 출판했던 『기독교신앙』(*Glaubenslehre*, 이와 관련
해서는 2:158 n. 138을 참고하라)을 염두에 둔 것이다. 헤겔은 종교적 의
식에 관한 슐라이어마허의 설명은 그리스도교의 신앙이 아니라 유
대교의 신앙을 표현한 것이라고 말한다.

만일 주인에 대한 절대적 의존 안에서만, 오로지 그것을 통해서
만 자기의식을 가질 수 있다면, 그것은 우리가 주인과의 유일하고,
고유하고, 배타적인 관계 속에서 절대적으로 재정립된다는 것을 뜻
한다(2:155, 157-160). 헤겔은 유대인들이 가진 확신, 즉 우리는 그저
신의 노예일 뿐이고, 오로지 주인만이 우리의 신이라는 그런 확신이
야말로 유대교의 변치 않는 특성이라고 말한다. 이러한 의미에서
유대교는 국가종교 혹은 민족종교다. 하지만 그들은 자신이 거주할
땅을 요구할 수 없다. 그것은 오로지 신의 선물이다. 신만이 그들에

게서 땅을 빼앗을 수도 되돌려줄 수도 있다.

지혜의 근원(1824)

1821년『종교철학』은 유대교에 관해 기본적으로 부정적인 색채를 띠고 있었지만 1824년『종교철학』은 유대교의 가치를 더 공정하게 평가하고 있다. 헤겔은 유대교의 신에 관한 형이상적인 개념(신은 단순하고 유일한 일자라는 '가장 중요한' 인식, 그것은 신의 절대적 정신성의 토대이자 '진리로 나아가는 길'이다)을 간략히 언급한 후에(2:425-426), 표상으로 표현된 '신의 자기규정'에 관한 논의로 넘어가는데, 거기서 그는 이전에는 놓치고 있었던 많은 새로운 통찰들을 보여주고 있다 (2:42-40). 신은 아직 내적인 자기규정은 갖고 있지 않고(왜냐하면 신은 삼위일체적인 것이기 때문이다), 다만 창조와 보존의 행위를 통한 외적인 자기규정만 가지고 있다. 신은 창조과정의 결과(이는 신통계보학이지 신들의 발생계보학이 아니다)가 아니라 바로 그 시작점이다. 그리고 신의 창조는 인간의 생산과는 다른 절대적 창조, 무로부터의 창조다. 이는 신의 편에서 행해지는 내적이고 직관적인 활동이자 영원한 활동이다(2:428).

신의 세계창조와 세계보존은 그저 추상적인 권능이 아니라 무한하고도 합목적적인 지혜라는 점에서, 그것은 신의 선함과 의로움을 표현한다. 피조물들은 자율성을 결여하고 있는 무미건조한 신성이다. 자연이라는 외면성은 명쾌하게 인식될 수 있다. 이렇게 탈신성화된 자연은 신과 세계의 관계를 올바로 이해하기 위한 필연적인 단계다. 유대교는 본질적으로 이러한 관계를 신의 숭고함과 관련하여 이해한다. 숭고함이란 신은 자신이 드러난 현실을 초월해 있다는 것, 현실 자체는 부정되거나 전적으로 신에게 예속되어 있다는 것을 뜻한다. 예를 들어, 신은 곧 사라져버리는 말씀을 통해 세계를 창조하며, 그의 명령은 바람이나 불빛 혹은 천둥과 같은 자연적 매개들을 통해서만 드러난다.

신의 목적에 대한 표상은 이론적이기도 하고 실천적이기도 하다. 신의 이론적인 목적은 오로지 신만이 인정받고 찬양되어야 한다는 것이다. 신의 실천적인(세속적인) 목적은 이제 자연적인 목적이 아니라 인간의 자기의식과 자유에 뿌리를 둔 인륜적인 목적이라는 것이다. 하지만 우리는 여전히 직접적이고 자연적인 인륜적 삶에 머물러 있다. 그래서 이 단계에서 신의 목적이 실현된 인륜적 형태는 곧 가족이다. 이는 다른 모든 민족을 배제한, 오로지 유대민족으로만 이루어진 가족이다. 여기서 우리는 유대교에 나타나는 '심각한' 모순을 발견하게 된다. 한편으로 신은 보편자이자 모든 인간의 신이다. "너희 모든 나라들아 여호와를 찬양하며 너희 모든 백성들아 그를 찬송할지어다"(시편 117:1-2). 하지만 또 다른 한편으로 신의 목적과 작용은 유대민족이라는 출신과 인종에 제한되어 있다. 그래서 헤겔은 『창세기』 1장에서 3장에 나오는 인간의 창조와 타락의 보편적인 이야기 내용이 유대교의 신앙과는 무관하다고 본다. 하지만 유대교의 특수성에 대해 옳고 그름을 따질 필요는 없다. 왜냐하면 다른 민족들이 이스라엘의 신을 숭배할 필요는 없기 때문이다. 다른 민족들도 주인을 찬양한다고들 하지만 그들은 이슬람교처럼 광신적으로 찬양하지는 않는다. 유대교는 오로지 자신이 공격당할 때, 자신의 존재가 위협받을 때만 광신적인 형태를 띤다.

유대교의 제의(2:441-442)는 부정적인 측면과 긍정적인 측면을 둘 다 가지고 있다. 부정적인 측면은 주인에 대한 두려움이다. 하지만 (1824년『종교철학』은 1821년『종교철학』과 결정적인 차이를 보인다) 이는 지상의 군주에 대한 두려움이 아니다. 그것은 덧없고 우연한 모든 것을 포기하게 하고, 우리를 순수한 사유의 단계로 고양시키는 절대자에 대한 두려움이다. "이러한 주인에 대한 두려움이 바로 지혜의 근원이다"(2:443). '지혜'란 특수한 모든 것들을 절대적이고 실체적인 것으로 간주하지 않는 것, 즉 유한한 모든 것들을 상대적인 것으로 인식하는 것이다. 그러므로 이러한 주인에 대한 두려움은 지상의 모든 예속적 형식들로부터의 근본적인 해방, 모든 것을 해방시키는 것, 주인에게 몰두하는 것 그리고 이러한 주인과의 합일을 자신의 대상과 본질로 삼는 것을 뜻한다. 이는 '의존의 감정'이라는 불리는 것과는 전혀 다른 것이다(2:443-444). 1821년『종교철학』은 유대교가 종교적 신앙에 관한 슐라이어마허의 규정을 구현하고 있는 것으로 보았지만, 이제는 정반대다. 유대교는 자유의 종교들 가운데 최초의 것이다. 그리고 슐라이어마허가 말하는 의존의 종교관은 이제 로마 종교에 적용되고 있다(이와 관련해서는 2:443 n. 551을 참고하라).

유대교의 예배가 지닌 긍정적인 측면은 방금 논했던 대목에서 바로 드러난다. 지혜의 근원인 주인에 대한 두려움은 절대적 믿음과 무한한 신앙을 낳는데, 이는 특정한 실존방식으로의 이행을 촉발한다. 이러한 믿음은 "그리스도교도 강조하는 수없이 많은 위대한 승리들로 뒷받침되고 있다. 그러한 승리를 이끌었던 믿음은 곧 아브라함의 신앙이다"(2:446). 이러한 평가는 초기의『그리스도교의 정신과 그 운명』의 내용과 상당히 다르다. 하지만 그는 그 민족의 역사를 구체적으로 설명하지는 않는다. 헤겔의 논의는 『구약성서』에 나타난 유대교 신앙의 내용만을 따른 것이다. 그의 시나리오에서 이스라엘의 역사는 결국 그리스도교의 역사로 넘어간다. 1824년 『종교철학』은 유대교와 그리스도교 사이의 간격을 상당히 좁히고 있다. 그리고 유대교 신앙의 심오한 측면들, 이를테면, 유일신에 대한 예배, 창조의 신학, 신의 선함과 지혜의 신학, 신의 주권 안에 근거한 인간의 자유, 신의 약속에 대한 긍정 같은 것들이 이제는 그리스도교 신앙으로 흡수된다. 그리스도교 신앙은 유대교에서는 암시된 보편주의를 더욱 발전시켜 나가고, 신의 자기규정 과정을 삼위일체와 육화의 형태로 나타나는 신적인 생 자체에 도입한다. 이스라엘 민족은 자신의 국가를 상실하긴 했지만, 그래도 계속 생존하고 있다.

신의 무한한 주관성과 창조성(1827)

1827년 『종교철학』에서 유대교와 그리스 종교를 다루는 순서는 1821년과 1824년 『종교철학』과 정반대다. 이제 유대교가 그리스 종교 뒤에 온다(2:640-642). 이 두 종교는 공통적으로 정신적인 것이 자연적인 것 너머로 고양되는 것을 보여준다. 또한 그것들은 '자유로운 주체성'이라는 특성도 공유하고 있다. 자유로운 인륜적 제도는 이스라엘보다 그리스에서 더 풍부하게 발전했지만, 그리스의 신들은 여전히 유한자이며, 감각적으로 아름다운 인간의 모습을 하고 있다. 이와는 대조적으로 이스라엘의 신은 무한한 주관성이며, 어떠한 형태도 띠지 않는다. 아름다움의 종교가 숭고함의 종교로 고양되는 필연성은 바로 이런 차이에 있다(2:669). 이는 1827년 『종교철학』이 유대교를 호의적으로 평가하는 1824년 『종교철학』의 궤를 따르면서도 그것을 더욱 발전시키고 있다는 것을 뜻한다. 1827년 『종교철학』의 유대교 부분(2:669-687)은 유대교의 신 이념에 관한 섬세한 분석과 신과 세계의 다양한 관계 양상을 다루는 데 거의 다 할애되고 있다.

이스라엘 민족이 종교의 역사에 가장 크게 기여한 점은 그들이 신을 '정신적인 주관적 통일'로 이해했다는 점이다. 이러한 주관적 통일은 아시아 종교에서처럼 실체일 뿐만 아니라 절대적인 권능과 지혜 그리고 목적이기도 하다. 그런 이유로, 그것은 '신성한 것'이 되고, 처음으로 '신'이라는 이름도 얻게 된다. 이러한 신이 바로 최고의 철학적 개념이라 할 수 있는 '무한한 주관성'이다. 이와 같은 신은 감각적인 형태를 띠지 않는다. 그것은 오로지 사유될 수 있을 뿐이다. "사유야말로 이러한 대상을 위한 본질적인 토양이다"(2:669-671).

하지만 이러한 신은 자신을 은폐하는 추상적 동일성의 상태에 머물러 있지 않는다. 도리어 신의 지혜는 '신적인 것의 특수화'(이는 1824년 『종교철학』에서 그리스 종교를 다룰 때 사용한 표현이다), 즉 신적인 것의 자기규정, 판단, 창조와 같은 과정을 내포하고 있다. 이러한 과정은 아직 신 내부에 구체적으로 정립되어 있지 않고, 다만 추상적이고 외적인 상태에 머물러 있다. 그런 의미에서 그것은 아직 내재적 삼위일체가 아니다. 하지만 창조 행위는 유대교의 신을 특징짓고 결정하는 매우 중요한 요소다. 신은 세계의 창조자다. 이는 세계뿐 아니라 신에 대해서도 함의하는 바가 크다. 첫째, 세계는 힌두교와 그리스 종교의 세계발생론처럼 '신으로부터 유출된 것'이 아니라 '무로부터 창조된 것'(ex nihilo)이다. 이는 일자의 주관성은 절대적인 시초라는 것 그리고 거기서 비롯한 세계와는 동일한 것이 아니라는 것을 뜻한다. 둘째, 신이 세계와 맺는 관계들(선함과 의로움이라는 신의 지혜가 보다 구체적으로 드러난 계기들)은 신의 자기규정이므로, 우리는 그 관계를 인식함으로써 사실상 신을 인식하게 된다. 이제 선함과 의로움이라는 범주는 보다 풍부하게 규정된다. 선한 존재로서의 신은 자신으로부터 세계를 방출한다. 진정으로 자유로운 자만이 이러한 방출을 행할 수 있고, 자신의 규정들을 자유롭게 풀어낼 수 있으며, 그것들을 '서로 다른 방식으로' 내어놓을 수 있다. 그것이 곧 유한한 세계 전체다(2:675).38 정의로운 존재로서의 신은 자신과 관계하는 세계를 보존하고, 그 세계에 근본적인 자율권을 양도하지 않으면서, 자신의 목적을 구체적으로 실현한다. 셋째, 세계는 세속적이고 무미건조한 것이 된다. 자연은 신성을 박탈당한다. 거기에는 유한자와 무한자의 동일성이 존재하지 않는다. 신이 세계에 자신을 드러내는 방식은 숭고함이나 기적의 특성을 띠는데, 그중 숭고함만이 신의 진정한 형식이고, 기적은 그렇지 않다. 마지막으로, 신의 목적은 자연세계와 인간세계에 현시된다. 이러한 목적은 단순히 말해, 온 세상과 온 민족이 신의 영광을 선포해야 한다는 것이다. 이러한 신에 대한 찬양이 바로 모든 인륜적 행위의 '내적인 측면'이다. 만일 신에 대한 찬양이 없다면, 도덕적 정당성은 마련될 수 없다. 우리의 세속적인 실존은 신에 대한 찬양을 통해서만 충만해질 수 있다.

헤겔은 이러한 유대교의 신 이념을 호의적으로 설명한 다음, 이제 그것의 '한계들'을 간략히 다룬다(2:683-687). 그 한계는 원리상 다음 세 가지다. ① 신의 자기규정적인 지혜는 아직 내적으로 전개되지

---

38 앞서 살폈듯이, 이것이 바로 헤겔이 1827년『종교철학』에서 설명한 그리스도교 창조론의 중심주제다(이와 관련해서는 7장을 참고하라). 그리스도교 교리는 유대교의 교리와 본질적으로는 같다.

않았다. 자기 내부에서 자신을 영원히 전개하는 신 이념은 오로지 완성된 종교에서만 나타난다. ② 유대교의 신은 암묵적으로 보편주의를 주장하면서도 그 신은 모든 인류의 신이 아니라 여전히 민족의 신, 민족이라는 가족에 한정된 신이다. ③ 신의 목적들은 추상적이다. 왜냐하면 그 목적들은 역사적/인륜적 삶에서 일어나는 투쟁과 변증법 속에서 수행된 목적들이 아니라 미리 규정된 불변하는 신의 명령에 불과하기 때문이다. 엄밀히 말해 이러한 한계들은 그리스도교에서, 삼위일체로서의 신 개념에서, 성령공동체라는 비지역적인 특성에서 그리고 단지 모세오경의 율법이 아니라 십자기에 못 박힌 그리스도로 나타난 신의 현존에서만 극복될 수 있다. 그럼에도 불구하고, 유대교는 분명 그리스도교를 탄생시킨 토양이다. 유대교의 신론과 창조론은 그리스도교라는 새로운 종교를 위한 토대다.

선의 종교(1831)

1831년 『종교철학』에서 헤겔은 유대교를 '자유의 종교에 이르는 과도기적 형태들'이라는 새로운 종교사적 틀에서 논의한다. 거기서 유대교는 '선의 종교'라 할 수 있는 페르시아 종교와 쌍을 이룬다 (2:738-742).[39] 그 논의의 실제적인 내용 대부분은 1827년 『종교철학』과 유사하지만 이번에는 선과 악이라는 주제에 초점을 두고 있다. 신은 시원적인 물질을 통해서가 아니라 자기 존재의 '근원적 분리'

---

[39] 슈트라우스의 발췌문의 부족한 내용은 1831년 『종교철학』에 해당하는 전집판 내용 가운데 유대교에 관한 몇몇 구절로 보충될 수 있다. 2:438-441 n. 541, 452-455 n. 572, 672 n. 457, 683-685 n. 492. 여기 요약된 내용은 슈트라우스의 발췌문과 전집판의 구절들을 모두 활용한 것이다.

(Urteil)를 통해 창조한다. 이것이 창조의 선함을 구성한다. 그렇다면 악의 근원은 무엇인가? 그 대답은 우주론적 이원론(헤겔이 페르시아 종교를 그 예로 들었던 신통계보학적 신화)도 아니요, 절대적 실체의 성격적 결함(필연성과 운명에 관한 그리스 신학으로 대표되는 비극적 신화)도 아니다. 악의 근원은 바로 유한한 정신의 자유로운 타락(아담의 신화)이다.[40] 이것이 바로 타락 이야기가 지닌 '심오한 사변적'(2:741) 특성이다. 1831년 『종교철학』은 이러한 특성을 이전의 판본에서처럼 그리스도교가 아니라[41] 유대교의 맥락에서 다루고 있다.

하지만 유대교에서는 타락 이야기가 "제대로 다뤄지지 않았다." "그 이야기는 그리스도교에 와서야 비로소 참된 의미를 갖게 되었다"(2:741). 헤겔이 타락 이야기를 유대교와 관련시켜 논의한 이유도 바로 이 점을 드러내기 위해서일 것이다. 선과 악의 투쟁이야말로 유대교의 본질적인 특징이다. 다윗의 『시편』은 이 점을 잘 보여준다. 거기서는 "자신의 죄성을 의식하는 영혼의 깊숙한 내면에서 고통이 울부짖고 있으며, 용서와 화해를 위한 고통스러운 청원이 이어지고 있다"(2:441 n. 541). 하지만 이러한 깊은 고통은 정신의 영원한 계기가 아니라 우연한 방식으로 살아가는 개인에 속하는 것이다. 유대교에서는 그러한 고통이 끝내 해소되지 못한다. 후기의 선지자들이 말하는 유대교의 신 이념에 깃든 보편주의와 이스라엘 민족만이 신에게 선택된 사람들이라는 믿음 사이에도 이와 유사한 긴장이 있다.

---

40 나는 여기서 리쾨르(Paul Ricœur)가 사용한 범주를 차용했다(*The Symbolism of Evil*, trans. Emerson Buchanan [Boston: Beacon Press, 1967], 306-346). 그 범주들은 헤겔의 분석과 완벽히 일치한다.

41 이와 관련해서는 이 책 7장의 '타락 이야기'에 관한 논의를 참고하라.

이러한 긴장이나 한계는 유대인들에게 계시된 신의 법은 자유의 법이 아니라는 것을 뜻한다. 그 법은 이성이 만든 것이 아니라 신이 명령한 것이다. 그 법은 아주 사소한 제의적 규칙들에서 인간 실존의 보편적인 인륜적 토대에 이르기까지 매우 광범위하게 나타난다. "모든 법은 주인이 정하는 것이다. 그것은 전적으로 외부에서 주어진 명령이다. 그러한 법에는 형식적이고 절대적인 권위가 있다. 특수한 정치적 구성체는 전혀 그러한 보편적 목적에서 생겨나지 않으며, 인간들이 그러한 보편적인 목적을 결정하도록 하지도 않는다"(2:685 n. 492). 유대인들의 소명은 주인에게 자신을 바치는 것이다. 이는 유대인들의 '확고한 신념'이다. 그리고 이렇게 확고한 예속 상태에는 어떠한 자유도 존재하지 않는다는 것을 의미한다. 주인은 악과 싸우는 인간에 직접 개입하지 않고, 다만 악을 처벌할 뿐이다. 유한한 주체는 선과 악의 끝없는 싸움에 빠져듦으로써 어떠한 해방도 존재하지 않는 회개와 고통에 빠진다. 해방은 그러한 투쟁과 고통이 오로지 신적인 삶 자체로 받아들여질 때 비로소 이뤄질 수 있다.

그래서 헤겔은 1821년 『종교철학』에서 처음 언급하고, 이후의 판본들에서는 다루지 않았던 주제로 되돌아간다. 그 이유는 1831년 『종교철학』에 대한 해석학적이고 정치적인 맥락에서 짐작할 수 있다. 헤겔은 1830~1831년 즈음, 당시의 시대적 사건들로 인해 십여 년 전에 관심을 가졌던 주제, 즉 종교와 국가의 관계에 관한 문제, 특히 자유로운 정치제도들을 만들고 유지하는 문제에 다시 관심 갖기 시작했다.[42] 오로지 자유로운 종교만이 자유로운 국가의 토대가

---

42 이와 관련해서는 Walter Jaeschke, "Hegel's Last Year in Berlin," in Lawrence S. Stepelevich and David Lamb (eds.), *Hegel's Philosophy of Action* (Atlantic Highlands, NJ: Humanities Press,

될 수 있다. 이러한 관점에서 보면 유대교는 뭔가 부족해 보인다. 유대교는 자유에 이르는 과정에 있을 뿐 아직 자신을 인륜적으로 실현하지 못했다. 이러한 관점에서도 그리스의 종교와 문화는 매우 중요한 근거들을 제공하고 있다.

1827년 『종교철학』에서 헤겔은 그리스 종교가 유대교로 고양되는 것을 긍정하면서도 그 두 종교의 '일면성'을 언급하고 있다(2:688). 하나가 다른 하나보다 '더 고차적으로' 보이는 것은 단지 특수한 관점에서만 그러하다. 신의 이념에 대한 관점, 즉 일신론, 정신적 통일, 주관성이라는 관점에서 보면 유대교가 그리스 종교보다 고차적이다. 하지만 신적인 것과 인간적인 것의 매개(육화)라는 이념과 자유로운 인륜적 제도들이라는 관점에서 보면, 그리스 종교가 유대교보다 고차적이다. 그들이 가진 각각의 일면성은 그리스도교에서 극복된다. 그리스도교가 생겨난 토양은 유대교이지만 그것을 자라게 한 빛은 그리스 종교다. 그리스도교는 그저 유대교의 발전된 형태가 아니라 지리적, 인종적, 문화적 연관(헤겔의 관점에서 보면, 히브리와 그리스, 이후에는 라틴과 독일)이 혼합된 완전히 새로운 종교다. 1827년과 1831년 『종교철학』의 이러한 상반된 강조는 그러한 사실을 환기시킨다. 하지만 우리는 헤겔처럼 이렇게 혼합된 그리스도교를 '최고의 종교'라고 결론지을 필요가 없다. 그런 결론 역시 자신의 일면성, 자신의 문화적 타협들, 자신의 교리적 독단들, 자신의 인륜적 결함들을 갖고 있다. 현존하는 다른 종교들과 그리스도교를 비교해 보면 이러한 점들이 분명히 드러난다. 그리스도교에 대한 새로움과 한계를

1983), 31-48을 참고하라. 1831년 『종교철학』에서 헤겔은 "종교의 개념" 마지막 부분(1:451-460)에 '종교와 국가의 관계'에 관한 부분을 추가했다.

동시에 인식할 수 있어야만 우리는 현존하는 유대교도 독립된 한 종교로, 그리스도교와 똑같이 타당한 종교로 인정하는 유익한 결과를 얻을 수 있다. 우리는 이 문제를 마지막 장에서 다시 다룰 것이다.

구체적인 정신의 종교를 향하여

포괄주의를 넘어 다원주의로

종교다원주의의 틀에서 보면, 굳이 그리스도교가 '완성된 종교'이어야 할 이유는 없다. 그리스도교 역시 다양한 유한한 종교들 중 하나일 뿐이다. 완성된 종교라는 셋째 계기는 유교, 도교, 힌두교, 불교, 유대교, 그리스도교, 이슬람교와 같은 차축시대 이후[43]의 다양한 종교적 궤도들 각각에서 나름대로 이뤄지고 있다. 만일 저 다양한 종교들이 서로의 지혜를 함께 나눈다면, 그 종교들 각각은 보다 풍부한 변증법적 완성을 이룰 수 있을 것이다. 파니카(Raimundo Panikkar)가 말했듯이, 다양한 종교들을 모두 '정신으로 변형시키면', 모든 종교는 다 똑같다.[44] 엄밀히 말해서, 정신을 통한 다양한 종교들의 통일은 결코 지상에서 이루어질 수 없는 종말론적 가능성이다. 신의 정신은 '언제나' 그리고 '오로지' 지상에서만 구체적으로 드러난

---

43 야스퍼스(Karl Jaspers)는 세계사에 있어서 '차축시대'를 대략 기원전 800년에 시작하여, 서력기원 초기 몇백 년까지 지속하는 것으로 본다. 주요한 종교들은 이 시기에 자신들의 고전적 공식들을 부여받았다. 이와 관련해서는 그의 책, *The Origin and Goal of History* (London: Routledge & Kegan Paul, 1953), 1장을 참고하라.

44 이와 관련해서는 같은 책, n. 24를 참고하라.

다. 그 계시는 결코 어떤 특정한 종교의 전유물일 수 없다.

이러한 노선을 따르면, 헤겔의 종교철학은 종교다원주의의 상황에 부합할지도 모른다. 종교다원주의는 그리스도교의 포괄주의나 그가 주창한 완성모델보다는 그가 구사한 변증법적 사유방식에 더 잘 들어맞는다.[45] 나는 이미 그의 종교지리학이 역사적인 발전의 순서나 위계적인 등급의 순서로 서열화될 수 없는 다원주의적 방식을 띠고 있다고 말한 바 있다. 그의 사유는 진보적 사유가 아니라 유형적 사유다. 유형들 사이의 이행은 새로운 가능성의 출현을 위한 단절과 분열을 포함하고 있다. 정신이 운동과 구별을 통해 자신을 드러낸다는 사실을 인정한다면, 거기에는 반드시 정신이 드러나는 다양하고 특정한 형태들이 존재해야만 한다.

우리는 서로 다른 종교문화의 궤도들이 역사 전반에 걸쳐 서로 다른 방식으로(단일하게 혹은 집단적으로) 진행되어 왔다는 것을 그리고 이제 와서야 피상적이거나 적대적인 단계를 넘어 서로 연대하기 시작했다는 것을 경험적으로도 안다. 이는 역사를 통해 전개되는 정신의 운동을 변증법적으로 설명한 헤겔의 방식과도 일치한다. 종교의 개념은 다양한 역사적 형태들 속에서 다양한 방식으로 완성된다. 정신을 방출하는 신은 자신을 세계에 분산시킨다. 그러므로 신은 궁극의 방식이 아니라 분산의 방식으로 인식된다. 오직 하나의 종교를 궁극종교라고 주장하는 것은 구세주의 인물이 오직 한 명뿐이라

---

45 다양한 종교들에 관한 다양한 신학적 사유 모델과 관련해서는 Paul F. Knitter, *Introducing Theologies of Religions* (Maryknoll, NY: Orbis Books, 2002)를 참고하라. 니터는 이 마지막 저술에서 가급적 '다원주의'라는 용어를 사용하지 않으려고 한다. 그가 제시하는 마지막 두 모델인 '상호성'과 '수용성'은 서로 다른 방식으로 '다원주의'의 의미를 포함하기 때문이다. 헤겔은 '완성된' 모델을 옹호하면서도 실제로는 종교들의 지리학을 통해 '수용성'의 이념으로 나아가고 있다.

고 주장하는 것만큼이나 기만적이다. 사실상 헤겔의 『종교철학』은 신이 왜 역사를 통해서 드러나는지, 우리는 왜 신과 분산의 방식으로 밖에 조우할 수 없는지를 잘 보여준다. 완성이나 신의 자기복귀는 다양한 종교들 각각에서는 오로지 단편적으로만 이뤄진다. 그것은 다양한 종교들 중 어느 하나를 통해서는 이루어질 수 없는 종말론적 가능성이다. 완성은 단일한 보편종교의 형태가 아니라 신의 정신이 지상의 목적들로 분열되거나 분산되는 방식으로, 달리 말해 다양한 종교적 형태나 세속적 형태를 통해 이루어질 것이다. 만물은 그러한 방식으로 신적인 삶에 동화되어 갈 것이다. 만물은 총체적으로 동질 화되지 않고 자신의 구체적인 형태들을 유지할 것이다. 신은 자신으 로부터 나아가면서 자신으로 복귀한다.

구체적 정신, 자유 그리고 종교의 완성

틸리히(Paul Johannes Tillich)는 그의 마지막 저작인 『종교의 미래』 (The Future of Religion)에서 조직신학 전체는 종교들의 역사라는 관점 에서 재사유되어야 한다고 말한다. 그리고 그가 직접 보여준 재사유 는 '구체적인 성령의 종교'를 지향하고 있다.[46] 그는 다음과 같은 몇 가지 주장들을 내놓는다. 계시라는 종교적 경험은 보편적인 인간 경험이다. 하지만 이러한 경험은 언제나 그것이 수용되는 조건에 따라 제한되거나 왜곡된다. 따라서 신비롭고, 예언적이며, 세속적인

---

46 Paul Tillich, 'The Significance of the History of Religions for the Systematic Theologian,' in Jerald C. Brauer (ed.), The Future of Religion (New York: Harper & Row, 1966), 80-94.

요소들로 나타나는 계시에 대해서는 비판적 과정이 필요하다. 다양한 전통들에 대한 긍정적인 통찰을 담고 있는 종교들의 역사에는 하나의 중심적인 사건이 있을 것이다. 결국 신성한 것은 세속적인 것 옆에 있는 것이 아니라 그 깊이에 있다. 틸리히는 종교들에 대한 진보적 발전신학이 아니라 '역동적인 유형학적' 접근법을 보여준다. 모든 종교에는 성례적인 토대, 즉 그리스도와 부처와 같은 인물들이나 제의와 전례에서 성스러움을 나타내는 구체적인 현존이 있어야 한다. 아울러 성례적인 것을 악마화하는 것에 대항하는 비판적–신비적 운동도 있어야 하고, 성스러움의 이름으로 정의의 비전을 보여주는 선지자적 요소도 있어야 한다. 틸리히는 이 세 가지 요소들이 모여 '구체적인 정신의 종교'를 형성한다고 생각한다. 그것이 구체적인 이유는 성례적인 현존이 있기 때문이며, 그것이 정신적인 이유는 그러한 현존을 초월하는 신비적이고, 예언적인 것이 있기 때문이다. 구체적 정신은 물질적이고 지각 가능한 형태들과 연합하면서도 언제나 그러한 것들로부터 벗어나는 융합적인 정신이다. 종교들의 역사가 갖는 내적인 목적은 구체적인 정신의 종교가 되는 것이다. 하지만 그것은 어떠한 현실적 종교와도, 심지어 그리스도교와도 결코 동일시될 수 없다. 그것은 오로지 종교들의 역사에 나타나는 수많은 계기들을 통해 단편적으로만 나타난다.

그리스도교에서 구체적인 정신의 형태는 다음과 같은 독특한 특성을 띤다. 삼위일체적인 신은 자신을 방출하고 세계를 창조하는 신이다. 신의 정신은 그리스도 안에 융합되어 있다. 그리스도의 십자가형은 신이 죽으면 모든 신학은 해체되고 만다는 식의 우상 숭배적인 종교적 주장들을 모조리 부정한다. 하지만 그리스도의 부활과 교회공동체에 나타난 성령의 현존은 부정의 부정, 즉 죽음을 극복한 삶의 승리, 고통을 극복한 사랑의 승리, 예속을 극복한 자유의 승리를 나타낸다. 여기서 성례적인 것, 신비로운 것 예언적인 것이 하나의 종교인 그리스도교와 하나의 문화인 그리스도교 세계를 초월하여 종교의 완성을 예상케 하는 방식으로 혼합된다.

헤겔은 1824년 『종교철학』의 "서론"에서 절대정신은 특정한 방식으로 방출되는데, 이는 정신이 '가장 구체적인 의미'로 현존한다는 것을 의미한다고 말한다. 절대정신은 '오직 대자적으로 존재하는 한에서만, 즉 스스로를 정립하고 스스로를 드러내는 한에서만' 절대정신이다. 왜냐하면 절대정신이란 그저 단순한 '활동성'이기 때문이다. 정신은 자신을 현실화한다. "정신은 운동, 활동성, 자기 자신과의 매개다. 정신은 구별과 방향을 포함하고 있다. 그리고 이렇게 정향된 운동의 연속이 곧 정신이 자기 자신에 이르는 과정이다. 왜냐하면 정신은 그 자체가 목적지이기 때문이다. 절대적인 목적지는 바로 자신을 인식하는 것, 즉 대자적으로 존재하는 것이다. […] 정신은 그러한 과정을 거치지 않고서는 결코 그 목적지에 이를 수 없다." 정신이 거쳐 가는 각각의 단계들이 특정한 종교들을 산출한다 (1:142-143). 이것이 구체적인 정신의 종교에 대한 헤겔의 설명 방식이다. 하지만 이러한 관점은 이렇게 수정되어야 한다. "정신은 역사속에서 결코 자신의 목적지에 이르지 못한다. 그리스도교 역시 완성의 과정을 이루는 특정한 종교들 중 하나일 뿐이다."

그 과정을 특징짓는 공통적이고 근원적인 주제란 존재하는가? 헤겔에게는 그러한 주제가 있다. 그것은 바로 자유다. 그 주제는 네 차례 『종교철학』에서 모두 나타나지만 1831년 『종교철학』에서 가장 뚜렷하게 나타난다. 1831년『종교철학』의 중심사상은 '자유'다. 종교들의 역사는 곧 자유의식의 진보과정이다.[47] 여기서 말하는 자유는 인간만의 자유가 아니라 인간 자유의 토대가 되는 절대적이고 방출적인 정신인 신의 자유이기도 하다. 정신이 자신에 이르는 것이 곧 자유가 실현되는 과정이다. 왜냐하면 자유란 타자와의 관계들로 매개된 자아의 현존(Beisichselbstsein)을 의미하기 때문이다. 주관적 자유를 꽃피우기 위해서는 객관적인 자유의 영역, 즉 자유의 왕국(Reich der Freiheit)이 창조되어야 한다. 종교의 사명은 신과 인간, 악과 구원에 관한 종교의 심오한 인식에서 비롯하는 이러한 자유의 기획에 공헌하는 것이다. 종교 자체는 부적절한 표상적 형식에서 벗어나 모든 은유와 상징 그리고 실천의 한계를 인식하는 비판적이고 사변적인 사유로 고양되어야 한다.[48] 하지만 그렇다고 해서, 종교

---

47 이와 관련해서는 같은 책, n. 14를 참고하라.

48 쉥크스(Andrew Shanks)는 헤겔을 종교적 다원주의자로 간주하는 나의 견해를 지지해주는 흥미로운 연구를 발표했다. 그는 체코의 철학자 파토츠카(Jan Patocka)가 사용한 '흔들리는 사람들의 연대'라는 말을 사용하면서, 헤겔이 말하는 '절대적 인식'이란 '자신의 정체성에 관한 고정된 주관적 의미'나 '고정된 형이상학적 세계관'에서 벗어난 절대적인 흔들림을 의미한다고 주장한다. 그러한 흔들림이야말로 신적인 것의 참된 본성이요, 끝없이 변증법적 질문을 던지는 노동이다. 그것이 정신의 참된 본성이다. 따라서 절대적 인식은 표상적 사유의 안정적인 사유습관과는 대비된다. 그리고 '완성된 종교'는 그러한 정신의 흔들리는 힘을 이상적으로 수행하는 것이다. 그것이 표상에서 사유로의 이행을 이끈다. 하지만 그러한 이행이 비단 그리스도교만의 전유물일 이유는 없다. "'절대적 인식'은 진정하게 '종교적인' 모든 문화의 틀 안에서, 다시 말해, 이데올로기가 제거된 기축시대 이후의 모든 문화에서 잠재적으로 획득될 수 있는 지혜의 상태로 간주되어야 한다. […] 결국 모든 종교형태는 적어도 헤겔이 '완성'이라 부르는 것이 될 나름의 능력을 지니고 있다." 우리는 다양한 종교적 전통들 가운데 어떤 것이 최고의 진리의 담지능력을 가지고 있는지 판가름하려고 해서는 안 된다. 왜냐하면 "흔들리는 사람들의 연대를 옹호하는 사람들은 분명 그들이 주장하는 바로 그 다원성(다양한 인륜적 실천의 체계들)을 본질적 가치로 삼을 것이기 때문이다. 모든 체계는 그러한 연대가 성립하는 더 큰 대화과정에 자신만의 기여를 하고 있다. '절대적 인식이란 경쟁에서 이겨서 얻게 되는 보상이 아니라 그 대화과정에 최선을 다해 참여하는 것이다." Andrew Shanks, *God and Modernity: A New and Better Way to Do Theology* (London and New York:

자체가 세상의 관심사들을 등진 철학적 성직자로 대치될 것이라 생각할 필요는 없다. 자유라는 주제가 갖는 이 점들 중 하나는 우리를 세속적인 관심사들에 끊임없이 집중하게 해 준다는 것이다. 세계의 주요한 종교들은 모두 자유를 의식하고 있다. 이를 헤겔의 용어로 표현하면 다음과 같다. 아시아 종교들에서 자유는 조화로운 척도들(도교), 보편적 브라만(힌두교), 열반의 상태를 뜻하는 공(불교)의 형태를 통해 궁극적인 실재와 재결합함으로써 환영, 고통, 욕망으로부터 해방되는 것이다. 숭고함의 종교인 유대교에서 유일하게 참된 주인에 대한 숭배는 지상의 군주들에 의한 예속상태로부터의 해방을 위한 것이다. 참된 주인은 세계를 자유롭게 창조한다. 그는 세계를 신의 지혜, 선함, 의로움이 통치하는 영역으로 만들어 나감으로써 세계를 발전시킨다. 아름다움의 종교라 할 수 있는 그리스 종교는 신적인 목적들을 이룰 수 있는 자유로운 정치적-사회적 제도들을 마련하기 시작한다. 자유의 종교라 할 수 있는 그리스도교는 삼위일체적인 신의 자유를 파악하고, 그리스도를 통해 드러난 신성과 인간성의 화해를 선포하며, 인종적, 성적, 종교적, 사회경제적, 정치적인 분열과 차별이 원론적으로 극복된 공동체를 형성하고, 그것을 세계로

Routledge, 2000), 86-89, 158. 쉔크스는 최근의 논문("Hegel and The Meaning of the Present Moment," *Bulletin of the Hegel Society of Great Britain* 45/46 (2002), 5-35)에서 이와 같은 내용을 다른 방식으로 펼치고 있다. 헤겔은 자신이 절대적 진리를 소유하고 있다고 믿었지만, 그가 생각하는 '절대적 인식'은 키에르케고어(Søren Kierkegaard)와 레싱(Gotthold Ephraim Lessing)이 말한 진리를 추구하는 특성, 진리를 향해 쉼 없이 나아가는 특성을 띠고 있다. 오늘날에는 진리추구의 맥락이 헤겔의 시대와는 완전히 달라졌다. 따라서 헤겔이 살아 있었다면, 패권적 교회에 저항하기 위해 거대담론을 대학교육의 기초로 다루기보다 패권적인 국가에 맞서 자유를 추구하는 다양한 사회운동들(환경운동, 양성평등운동, 평화운동, 인간권리운동, 인종차별 반대운동 등)을 다루었을 것이다. 종교다원주의의 사회에서 이러한 운동들은 종교적 전통에 있는 모든 사람들을 결집시키는 '초교파적 기구들'(trans-confessional agencies)이다.

확장하려는 사명을 가진 성령공동체를 형성한다. 바로 여기서 처음으로, 오직 한 사람만이 자유롭거나(동양의 군주들), 몇 사람만이 자유로운 것(이스라엘 민족들, 그리스와 로마의 시민들)이 아니라 모든 사람이 자유로울 수 있는 가능성이 열린다.[49]

우리는 이러한 종교들이 보여주는 자유의 가능성을 헤겔의 노선을 따라 위계적으로 서열화해서는 안 된다. 헤겔은 아시아 종교가 말하는 해방을 심각하게 오해하고 있다. 그는 유럽의 관점에서 동양 종교의 결함과 한계를 강조했다. 이는 그가 그리스도교의 관점에서 유대교의 한계를 강조했던 것과 같은 방식이다. 하지만 그리스도교가 가진 인륜적인 결함이나 교리적인 독단도 심각하기는 마찬가지다. 헤겔은 "노예제도는 그리스도교와 모순된다"(3:340)고 말했지만, 실로 그리스도교인들은 19세기까지도 노예제를 유지해 왔다. 그리고 그리스도교 역사의 다양한 시기에 일어났던 유대인 대학살, 이슬람인 숙청, 마녀사냥, 동성애자 박해, 본토 아메리카인 말살, 유색인종의 차별과 격리, 여성에 대한 멸시, 서구 식민주의의 합법화 같은 것들은 더 말할 필요도 없다. 헤겔은 이런 문제들을 알고 있었으면서도 굳이 언급하지 않았다. 그는 단지 근대세계의 타락상만을 신랄하게 비판하고, 그리스도교 신학이 그런 구시대적 개념에 속박된 타락상과 타협하는 무기력한 모습에 좌절감을 느꼈다. 헤겔의 말대로라면, 그리스도교도 사실상 완성된 종교일 수 없다. 완성된 종교는 자유의 종교다. 종교는 자유가 존재할 때 완성될 것이다. 하지만 자유의 완성이란 멀고도 험거운 과제다. 어떠한 종교도 홀로 그 목적지에

---

49 *Lectures on the Philosophy of World History. Introduction: Reason in History*, 130.

이를 수는 없다. 헤겔이 구상했던 새로운 철학적 종교도 그 대안은 아니다.50 도리어 현존하는 종교들이 각자 변화해나가는 과정에서 서로 나누는 생산적 대화야말로 구체적인 정신의 종교로 나아가는 첫 걸음이 될 것이다. 자유에 관한 서구 그리스도교의 규정들만을 규범적인 것으로 여겨서는 안 된다. 나아가 '차이를 인정하는 평화로운 공존'이 곧 자유라는 헤겔의 이해도 충분하지 못하다. 물론 자유가 자율성이 아니라 타자와의 관계방식이라는 설득력 있는 통찰을 보여주기는 했지만 말이다. 자유는 여전히 완성을 향한 과정에 있다. 자유는 헤겔의 시대에는 감히 상상할 수도 없었던 다양한 종교문화의 궤적들을 통해 실현될 것이다. 만일 헤겔이 지금 이 시대에 살아 있었더라면, 그는 아마도 종교다원주의나 자유운동의 열렬한 지지자가 되었을 것이다.51

---

50 이와 관련해서는 헤겔의 초기 체계기획을 다루는 2장의 '하나 되는 전체'(The Resumption of the Whole into One)를 참고하라. 거기에 나타나는 특징들 중 하나는 자연과 정신의 화해를 구상하고 있다는 것인데, 이후의 『종교철학』에서는 이러한 방식을 취하지 않는다. 이후에 헤겔은 자연으로부터 정신으로의 고양을 강조한다. 헤겔은 정신이라는 철학종교야말로 자연에 재차 성스러움을 부여하고, 자유로운 사람들과 그들의 정치적 제도를 위한 기초를 마련할 것이라고 생각한다. "이성은 자신의 생명력을 얻고, 자연은 자신의 정신을 회복한다." 이와 관련해서는 Hegel: Theologian of the Spirit, 85-91, incl. n. 18 on 268과 System of Ethical Life (1802/3) and First Philosophy of Spirit (1803/4), ed. and Trans. H. S. Harris and T. M. Knox (Albany: State University of New York Press, 1979), 180-186을 참고하라. 우리 시대에 필요한 것은 자연종교들을 새롭게 재평가하고, 자연에게 자신의 정신을 회복시켜 줄 다양한 생태신학을 모색하는 것이다.

51 나는 파켄하임(Emil Fackenheim)이 "헤겔이 오늘날에도 살아 있었더라면, 헤겔 같은 철학자는 분명 헤겔주의자가 아니었을 것이다"(The Religious Dimension in Hegel's Thought [Bloomington, Ind.: Indiana University Press, 1967], 224)라고 한 말에 동조한다. 내가 생각하기에 그 말의 핵심은 헤겔의 사유는 부정의 힘에서 비롯하는, 즉 어떠한 새로운 종합도(비록 그것이 헤겔의 것이라 해도) 진리로는 부적합하다는 인식에서 비롯하는 자기비판과 자기초월의 힘을 지니고 있다는 것이다. 하지만 나는 또한 '헤겔이 오늘날 취할 법한 입장'을 추측하는 것도 위험하다고 생각한다. 그보다 중요한 문제는 헤겔과 또 다른 철학자들을 해석하고, 자유의 기획이 우리 시대에 요구하는 것을 재평가하면서, 우리가 어떤 입장을 취하는가 하는 것이다.

제3부

헤겔 종교철학과 현대 신학
Hegel & Christian Theology

11장. 헤겔이 오늘에 주는 신학적 의미

11장
헤겔이 오늘에 주는 신학적 의미

    헤겔은 당시의 신학자들이 가장 중요한 신학적 문제들, 즉 그가 『종교철학』에서 다룬 문제들을 방치하고 있다고 생각했다. 그는 철학이 종교적인 상징들을 사유로 고양시키고, 종교에 담긴 이성적인 내용을 드러내며, 신과 세계의 화해를 보여준다는 점에서 그것을 신학이라고 주장했다. 하지만 이제는 거꾸로, 의미와 진리를 해체하고 종교적 신앙을 회의하는 포스트모던 철학이 단념해버린 문제들을 새롭게 부흥시켜야 할 사람은 아마도 신학자일 것이다. 종교와 신학은 더 이상 개념을 피난처로 삼을 수도 없고, 그것이 더 이상 피난처가 될 수도 없다. 도리어 신학은 신, 창조, 인간성, 악, 구원, 완성과 같은 신학 자체의 근본 주제들을 새롭게 재사유해야 한다. 신학은 모든 신학 작업을 철학으로 흡수하려 했던 헤겔의 경향에는 강하게 반대하지만 그럼에도 그의 종교철학이 남긴 위대한 성과들을 매우 유익하게 활용할 수 있다.

    이 장에서는 헤겔의 『종교철학』이 신학적 반성에 유익한 성과들을 제공하리라는 주장에 반대하는 입장들을 살펴볼 것이다. 헤겔

시대의 관점에 머물러 있는 해석가들은 그가 종교를 철학적으로 재구성한 것은 실로 종교를 해체한 것에 불과하고, 그의 사유가 낳은 결과는 신론이라기보다는 무신론이나 인간론에 불과하며, 그의 체계가 주장하는 신은 그리스도교 신앙의 참된 신이라기보다 모조품에 불과하다고 주장한다. 그러한 해석은 내가 1장에서 언급한 윌리엄 데즈몬드의 최근 저작에 아주 분명히 나타나 있다.

나는 헤겔의 사변신학에 제기되는 현대의 비판과 그에 대한 반비판을 다룬 다음에, 포스트모더니즘 시대가 제기하는 다음 여섯 가지 쟁점들과 그것들에 대한 헤겔식의 해법을 다룰 것이다. 이는 헤겔이 오늘날에 주는 신학적 의미를 살펴보는 하나의 틀이 되어줄 것이다. (1) 헤겔의 정신철학은 이단과 정통(존재신학) 사이의 긴장에서 등장한다. (2) 전일성의 가능성은 총체성이냐 무한이냐 하는 양자택일을 초월해 있다. (3) 삼위일체적인 거대담론은 언어와 역사, 논리와 시간의 상호작용에서 비롯한다. (4) 고통과 죽음을 신의 생과 통합시키는 구원, 십자가에 못 박히고 승천한 그리스도에 의해 매개된 구원은 비극을 통해 일어난다. (5) 모든 개인이 타자를 위해 그리고 타자에 의해 존재하는 공동체는 자율적인 자아의 영역에서 형성된다. (6) 완성된 종교는 종교다원주의를 긍정해야 한다는 설명처럼 종교적 통일은 무한한 다양성으로부터 생겨난다. 정신, 전일성, 이야기, 그리스도, 공동체, 다원주의와 같은 주제는 21세기 초반에 일어난 신학적 재구성의 기획에 크게 공헌하고 있다. 나는 이러한 문제를 다루면서, 레비나스(E. Levinas)가 헤겔에게 제기한 문제 그리고 헤겔에 대한 오레건(C. O'Regan)과 윌리엄스(R. Williams)의 해석을 살필 것이다.

헤겔을 비판하는 문헌이나 대립하는 쟁점들을 여기서 다 소개할 수는 없다. 이 마지막 장의 목적은 헤겔 사상에 관한 현대의 논의를 단순히 조사하고 요약하는 것이 아니다. 이 장에서는 앞서 다룬 헤겔의 문헌을 직접 언급하거나 인용하지는 않고, 다만 앞에서 다룬 핵심 주제들을 종합적으로 개괄해나갈 것이다.

헤겔의 신: 진실 혹은 허위?

데즈몬드(William Desmond)는 도발적이고 적대적인 저작에서,[1] 헤겔의 『종교철학』에 묘사된 신은 그리스도교 신앙이 섬기는 참되고 실제적인 신이 아니라 단지 우상이나 허상에 불과하다고 주장한다. 여기서 그는 헤겔을 범신론자로 해석한 키에르케고어(Søren Kierkegaard)나 포이어바흐(Ludwig Feuerbach)를 거론하면서, 그를 조목조목 비판한다. 그 둘의 차이가 있다면, 키에르케고어는 정통신학의 편에서 그러한 범신론을 거부했다는 점이고, 포이어바흐는 그러한 범신론을 수용하여 무신론이나 인간론으로 전도시켰다는 점이다.

---

1 William Desmond, *Hegel's God: A Counterfeit Double?* (Aldershot: Ashgate, 2003). 데즈몬드의 비판은 *Art and the Absolute: A Study of Hegel's Aesthetics* (Albany: State Unversity of New York Press, 1986)에서 보여준 그의 평가와는 완벽하게 대립하고 있지만, 그의 다음 책, *Beyond Hegel and Dialectic: Speculation, Cult, and Comedy* (Albany: State University of New York Press, 1992)에서 어느 정도 예상되고 있다. 이후의 비판을 위한 단초들은 데즈몬드가 헤겔의 미학적 신정론을 '피타고라스적인' 조화 모델과 동일시한 데서 찾을 수 있다. 피타고라스적인 조화 모델은 헤겔의 사유가 지닌 드라마틱하고 비극적인 요소들을 우회적으로 보여준다. 나는 이러한 관점을 손호현(Hohyun Sohn)에게서 얻었다.

범신론에 대한 협의는 키에르케고어가 헤겔의 체계를 총체화의 경향으로 간주하고, 비판하는 대목에 나타나 있다. 키에르케고어는 헤겔의 체계가 사유와 존재(실존)를 동일시하고, 모순의 원리를 폐기하며, 생성을 논리화하고, 이성의 폭력 가능성을 배제한다고 말한다. 반면 키에르케고어는 '신과 인간 사이의 무한한 질적 차이'를 선언하고, 신을 근원적으로 역사를 초월한 부동의 원동자로 보며, 신은 오로지 역설적으로만 그리고 신앙의 열정에 의해서만 역사 속에 나타나고 인식될 수 있다고 본다. 키에르케고어의 변증법은 매개의 변증법이라기보다 분열의 변증법이다. 그러한 관점에 따르면, 헤겔의 체계는 모든 존재를 신적인 이념으로 흡수하고, 신의 절대적 타자성을 상쇄시키는 일원론적 범신론이다.[2] 내가 데즈몬드에 관심을 기울이는 이유는 헤겔에 대한 키에르케고어의 비판, 우리가 경청해야만 하는 그 비판과 관련해서는 그가 현대를 대표하는 최고의 학자이기 때문이다.

포이어바흐의 경우, 그가 받아들이는 범신론은 유물론적 범신론이지 관념론적 범신론이 아니다. 그리고 그러한 범신론은 감성적 인간론으로 전도된다. 감성적 인간론에서 '신'은 초월이라는 장막 위에 투사된 인간의 종적 본질에 다름 아니다.[3] 하지만 바우어(Ferdinand

---

2 이와 관련해서는 Søren Kierkegaard, *Philosophical Fragments*, ed. and trans. Howard V. and Edna H. Hong (Princeton: Princeton University Press, 1985), esp. chaps. 2-3; *Concluding Unscientific Postscript*, trans. David F. Swenson (Princeton: Princeton University Press, 1941), 특히 111(여기서 그는 '모든 체계는 자신의 궁극성을 범신론적으로 엄밀하게 설명해야 한다'고 말한다)과 203(여기서 그는 범신론은 '영원한 것에 대한 명상을 통해 자신을 실존에서 벗어나게 하는 것'이라고 말한다) 그리고 *Practice in Christianity*, ed. and trans. Howard V. and Edna H. Hong (Princeton: Princeton University Press, 1991), 140을 참고하라.

3 이와 관련해서는 Ludwig Feuerbach, *The Essence of Christianity*, trans. George Eliot (New

Christian Baur)가 1850년대에 이미 지적했듯이, "헤겔에게 모든 것은 객관과 주관이라는 이중적 측면을 갖지만 포이어바흐에게 모든 것은 그중 한쪽 측면, 즉 주관적인 측면만을 갖는다. 그에게는 주관적인 측면이 사물들의 총체성이다. 포이어바흐는 종교적 자기의식을 단지 유한한 의식을 통해 규정되는 절대정신의 주관적 측면으로 본다. [⋯] 헤겔에게 보편자는 사실상 객관적인 실재성을 갖는다. 하지만 포이어바흐에게 모든 진리는 오로지 인간이 직접적으로 경험하는 감각적이고 현실적인 것에만 머물러 있다."4 헤겔에게는 포괄적인 과정에 포함되는 구별되는 요소들, 즉 객관적인 것과 주관적인 것, 신적인 것과 인간적인 것, 이념적인 것과 실재적인 것은 서로 매개되어 있지만, 포이어바흐에게는 그것들이 단일하고 궁극적인 물질적 요소로 모두 흡수되어버린다. 키에르케고어와 포이어바흐는 둘 다 차이와 통일을 동시에 보존하는 신과 세계에 관한 변증법적 사유방식을 고수해나가지 못한다. 신과 세계는 역설적으로 혹은 서로 분리되어 있기 때문에, 신의 절대적인 초월성이 보호되거나 아니면 모든 실재가 자연주의로 환원된다. 헤겔 이후의 시대는 이러한 매개의 붕괴로 특징지어진다. 이어지는 질문은 그렇다면 헤겔이 말

York: Harper & Brothers, 1957)과 *Principles of the Philosophy of the Future*, trans. Manfred H. Vogel (Indianapolis: Bobbs-Merrill, 1966)을 참고하라. 슈티르너(Max Stirner)는 포이어바흐가 말하는 종적 본질(Gattungswesen)도 여전히 관념적 추상에 불과한 것으로 간주하고, 유일한 실재는 단일하게 고립된 자아일 뿐이라고 주장했다.

4 Ferdinand Christian Baur, *Kirchengeschichte des neunzehnten Jahrhunderts*, ed. Eduard Zeller, 2nd edn. (Leipzig: Fues's Verlag, 1877), 415. 우리가 근대의 무신론과 범신론에 대한 헤겔의 비판을 논의할 때 인용한 1824년 『종교철학』의 구절(1:136-137)을 보면 헤겔의 해석이 옳다는 것을 분명히 알 수 있다. 이러한 비판을 고려하면, 헤겔 자신도 단호하게 거부했던 견해들 그리고 그러한 견해들에 맞서 사변신학을 시도했던 헤겔에게 그러한 혐의를 두는 것은 참으로 아이러니한 일이다.

하는 매개는 매개된 요소들을 손상시키지 않으면서도 과연 가능한가 하는 것이다. 하지만 매개를 대체할 수 있는 것은 신학적인 초자연주의나 세속적인 자연주의 둘 중 하나뿐이다.

오늘날 대부분의 헤겔 학자들은 그의 종교철학을 다루지 않는다. 그들은 헤겔 사상의 다른 측면들, 이를테면, 논리학, 자연철학, 인간학, 심리학, 현상학, 사회정치철학, 역사철학, 미학 등에는 관심을 집중한다. 그들은 헤겔도 자신들처럼 탈근대를 지배하는 반형이상학적이고 반종교적인 패러다임을 공유하고 있다고 생각하면서, 그의 사상에 담긴 종교적 차원을 직접 비판하기보다 그저 무시해버린다. 그들은 헤겔 체계의 존재신학적 토대는 신화적이거나 표상적인 것으로 치부해버리고, 세계의 실재를 다루는 그 체계의 크고 작은 부분들만 여전히 유효하다고 생각한다. 그러한 학자들은 헤겔을 세속적인 사고방식을 가진 철학자로 이해한다. 실로 그는 근대의 세속주의를 그토록 처절하게 비판했던 인물임에도 말이다. 그러한 해석가들은 주로 포이어바흐와 헤겔좌파 전통에 널리 포진되어 있다. 그들은 포이어바흐와 헤겔좌파야말로 헤겔 철학의 핵심을 제대로 파악한 이들이라고 생각한다.

이와는 반대로, 데즈몬드는 그리스도교 정통설에 입각하여 헤겔을 비판한다는 점에서 키에르케고어의 전통에 속한다.[5] 그는 일신론적 종교들은 신을 창조된 세계와는 전적으로 구분되는 유일하고 근원적인 절대자의 이미지로 표현한다고 말한다. 신의 초월성과 우월성은 범접할 수 없는 것이다. 그리고 철학은 자신만의 진리를 창안하

---

5 Desmond, *Hegel's God,* 7-11, 59-60, 122, 127.

기보다 이러한 초월성이 지닌 진리나 비진리를 탐구해야 한다. 철학적 이성은 무한자를 파악할 수 없다. 무한자는 오로지 과장과 은유의 방식으로만 기술될 수 있다. 과장의 논리는 호혜성이나 이해의 논리가 아니라 신의 주권과 신비의 논리이며, 은유의 논리는 공동체의 논리가 아니라 신의 통치논리다. 데즈몬드는 헤겔을 정통인가 이단인가로 들볶는 것은 부적절하다고 말한다. 왜냐하면 헤겔은 진리란 미래로부터 오는 것이라고 믿기 때문이다. 그럼에도 불구하고 그는 자신의 설명이 성서와 그리스도교 교리에 기초한 것이라고 주장한다. 그는 정통설을 흉내 내고는 있지만 그것을 담고 있지는 않다. "헤겔은 자신을 그리스도인이라 고백하지만 […] 그는 엘레아학파의 성격을 너무 많이 가지고 있고, 유대교의 성격을 너무 적게 가지고 있다." 하지만 우리는 여기서 많다는 것이 얼마나 많은 것인지, 적다는 것이 얼마나 적은 것인지 정확히 알 수 없다. 이러한 비판을 전개하는 과정에서, 데즈몬드는 정통설을 너무 편협하게 해석하고 있다. 그는 통시적으로 드러나는 그리스도교 전통의 내적인 다양성에는 관심을 전혀 기울이지 않는다. 그는 전통이 지닌 그리스적, 신비적, 인본주의적 경향들의 가치를 부정하고, 오로지 영원과 시간, 신과 인간 사이의 무한한 질적 차이만을 지배적인 규범으로 삼는다.

데즈몬드의 해석에 따르면,6 헤겔은 초월적인 일신론의 신 대신에 인간의 자기초월에 근거한 내재성의 철학을 제시하면서 '초월적

---

6 같은 책, 2-5, 10, 15, 66, 73-74, 108, 131. 헤겔은 『철학백과』 §573에서 이 문제들을 논하고 있는데 (이와 관련해서는 2장을 참고하라) 반드시 숙고해 볼 만하다. 거기서 그는 데즈몬드의 다양한 비판들을 이미 예상하고 있으며, 범신론이라는 혐의에 대한 반론을 펼치고 있다. 그는 『종교철학』에서도 같은 작업을 수행한다(이와 관련해서는 3장과 5장을 참고하라).

인' 신을 비판한다. 하지만 데즈몬드가 보기에 진정한 초월은 오로지 자연과 인간을 넘어선 곳에만 존재할 수 있다. 헤겔의 결점은 신의 초월성을 인간의 자기초월로 생각한다는 점이다. 그 결과 그는 신을 절대적으로 자기규정하는 존재로 정립한다. 그러한 존재 내에서도 타자와의 연관이 발생하기는 하지만 거기서는 자기와의 관계가 더 강하기 때문에 자기완성적 내재성, 즉 전일성 외에 그 어떤 궁극적인 초월도 발생하지 않는다. 데즈몬드의 해석만 보면, 헤겔의 '자기완성적 내재성'을 그는 그저 자연이나 인간에 내재하는 신적인 것으로 보는 것 같다. 헤겔은 우리에게 모든 실재들을 아무런 구별 없이 흡수하는 신을 말하는 것인가? 아니면 '신'을 그저 보편적 인간으로 취급하는 인간적 종교를 말하는 것인가? 마지막에 가서 그 둘은 아무런 차이가 없다. 범신론과 무신론/인간론은 같은 것이다. 데즈몬드는 스피노자가 '신, 즉 자연'(Deus sive natura)이라 기술한 바로 그 대목을 헤겔 같았으면 '신, 즉 인간'(Deus sive humanitas)이라 선언했을 것이라고 주장한다.

내가 보기에, 헤겔의 전일성을 내재성의 철학 혹은 '신비적 일원론'으로 해석하는 것은 지나친 희화화에 불과하다.7 플라톤의 경우처럼, 헤겔에게도 전체는 단순한 일자(동일성의 철학)가 아니라 일자이면서 동시에 다자다. 전체는 부분들을 포괄하고 있다. 만일 다자가 일자로 환원되어 부분들의 독립성과 통합성이 훼손된다면, 전일성은 동일성이 되고 말 것이다. 진정한 차이와 타자성이 존재하지 않는

---

7 Desmond, *Hegel's God*, 2, 10, 66-67, 75, 88, 106, 110-111, 122. 헤겔의 '일원론'에 대한 데즈몬드의 비판은 레비나스(Emmanuel Levinas)를 직접 거론하지는 않지만, 헤겔의 '총체화'에 대한 레비나스의 비판과 여러모로 유사하다. 나는 다음 두 부분에서 이 주제를 다룰 것이다.

다면, 즉 내재성과 더불어 초월성이 존재하지 않는다면, 어떠한 전체도, 어떠한 관계들의 체계도, 어떠한 새로움으로의 고양도 존재하지 않을 것이다. 거기에는 단지 동일한 것의 영원한 반복만 있을 뿐이다. 신은 바로 그러한 전체, 즉 그 안에서 모든 유한자들이 존재하고 소멸하는 전체, 그 안에서 시간과 역사가 발생하고, 신이 구체적으로 자기규정되는 전체다. 데즈몬드처럼 신을 전체들의 전체가 아니라 모든 전체를 초월해 있는 것이라고 주장하는 것은 전일성을 동일성과 유한자로 환원하는 것이다. 헤겔의 전일론은 일원론과 이원론의 대안이다. 내가 생각하기에 그것은 '둘이 아닌 것'(advaita), 즉 하나도 아니고 둘도 아닌 것이다. 데즈몬드는 이러한 제삼의 것을 보지 못한다. 그는 단지 일원론과 이원론만을 보고 있으며, 그 가운데 이원론을 택하고 있다. 범재신론은 범신론으로 환원되고, 범신론은 무신론으로 환원된다. 그런 비판은 헤겔 당시에도 이미 제기되던 것들이다. 그것들 모두는 헤겔이 말하는 변증법이나 매개의 논리에 대한 적개심에서 생겨난 것이다.

데즈몬드가 헤겔의 논리학을 해석하는 방식에도 약간의 문제가 있다.[8] 그에 따르면, 헤겔의 논리적 공식은 S(S-O)인데, 이는 주체(S)란 곧 주체(S)와 대상(O)의 관계라는 것을 뜻한다. 대상과 관계할 때, 나는 대상과의 관계 속에서 나 자신과 관계한다. 즉, 나는 나 자신으로 시작해서 나 자신으로 끝난다. 하지만 이는 헤겔의 논리적 공식이 아니다. 우리가 1장에서 살펴본 바와 같이(이제 더 구체적으로 설명할 것이다), 그 공식은 U-I-P인데, 이는 보편적 원리(U)가 특수성(P)을

---

8 같은 책, 79, 83, 92, 105, 117.

통해 개별적 주체(I)와 매개된다는 것을 의미한다. 이 공식은 오로지 동일성(S=O)이나 차이(S≠O)로만 표현될 수 있는 데즈몬드 식의 판단이 아니라 삼단논법의 특성을 띤다. 헤겔은 이성적인 모든 것은 삼단논법이라고 말한다. 삼단논법은 동일성뿐만 아니라 차이도 보존하며, 매개까지도 포함한다. 삼단논법의 셋째 항은 첫째 항과 결코 동일하지 않다. 그것은 특수성과 차이라는 계기에서 등장한 새로운 것이다. 부정의 부정은 단순히 같은 것으로 되돌아오는 자율적인 주체의 자기인식이 아니다. 헤겔의 논리학은 주체의 범주들을 따르지 않는다. 그는 칸트와 같은 주관적 관념론자가 아니다. 오히려 그 논리학은 이념과 실재가 상호작용하는 과정 그리고 정신이 출현하는 존재론적 과정을 기술하고 있다. 오성의 선험적 범주에 국한된 데즈몬드의 분석에는 보편성, 특수성, 개별성이라는 세 요소가 각각 다른 두 요소를 이어주는 매개, 헤겔 논리학이 말하는 삼중적 매개가 들어설 자리가 없다. 그래서 데즈몬드는 헤겔이 그 세 요소 가운데 오로지 하나만을 다루고 있다고 단정한다. 왜냐하면 셋째 요소는 둘째 요소 안에 있는 첫째 요소의 자기인식에 불과하기 때문이며, 그 첫째 요소는 인간이 자신을 무한자로 투사한 것에 불과하기 때문이다.

따라서 데즈몬드는 헤겔의 삼위일체론을 허위로 매도한다. 헤겔이 내세운 삼위일체론은 삼위일체적 일원론이지, 삼위일체적 일신론이 아니라는 것이다.9 삼위일체적 일신론은 '신과 피조물의 절대

---

9 같은 책, 11, 103-110. 데즈몬드는 헤겔의 삼위일체가 정통교리가 아니라 '철학자들 그리고 몇몇 이단적 근거들'에 기초하고 있다고 말한다(107). 헤겔은 세 개의 신적인 위격들로 구성된 그리스도교의 삼위일체가 아니라 다양한 종교들에 나타나는 철학적 삼중성을 제시하고 있다.

적 통일'을 배척한다. 데즈몬드에 따르면, 헤겔의 경륜적 삼위일체는 내재적 삼위일체에 속한다. 왜냐하면 신이 세계와 맺는 실제적인 관계들은 신의 이념이 맺는 자기관계의 부수적인 현상에 불과하기 때문이다. 신적인 생의 외부에는 어떤 것도 존재하지 않는다. 존재하는 것은 오로지 신의 절대적 내재성을 보여주는 더 완성된 표현들일 뿐이다. 헤겔은 삼위일체의 내재적 생이 가진 둘째 요소와 타자라 할 수 있는 피조물 사이의 차이에 관심을 두지 않는다. 그는 내재적인 아들과 육화된 아들을 이중적인 측면으로 보고 있지만, 이 둘은 실제로 이중적인 것이 아니다. 그것은 그저 신의 자기-이중화일 따름이다. 다시 한번 말하지만, 내가 볼 때, 그러한 해석은 완전히 잘못된 것이다. 데즈몬드의 해석을 헤겔의 본래 의도로 받아들여서는 안된다. 나는 앞서 헤겔에게 근원적인 것은 내재적 삼위일체가 아니라 포괄적 삼위일체, 즉 신과 세계를 모두 포괄하는 삼위일체, 신의 이념적 자기관계들과 신이 신 아닌 것과 맺는 실제적인 관계 모두를 포괄하는 삼위일체라고 말한 바 있다. 이 두 관계는 동일하지 않다. 만일 '절대적 통일'이 '동일화'를 의미하는 것이라면, 헤겔은 결코 신과 세계를 동일시하지 않았을 것이다. 그러한 동일화에서 세계는 신과 대비되는 자기 자신의 본래적 가치나 신에 대한 자신의 가치를 모두 상실하고 말 것이다.

데즈몬드는 신과 세계의 관계는 반드시 비대칭적인 것으로 이해되어야 한다고 주장하면서 더 구체적인 비판을 행한다.10 그가 '비대칭성'이라는 말로 의미하고자 하는 바는 신이 유한한 피조물과 맺는

---

10 Desmond, *Hegel's God*, 49, 54, 61-63.

관계는 유한한 피조물이 신과 맺는 관계와 다르다는 것이다. 즉, 신이 유한한 피조물과 맺는 관계는 유한한 피조물이 신과 맺는 관계처럼 대칭적일 수 없다는 것이다. 신이 세계와 맺는 관계는 '과다한 선'(hyperbolic goodness)의 특성을 띠고 있다. 과다한 선이란 탁월한 자가 유한자를 향해 자신을 호의적으로 낮추는 것을 뜻한다. 데즈몬드는 이러한 과다한 선은 헤겔이 생각한 것과는 전혀 다른 형식의 자기비움(kenosis)을 수반한다고 생각한다. 헤겔은 신의 선함에 담긴 진정한 아가페적인 특성, 즉 대가를 바라지도 않고, 필요에 따르지도 않는 과다한 자기증여를 파악할 수 없다. 하지만 헤겔에게 있어서도 신과 세계의 관계는 대등하지 않다. 절대자는 유한자와의 관계에서 결코 전도될 수 없는 우선성을 갖는다. 유한자와 무한자의 차이를 포괄하고, 유한자를 자기 내에 포함하고 있는 것은 무한자다. 하지만 유한자는 그럴 수 없다. 앞서 살펴본 바와 같이, 유한자는 자신과는 부정적으로, 무한자와는 긍정적으로 관계할 수밖에 없다. 이와 반대로, 자신과 긍정적으로 관계하고, 무한자와 부정적으로 관계하는 것은 무신론과 불가지론의 토대가 될 뿐이다. 이것이 헤겔의 관점이다. 종교적 관계는 유한자로서의 자신을 부정하고, 자신을 신적인 상태로 고양시키기를 원한다. 나아가 그러한 고양의 토대는 인간의 자기투사가 아니라 유한자를 향한 신의 내려옴이다. '긍정적인 무한자'(1:294)로서의 신은 신과의 관계와 신에 대한 인식을 위한 가능조건이다. 신은 자신을 드러내고 현시한다. 신은 범접할 수 없는 신비로움으로 자신을 숨기지 않는다. "종교란 신적인 정신의 산물이다. 그것은 인간의 발명품이 아니라 신적인 노동의 결과다"(1:130; cf. 3:337 n. 239). 이것이 헤겔 사변신학의 진리다. 데즈몬드의 생각처럼 논리적인 설명을 완전히 초월해 있는 것은 진리가 아니다.

신과 인간의 관계에 나타나는 비대칭성은 인간 상호 간에 나타나는 비대칭성과 유사한 측면이 있다.[11] 헤겔에게 인간 상호 간의 비대칭성은 상호호혜적인 인정을 이루는 본질적인 측면이다. 비대칭성과 상호호혜성은 서로가 서로를 상쇄하지 않는다. 그 이유는 인륜적 관계를 이루는 상호성은 각자가 강제적인 지배를 지양하고, 타자를 있는 그대로 인정할 때 성립하는 것이기 때문이다. 따라서 상호관계가 성립하기 위해서는 '자기지양'이나 '자기희생'이라는 요소가 반드시 필요하다. 마치 주인과 노예의 관계처럼 한 편이 자신의 목적을 위해 타자를 이용하는 일방적인 관계는 결코 상호관계가 아니다. 타자와의 상호관계에 들어서려면, 나는 나 자신의 이익을 포기하고 타자에게 우선권을 주어야 하며, 타자 또한 그래야 한다. 이것이 모든 관계에 현존하는 비대칭성이다. 이러한 비대칭성은 신과 인간의 관계를 특징짓는 것이기도 하다. 한편으로 신은 신과의 관계를 위한 가능조건이다. 무한자가 유한자를 낳는 것이지 유한자가 무한자를 투사하는 것이 아니다. 또 다른 한편으로 신은 주권자라는 이유로 피조물을 지배하는 것이 아니라 그들을 자유롭고 독립적으로 내버려둔다. 신은 우리의 자연적이고 인간적인 조건들로 들어와 고통을 받으면서, 바로 그러한 부정성과 유한성에 머물러 있는 우리를 긍정한다. 그래야만 우리도 신을 향해 있는 우리 자신을 긍정할 수 있다. 이것이 바로 신의 죽음이다. 신의 죽음은 자신의 타자를 위해 스스로를 희생하는 사랑, 고립적으로 끝나는 것이 아니라 화해와 공동체의

---

11 나는 로버트 R. 윌리엄스의 생각들을 통해 이 점을 알게 되었다.

설립으로 끝나는 희생을 보여주는 최고의 장면이다. 타자와의 화해를 위해 자신을 지양하는 신의 사랑(화해가 비극적 요소를 갖는다는 말은 화해를 위해서는 반드시 이러한 희생이 필요하다는 것을 뜻한다).[12] 이야말로 헤겔의 신학이나 그가 설명하는 인륜적인 삶의 핵심이다. 앞서 살폈듯이, 헤겔은 이러한 '영원한 희생'을 양식화한 것이 바로 '성례'라고 생각한다(3:236). 영원한 희생은 세상에서 맺는 사회적 관계뿐만 아니라 신적인 생을 특징짓는 것이기도 하다. 신적인 희생이 가장 중요한 것이다. 인간은 신적인 희생을 따르고, 그것을 좇아야 한다.

따라서 신과 피조물 사이에는 이중적인 비대칭성이 포함되어 있다. 첫째 비대칭성은 신의 창조성이 갖는 세계에 대한 우월성이고, 그것이 전도된 둘째 비대칭성은 신의 자기증여와 자기비움이다. 이러한 이중적인 비대칭성은 인간들 사이의 관계에 나타나는 상호호혜적인 비대칭성과 비슷하면서도 다르다. 인간 사이의 관계에서도 한편이 다른 편을 위해 자신을 지양한다는 점에서는 비슷하지만, 그 둘 중 누구도 다른 편의 창조자가 아니라는 점에서는 다르다.

만일 이러한 분석이 타당하다면, 마치 데즈몬드처럼,[13] 헤겔이 말하는 절대자는 아가페적인 절대자가 아니라 에로스적인 절대자, 즉 아무런 대가를 바라지 않고 자기증여하는 신이 아니라 자신의 욕망을 채우기 위해 세계를 창조하는 탐욕적인 신이라고 말하는 것은 틀린 것이다. 물론 여기저기 그런 흔적이 보이긴 하지만, 그래도

---

12 데즈몬드는 악을 논의하는 과정에서(143-166) 신과 연관되어 있기는 하지만 신과는 구분되는 유한한 세계의 창조를 위한 필요조건이라 할 수 있는 비극의 문제를 다루지 않는다. 아마도 그는 비극이 진정한 그리스도교의 범주가 아니라고 생각한 것 같다.

13 Desmond, *Hegel's God*, 114-116.

헤겔이 말하는 몰아적인 사랑에는 여전히 아가페적인 신이 숨쉬고 있다. 이와는 반대로, 나는 헤겔이 말하는 신의 사랑은 아가페적인 사랑이면서 동시에 에로틱한 사랑이라고 생각한다. 만일 신이 곧 사랑이라면 그것은 반드시 그래야 한다. 그리고 가장 풍부한 의미에서의 사랑은 아가페(agapē)와 에로스(erōs)를 모두 포함한다. 우정(philia) 또한 마찬가지다. 타자를 위한 신의 사랑(eros)은 가장 완전한 몰아적 상태 혹은 자기증여다. 그것은 욕망이면서 증여다. 그리고 그러한 사랑이 우리를 신의 친구로 만든다. 우정은 이 두 가지 사랑을 모두 필요로 한다.

데즈몬드가 제기한 모든 비판적 질문들은 신과 피조물의 관계에 초점을 두고 있다. 간단히 말해, 데즈몬드의 견해에 따르면, 헤겔이 말하는 신은 다른 피조물을 창조하는 진정한 신이 아니라 자신을 창조하는 신이다. 신이 자신을 창조한다는 것은 피조물에 대한 에로스적인 사랑이지 아가페적인 사랑이 아니다. 만일 헤겔의 사상이 "넘치는 관대함에서 비롯하는 […] 타자를 위해 베푸는 아가페적인 사랑에 더 깊이 근거하고 있다면, 그 사상의 결과는 완전히 달라질 것이다."[14] 하지만 만일 헤겔이 사유가 내가 이해한 바와 같다면 어떻게 될까? 그 두 결과는 매우 다르다. 나는 우리가 이렇게 생각하기를 원한다. "헤겔이 말하는 신은 자신을 창조하는 신이면서 동시에 타자를 창조하는 신, 즉 에로스적인 신이면서 동시에 아가페적인 신이다. 신은 부동의 실재가 아니라 하나의 정신적 과정, 즉 존재하게 되는 과정이자 존재하게 하는 과정이다."

---

14 같은 책, 96, 121-140(137에서 인용).

데즈몬드는 신적인 이념은 타자, 즉 세계를 "자유롭고 독립적으로 존재하도록 내버려둔다"(3:292)는 헤겔의 주장이 갖는 중요성을 폄훼하려고 한다. 그는 헤겔의 저작을 면밀히 분석하는 해석가들, 이를테면, 모든 저작에 널리 사용되는 '자기복귀'와 같은 반복적인 표현들보다 '방출하다'(entlassen)와 같은 숨은 표현들을 발굴하여, 어떻게든 그의 사상을 '확고한 타자성과 환원할 수 없는 다양성에 호의적인 것'으로 구성해 보려는 해석가들을 무시한다. 데즈몬드는 그것이 자연으로 방출된 이념인지 아니면 그저 자연에 대한 사상인지를 궁금해한다.[15] 하지만 그러한 태도로는 단순한 논리적 관념론을 넘어, 체계를 철저히 비판적으로 성찰하려는 헤겔 사상의 실재론적 매개를 제대로 볼 수 없다. 헤겔이 '방출하다'(entlassen)는 용어를 사용한 것은 결코 우연하고 사소한 일이 아니다. 특히 앞서 언급했듯이, 만일 그것이 '방출하다', '해방시키다'를 뜻하는 라틴어 absolvere와 같은 뜻의 독일어라면 더욱 그러하다. 헤겔이 사용하는 '절대자'(absolute)라는 개념도 전적으로 여기서 파생된 것이다. 자신과는 다른 것으로 방출된 타자는 신의 경륜(oikonomia)과 분리된 것도, 무관한 것도, 그 외부에 있는 것도, 신적인 본성과 완전히 다른 것도 아니다. 데즈몬드는 그리스도교 교리는 그러한 전적인 타자성을 필요로 한다고 생각한다. 하지만 그렇다면 전적인 타자성의 가능성을 배제하는 신의 형상(imago Dei)에 관한 교리는 어떻게 설명될 수 있을까? 거기에는 창조자와 피조물 사이의 차이뿐 아니라 유사성도 분명히 드러나 있다. 그 차이는 데즈몬드가 주장하는 것처럼, 유한한 것들이

---

15 같은 책, 121.

창조되어 나오는 무가 신의 외부에 있는 것이라는 사실에 있지 않다. 도리어 그 무는 무한한 근원인 신의 내부에 존재하는 순수한 존재가 능성이다. 신은 그 무한한 근원으로부터 타자를 자유롭고 독립적인 것으로 방출하지만, 그럼에도 불구하고 여전히 그것들과 연관되어 있다. 그래서 나는 데즈몬드의 견해보다는 헤겔의 견해, 무로부터의 창조(creatio ex nihilo)가 곧 신으로부터의 창조(creatio ex Deo)를 뜻한다는 견해가 옳다고 생각한다. 데즈몬드는 악을 신의 외부에 존재하는 것으로 보지만, 헤겔은 비극을 신의 생 안으로 끌어들인다.

마지막으로 분석하고자 하는 것은 과연 어떤 신이 참다운 신이고, 어떤 신이 허위의 신인가 하는 것이다. 이에 대해서는 다음과 같이 답할 수 있다. 전적으로 타자인 신, 모든 사유를 초월해 있고, 피조물과의 모든 존재론적 연관을 초월해 있는 여호와(sovereign Lord)는 허위다. 그것은 인간의 상상을 무한자로 투사한 것, 만일 우리가 할 수만 있다면 정말 그렇게 만들어보고 싶은 신이다. 반면, 참다운 신은 계시적이고, 자기를 증여하는 신, 우리의 인식행위 속에서 자신을 인식하는 신, 역사의 모호함과 비극들 속에서 자신을 실현하는 신, 우리를 구원하기 위해 추상적인 신성을 과감히 벗어던지는 신이다. 이렇게 평가는 달라질 수 있다. 하지만 더 값진 대응은 그리스도교 신학에 관한 데즈몬드의 해석도 나름 타당한 해석이며, 헤겔에 대한 그의 비판과 의심에 동의하는 사람도 많다는 점을 인정하는 것이다. 헤겔의 저술은 난해하기 때문에 다양하게 해석될 수 있다. 나는 우리가 헤겔 철학이나 그리스도교 신학을 대할 때, 그 해석의 수용범위를 너무 좁히기보다 활짝 열어두기를, 하나의 근원에서 유래하는 여러 가지 물줄기를 두루 긍정하기를 바란다. 키에르케고어라는 별명을 가진 데즈몬드와 헤겔의 논쟁에는 근본적으로 두 개의 패러다임이 작동하고 있다. 그것들은 신과 종교의 실재에 관한 참다운 통찰을 제공하지만 동시에 한계도 가지고 있다.

나는 앞선 장들에서 내가 생각하는 헤겔의 한계들을 몇 가지 논한 바 있다. ① 그리스도교를 '완성된' 종교로 기술하고 있다는 점, ② 표상(종교적 상징들)과 사유(철학적 개념들)의 상호성을 명쾌하게 설명하지 않는다는 점, ③ 근본적이고 비합리적인 악을 제대로 설명하지 못한다는 점, ④ 오로지 그리스도만을 유일하고도 궁극적인 육화로 논한다는 점, ⑤ 사변철학의 절정을 이루는 세계-내-화해의 실현을 완전히 설명하지 않는다는 점, ⑥ 다소 강압적으로 신학을 철학으로 포섭한다는 점, ⑦ 종교사를 하나의 단일한 체계로 구성하고자 한다는 점이 바로 그것이다. 헤겔이 이러한 반론에 부딪히는 이유는 그가 통일을 강조하면서 동시에 차이를 보존하려 했기 때문일 것이다.[16] 하지만 헤겔이 신학에 미친 영향과 그 성과는 그러한 결점들을 채우고도 남는다. 그리고 이 책은 바로 그런 성과들에 초점을 맞추고 있다. 그럼에도 불구하고 신학은 그 어떤 철학에도, 심지어 헤겔 철학에조차 의존해서는 안 된다는 것이 내 생각이다.

결국 그리고 반어적으로, 헤겔과 데즈몬드 사이의 대립은 그리 치열하지 않은 것 같다. 한때 헤겔 사상에 매료되기도 했던 데즈몬드는 신을 절대적인 초월의 영역에 가둬두기를 원치 않는다. 도리어 그는 무한자와 유한자 사이의 간극을 이어주는 신의 '과다한 선'을

---

16 헤겔은 차이보다 통일에 특권을 부여하는 해석의 부류에 속한다고 할 수 있다. 하지만 헤겔의 패러다임 내에서 차이는 말살되고, 그의 전체적인 신 개념은 허위에 불과하다고 단정하는 것은 이데올로기적으로나 수사학적으로 그를 지나치게 폄하하는 것이다.

언급한다. 헤겔은 우리가 신의 개념을 파악할 수 있다고 생각하지만 데즈몬드는 인간의 사유는 결코 신의 개념을 사유할 수 없다고 생각한다. 그럼에도 불구하고 그는 헤겔의 변증법적 방식(dialectically)이 아니라 자기 자신만의 간학문적인 방식으로(metaxologically),[17] 즉 매개를 '통해서'(dia)이 아니라 차이의 '사이'(metaxu)로부터 신의 개념을 사유하고 있다. 하지만 사실상 '사이'는 '통함'을 요구하고, '통함'은 '사이'를 요구하지 않는가?

나는 포스트모더니즘의 난점과 그 난점에 대한 헤겔식의 해법을 논의하는 대목에서 데즈몬드가 제기한 비판적인 질문들을 다시 한 번 다룰 것이다. 나는 다양한 해석방식들 중에는 정통설도 있고 이단설도 있다는 점을 지적하는 것으로 다음 논의를 시작할 것이다. 헤겔의 정신 개념은 그중 후자, 즉 이단설로부터 형성된 것이다.

이단 그리고 존재신학: 정신

헤겔 중도의 사변신학을 헤겔 우파는 '이단'이라고 비판했고, 헤겔 좌파는 '존재신학'이라고 비판했다. 하지만 앞서 언급했듯이, 이러한 조롱의 말들은 좋은 결과로 뒤바뀔 수 있다. 왜냐하면 헤겔은 '정신'이라는 이단적인 관점으로 존재신학의 주장들을 재구성함으로써 정통설이 지닌 부정적인 측면들을 극복했기 때문이다. 그러한

---

17 Desmond, *Hegel's God*, 70. 이 책은 과장법(hyperbole)과 사이학(metaxology)이 무엇을 의미하는지 설명하지 않는다. 그가 말하는 과다한 선은 일반적인 선의 개념과 어떻게 다른가? 과장법적으로 사유한다는 것은 무엇을 의미하는가? 과장법은 수사학적 범주인가 논리적 범주인가?

의미에서, 헤겔의 정신신학은 이단설에 근거하여 정통설의 진리를 복원한 것이라 할 수 있다.

헤겔의 기획은 신에 관해서는 아무것도 알 수 없다는 근대의 교리에 맞서 신 인식의 가능조건을 재확립했다는 점에서 정통설이다. 그의 『종교철학』은 신학적 불가지론에 대한 맞불이었다. 신학적 불가지론은 "신은 자신을 알린다, 신의 본성은 세계에 현시된다, 인간의 인식은 신의 이념을 파악할 수 있다"는 정통설의 핵심적인 확신을 애초에 근절한다고 그는 생각했다. 불가지론이 도를 넘어서면 무신론과 세속주의가 등장한다. 헤겔은 그러한 신 없는 세계의 삶에서 일어날 일들을 예상해 본다. 만일 신 없는 세계에도 종교가 존재한다면, 그것은 일주일에 하루 혹은 한 시간으로 제한된 삶의 안식도 주지 못할 것이며, 종교의 진리는 일상적인 삶이나 과학적인 진리와는 대립하는 것으로 여겨질 것이다. 헤겔은 그런 분열된 실존에 불만을 느낀다. 그는 근대성이라는 조건하에서 종교와 이성과 삶이 새롭게 통합되기를 열망한다. 이를 위한 것이 곧 그의 『종교철학』이다. 그는 교리학의 대부분은 신학보다 철학을 통해 더 잘 보존되어 왔다고 확신한다. 왜냐하면 고전적인 교리학은 사변철학처럼 신앙의 합리성을 전제하고, 교리들에 지성적인 공식을 부여했기 때문이다. 오늘날 신학에서는 삼위일체, 죄와 악, 육화와 같은 그리스도교의 근본 교리들이 대부분 사라졌고, 그 정통을 훌륭하게 수호하고 있는 것은 도리어 철학이라고 그는 말한다. 그리스도교의 근본 진리들은 철학을 통해 보존되고 있다는 것이다. 그래서 그는 자신을 정통이라고 선언한다. 이는 그가 당대의 신학자들을 비판하는 대목에도 암시되어 있다. 신학적 합리주의는 신을 인식하려는 기획을 포기했다. 그리고 그들의 주석은 성서를 자신의 선입견대로 뒤틀어진 '밀랍 코'로 만들어버렸다. 반대로 신학적 역사주의는 오직 과거에 일어났다고 믿는 사건에만 관심을 기울일 뿐 자신의 자산(주석)은 한 푼도 갖고 있지 않다. 그래서 교회의 설교 내용은 신학보다 철학에 더 많은 신세를 지고 있다. 신학적 불가지론은 윤리학을 위한 교리학을 단념했다. 반대로 신에 대한 믿음이 도덕적 행위에 도움을 준다는 주장에는 아무런 감동이 없다. 그런 견해는 종교를 타락시킬 뿐이다. 나아가 신앙은 주관적인 종교적 감정 위에 세워질 수도 없다. 그러한 감정은 주관성이라는 토대를 벗어날 수도 없고, 자신을 유한자에서 무한자로 고양시킬 수도 없다. 따라서 그것은 신에 대한 믿음을 주관적인 욕구와 욕망의 투사로 간주하는 무신론으로 전도될 수밖에 없다.

그런 점에서 헤겔은 정통설의 계열을 따른다. 하지만 그는 삼위일체나 그리스도 그리고 성례의 원리만을 논할 뿐 신앙고백의 차이나 교리논쟁과 같은 세세한 문제들에는 크게 관심을 두지 않는다. 그는 그러한 것들은 진리를 모호하게 하거나 신학자들을 쓸데없이 바쁘게 만들 뿐이라고 생각했다. 그는 그리스도교 교리에 대한 닫힌 역사가가 아니다. 도리어 그런 사람은 그의 제자인 바우어(Ferdinand Christian Baur)였다. 그리스도교의 이념에 관한 헤겔의 해석은 정통설(교리적 전통)과 이단설을 절충적으로 전유하고 있다.

피오레(Joachim von Fiore), 에크하르트(Meister Eckhart) 그리고 뵈메(Jakob Böhme)와 같은 인물들을 비롯하여 발렌티누스(Valentinus)의 불가지론으로까지 거슬러 올라가는 이단적 전통은 헤겔의 사상에 많은 영향을 주었다.[18] 하지만 헤겔은 『종교철학』에서 이들 가운데 뵈메만을 구체적으로 다룬다. 그는 삼위일체를 논의할 때, 네안더

(August Neander)의 저작을 통해 알게 된 발렌티누스의 불가지론을
언급하고 있다. 그 맥락의 요점은 신적인 일자와 그것을 드러내는
말씀 사이의 구별은 사실 아무런 구별이 아니라는 것이다. 왜냐하면
말씀들은 신의 내면에 간직되어 있을 뿐 세계의 물질성이나 타자성
의 형태로 드러나지 않기 때문이다. 헤겔은 영지주의처럼 정신과
물질을 이원론적으로 이해하지도 않고, 그러한 이원론에 근거하여
자연세계를 거부하지도 않는다. 도리어 그는 '수도자처럼' 감각적인
세계로부터 도피하는 태도를 경계하고, "정신이란 감각적인 것 안에
서도 자신과 함께 편안히 존재하는 것"이라는 점을 강조한다(3:134).

그럼에도 불구하고, 바우어[19]의 후계자인 오레건은 이렇게 주장

---

18 이와 관련해서는 Cyril O'Regan, *The Heterodox Hegel* (Albany: State University of New York
　Press, 1994), 15-20, 251-259, 270-283)을 참고하라.

19 바우어(Baur)는 고대의 영지주의 체계들과 근대의 특정한 개신교 종교철학들(뵈메, 셸링, 슐라이
　어마허, 헤겔) 사이의 연관성을 밝힌 최초의 철학자다. 바우어가 볼 때, 자기 회복적인 인식과 보편
　적인 역사과정에 관한 영지주의의 이론은 그리스도교 신학의 중심적인 주제였다. 특히 유대교의
　'특수화하는' 경향들에 맞서 투쟁했던 1-2세기의 그리스도교에서는 더욱 그랬다. 이와 관련해서
　는 Ferdinand Christian Baur, *Die christliche Gnosis, oder die christliche Religions-
　Philosophie in ihrer geschichtlichen Entwiklung* (Tübingen: C. F. Osiander, 1835)를 참고
　하라. 하지만 바우어가 묘사하는 영지주의적 세계관은 헤겔의 그것과는 완전히 대립한다. 종교의
　역사에 관한 바우어의 사변적 해석은 이교 전통의 형이상학적 이원론(물질과 정신, 역사적인 것과
　계시적인 것)에 기반하고 있다. 그리고 역사의 전개는 그 대립하는 두 힘들 사이의 상호작용으로
　이루어진다고 생각한다. 정신은 순수한 정신이라 할 자신으로 복귀하지만 정신과 물질 사이에는
　여전히 무한한 심연이 남아 있는 것이다. 영지주의는 도덕적 자유를 허용하지 않는 결정론을 정립
　하며, 참다운 창조교리는 다루지 않는다. 영지주의의 그리스도론은 구세주적 인물이 물질과 거의
　접촉하지 않으며, 그리스도교의 실정적 내용을 은폐하고 있다는 점에서 일종의 예수가현설
　(docetic)에 가깝다. 이와 관련해서는 *Das Christenthum und dir christliche Kirche der drei
　ersten Jahrhunderte* (Tübigen: L. F. Fues, 1852), 159-213을 참고하라. 이와는 반대로 헤겔의
　철학체계는 이원론적 체계가 아니라 전일론적(holistic) 체계다. 정신과 물질(혹은 자연)은 서로
　대립하는 것이 아니며, 서로에게 필수적인 것이다. 정신은 구체적으로 매개된 정신이라 할 자신으
　로 복귀함으로써 이념과 현실 차이를 극복한다. 신은 개별적이고 감각적인 인간으로 육화되며,
　그는 십자가형이라는 모욕적인 죽음으로 고통을 당한다. 그리고 그리스도교의 실정성과 정신성

한다. "헤겔은 영적인 인식(gnōsis)을 구원적 인식으로 높게 평가할 뿐 아니라 그의 거대담론은 유대교의 묵시적 형태와 대립하는 영지주의와 신비주의의 영향 아래 있다." 유대교의 묵시적 형태에서는 신이 계시되는 다양한 양상들이 신의 정체성과 인격성을 이룬다. 하지만 헤겔의 거대담론은 경륜적 삼위일체(oikonomia)뿐만 아니라 신의 내적인 생 자체도 다룬다. 신의 내적인 생은 "타락과 추방 그리고 복귀의 드라마를 두루 거쳐 나간다. 그것이 완성에 이르는 과정이다."[20] 여기서 새로운 것은 그리스도교의 비주류 중 하나가 주류로 편입되고 있다는 사실이다. 그렇다면 이러한 새로움은 신적인 역사, 과정, 고통을 다루는 신학에 과연 어떤 영향을 주는가? 이것이 이 책이 다루는 주제들 중 하나다.

헤겔은 그 실험을 과감하게 시도한다. 헤겔은 그의 초기 저술들에서 그리스도교가 새로운 민족종교나 정신이라는 철학적 종교로 대체될 가능성을 탐구했다. 이후에 그는 종교들은 그저 철학자들이 만들어낸 발명품이 아니라 스스로를 역사적으로 드러내는 현실성이라는 것을 깨닫게 된다. 하지만 그렇다고 해서 고전적 삼위일체론이나 그리스도론과 같은 범주들을 철학적 직관으로 대체하거나 이미 표준화되어 있는 속죄론을 비판하거나 부활을 탈신화적으로 해석하려고 성급하게 덤벼들진 않는다. 그는 종교가 가진 표상적인 형식들을 해체하고, 그것을 개념적인 언어와 필연적인 것으로 재구

은 둘 다 긍정된다. 벌비지(John W. Burbidge)는 최근의 한 논문에서 이와 유사한 이유로 헤겔은 영지주의로 해석될 수 없다고 주장했다. 이와 관련해서는 "The Word Became Flesh or the Orthodox Hegel," *Bulletin of the Hegel Society of Great Britain* 45/46 (202), 16-24를 참고하라.

20 O'Regan, *The Heterodox Hegel*, 300-310.

성해야 한다고 생각한다. 물론 그러한 작업이 자칫 종교의 형식만이 아니라 내용까지도 함께 파괴할 수 있다는 것을 그도 알고 있었다. 그는 그리스도교도 다른 종교들처럼 하나의 화석이 될 수 있다는 것은 인식하고 있지만 그런 탈종교적 미래를 그리 낙관적으로 보지는 않는다. 그리스도교의 화석화하는 가장 확실한 방법은 그 어떤 경우에도 재해석의 도전을 받아들이지 않는 것이다. 그러한 도전을 받아들이기 위해서, 우리는 마치 이단자나 순교자들이 그랬던 것처럼 물속으로 직접 뛰어드는 용기를 가져야만 한다. 헤겔은 이단자도 순교자도 아니다. 하지만 그는 수많은 핵심 사안들에 대한 정통설의 경계를 자유롭게 넓혀가고자 했다. 존재신학에 관한 그의 독특한 해석은 바로 이러한 시도에서 비롯한 것이다.

존재신학이라는 말은 임마누엘 칸트가 전통적인 형이상학적 신학을 가리키기 위해 고안한 용어다.[21] 존재신학은 신의 존재론적 위상을 주장하고, 그것을 증명하거나 입증하려는 신학이다. 신은 실로 '최고의 존재'이자 '완전한 존재'다. 신은 반드시 존재한다. 왜냐하면 유한한 존재의 우연성은 신의 존재를 요청하며, 완전함은 자신의 술어에 존재나 실재를 포함하기 때문이다. 앞서 살폈듯이, 헤겔은 형이상학적 신학에 대한 칸트의 비판을 그대로 물려받는다. 그럼에

---

21 칸트는 사실상 존재신학으로 복귀하고 있다. 왜냐하면 그가 말하는 신은 전통적 존재론의 모든 특성들을 지닌 실재의 총체성으로 정립되고 있기 때문이다. 비록 순수이성은 구체적인 최고 존재의 실존을 증명할 수는 없지만, 이러한 존재로서의 신은 실천이성에 반드시 필요한 선험적인 규제적 원리이다. 이와 관련해서는 Immanuel Kant, *Lectures on Philosophical Theology*, trans. Allen W. Wood and Gertrude M. Clark (Ithaca, NY: Cornell University Press, 1978), 특히 44-80을 참고하라. 에마뉘엘 레비나스(Emmanuel Levinas)는 *God, Death and Time*, trans. Bettina Bergo (Stanford, Calif.: Stanford University Press, 2000), 153-154에서 이러한 칸트 식의 존재신학을 설명하고 있다.

도 불구하고 그는 어떻게 존재신학을 논할 수 있었을까? 물론 그는 '존재신학'이라는 용어를 직접 사용한 적은 없다. 하지만 그는 분명 신에 관한 존재론적 주장들을 펼치고 있으며, 신에 대한 존재론적 증명만이 타당한 증명이라고 확신하고 있다.

헤겔은 전통적인 형이상학을 '정신'이라는 새로운 범주를 도입한 탈형이상학적 존재신학으로 대체한다. 신의 존재(the Ontos of Theo)는 순수한 직접적 존재(논리학의 출발점에 있는 모든 철학적 범주들 가운데 가장 공허한 것)도, 추상적 실체(아리스토텔레스, 스피노자)도, 최고의 존재(합리주의 신학자들, 칸트, 슐라이어마허)도 아니다. 그것은 역능, 운동, 생명, 지성, 계시, 구별과 화해의 과정을 의미하는 '정신'(Geist)이다. 정신은 변증법적인 나선운동을 통해 자기현시하고, 자기계시하는 행위이자 과정이다. 이러한 과정으로부터 신적인 상호주관성도 확립되고, 모든 것들도 존재하게 되는 것이다.

비록 헤겔이 뵈메의 신지학(Theosophy)을 자기 구상의 배경으로 삼았다 해도,22 그가 내세운 것은 신지학이 아니라 신학이다. 신과의 직접적인 묵상의 교제가 아니라 엄격하게 도야된 사유의 노동이다. 소피아(sophia)가 아니라 로고스(logos)이며, 더 정확히는 소피아와 로고스를 포괄하는 프네우마(Pneuma)다. 프네우마는 성서의 인물들 가운데 가장 풍부한 신성을 가진 자이며, 지혜와 말씀, 사유와

---

22 오레건(Cyril O'Regan)은 *The Heterodox Hegel*, 18에서 월쉬(David Walsh)의 연구 *The Mysticism of Innerworldly Fulfilment: A Study of Jacob Boehme* (Gainsville, Fla.: University Presses of Florida, 1983)로부터 이러한 결론을 도출한다. 이와 관련해서는 헤겔의 존재신학에 관한 오레건의 전체 서론(1-25)이 매우 유익하다. 그는 헤겔이 "존재신학적 전통의 이단적 끝자락에 속하지만", 그렇다고 해서 그가 "전통을 벗어나 해석학적으로 자유로운 타락의 길을 걷고 있는 것은 아니다"(25)라고 말한다.

존재, 이상과 현실, 신비주의와 역사를 모두 아우른 인물이다. 헤겔의 존재론적 증명의 핵심은 정신 안에서 사유와 존재의 통일이 이루어진다는 것이다. 참다운 개념이란 자기 내부에 객관성을 포함하는 것, 즉 자신의 주관성을 생동적이고 역동적으로 지양해 나가는 자기-객관화의 운동이라고 그는 말한다. 참다운 개념은 정신이다. 논리학의 마지막 범주인 개념(Begriff)과 체계의 마지막 범주인 정신(Geist)은 결국 동일한 것이다. 신은 절대정신이다. 이는 최고의 존재이자 완전한 존재인 신이 자신을 방출하고, 특정한 인간의 모습으로 분열된 세계과정에 직접 들어온다는 것을 뜻한다. 이 모든 설명은 전통적인 형이상학과의 뚜렷한 단절을 보여준다.

레비나스(Emmanuel Levinas)는 하이데거(Martin Heidegger)가 존재론을 서구 형이상학적 전통 전체의 운명으로 생각했다는 점을 지적한다. 존재론은 최고 존재로서의 신과 존재자들의 근원으로서의 신을 동일시함으로써, 사태, 역능, 존재하게 하는 것으로서의 존재와 세속적인 실체인 존재자들 사이의 차이를 모호하게 만든다. 그것은 신을 세속화하고, 존재에 대한 사유를 회피하는 것이다. 레비나스는 묻는다. "존재-신-학(onto-theo-logy)의 결함은 존재를 신으로 간주한 데 있는가? 신을 존재로 간주한 데 있는가?"[23] 하이데거는 그 원인을 전자에 두고, 형이상학적 신으로부터 벗어난 자유로운 존재를 추구했다. 반면 레비나스는 그 원인을 후자에 두고, 존재로부터 신을 분리시키고자 했다. 신은 '존재와는 다른 것'을 의미한다. 철학

---

23 Levinas, *God, Death, and Time*, 121-125; 124에서 인용. 이와 관련해서는 Martin Heidegger, "onto-theo-logical constitution of Metaphysics," in *Identity and Difference*, trans. Joan Stambaugh (New York: Harper & Row, 1969), 42-74를 참고하라.

406 | 제3부 _ 헤겔 종교철학과 현대 신학

이 신을 인식하기 위해서는 존재론에서 윤리학으로 나아가야 한다. 윤리학에 기초하여 신을 사유한다는 것은 파악할 수도 없고, 대상화할 수도 없는 타자, 즉 모든 부정신학을 넘어서 있는 무한한 초월을 사유하는 것이다.[24]

하지만 헤겔은 전략은 하이데거나 레비나스의 그것과는 다르다. 그는 신과 존재를 분리시키기보다 존재를 정신(유동적이고, 운동하며, 나선적으로 상승하는 관계성)으로 재사유한다. 그리고 그는 신을 자기 방출하는 절대자로 재사유함으로써 신적인 통치의 논리를 깨고, 그것을 신적인 주관성의 논리로 대체한다.[25] 정신으로서의 신은 실체이자 동시에 주체이며, 역능이자 동시에 인격이고, 생명이자 동시에 마음이며, 본질이자 동시에 실존이다. 신의 무한한 주관성을 형성하는 지속적인 통일은 차이와 다름을 같음으로 용해시키지 않는다. 도리어 그것들을 삼위일체적인 위격들의 유희로 상징되는 생산적인 관계들의 유희 속에 보존한다. 그것이 바로 무한한 상호주관성이다.

신의 정신을 절대적이고 무한하게 하는 것은 자신의 모든 관계가 신적으로 창조된 인정의 공동체, 성서의 비유를 들자면, 신의 왕국(Basileia tou theou) 내에서 일어난다는 것이다. 신의 정신이 방출된 타자는 결코 절대정신의 범위를 벗어나지 않는다. 만일 그렇다면, 타자는 절대자를 제한하거나 유한하게 만들 것이다. 신은 세계와 실재적이고, 호혜적이며, 상호적인 정서적 관계를 맺고 있다. 경륜적

---

24 Levinas, *God, Death, and Time*, 136-139.

25 이러한 주제와 관련해서는 Dale M. Schlitt, *Divine Subjectivity: Understanding Hegel's Philosophy of Religion* (London and Toronto: Associated University Presses, 1990) 그리고 Schlitt의 초기 저작 *Hegel's Trinitarian Claim: A Critical Reflection* (Leiden: E. J. Brill, 1984)을 참고하라.

삼위일체가 말하는 실재적인 타자와 내재적 삼위일체가 말하는 논리적인 타자는 같은 것이 아니다. 헤겔은 신의 '외화', 즉 자신을 자연과 유한한 정신이라는 외부의 현실로 방출하는 논리적 이념을 설명할 때, 신의 '외부'인 세계의 장소를 가리키기 위해 공간적인 은유들을 사용한다(3:91, 193). 신의 정신이 방출된 타자는 신과는 완전히 다른 것, 시공간에 종속된 유한하고 우연한 것이다. 하지만 그럼에도 그 타자는 신의 생과 분리된 것도 아니다. 유한자는 정신의 전개에 나타나는 한 계기다. 그리고 창조적 방출의 결과는 신을 외적으로 제한하거나 관계의 한 항으로 두는 이원론도 아니고, 모든 것을 신적인 주체로 환원시켜버리는 일원론도 아니다. 상호인정은 동일성과 차이를 모두 보존한다. 그러한 상호인정이 자유의 공동체(왕국)를 이룬다. 절대정신으로서의 신에게 특별한 점이 있다면, 그것은 자기 내부에 신 아닌 것을 포함하고, 또 그것을 보존한다는 점이다. 신은 공간, 시간, 유한성을 배제하기보다 그것까지도 포함하고 구제한다. 그런 것들이 신의 내부에 존재하는 것이지, 신이 그것들의 내부에 존재하는 것이 아니다. 신과 완전히 다른 것은 존재하지 않는다. 간혹 통제하기 어려울 때도 있지만, 그것 역시 상대적인 타자일 뿐이다. 따라서 신은 전체이자 보편자다. 하지만 이러한 헤겔의 전일성은 레비나스가 비판하는 총체화의 경향으로부터 과연 자유로울 수 있을까?

총체성과 무한: 전일성

레비나스는 '총체성'을 그러한 혐의에서 벗어나기 어려운 방식으로 규정한다. "총체성은 그저 공허한 동일성일 뿐만 아니라, 존재자들이 공동으로 존재하게 되고, 서로가 같아지게 되며, 지성적인 구조나 체계를 형성하게 되는 관계성이다. 구조는 곧 이성이며, 주체성은 바로 그 이성에 종속된다."26 레비나스는 헤겔이 말하는 '전체' 혹은 '보편자'의 의미를 그런 식으로 규정한다. 헤겔은 주관성을 이성에 종속되는 것이 아니라 상호의존적인 관계에서 생겨나는 것으로, 그래서 언제나 이미 상호주관성을 의미한다고 생각하는데도 말이다. 레비나스에게 주관성은 상호의존적인 관계가 아니라 외재성과 분리 그리고 상호적인 초월에 근거한다. 진리는 인식하는 자와 인식되는 자의 통일이 아니라 서로 개입하지 않는 접촉의 형태다. 한 사람은 타자의 인정을 통해 규정되지 않는다. 비대칭적 관계에서는 인정이 아니라 얼굴의 표현(신의 계시)이 상대를 규정한다.27

헤겔과 레비나스는 무한한 신의 '절대성'을 해석하는 대목에서 결정적으로 대립한다. 레비나스는 절대자와의 진정한 관계란 절대자를 상대적인 것으로 남겨두는 것이라고 생각한다. 그는 이렇게 말한다. "절대자는 자신을 계시하는 그 관계로부터도 벗어나 있다." 달리 말해, "동일자와 타자는 그 관계 안에 함께 있으면서도 동시에 그 관계에서 벗어난 절대적 분리의 상태에 있다. 무한성의 이념은

---

26 Levinas, *God, Death, and Time*, 146-147.

27 Emmanuel Levinas, *Totality and Infinity: An Essay on Exteriority*, trans. Alphonso Lingis (Pittsburgh: Duquesne University Press, 1969), 61-62, 65.

이러한 분리를 필요로 한다."[28] 하지만 헤겔에게 신의 계시는 이와 정반대다. 절대자는 자신을 실재적인 타자와의 관계로 방출한다. 절대자는 분리가 아니라 공동성 안에서 절대자가 되는 것이다. 이것이 바로 원자적 존재론과 사회적 존재론의 차이다. 레비나스의 진술에는 원자주의가 뚜렷하게 드러난다. "개별자들은 각자의 형식을 유지하면서 서로 분리되어 독립적으로 존재하기 때문에 그들은 결코 총체성화하는 관계로 용해되지 않는다." 레비나스가 말하는 '적나라한 얼굴'이란 바로 이러한 독립적 현존과 분리의 상태를 상징한다. 레비나스는 파르메니데스에서 시작하여 스피노자를 거쳐 헤겔에 이르는 전통, 즉 통일에 특권을 부여하는 전통에 맞서 라이프니츠의 원자론과 데카르트의 외재성 개념을 수용하고 있다.[29]

이러한 질문들이 있을 수 있다. 헤겔의 사회적 존재론 혹은 전일적 존재론은 모든 다양성을 제거하는 무한자인가? 헤겔이 말하는 절대자는 자신을 제한하는 모든 타자를 배제하고 오로지 자신과만 관계하는 절대자인가? 헤겔이 존재의 내부에 포함시키는 무는 죽음의 단계에까지도 이를 수 있는가? 신은 창조행위를 통해 실제보다 더 큰 외연을 갖는다는 믿음은 타당한가? 헤겔은 어떠한 신의 신비나 초월, 즉 어떠한 부정신학도 허용하지 않는가? 이것이 레비나스가 헤겔에게 던지는 질문이자 비판이다.[30] 이는 구체적인 논의의 단계뿐만 아니라 근원적인 직관의 단계에서부터 생겨나는 매우 근본

---

28 Levinas, *Totality and Infinty*, 50, 102.

29 같은 책, 14-15, 101, 219. 이와 반대되는 논의로는 Robert R. Williams, *Recognition: Fichte and Hegel on the Other* (Albany: State University of New York Press, 1992), 285-286, 297-300을 참고하라.

30 *Totality and Infinity*, 103-105, 196-197; *God, Death, and Time*, 74-78, 203-206.

적인 차이들이다.

감히 말하지만, 헤겔의 체계를 헤겔 자신보다 더 견고하게 만든 이들은 그를 옹호한 주석가들이다. 앞서 말했듯이, 헤겔은 구체적인 경험들과 자료들을 마음껏 활용하면서 논리적인 심층구조들과의 개념적인 유희를 벌였다. 구술강의에서 그는 실제로 그렇게 했다. 폐쇄적인 체계의 총체성에 저항하면서 말이다. 그는 신학에 나타나는 부정적 요소, 신비의 요소, 비인식적 요소, 한계적 요소, 비교리적 요소가 필요하다는 점까지도 인정한다. 이러한 요소들이야말로 오성적 사유를 이성으로 나아가게 하고, 이성을 무한자에 있는 자신의 토대로까지 나아가게 한다. 헤겔의 변증법은 우리의 인식을 개방적이고도 유동적이게, 끊임없이 동요하게, 자기비판적 태도를 견지하게 하는 부정적인 사유형식이다.

뮤어(G. R. G. Mure)를 계승하는[31] 윌리엄스(Robert Williams)는 헤겔에게 있어서 경험적 실재와 사유는 서로 대립하며, 경험적 실재는 사유에 의해 완전히 지양된다고 말한다.[32] 헤겔의 체계는 논리학과 실재철학(자연철학, 정신철학) 사이의 (동일성이 아닌) 정합성을 구성한다. 그 체계는 경험적 영역의 우연성을 논리적으로 반성한다. 그런 점에서 그 범주의 구조는 닫혀 있지만, 경험적 영역을 향해서는 열려 있다. 따라서 타자의 의미는 논리적인 타자(자기를 타자화한 타자)와 경험적인 타자(전적으로 분리된 타자)로 구분될 수 있다. 논리적인 타자와 경험적인 타자는 같은 것이 아니다. 신의 논리적인 자기-타자화(내재

---

31 G. R. G. Mure, *A Study of Hegel's Logic* (Oxford: Oxford University Press, 1950).

32 Williams, *Recognition*, 267-272.

적 삼위일체)는 경험적 관계들의 조건이다. 왜냐하면 삼위일체적인 신처럼 내적으로 복합적인 존재만이 타자들의 영향을 받으면서도 그것들로 인해 제압되거나 소멸되지 않을 수 있기 때문이다. 전통적인 신학적 정통설과는 반대로, 헤겔에게 경륜적 삼위일체는 내재적 삼위일체를 포함하고 있다. 그러므로 우리는 그것을 포괄적 삼위일체라 불러야 한다. 포괄적 삼위일체는 신과 세계를 매개한 결과 혹은 그 산물이다. 역사는 부차적인 것이 아니라 그 자체가 신적인 삶을 구성하는 것이다. 헤겔이 말하는 총체성은 동일성 혹은 전체주의적 헤게모니와는 정반대되는 것이다. 논리학-자연-정신이라는 거대한 전일적 삼자관계에서는 어떠한 절대적 주권도, 어떠한 근원과 토대도, 어떠한 동일화의 시도도 존재하지 않는다. 윌리엄스가 지적했듯이, 거기에는 세 요소가 각각 다른 두 요소를 매개하는 '반토대론적인 삼중적 매개'만이 존재한다.

헤겔은 전제들로부터 결론을 도출하는 삼단논법을 이성작용의 핵심으로 본다. 모든 삼단논법의 세 구성 요소는 U(보편적 원리), P(특수한 성질), I(개별적 주체 혹은 단일한 사례)다. 삼단논법의 세 가지 형태는 한 요소가 다른 두 요소와 맺는 논리적 관계에 따라 U-P-I, U-I-P, P-U-I로 나타날 수 있다. 이 세 가지 형태의 순서를 I-P-U, P-I-U, I-U-P로 뒤집어도 무방하다. 헤겔은 이렇게 말한다. "삼단논법의 세 가지 형태는 이성적인 모든 것이 삼중의 삼단논법으로 이뤄진다는 것을 보여준다. 다시 말해, 세 요소는 각각 순서대로 양극단에 놓일 수도 있고, 양극단을 화해시키는 수단이 될 수도 있다."[33] 이러한 방

---

33 *Encyclopedia of the Philosophical Science*, §187의 보충설명(*The Logic of Hegel*, trans. William Wallace, 2nd edn. [London: Oxford University Press, 1892], 322); cf. §§181-192. 헤겔의

식으로, 전제들 각각은 차례로 결론이 되기도 하고, 증명이 되기도 한다. 이를 철학의 세 분과에 적용하면(논리학은 보편적인 요소, 자연은 특수자, 정신은 개별자로 규정될 수 있다), 삼중적 삼단논법은 이렇게 공식화될 수 있다. (1) 자연적 매개: U-P-I. 논리적 이념은 자연의 보편적 원리다. 정신은 전-자아(pre-self) 혹은 자아와는 다른 것(other-than-self)인 자연에 잠복해 있다. 그러므로 정신은 그 자체로 드러나지 못하고 논리적 이념을 통해 드러난다. 그리고 논리적 이념이 정신의 원리다. 이것이 바로 헤겔 체계의 순서다. (2) 정신적 매개: U-I-P. 논리적 이념은 정신의 원리다. 자연은 자신의 목적을 정신 안에 두고 있다. 그러므로 자연은 논리적 이념에 있는 자신의 본질로 고양된다. 그리고 논리적 이념은 자연의 원리다. (3) 논리적 매개: P-U-I. 자연은 자신의 원리를 논리적 이념 안에 두고 있다. 정신은 자신의 논리를 논리적 이념 안에 두고 있다. 그러므로 자연과 정신은 독립적이다. 어떤 것도 다른 것의 원리가 될 수 없다. 그럼에도 불구하고 그 둘은 연관되어 있다. 자연은 정신의 전-자아이며, 정신은 자연의 목적이다. 사람들은 일반적으로 이렇게 추상적인 방식으로 사유하지 않는다. 하지만 이 공식은 세 요소들이 맺는 연관의 논리적 함의를 밝혀준다.

세 가지 요소 각각은 다른 두 요소를 매개하는 것이 되기도 하고, 다른 두 요소로 매개되는 것이기도 하다. 따라서 그 요소들 사이에는 하나의 요소만이 지배하는 삼단논법이나 유일한 질서 따위는 존재하지 않는다. 이를 신, 자연세계, 인간관계에 적용하면, 이러한 삼중적 삼단논법은 보편적인 이성적 원리로서의 신(논리적 이념)이 자연

삼단논법론에 관해서는 이 책의 1장, 30-33을 참고하라.

(특수성)과 유한한 정신(개별성)의 토대(U-P-I, U-I-P)라는 것, 또한 신은 자연과 유한한 정신이 서로 완전히 분열되지 않도록 그 둘을 매개한다는 것(P-U-I, I-U-P), 신은 자연과 유한한 정신을 매개함으로써 구체적인 보편자가 된다는 것(I-P-U, P-I-U)을 보여준다. 신은 시작이자 중간이자 끝이다. 그리고 신은 신-아닌 것, 즉 자연과 유한한 정신과 관계하는 한에서만 신이다. 이러한 복합적인 상호작용 속에서도 신은 자신이 되기를 멈추거나 보편성을 상실하지 않는다. 신은 이러한 다중적인 총체성과 관계하는 한에서만 신이다. 만일 그 세 가지 요소가 같아져 버린다면, 거기에는 어떠한 삼단논법도, 어떠한 이성 작용도, 어떠한 생동적 과정도 존재하지 않을 것이다.

헤겔은 전체(Ganze), 전체성(Ganzheit), 총체성(Totalität)이라는 용어를 거의 같은 의미로 사용한다. 이는 그가 말하는 총체성은 전일적으로 구성된 것(전체성)이지 전체주의적으로 구성된 것이 아니라는 것을 의미한다. 당시에 이러한 전체주의적 사교를 보여준 사례로는 셸링(Friedrich Schelling)의 동일철학을 들 수 있다. 헤겔은 『정신현상학』"서문"에서 이러한 셸링의 동일철학을 '모든 소들이 검게 보이는 밤'이라는 말로 비판한다. 그러한 철학에서는 보편자와 특수자와 개별자 사이의 차이가 완전히 사라져버린다. 신은 무차별적인 하나의 점이 아니라 '전체적인 총체성'(die ganze Totalität)이며, 완전한 어둠이 아니라 다양한 색깔들이 구별되는 밝음이다. 나아가 "신이 곧 성령이라는 것은 바로 이러한 총체성을 두고 하는 말이다"(3:199, 284 n. 93). 왜냐하면 포괄적(전일론적) 삼위일체는 직선적인 관계가 아니라 동심원을 그리는 나선적인 관계이기 때문이다. 성부는 성자 안에 있고, 성자는 성령 안에 있다. 이는 성부에게만 우선권을 부여하던 전통적 삼위일체의 도식을 완전히 뒤집는 것이다. 성자를 거쳐 성령으로 나아가는 이러한 나선적인 운동은 추상적인 최고 존재로부터 구별, 구체성, 다양성, 전일성으로 나아가는 것이다.

정신으로서의 신을 뜻하는 '전일적 총체성'이란 그저 세상 만물을 뜻하는 것이 아니다. 만일 그런 것이라면, 그것은 헤겔이 완강히 거부했던 투박한 범신론과 다를 바 없을 것이다. 도리어 그는 스피노자의 범주를 빌어, 신은 만물을 존재하게 하는 실체 혹은 본질이라고 말한다. 하지만 뒤이어 이러한 실체는 내적으로 구체적인 실체, 즉 주체와 정신이라는 점을 덧붙이고 있다. 신은 다양한 구별들이 차례로 자라나게 하는 단순한 토양이 아니라 이미 자신 안에 다양한 구별들을 포함하고 있는 지속적인 통일이다. 신은 운동하지 않는 추상적인 보편자가 아니라 끊임없이 생성하는 풍부한 보편자다. 또 다른 맥락에서 헤겔은 이러한 풍부한 보편성(Allgemeinheit)과 '집합적 전체'(Allesheit)를 구분하면서 범신론을 뜻하는 Pantheism에서 Pan의 의미가 대체로 저러한 집합적 총체성의 의미로 오해되고 있다는 점을 지적한다. 이는 헤겔 자신도 그러한 총체성에는 반대한다는 것을 구체적으로 보여주는 대목이다. 신은 만물(Allesgötterei)이 아니라 '전적으로 하나인 모든 것'이다(2:573). 그리고 이는 유한자를 부정하는 것이지 유한자를 신격화하는 것이 아니다. 그런 점에서 그도 불교의 '공'(空)의 존재관을 긍정한다고 할 수 있다.

헤겔은 절대정신을 총체화하는 개념으로도, 절대적 인식으로도 생각하지 않는다.[34] 절대적 인식은 단번에 획득된 사태들에 관한 경

---

34 크라이츠(Stephen Crites)는 『정신현상학』의 "결론" 장을 언급하면서, 절대적 인식이란 "완결된 우주론이나 형이상학도 아니고, 절대적 인식에서 절대성이라는 말도 종교적 신에게 부여된 전지

험적 진술이 아니라 무수한 규정적 부정을 거쳐 나가는 끝없는 탐구 과정이다. 절대적 인식은 우리 삶에서 끝없이 일어나는 모든 문제를 다룬다. 방출적인 인식은 역사에 나타나는 생사의 투쟁 속으로 자신을 내보낸다. 달리 말해, 방출적인 인식은 동일성에서 차이로 나아간다. 이와 마찬가지로 절대정신은 모든 규정들을 포괄하는 규정성이다. 헤겔은 우리에게 철학의 주된 관심은 통일이 규정되는 방식이라고 말한다. 그러한 통일의 규정들 가운데 가장 심오하고도 궁극적인 것이 바로 절대정신에 대한 규정이다.

정신의 절대성이란 정신이 실현된 인정의 관계들이 신의 왕국 내에서 보면 내적인 것이면서 동시에 외적인 것이라는 것을 의미한다. 순수한 내재성은 정신을 자기관조의 활동으로 환원해버릴 것이며, 순수한 외재성은 정신을 유한하게 만들어버릴 것이다. 헤겔에 따르면, 참된 무한자는 자기 내부에 유한자를 포괄해야 한다. 엄밀히 말해, 무한자는 자신을 제한하거나 자신과 대립하는 것을 배제하기보다 그것까지도 포괄한다. 이것이 헤겔과 레비나스 사이의 가장 격렬한 대척점이다. 대부분의 유대교와 그리스도교 신학의 경우처

함이 인간의 지혜를 통해 전개된다는 뜻이 아니다. 우리는 '절대적 인식'이라는 말에서 이런 식의 의미를 예상하겠지만, 헤겔은 그 용어를 우리의 예상과는 완전히 다른 의미로 사용하고 있다. 절대적 인식은 『정신현상학』의 방대한 서론에서 설명되고 있는 바대로 인간의 오류 가능성에 대한 인식을 의미한다." 절대지는 '철학'(philo-sophia)이 추구하는 지혜에 대한 사랑이다. 즉 절대지는 지혜를 향한 끝없는 동경(erōs)이지 이미 완성된 지혜(satis)가 아니다. 따라서 절대적 인식이 "완전히 상대적인 것으로, 한시적으로 것으로 그리고 명백한 모순이 발생하는 것으로 보인다면, 그것은 절대자를 정적인 것으로 보는 정신의 오랜 습관 때문이다. 헤겔은 절대적인 것은 언제나 역동적이고, 자기변혁적인 것이지 결코 어떤 단일하고 불변하는 형식에 가둬진 것이 아니라고 주장하면서, 우리의 이러한 정신 습관을 계속해서 변화시키고자 한다." 이와 관련해서는 *Dialectic and Gospel in the Development of Hegel's Thinking* (University Park, Pa.; Pennsylvania State University Press,, 1998), 517-526 (518-519에서 인용). 쉔크스(Andrew Shanks)도 '절대지'를 이와 유사한 관점에서 보고 있다. 이와 관련해서는 10장의 n.48을 참고하라.

럼, 레비나스 역시 무한자와 유한자, 창조자와 피조물 사이의 관계를 근원적인 외재적 관계로 이해하고 있다. 그에게 신은 헤겔의 경우처럼 타자를 포괄하는 전체가 아니라 전적으로 타자적인 것이다. 헤겔의 관점에서 보면, 레비나스가 말하는 무한자는 단지 자신의 외재성에 한정된 또 다른 유한자에 불과하고, 레비나스의 관점에서 보면, 헤겔이 말하는 무한자는 모든 것을 동질화하는 총체성에 불과하다. 이러한 대립은 창조론을 해석하는 방식에도 나타난다.

앞서 살폈듯이, 헤겔은 세계가 신으로부터 분리되는 신비로운 과정을 기술하기 위해 두 가지 방식의 은유를 사용한다. 첫째 방식은 언어적이고 율법적인 행위를 나타내는 것이다. 신은 이러한 행위를 통해 경험적인 현실에 분리를 정립한다. 이는 신적인 생 내부에서 일어나는 내적인 구별에 해당한다. 신이 자신과 벌이는 사랑의 유희는 이러한 분리와 분열을 거친다는 의미에서 이제 '진지한 것'이 된다. 둘째 방식은 세계를 자유롭고 독립적으로 존재하게 하는 '방출' 또는 '놓아줌'의 물리적 이미지를 나타내는 것이다. 이 두 이미지는 엄밀한 의미에서 유출적인 해석을 가로막는 이행과 단절의 의미를 담고 있다. 여기에는 신과 세계를 연결해 주는 존재의 동일성도 존재하지 않고, 신과 세계가 공유하고 있는 공통된 실체도 존재하지 않으며, 신으로부터 세계의 단순한 '출현'도 존재하지 않는다. 말씀, 판단, 방출로 상징되는 신의 창조력은 신적인 주관성으로부터 어떤 새로운 것을 산출한다. 신적인 주관성은 유한성과 한계 그리고 악에 대한 연약함을 가지고 있다는 점에서 신과는 완전히 다르지만 동시에 신의 목적과 보살핌의 대상이라는 것을 표현한다. 헤겔은 그리스도교 교리가 유래하는 유대교의 창조신학을 설명하는 대목에서 이 점을 분명히 밝히고 있다. "신은 절대적으로, 즉 무로부터 창조한다." 이는 "신이 주체가 되는 생산양식, 즉 단순히 직관적이고 무한한 활동성이다"(2:428). 인간의 생산은 작업을 위한 재료를 필요로 하지만 신의 직관적 생산은 순전히 내적인 활력이다. 자연세계는 신적인 숭고함과는 반대로 탈신성화되고, 산문처럼 무미건조해진다. 그럼에도 불구하고 자연세계는 선하다. 왜냐하면 그것은 애초에 물질이 아니라 신의 능력으로 창조된 것이기 때문이다. 헤겔도 '무로부터의 창조'(creatio ex nihilo)를 언급하기는 하지만 그에게는 그것은 결국 신으로부터의 창조를 의미하는 것이다. 이것이 비유출적인 해석인 '신으로부터의 창조'(creatio ex Deo)다.35 신은 고갈되지 않는 창조적 생산력이다. 이를 통해 신성에 내재하는 분리와 구별이 세계 속에 드러나고, 규정되고, 정립된다.

헤겔은 창조를 '방출' 혹은 '확장'으로 묘사한다. 이는 레비나스가 신 자체와 창조된 질서를 구별하기 위해 유대교 신비주의(Kabbalah)에서 가져온 신의 '모순' 혹은 '물러남'의 개념과는 대비되는 것이다. "무한성은 자신을 원환 속에 가둬두지 않는다. 도리어 그것은 분리된 존재가 신적으로 존재할 수 있는 공간을 남겨두기 위해서 존재론적 확장으로부터 물러난다. 무한성은 총체성을 넘어선 새로운 사회를 열어 세운다."36 실제로 헤겔이 말하는 무한자는 자신을 원환 속에 가둬두기보다 개방적인 나선구조로 자신을 확장해 나간다. 여기

---

35 이와 관련해서는 O'Regan, *The Heterodox Hegel*, 169-187을 참고하라. 오레건은 뵈메의 영향을 받은 이런 해석을 그리스도교 정통설에서 '벗어난 것'으로 간주한다. 하지만 이는 옛 신학자들의 모호한 신학적 진술들을 이해하려는 시도로 해석될 수 있다.

36 Levinas, *Totality and Infinity*, 104.

서 중요한 것은 이 둘 중 어떤 철학적 관점이 진정한 사회(진정한 차이가 다양한 총체성에 기여하는 사회 전체)를 열어 세우는가 하는 것이다. 레비나스를 논하면서 '사회'를 언급한다는 것은 참으로 모순적이다. 왜냐하면 그에게 사회는 비대칭적인 윤리적 관계에 비하면 부차적인 것에 불과하기 때문이다. 하지만 헤겔에게 사회는 근본적이고도 본질적인 것이다. 그에게 총체성이란 곧 사회적인 것이다.

헤겔은 사실상 세계의 우연성과 일시성(나타나면서 사라지는 계기 3:88)을 강조한다. 세계는 실재한다. 하지만 그 진리는 그 세계의 이념이다. 세계의 운명은 신적인 이념으로 되돌아가는 것이다. 이는 영지주의의 관점에서 물질세계를 모독하는 것이 아니라 모든 피조물의 유한성과 일시성과 의존성을 강조하는 고전적인 그리스도교의 주제를 설명하는 것이다. 차이를 띠고 있는 세계는 본질적인 어떤 것을 신으로 삼는다. 그리고 그러한 차이는 만물의 완성단계에서도 사라지지 않는다. 신은 세계를 방출할 뿐만 아니라 방출된 세계에 거하면서 그 세계를 보존한다. 이것이 바로 신적인 지혜가 행하는 노동이다.

근본적인 문제는 헤겔이 말하는 정신의 전일성이 과연 오늘날에도 설득력을 얻을 수 있는가 하는 것이다. 그는 신을 지성적인 것과 물질적인 것, 영원한 것과 일시적인 것, 무한한 것과 유한한 것 모두를 포괄하는 무한한 영역으로 본다. 신의 외부에는 그 어떤 것도 존재하지 않는다. 심지어 가장 사소하고, 보잘것없는 것조차도 말이다. 신은 자기 내부에 신 아닌 것을 포괄하고 있다. 세상에서 일어나는 위대한 선이나 끔찍한 악과 같은 모든 것들도(비록 그것이 지양되고 극복된 상태라 할지라도) 신의 생 안에 모두 보존되어 있다. 정신은 생성의 모체를 보유한 유동성이다. 정신은 끊임없이 차이를 생성하고, 차이를 긍정함으로써 총체화의 경향으로부터 벗어난다. 포스트모더니즘의 지배적인 견해는 그러한 전일론이 실재하는 차이들, 권력 투쟁들, 분쟁들 그리고 세상을 우리가 아는 대로 몰아가는 폭력을 은폐한다는 것이다.37 종교적 정통설의 지배적인 견해는 전일론이 신의 초월성과 전능함을 위협한다는 것이다. 따라서 세계를 위해서나 신을 위해서도 전일론은 거부되어야 한다. 하지만 정신의 전일론은 환원할 수 없는 세계의 풍부함과 무한한 신의 생산력을 모두 존중한다. 이 둘은 모두 중요한 것이다. 그것은 신과 세계의 연관을 유지한다. 그것은 신과 세계의 연관을 유지해나간다. 신은 영원히 자신만을 관조하는 고립된 최고 존재에 머물지 않는다. 세계도 자신의 무상함과 부패함으로 흘러들지 않는다. 신은 세계를 통해 자신을 실현한다. 세계의 운명이란 파괴의 운명이 아니라 완성의 운명이다. 전일성은 분열됨에도 불구하고 통합을 유지한다. 왜냐하면 그것은 생동하는 과정이기 때문이다. 그러한 의미에서 전일성은 이야기 구조를 필요로 한다.

---

37 이는 데리다(Jacques Derria)와 푸코(Michel Foucault) 그리고 여타의 포스트모던 철학자들의 견해다. 이와 관련해서는 데리다의 논문, *Margins of Philosophy*, trans. Alan Bass (Chicago: University of Chicago Press, 1982), *The Gift of Death*, trans. David Wills (Chicago: University of Chicago Press, 1995) 그리고 *Act of Religion*, ed. Gil Anidjar (New York and London: Routledge, 2002)를 참고하라. 푸코는 권력과 폭력을 통렬하게 비판하면서도, 그것을 극복할 방법은 제시하지 않는다. 이와 관련해서는 *The Foucault Reader*, ed. Paul Rabinow (New York: Pantheon Books, 1984)를 참고하라. 데리다와 푸코는 사회정치적 전일론과 종교적 전일론을 모두 거부한다. 따라서 그들은 사회적 과정을 통한 정의의 획득 가능성이나 종교적 과정을 통한 구원의 획득 가능성을 전혀 제시하지 못한다. 유일한 희망이 있다면, 그것은 아마도 정치학이나 종교를 넘어선 계시적인 부정/증여에 있을 것이다. 이와 관련해서는 레비나스, 데리다 그리고 포스트모더니즘에 관한 민경섭(Anselm Kyonsuk Min)의 논의가 매우 유익할 것이다. 민경섭의 *The Solidarity of Others in a Divided World: A Postmodern Theology after Postmodernism* (New York: T&T Clark International, 2004)를 참고하라.

언어와 역사: 이야기

언어를 통해 문법적이고 논리적으로 표현된 관계들은 연대기적 순서에 따르지 않는다는 의미에서 공시적이다. 반면 사건과 행위의 순서에 따라 역사적으로 표현된 관계들은 통시적이다. 다시 말해, 통시적인 관계들은 시간적으로 진행된다. 헤겔은 언어와 역사, 공시성과 통시성 사이에서 갈등하다가 결국 오늘날 우리가 '이야기'(narrative)라 부르는 것에서 그 해법을 찾는다. 정확히 말해서, 그가 직접 이야기라는 범주를 도입한 것은 아니지만 그가 역사(Geschichte)라고 부른 것, 즉 설명되고 해석된 역사가 다름 아닌 이야기다.

『종교철학』에서 언어에 관한 논의는 주로 신에 대한 인식의 형태들(직접적 인식, 감정, 표상, 사유)을 분석할 때 다뤄진다. 앞서 살폈듯이, 헤겔에게 표상은 인식론적 범주일 뿐만 아니라 신이 시공간적 세계에 자기를 정립하는 행위를 가리키는 존재론적 범주이기도 하다. 신은 표상의 주체이자 대상이다. 인식론적으로 말해서, 표상은 감각적인 형태와 비감각적인 형태를 띤다. 감각적인 표상은 역사적인 이야기들의 형태로 신의 내용을 신비적이거나 사실적으로 표현한다. 이야기 속에서 서로 독립적인 실체들이라 할 수 있는 다양한 요소들은 접속사들을 통해 연속적으로 엮인다. 하지만 표상은 아직 자신의 분리된 요소들이 맺는 관계들을 개념적인 파악의 형태로 통합할 수 없다. 그것은 '사유'(Denken)의 작업이다. 사유는 자신의 이념과 공시성을 보여주는 최고의 언어형태다. 그럼에도 불구하고 사유는 표상을 통해 주어진 재료들을 필요로 한다. 만일 표상이 없다면, 사유는 구체적인 삶의 경험과 분리된 논리학이나 수학과 같은 특성만을 띠게 될 것이다. 헤겔은 사유가 표상에 의존한다는 점을 분명히 했다. 종교적 사유는 언제나 이야기의 형식을 띤다는 것이다.

헤겔은 역사주의나 과거에 일어난 사건(Historie)에만 매달리는 것은 경계했지만 더 근본적인 의미에서 절대정신으로서의 신이 역사적(geschichtlich)이라는 것, 즉 자신을 구별하고 재통하는 영원한 과정이라는 것을 부인한 것은 아니다. 그는 일반적으로 "신적인 역사"(die göttlich Geschichte) 혹은 "그 자체가 신이라 할 수 있는 영원한 역사, 영원한 운동"을 말한다(3:187, 327). 이러한 영원한 역사는 영원한 운동이다. 그것은 운동과 변화와 생성을 포함하는 하나의 과정이다. 존재와 무를 통일시키는 '생성'(Werden)은 논리학의 종합적 범주들 가운데 맨 처음 나오는 것이다. 그 범주는 개념과 객관성을 통일시키는 '이념'과 이념과 자연을 통일시키는 '정신'이라는 마지막 범주에서 통합된다. 생성은 시간성, 즉 시간을 거쳐 나가는 운동을 필요로 한다. 따라서 중요한 것은 시간이 논리학과 내재적인 신의 생에 어떻게 도입되는가 하는 것이다. 헤겔이 말하는 영원성은 고전적인 철학과 신학 일반에서 말하는 반역사적인 것이 아니다. 하이데거의 표현을 빌자면, 그가 말하는 영원성은 도리어 "더 근원적이고 무한한 시간성"38이다. 영원성에서 시간의 양상들은 역행할 수 없는 연속성에 통합되어 있다. 그것들은 단순한 동일성이나 같음으로 몰락하지 않으면서 공존하고 서로가 서로를 완성시켜 나간다. 신의 영원한 현존은 과거와 미래 사이의 긴장감 있는 상호작용을 행한다. 신은 이미 자신인 바를 영원히 생성하고 있다. 신은 신적인 생의 순수한 이념을

---

38 Martin Heidegger, *Being and Time*, trans. Joan Stambaugh (Albany: State University of New York Press, 1996), 416 n. 13.

지속적으로 현실화하고 있다. 이 과정에서 신은 자연과 역사에서 일어나는 새로움을 통합한다. 거기서 시간의 양상들은 서로 분리되지 않고 연대기적으로 이어진다. 신적인 역사에서 공시적인 것과 통시적인 것은 인간의 경험으로는 명확하게 인식할 수 없는 그런 방식으로 융합되어 있다.

참다운 서사는 이념적이고, 논리적이고, 정신적인 관계들을 이야기, 역동적인 과정, 시간적인 운동으로 표현한다. 이야기의 양상은 비본질적인 것이 아니라 그것이 이념적인 관계들 자체다. 그 관계들은 정적인 것이 아니라 동적이고 살아 있는 것이다(이성적인 모든 것은 삼단논법이다). 나는 헤겔이 그리스도교 거대담론을 사변적으로 재서술하고 있다는 오레건(O'Regan)의 견해를 따른다.[39] 그리스도교 거대담론은 본질적으로 삼위일체의 신이 자신을 펼쳐나가는 이야기다. 포괄적 삼위일체는 신과 세계를 다함께 포괄한다는 점에서 고전적 이원론을 극복하고 있다. 그것은 신적인 생에 이야기 구조를 도입함으로써 영원성에 대한 정적인 관점들을 극복하고 있다. 하지만 헤겔의 '사변적 재서술'은 표상의 단계가 아니라 개념의 단계에서 이루어진다. 이는 그 이야기가 탈-신화화되어야 한다는 것을 의미한다. 이를 위해서는 순서에 따라 일어나고, 시공간적으로 분산되어 있는 은유들과 상징들을 근원적인 논리적 구조를 통해 사유해야 한다. 그것은 보편성-특수성-개별성 혹은 동일성-차이-매개라는 삼

---

39 이와 관련해서는 *The Heterodox Hegel*, 특히 7장을 참고하라. 이하의 내용은 오레건의 해석을 요약한 것이다. '헤겔과 이야기'라는 주제와 관련해서는 Paul Ricoeur, *Time and Narrative*, trans. Kathleen Blamey and David Pellauer (Chicago: University of Chicago Press, 1984-1988), 특히 3권의 9장, "Should We Renounce Hegel?"을 참고하라.

단논법의 논리구조다. 하지만 과연 모든 이야기들이 그런 일반적인 형식적 심층구조를 띠고 있는가 하는 것도 포스트모더니즘이 제기하는 반론들 중 하나다. 헤겔이 보기에는 분명 그러한 구조가 존재한다. 이야기의 공간은 논리적 공간의 산만한 투사다. 하지만 동시에 논리적 공간은 이야기 공간의 재형상화를 통해 구성된다. 이야기는 논리가 되고, 논리는 이야기가 된다.

오레건은 신적인 활동에서 시간적 순서, 우연성, 의지주의를 제거할 수 없게 만들고, 지배적인 삼단논법(여기서는 보편자, 특수자, 개별자 혹은 논리적 이념, 자연, 정신이라는 각각의 요소가 순차적으로 매개의 역할을 한다)의 이야기 순서를 깨뜨리는 어떤 '비-이야기적인 작용들'이 있다고 말한다. 삼중적인 삼단논법은 그리스도교의 거대담론이 신, 자연, 인간의 진정한 상호작용을 일으킨다는 것을 의미한다. 하지만 그것은 절대적 이념으로서의 신에게 우선성을 부여하고 있다. 그 신은 여전히 생성의 궁극적인 주체다. 따라서 존재신학의 이야기는 개념적으로, 즉 대중적인 종교적 상상을 초월하고, 합리주의나 무신론을 넘어서는 방식으로 나아간다. 적대적인 탈-신화화는 우호적인 탈-신화화로 전도된다. 논리적-개념적 공간에서 이루어지는 이야기는 보편자, 특수자, 개별자의 변증법이 말하는 이야기를 압축한 형태다. 그럼에도 불구하고 그 이야기는 기본적인 논리적 패턴들이 삶 속에서 반복되는 더 확장된 삼단논법이다. 헤겔의 견해에 깔린 핵심 전제는 이것이다. "논리와 삶, 언어와 역사, 공시성과 통시성은 서로 연관되어 있으며, 이들 모두는 일반적인 심층적 이성작용을 공유하고 있다." 헤겔은 인식을 순수하고, 형식적이고, 선험적으로 해석하는 방식보다 구체적인 이야기로 펼쳐내는 인도-유럽어족의 방식을 더 선호했다. 인식에 관한 그의 수정주의적 견해는 데카르트에서 칸트에 이르는 합리론이나 경험론의 전통보다는 신비적이고 밀교적인 전통에 더 가깝다.

포스트모더니즘은 신정론을 다루는 거대담론은 모두 끝났다고 생각한다. 그런 거대담론으로는 더 이상 현실을 이해할 수 없다. 헤겔은 전통에 대한 무비판적 독단론을 극복하는 우호적인 탈-신화화를 통해 이야기를 재구성한다. 헤겔의 관점에서 보면, 포스트모더니즘 역시 지나치게 비판적인 독단론에 빠져 있는 것일지도 모른다. 헤겔이 재구성한 이야기에는 비극에 대한 공포와 구원과 의미의 승리가 함께 담겨 있다. 독단적이지 않은 열린 이야기 구조 안에서 비극과 구원은 과연 어떻게 공존할 수 있을까?

비극과 구원: 그리스도

헤겔의 세계관은 부분적으로 비극적인 세계관이다. 윌리엄스는 이렇게 말한다. "헤겔은 계몽주의의 천박한 낙관주의나 고전적 그리스도교의 신적인 희극보다는 비극을 더 좋아한다."[40] 만일 신적인 희극이 존재한다면, 그것은 비희극(tragicomedy)이다. 역사적 실존을 비극적으로 만드는 고통과 투쟁을 겪고 십자가에 못 박힌 신의 이야기. 신이 겪는 비극적 고통을 긍정하는 것은 고전적 형이상학을 근본적으로 뒤흔드는 것이다. 우리는 앞서 범논리주의에 대한 헤겔

---

40 Williams, *Recognition*, 228, cf. 231-240.

의 비판을 살폈다. 만일 신이 자신과 벌이는 사랑의 유희가 진지함, 고통, 인내, 부정의 노동을 결여하고 있다면, 그것은 무미건조한 것이 되고 만다. 부정과 투쟁은 유한하지만 자유로운 힘을 가진 세계를 갖기 위한 조건이다. 죽음은 조화를 깨뜨린다. 헤겔은 화해가 아니라 죽음을 신적인 사랑과 동일한 것으로 본다. 물론 죽음이라는 무한한 고통을 통해 화해라는 무한한 사랑이 실현되기는 하지만 말이다.

인간은 본성의 이끌림과 정신의 이끌림 사이에서 방황하는 내적으로 해소되지 않은 모순이다. 본성은 그 자체로 악한 것이 아니라 인간이 자연상태에 머물기를 선택하고, 정신적 잠재력의 실현을 거부할 때 악이 발생하게 되는 장소다. 악이 존재하려면 먼저 결단할 수 있는 능력이 있어야 한다. 인간의 본성은 선해질 수도 있고, 악해질 수도 있다. 헤겔은 근원적인 무죄의 상태 대신에 비극의 조건을 발견한다. 즉, 선의 가능조건은 동시에 악의 가능 조건이기도 하다. 인간들이 본성에서 벗어나 자신의 정신적 잠재력을 실현하기 위해서는 불안과 소외, 자기보존의 노력을 부르는 분열이나 분리를 겪어야만 한다. 인식은 인간을 만들기도 하고, 인간을 해치기도 한다. 인식은 악의 등장이라 할 대립을 정립한다. 소외와 화해는 동근원적이다. 그 근원은 의식, 인식, 분열이다.

개인의 역사뿐 아니라 사회의 역사나 종교의 역사도 비극적이기는 마찬가지다. 헤겔이 『정신현상학』에서 언급한 것처럼, 종교의 역사는 "자아가 절대적 존재다"라는 로마인들의 오만한 주장을 낳는다. 모든 것을 주관성과 자기만족으로 환원하는 것이야말로 근대의 타락상을 보여 주는 징표다. 세속화, 개인화, 공적인 삶의 상실, 신에 대한 인식의 상실이 바로 그것이다. 우리 시대는 로마 시대와 매우 흡사하다. 그러한 관점에서 헤겔은 미래를 내다보기보다 과거를 돌아보고 있다. 그는 근대 후기에 등장했던 끔찍한 비인간화의 행태를 예상하지 못했다. 문제가 되는 것은 비단 개인화와 자기중심성만이 아니라 헤겔의 인간학으로는 완전히 해명될 수 없는 잔혹하고 끔찍한 폭력이다. 악은 이성의 능력을 능가하는 힘을 가지고 있다. 다시 말해, 부조리와 혼동은 비합리적이고 통제 불가능한 차원이라 할 수 있다.

"정신은 악을 이기는 힘을 가지고 있다"(3:336)는 헤겔의 견해를 과연 우리는 계속해서 긍정할 수 있을까? 정신은 악보다, 심지어 죽음보다 더 큰 힘을 가지고 있다. 하지만 죽음을 가장 큰 힘으로 숭배하는 우리 시대에 이는 지나치게 낙관적인 주장이 아닐까? 죽음까지도 총체화하려는 우리의 경향은 그저 편안한 냉소주의를 조장할 뿐이다. 그러한 태도는 사물들의 현실적인 복잡성을 제대로 인식할 수 없다. 하지만 좀 더 자세히 살펴보면, 행위 자체는 지워지지 않는 유산으로 남더라도, 악은 사실상 회복될 수 있고, 그 악의 결과들도 되돌릴 수 있다는 것을 우리는 안다. 우리는 악을 기억하고, 악의 희생자들을 추모함으로써 악을 넘어서는 어떤 초월성을 얻기도 하고, 새로운 시작, 새로운 건설, 새로운 탄생을 위한 자원을 얻기도 한다. 정신은 부활의 힘, 재탄생의 힘, 서로 대립하는 힘들을 화해시키고, 새로운 연관들을 확립하는 무한한 운동이다. 그것이 무한한 이유는 그것이 곧 신의 권능이기 때문이다. 그러한 신념이 종교적 신앙의 심장부를 이룬다. 그리고 신앙 자체는 신의 정신이 인간의 정신 안에서 그리고 인간의 정신을 통하여 행하는 노동이다.

화해와 구원은 종교의 중심 주제다. 화해는 그보다 앞선 소외를 극복하는 것이며, 구원은 우상들이나 또 다른 예속적 형태들에 대한 집착으로부터 해방되는 것이다. 화해와 구원은 신과 인간이 통일된 현실성의 단계에서 비로소 나타난다. 그러한 통일이 신적인 삶의 본질이다. 이러한 화해와 구원을 이루기 위해서는 역사 속에서 자유와 해방을 위한 현실적인 실천들이 있어야 한다. 그리고 그러한 실천들에는 반드시 신이 깃들어 있어야 한다. 왜냐하면 화해의 힘이란 신의 능력이지 세상의 능력이 아니기 때문이다. 자유의 형태로 나타나는 화해는 역사 속에서 일어나는 신의 위대한 노동이다.[41]

그리스도교는 그리스도라는 인물을 역사 속에 개입한 신으로 이해한다. 헤겔의 정신신학은 그리스도론을 무시하는 것이 아니라 그것에 또 다른 해석의 관점을 제공하는 것이다. 화해와 육화라는 주제는 서로 대체가능하다. 왜냐하면 육화는 신과 인간 본성의 현실적 통일을 의미하기 때문이다. 화해의 토대가 되는 이러한 통일은 반드시 나타나야 한다. 그것은 신으로부터 나와서 역사의 고통 속으로

41 헤겔과 도교를 비교연구하고 있는 나의 제자는 자유를 이해하는 두 가지 상반된 방식을 제시한다. (1) 신적인 동일성/존재에서 자신의 참된 정체성을 발견하는 것. 이는 모든 상호주관적인 정체성을 자기 내에 포괄하고 있으면서도 모든 차이들이나 특수한 동일성들을 포괄하고, 보존하고, 변형하고, 화해시키는 것이다. 이는 특수한 정체성들을 절대화하거나 그러한 것들에 대한 집착에서 해방된 존재의 구원론적인 결과를 통해 실현된다. (2) 신적인 차이/무를 통해 전적으로 요청된 존재. 이는 마치 파도들이 바다의 표면에 거품을 만들기도 하고, 씻어내기도 하듯이 특수한 정체성들을 만들어 내기도 하고, 제거하기도 한다. 하지만 이러한 특수한 정체성들을 통해 신적인 자기복귀에 이르지는 않는다. 그럼에도 불구하고 이 역시 우리가 지닌 우상숭배적인 집착에서 해방된 존재가 갖는 유사한 구원론적인 결과를 통해 실현된다. 이 가운데 첫째 것이 헤겔이 말하는 자유다. 반면 둘째 것의 사례로는 불교의 상호의존적인 기원관이나 니체(Nietzsche)나 도교의 신비주의자 장자(Zhuandzi)에게서 나타나는 차이들의 유희 속에서 일어나는 자유로운 자기창조의 전망을 들 수 있다. 레비나스가 말하는 자유는 첫째 것보다는 둘째 것에 더 가깝다. 이러한 사례는 헤겔의 자유신학을 위치 짓거나 관계 짓는 데 도움을 준다. 하지만 두 모델의 구원론적인 결과들이 서로 유사하다는 점은 참으로 흥미롭다. 나는 이러한 사유를 보여준 이효동(Hyo-Dong Lee)에게 감사한다.

들어가야 한다. "정신은 이러한 고통을 견뎌내는 절대적인 힘이다"(3:215). 신은 반드시 나타나야 하고, 신성은 반드시 구체적이고 감각적인 현존의 형태를 띠어야 한다. 앞서 살폈듯이, 헤겔은 그러한 (a) 개별적인 인간, (b) 단일한 인간, (c) 특수한 인간 안에서 이루어지는 신과 인간의 통일, 즉 육화에 관한 논의로 나아간다. 그것이 바로 '나사렛 예수'다. 보편적인 것은 그것의 구체적인 사례들과는 분리된 추상적인 것이다. 하지만 보편적인 것의 규범적인 사례는 단일한 것이어야 한다.

이런 관점에서 보면, 헤겔의 그리스도론은 거의 정통설에 가깝다. 하지만 드러남, 현시, 계시라 할 수 있는 육화에 대한 해석은 정통설과 약간 다르다. 신의 본성이라는 말은 예수가 곧 그리스도임을 뜻하는 것이 아니다. 그것은 그가 신을 계시하고, 화해를 매개하는 자라는 것, 즉 예수의 그런 역할을 뜻하는 것이다. 그는 사랑을 계시하고, 고통을 참아내는 성령의 힘이 충만한 사람이다. 그래서 헤겔은 그리스도의 가르침과 죽음에 관심을 기울인다. 그의 가르침은 단순한 도덕적 격률이 아니다. 그 가르침의 핵심은 근본적인 사랑이자 억압적인 질서에 대한 혁명적인 전복이다. 그의 삶 전체는 바로 그러한 신적인 이념의 진리를 증명하는 것이다. 이는 인간을 통해 드러난 신의 말씀이요, 행위요, 노동이다. 그것은 외적인 기적이 아니라 내적인 권능으로 이루어진다. 이 설교자는 곧 설교자의 형태로 나타난 신이다. 그는 그러한 방식으로 설교자가 되고, 인간의 구세주가 된다. 오로지 신앙만이 그리스도 내에 있는 신을 볼 수 있다. 하지만 신앙이 보는 것을 확증하는 것은 그리스도의 이야기, 즉 그의 말씀과 행위다.

그리스도의 마지막 행위는 십자가형으로 인한 죽음이다. 인간적 관점에서 보면, 이는 치욕스러운 범죄자의 죽음이지만, 종교적 혹은 신앙적 관점에서 보면, 이는 신의 죽음이다. 그리스도의 죽음에는 신도 개입되어 있다. 이는 인간의 비극보다 더 큰 비극이다. 그것은 신적인 비극, 신성의 박탈, 고통 속으로 그리고 역사라는 타자 속으로 방출된 신성이다. 하지만 정신으로서의 신은 이러한 고통을 견디는 힘을 가지고 있기 때문에 반전과 이행이 일어난다. 신은 죽음을 고통스러워하면서도 그것을 극복하고, 그러한 죽음을 신적인 삶을 구성하는 하나의 계기로 받아들인다. 부활은 사실상 죽음을 당하면서도 그것을 극복해 나가는 신적인 과정, 달리 말해, 무한한 고통으로부터 무한한 사랑을 도출하는 신적인 과정 전체를 표현하는 은유다. 헤겔의 해석에 따르면, 부활이란 물리적으로 일어난 기적이 아니라 개인적인 신도들뿐 아니라 신앙의 공동체가 믿고 있는 승천, 고양, 신으로의 복귀를 상징한다. 부활은 사실상 개인의 사건이 아니라 공동체의 사건이다. 그것은 신성의 박탈, 타자를 위한 자아의 희생을 역사라는 더 넓은 흐름으로 확장시킨다. 십자가는 바로 그러한 상호주관성과 사회적 실존을 나타내는 양식이다.

자아와 타자: 공동체

헤겔은 성령공동체를 매우 풍부하게 논하고 있다. 성령공동체는 무한한 고통에서 생겨나는 무한한 사랑을 구현하고 있다. 새롭게 창조된 인간 연대, 즉 상호주관성에서는 권력, 지위, 성과, 재산에 따른 모든 차별들이 사라지고, 자기소유도 동정심(타자들의 고통을 함께하고 그들의 편에 서는 것)을 통해 지양된다. 우정보다 더 근본적인 이러한 관계에서는 모든 소유가 공유된다. 일상적 삶에서 이러한 관계를 가장 잘 보여주는 것은 '혼인'이다.

이러한 통일적 연대는 어떠한 인간적 힘으로도 이룰 수 없는 것, 오로지 성령의 현존을 통해서만, 사랑을 방출하는 성령을 통해서만 이룰 수 있는 것이다. 우리는 오로지 성령 안에서만 하나이면서 동시에 여럿으로 존재할 수 있다. 성례 혹은 교회공동체는 이러한 신비적 통일을 나타내는 상징이다. 왜냐하면 성례가 규정하는 그리스도의 희생적인 죽음이야말로 자기지양, 인정, 용서, 타자해방을 통한 공동체적 상호주관성의 원형을 보여주기 때문이다.[42]

레비나스가 말하는 자아는 과연 타자로 방출되고 있는가?[43] 레비나스에게 자아의 내면성은 무한하게 외적인 타자의 요구에 응답함으로써 구성된다. 이때 타자는 자아를 마주하고 대면할 뿐 결코 자아의 자기구성에 포섭되지 않는다. 자아가 행하는 자기구성 안으로 포섭되지 않는다. 헤겔에게 자기구성은 몰아적인 상호주관성을 통해 이루어진다. 즉, 자기-타자화가 주관성의 실현과정에 본질적인 것이다. 자기부정을 위한 토대는 타자의 개입이 아니라 자아의 발견, 무한자에 참여함으로써 자신의 자아가 확장된다는 발견이다. 자아란 바로 그러한 타자다. 진정한 주관성에 이르는 길은 내재성과 직관이 상호주관적이고 상호수평적인 자아-타자 관계로 재규정되

---

42 이와 관련해서는 Williams, *Recognition*, 7장, 9장을 참고하라.

43 나는 밴더빌트 대학교의 박사과정생인 케르(Nathan Reede Kerr)와의 대화에서 이러한 사유를 얻었다.

는 타자와의 여정을 통해 실현된다.

신학적인 지평에서도 두 사상가의 차이를 찾아볼 수 있다. 레비나스가 말하는 신은 자신을 육화하지도 않고, 십자가에 못 박혀 죽지도 않으며, 자신을 타자로 분열시키지도 않는다. 이러한 관념들은 도리어 그가 말하는 신의 전적인 초월성을 훼손할 따름이다. 레비나스에게 인간들은 자신을 지양함으로써 자신을 발견하지도 않으며, 상호인정이나 자기분열에 근거한 공동체를 이루지도 않는다. 그는 오로지 윤리적 비대칭성과 절대적인 요청에만 관심을 기울인다. 그에게 사회성이란 그러한 윤리적 관계를 넘어서 있는 부차적 상태일 뿐이다. 반면 헤겔에게 있어서 가장 중요한 관심사는 타자를 동일자로 환원하지 않는 새로운 사회모델을 창조하는 것이었다.

상호주관적인 공동체를 형성하는 자기증여는 공동체 자체가 세계의 구원을 위해서 자신의 내향적인 정신성을 지양해야만 비로소 확장될 수 있다. 헤겔은 심정에서 출발하여 교회와 인륜적인 삶으로 나아가는 운동, 즉 세계사의 목적이라 할 자유의 운동을 추적한다. 신의 왕국이라 할 수 있는 교회공동체의 자유는 사회적이고 정치적인 자유로 나아간다. 그 과정에서 과연 교회공동체가 존속할 수 있는가 하는 것이 우리가 다룬 난제 중 하나다. 헤겔은 당시의 세속적인 제도들을 불신하고 있었으며, 당시에 만연한 문화적인 타락들도 인식하고 있었다. 그는 『종교철학』에서 그리스도교와 노예제는 양립할 수 없다고 말하지만, 그 외의 사회적 부정의에 대해서는 특별한 언급을 하지 않는다.[44] 그리고 그는 신앙공동체의 운명이나 세계에

---

44 쉔크스(Andrew Shanks)는 *Hegel's Political Theology* (Cambridge: Cambridge University Press, 1991)과 *God and Modernity: A New and Better Way to do Theology* (London and

서 일어난 사건들보다 철학공동체의 운명에 더 많은 관심을 기울이고 있는 듯하다. 그에게 종교는 예술과 마찬가지로 이미 해묵은 것에 불과하다. 하지만 그는 다양한 종교적 전통들의 일각에서 일어나고 있는 집단적인 인륜적 투쟁과 그것을 통한 종교의 부활 가능성까지 부정하지는 않는다.

통일성과 다양성: 다원주의

에크(Diana Eck)는 이렇게 말한다. "다원주의는 차이뿐만 아니라 연대, 동참, 참여의 의미도 포함한다. 그것은 교섭, 소통, 대화, 토론을 뜻한다. 다원주의는 심포니오케스트라나 재즈앙상블과 같은 것이다."[45] 헤겔의 『종교철학』에는 과연 이러한 부류의 다원주의가 나

New York: Routledge, 2000)에서 헤겔의 철학적 신학의 범위는 여기까지고, 그 이상 사회적인 의미로 변형되지는 않는다고 말한다. 쉔크스는 최근 논문에서 내가 앞서 언급했던(이와 관련해서는 9장, n. 29를 참고하라) 헤겔 철학에 나타난 헤게모니적 충동은 철학교육을 통해 새로운 사회적 질서를 구축하고, 진리에 대한 모든 권위적 주장들에 저항하는 '학자들과 시민 공무원들로 이루어진 엘리트 공동체'를 창조하려는 그의 시도 속에 들어 있다고 논하고 있다. 쉔크스는 『종교철학』이 그리스도교를 '완성된 종교'로 묘사하는 것도 바로 그러한 실천적 강령의 일부라고 말한다. 반면 변화하는 진리를 지속적으로 탐구하려는 헤겔의 근본적 시각은 『정신현상학』에서 더 분명하게 나타나고 있다. 쉔크스는 "만일 헤겔이 지금도 살아 있다면, 그는 아마도 헤겔주의자가 아닐 것이다"라는 파켄하임(Emil Fackenheim)의 말을 인용하면서(이와 관련해서는 10장, n. 50을 참고하라) 그리고 자유의 정점은 더 이상 학문적 세계나 정치적 세계가 아니라 오늘날 서로 다른 의견들을 지닌 시민사회의 다양한 운동들에 있다고 생각하면서 이렇게 말한다. "만일 헤겔이 지금도 살아 있다면, 그는 환경운동가들, 여성운동가들, 인권운동가들, 인종차별철폐운동가들, 평화주의운동가들 같은 여러 운동들 가운데 사유가 깊은 사람들을 통합하는 공동의 윤리를 제공하는 열렬한 신학자가 되었을 것이다." "Hegel and the Meaning of the Present Moment," *Bulletin of the Hegel Society of Great Britain* 45/46 (2002), 25-35(32에서 인용). 쉔크스와 관련해서는 앞선 10장의 n. 48을 참고하라.

타나는가? 대답은 '그렇다'일 수도 있고, '아니다'일 수도 있다. 거기에는 심포니오케스트라와 같은 다원주의는 나타나지만(헤겔은 실로 철학계의 베토벤이다) 재즈앙상블과 같은 다원주의는 나타나지 않는다. 부조화가 일어나기는 하지만 그것이 근본적인 조화를 압도하지는 않는다. 분명, 다양성도 논의되고, 숙고되고, 심지어 예찬되기도 하지만 단지 그 정도로 그친다. 결국에는 하나의 신, 하나의 그리스도, 하나의 정신, 하나의 완성된 종교, 하나의 종교 개념만이 존재할 뿐이다. 물론 거기서 성령의 삼위일체 신학의 생성가능성들이 암시되기는 하지만 깊이 탐구되지는 않는다.

하지만 헤겔이 『종교철학』 제2부에서 실제로 보여주고 있는 종교지리학은 다원주의적 성격을 띠고 있다. 그의 철학적 종교사는 특정한 종교의 형태들이 전개되는 순서가 아니라 종교의 개념이 자신을 전개하는 과정에서 드러나는 유한한 종교의 형태들을 보여주는 것이다. 그런 점에서 헤겔의 종교사는 종교다원주의의 필연성을 보여주기 위한 일종의 논리적 연역이라고도 할 수 있다. 정신은 오로지 운동과 구별을 통해서만 자신을 실현한다는 점에서 다양한 역사적 종교들은 반드시 존재해야 한다. 그 종교들은 각기 독립적으로 나타날 뿐 하나의 단일한 계열을 형성하지는 않는다. 그럼에도 불구하고 모든 종교들에 공통적인 것은 정신이 그러한 다양한 역사적 종교들을 통해 자신을 실현한다는 것이다. 헤겔은 정신의 완성을 목적론적 과정으로 설명하고 있지만, 그렇다고 그 과정을 단일한 완성모델을 따르는 단일한 위계 과정으로 이해할 필요는 없다. 사실

---

45 Diana L. Eck, *A New Religious America* (San Francisco: HarperSanFrancisco, 2001), 69.

헤겔은 자신의 논리적 직관에 반하는 이러한 비위계적 관점까지도 포괄하고 있다. 그는 이러한 목적론적 과정으로 유럽의 문화적 헤게모니를 표현하고, 그리스도교의 정통설에도 특권을 부여했다. 우리는 헤겔의 절대자를 획일주의적으로 해석해야 할까? 다원주의적으로 해석해야 할까? 헤겔의 저작은 이 두 가지 모두로 해석될 수 있다. 만일 신이 세계와 상호작용한다면, 세계가 신의 단일성이라는 형태를 취하듯이, 신도 세계의 다수성이라는 형태를 취해야 한다고 나는 생각한다. 여기서 단일성이란 그저 똑같음을 의미하는 것이 아니라 사랑을 통해 자신들을 하나로 통합해 나가는 다자들의 지속적인 유희를 의미한다. 헤겔이 말하는 정신은 다자 속의 일자요, 일자 속의 다자다. 여기서 일자와 다자는 둘 다 긍정된다. 하지만 헤겔을 위해서나 우리를 위해서, 이 둘 중 어디에 강조점을 두는 것이 더 좋을까?

헤겔의『종교철학』은 모든 종교들이 그리스도교에서 완성된다는 입장을 고수한다는 점에서 종교 간 대화와 관련해서는 포괄주의 모델을 추구한다고 볼 수 있다. 하지만 그것의 심층적인 논리는 다원주의 모델에 더 가깝다. 헤겔의 변증법적 사유는 특정한 문화적 종합의 단계에서 끝나지 않는다. 그것은 절대자의 무한한 개방성으로 계속해서 나아간다. 신은 정신의 방출을 통해 자신을 세계로 분산시킨다. 그래서 신은 궁극성의 양상보다 분산의 양상으로 인식된다. 정신의 운동에서 다양한 종교들의 통일은 그저 하나의 종말론적 가능성에 불과하다. 하지만 역사에서 신의 정신은 언제나 구체적으로 나타난다. 헤겔은 이러한 구체적인 역사에 끈질기게 몰두한다. 21세기 초의 헤겔주의는 신적인 정신은 역사 속에서 자신의 목적을 이루지 못한다는 것, 그리스도교 역시 완성된 종교를 향한 도정에 나타나는 유한한 종교들 중 하나일 뿐이라는 것, 자유의 종교는 다양한 문화적 궤도에서 여전히 진행되고 있다는 것을 인정하는 추세다.

만일 헤겔이 지금도 살아 있다면, 그는 아마도 종교다원주의의 신학을 선언했을 것이다. 마치 당시에 공동체와 자유의 신학, 십자가에 못 박힌 인간 교사 그리스도의 신학, 이야기의 신학, 신과 세계 사이에서 분열과 통합을 거듭하는 전일성의 신학, 신의 존재를 절대자 혹은 정신의 방출로 보는 신학을 선언했던 것처럼 말이다. 헤겔의 사상적 유산은 신학을 더 비판적으로 사유하고, 자유롭게 개선해 나가는 데 훌륭한 자원이 될 것이다. 물론 이를 위해서는 자연신학이나 사회개혁신학과 같은 것들도 필요할 것이다. 그의 사상적 유산은 그런 신학에도 기여한 바가 크지만,46 그것은 현재의 논의대상이 아니다. 그가 남긴 사상적 유산은 우리시대를 지배하는 철학적 불가지론이나 종교적 근본주의와 같은 독단주의를 극복하는 새로운 대안적 신학을 마련하는 데도 큰 도움을 줄 것이다.47

---

46 이와 관련해서는 *Encyclopedia of the Philosophical Science*, trans. A. V. Miller (Oxford: Clarendon Press, 1970)의 제2부 *Hegel's Philosophy of Nature*과 *Elements of the Philosophy of Right*, ed. Allen W. Wood, trans. H. B. Nisbet (Cambridge: Cambridge University Press, 1991)을 참고하라. 자연철학과 관련한 최근의 연구는 Stephen Houlgate (ed.), *Hegel and the Philosophy of Nature* (Albany: State University of New York Press, 1998)을 참고하라. 그리고 『법철학』과 관련한 최근의 연구는 R. Willams, *Hegel's Ethics of Recognition* (Berkeley and Los Angeles: University of California Press, 1997)을 참고하라. 이러한 주제들을 다루는 최근의 헤겔 강의판본들은 이미 출판되어 있다(이와 관련해서는 인용문헌을 참고하라). 이러한 자료들의 신학적 의미를 규정하려면 해석학적인 노력이 필요할 것이다.

47 이 책을 읽은 한 독자는 이 장에서 논의된 주제들은 헤겔 종교철학에 대한 올바른 해석뿐 아니라 그것이 갖는 철학적이고 신학적인 함의도 밝혀준다고 말하면서, 다음과 같은 질문을 했다. 신과 인간의 화해에 관한 헤겔의 이해방식은 이제 더 이상 신의 개념이 쓸모가 없다거나 종교보다 철학이 더 중요하다는 탈종교적 인본주의로 나아가는 것인가? 헤겔의 사회 전망에 따르면, 종교공동체들은 계속해서 중요한 역할을 수행할 수 있을 것인가 아니면 세속적인 국가로 대체되거나 흡수되어야 할 것인가? 더 종합적인 관점에서 지양되기를 거부하는 다양한 입장들의 궁극적이고 초월

불가능한 다원성을 헤겔은 받아들일 수 있을까? 현실적인 것의 합리성을 주장하는 헤겔의 견해는 근본적인 악이나 불합리한 악을 설명할 수 있는가? 자신만의 진리 기준으로 헤겔의 사유를 수정하거나 교정하려는 시도는 과연 타당한가? 우리는 이러한 질문들을 반드시 숙고해 보아야 한다. 나는 이 책에서 줄곧 이러한 질문들을 다양한 형태로 논의해 왔다. 하지만 나는 이 질문들에 대한 궁극적인 해답을 찾아야 한다고는 생각지 않는다. 우리가 끊임없이 고민하고 있는 근대성과 탈근대성 사이의 긴장은 헤겔 사상을 관통하는 핵심이기도 하다. 헤겔의 사상은 그러한 긴장들을 해명하고, 나아가 그것들을 극복하고자 한다. 이것이 바로 헤겔이 오늘날에도 계속 중요한 사상가로 인정되는 이유이자 그의 종교철학에 관한 지속적인 해석적 갈등이 일어나는 이유다.

역 자 후 기

이 책은 하지슨(Peter C. Hodgson)의 *Hegel & Christian Theology: A Reading of the Lectures on the Philosophy of Religion* (New York: Oxford University Press, 2005)을 번역한 것이다. 이 책의 원제는『헤겔과 그리스도교 신학』이지만 그 주된 내용은 부제(종교철학강의해설)가 밝히듯이『종교철학』의 논리구조나 핵심 내용을 상세히 분석하고 해명하는 것이다. 헤겔에게 있어서 '종교', 특히 그리스도교는 그의 철학을 지배한 시대적, 문화적, 사상적 토대였지만 그것을 최초로 그리고 본격적으로 강의하기 시작한 것은 그의 명성이 독일 전체를 지배하던 말년의 베를린 대학교에서였다.

그 강의는 총 네 차례 이루어졌다. 1821년, 1824년, 1827년, 1831년. 하지만 1980년대 초반까지 학계에서는 마라이네케(Phillip Marheineke), 라손(Georg Lasson), 호토(Heinrich Gustav Hotho)와 같은 연구자가 편집한 한 권짜리『종교철학』판본을 주로 사용했다. 하지만 그 판본은 강의마다 미묘하게 달라지는 사유의 진화과정이나 다양하게 그려지는 체계시도의 역동성을 보여주지는 못했다. 그래서 독일의 예쉬케(Walter Jaeschke)는 현존하는 헤겔의 강의록과 학생들의 필기록을 모아 그 네 차례 강의를 연도별로 복원하는 작업을 기획했다. 그리고 10년간의 긴 과정을 거쳐 1983년에 그 위대한 성과를 세상에 내놓았다. 그것이 바로 오늘날 헤겔학계가 공식적으로 인정하는『종교철학강의』(*Vorlesungen über die Philosophie der Religion* 1,

2, 3, Hamburg: Felix Meiner, 1983), 줄여 『종교철학』 판본이다. 네 차례 강의가 세 권으로 편집된 이유는 연도별이 아니라 주제별로 구성된 까닭이다. 헤겔은 네 차례 강의에서 세부 내용은 계속 수정했지만 전체의 세 부분 구성은 그대로 유지했다. 제1부: "서론, 종교의 개념"(Einleitung, Der Begriff der Religion), 제2부: "유한한 종교"(Die bes-timmte Religion), 제3부: "완성된 종교"(Die vollendete Religion). 예쉬케는 이 세 부분을 중심으로 책을 구성하고, 각 부분에 해당하는 강의들을 연도순으로 배치해 두었다.

이 책의 저자 하지슨은 예쉬케의 그 복원작업에 동참한 세계적인 헤겔철학 권위자다. 그는 밴더빌트대학교 신학대학원의 교수이자 미국헤겔학회 회장을 역임한 그리고 헤겔의 『종교철학』을 미국에 전파한 학자다. 그는 예쉬케와 함께 헤겔의 『종교철학』을 독일어로 복원한 후, 그것을 다시 영어로 번역 출판하여(*Lectures on the Philosophy of Religion 1, 2, 3* [Berkeley & Los Angeles: University of California Press, 1984~1987; Oxford: Oxford University Press, 2006]), 미국의 헤겔 종교철학 연구에 기틀을 마련하였다.

헤겔이 진행한 네 차례 강의 가운데 사상적으로 가장 완성된 판본은 1831년 『종교철학』으로 예상되지만 그 자료는 제2차 세계대전 당시 대부분 소실되었기 때문에 현재 우리가 보유한 가장 완성된 판본은 1827년 『종교철학』이다. 그래서 하지슨은 그 강의만을 따로 묶어 *Lectures on the Philosophy of Religion: The Lectures of 1827* (Oxford University Press, 1988)이라는 단행본을 출판하기도 했다. 네 차례 강의가 갖는 내용 변화와 사유 흐름보다 헤겔 종교철학의 핵심 내용에 관심 갖는 독자라면, 그 단행본(1827년 『종교철학』)을 읽는 것이 가장 유익할 것이다.

예쉬케와 함께 10년간의 복원작업에 몰두한 이후, 하지슨은 자신의 이해와 통찰을 나누기 위해 두 권의 책을 연이어 출판했다. 그중 하나는 *G. W. F. Hegel: Theologian of the Spirit*(Minneapolis: Fortress Press, and Edinburgh: T&T Clark, 1997)이다. 이 책은 헤겔의 전체 저작들 가운데 종교와 관련하여 반드시 읽어야 할 부분들을 발췌하여 엮은 헤겔 종교 관련 선집이다. 그리고 나머지 하나가 바로 이 책 『헤겔의 종교철학』(*Hegel & Christian Theology: A Reading of the Lectures on the Philosophy of Religion*, New York: Oxford University, 2005)이다.

이 책은 헤겔의 『종교철학』 자체의 논리와 구조를 집중적으로 해명한 현존하는 최고의 연구서다. 헤겔의 종교철학을 연구하기로 결심하고 내가 맨 처음 찾은 것은 예쉬케의 『종교철학』 편집본과 그 독서를 도와줄 권위 있는 해설서였다. 마치 오래전, 헤겔의 『정신현상학』을 읽을 때, 누구나 곁에 두었던 장 이폴리트(Jean Hyppolite)의 『헤겔의 정신현상학』(*Genèse et Structure de la Phénomeno- logie de l'Esprit de Hegel*)이나 알렉상드르 코제브(Alexandre Kojève)의 『역사와 현실의 변증법』(*Eine Vergegenwärtigung seines Denkens: Kom- mentar zur Phänomenologie des Geistes*)과 같은 책 말이다. 하지만 국내외를 막론하고 헤겔의 『종교철학』 자체를 다루는 연구서는 거의 없었다. 간혹 헤겔의 종교 관련 주제를 다루는 단편서는 있지만 정작 『종교철학』의 내용과 구조를 주도면밀하게 설명해 주는 책, 네 차례 강의의 차이를 결정적으로 밝혀주는 책, 그리스도교에 대한 헤겔의 사변적 해석을 범주별로 분석해 주는 책은 이 책뿐이었다. 그런 중 다행인 것은 저자 피터 C. 하지슨이 헤겔의 종교철학 분야에서는 세계적인 권위자라는 점이었다.『정신현상학』의 미로에 갇혀 헤맬 때, 출구를 밝혀준 저 두 권의 책처럼 나는 이 책이『종교철학』의 이해를 위한 그런 지침서가 되기를 바란다. 그리고 철학계나 신학계에서 편견 없이 두루 읽히기를 바라는 마음으로 이 책의 원제인『헤겔과 그리스도교 신학: 종교철학강의 해석』을『헤겔의 종교철학』으로 각색했다.

헤겔의『종교철학』에 대한 연구는 국내외적으로 흔치 않다. 계몽주의의 정상에서 일어난 이성과 신앙의 분리와 그 둘 사이의 적대적인 편견, 종교를 '미련한 마법'쯤으로 여기는 철학의 편견이나 철학을 '교활한 이성'쯤으로 여기는 신학의 편견도 한몫했을 것이고, 이성과 신앙이 뒤얽힌 종교철학의 난해함, 철학이 다루기에는 너무 신학적이고, 신학이 다루기에는 너무 철학적이라는 난해함도 한몫했을 것이다. 게다가 철학과 신학이 위축된 시대에 철학을 하면서 신학을 하는 이들이나 신학을 하면서 철학을 하는 이들로 범위를 좁히면 그 공백은 더욱 커지게 마련이다. 특히 '현대'라는 사상적 풍토는 근대성의 정점에 선 '헤겔'을 두드리지 않고서는 새로운 사유의 영역에 이를 수 없다는 냉소적인 편견, 헤겔의 사상은 시대착오적이며, 그것을 연구하는 것은 무가치할 뿐만 아니라 불필요하다는 편견을 공유하고 있다. '헤겔'은 현대의 금서다.

또한 1980년대 봇물을 이룬 한국의 헤겔 연구 역시 마르크스의 저작으로 직행할 수 없었던 당시의 시대적–정치적 한계로 인한 암묵적인 우회로였던 까닭에 그 연구의 맥은 주로 사회철학적인 주제에 집중되어 있었고, 그 관심도 주로『정신현상학』(1807)의 '인정'(Anerkennung) 개념이나『법철학』(1821)의 '자유'(Freiheit) 개념에 집중되어 있었다. 간혹 그의『초기 신학 관련 저술들』에 대한 연구도 이루어지긴 했지만 그 역시 '실정종교'(Positive Religion)에 대한 헤겔의 비판논리를 시대의 경직된 현실에 대한 비판논리로 빌려 쓰는 수준에 불과했다. 그래서 당시의 헤겔은 민낯 그대로의 헤겔이 아니라 헤겔의 가면을 쓴 마르크스에 불과하다는 평가를 받기도 한다. 우리는 그런 노선을 흔히 '헤겔 좌파' 혹은 '청년(소장) 헤겔학파'라 부른다. 그들은 헤겔 철학의 비-그리스도교적 측면을 강조하면서 그의 철학을 새로운 사회-정치 현실에 맞게 변형하고자 했던 바우어(B. Bauer), 슈트라우스(D. F. Strauss), 포이어바흐(L. Feuerbach), 마르크스-레닌주의(Marxism-Leninism)의 계보를 잇는 이들이다.

반면에 '헤겔 우파' 혹은 '노년(노장) 헤겔학파'는 헤겔 철학의 그리스도교적 측면을 강조하면서 그의 철학을 정통 그리스도교의 계열에서 해석하고자 했던 괴셸(K. F. Göschel), 가블러(G. A. Gabler), 힌리히스(H. F. W. Hinrichs), 헤니히(L. Hennig)의 계보를 잇는 이들이다. 따라서 헤겔의 『종교철학』에 대한 연구는 당연히 헤겔 우파의 몫으로 내맡겨졌지만 한국의 사회현실에서는 헤겔 우파를 찾기도 힘든 실정이었고, 그래서 『종교철학』에 대한 연구도 기대하기도 힘든 형편이었다. 설상가상으로 헤겔학파 내에서조차 헤겔 우파는 그의 『종교철학』을 '이단설'(Heterodox)로 매도하고, 헤겔 좌파는 그것을 '존재신학'(Ontotheologie)으로 매도했으니 『종교철학』은 철학과 신학 그 어디에도 설 자리를 마련하지 못했다. 이후 『역사철학강의』(*Vorlesungen über die Philosophie der Geschichte*), 『대논리학』(*Wissenschaft der Logik*), 『미학강의』(*Vorlesungen über die Ästhetik*) 등으로 관심의 폭이 넓어지긴 했지만 『종교철학』은 여전히 철학과 신학의 눈길 밖에 있다.

하지만 돌이켜보면, 초창기 튀빙엔 시기의『초기 신학 관련 저술들』에서부터 말년 베를린 시기의『종교철학』에 이르기까지 그가 한결 같은 관심을 기울인 주제는 바로 '종교'였고, 그것이 그의 철학전반의 원리와 풍토를 지배한 것도 사실이다. 칸트의 신 인식불가론이 초래한 계몽주의 종교문화에 대한 불만, 즉 실정종교의 부활, 주관종교의 난립, 세속주의의 확산에 대한 비판이 그의 철학을 탄생시킨 시대적 한계였다. 그가 말했던 것처럼 그의 철학도 역시 '자기 시대의 아들'이었던 것이다.

그가 '정신'의 존재론과 '현상학'이라는 인식론을 마련한 이유도, 더 크게는 그가 자신만의 철학체계를 기획하고 구축한 이유도 바로 칸트가 초래한 신과 인간의 지성적 단절을 새롭게 매개하기 위한 것이었다. 그러한 의미에서 그의 전체 철학체계는 하나의 거대한 종교철학체계라 해도 과언이 아니다. 특히『종교철학』은 그의 사상이 무르익은 말년의 강의라는 점에서, 그가 평생 동안 실험한 바로 그 체계기획과 다양한 사유 실험이 진하고 성숙하게 녹아 있으리라 기대할 수도 있다.

그리고『종교철학』과 더불어 진행된 베를린 시기의『세계사의 철학』과『법철학』역시 그리스도교의 종교적 이념을 그 중심에 숨겨 두고 있다.『세계사의 철학』은 신의 이념이 이 땅에 실현되는 과정을 역사적으로 그린 일종의 장구한 '테오-드라마'(Theo-Drama)이며, 그런 의미에서 헤겔 자신도 그것을 신의 존재와 섭리를 증명하는 '신정론'(Theodizze)이라고 고백하고 있다. 또한『법철학』은『세계사의 철학』에서 증명한 종교적인 이념이 현실적인 제도와 화해를 이루는 '신의 왕국'의 건설원리를 밝히고 있다는 점에서 일종의 '신국론'이라 할 수 있다.

　그뿐만 아니라 그의 철학을 지배하는 '정신'(Geist)의 원리도 그 원천은 그리스도교의 '삼위일체론'(Dreieinigkeit)이다. 그가 말하는 정신의 운동의 세 단계, 즉자(통일)-대자(분열)-즉자대자(재통일)의 과정은 순수한 이념으로서의 신이 자신을 구체적인 세계로 방출하고, 그 세계 속에서 스스로를 구체적으로 알아가는 자기인식의 원리이자, 추상적인 신(성부)이 구체적인 인간(성자)으로 드러났다 공동체의 이념(성령)으로 확장되는 삼위일체의 원리이며, 맹목적 신앙(직접적인 통일)에서 타락의 과정(분열)을 거쳐 성찰적 신앙(매개된 통일)으로 거듭나는 '창조-타락-구원'의 논리이기도 하다. 나아가 그의 전체 철학체계를 구성하는 논리학, 자연철학, 정신철학(신-세계-인간이라는 특수형이상학의 세 분과)이라는 세 축 역시 그리스도교의 삼위일체 구조와 일치한다.

　그가 정신의 이념 혹은 인륜성의 원리로 삼고 있는 '상호주관성'의 원리 역시 그리스도교의 성령공동체, 즉 서로가 자유롭고 평등하게 존재하는 사랑의 원리를 철학적으로 개념화한 것이다. 그뿐만 아니라 상호주관성의 형성과정에 나타나는 '주인과 노예의 변증법'이나 '양심의 변증법'도 결국은 그런 '사랑'이 현실화되는 과정과 논리를 철학적으로 재구성한 것이다. 따라서 헤겔의 철학을 더 근원적이고 포괄적으로 이해하고자 한다면, 그의 철학과 그리스도교의 연관을 간과하거나 외면해서는 안 된다. 절박한 현실로부터 여유를 회복한 헤겔 학계도 이제는 좌파와 우파가 서로 대화하며 그 해석의 폭과 깊이를 함께 넓혀갔으면 그리고 거기에 이 책이 조금이라도 도움이 되었으면 하는 바람을 갖는다.

마지막으로 이 책을 준비하던 과정에 도움을 주신 분들께 감사의 인사를 전하고 싶다. 여느 책들에서 감사인사를 볼 때면, 형식적인 관례가 아닐까 생각했는데 실로 작업해 보니 그 마음이 진심이었음을 깨닫게 된다. 처음부터 끝까지 그 과정을 격려해 주신 분은 지도교수이신 연세대 종교철학과의 정재현 선생님이시다. 번역초고를 완성했을 때, 선생님께서는 〈헤겔 종교철학과 그리스도교〉라는 대학원 강좌를 개설하셔서 『종교철학』(*Vorlesungen über die Philosophie der Religion 1, 2, 3*)을 정독하도록 도와주셨고, 번역의 초고를 함께 검토하고 윤문하는 기회도 마련해 주셨다. 제자의 부족함을 늘 부끄럽지 않게 채워주셨던 선생님께 다시 한 번 감사의 인사를 드린다. 그리고 당시 동문수학의 즐거움을 가르쳐주었던 연세종교철학연구회의 선후배님께도 깊은 감사의 인사를 드린다. 마지막으로 헤겔 연구서가 대중적인 책이 아님에도 그 학술적 가치만으로 흔쾌히 출판을 허락해 주신 동연 출판사의 김영호 선배님께도 진심으로 감사드린다.

2021년 겨울
연세대학교 원두우신학관에서
옮긴이 정진우

참 고 문 헌

헤겔의 문집과 저작들

Werke. Vollständige Ausgabe. Edited by an Association of Friends,18 vols. Berlin: Verlag von Duncker und Humblot, 1832 ff. 헤르만 그로크너(Hermann Glockner)가 편집한 Jubiläumsausgabe(Stuttgart: Fr. Frommanns Verlag, 1927-1930)나 에바 몰덴하우어(Eva Moldenhauer)와 칼 마르쿠스 미헬(Karl Markus Michel)이 편집한 Theorie Werkausgabe(Frankfurt am Mein: Suhrkamp Verlag, 1969)처럼 약간 수정 보완된 재판이다. *The Vorlesungen über die Philosophie der Religion*은 필립 마라이네케(Phillip Marheineke)의 편집판 11-12권에 실려 있다(초판은 1832년에 나왔고, 브루노 바우어(Bruno Bauer)가 수정한 재판은 1840년에 나왔다.)

Gesammelte Werke. Edited by the Acdemy of Sciences of North Rhineland-Westphalia in association with the Deutsche Forschungs-gemeinschaft, 32 vols. projected. Hamburg: Felix Meiner Verlag, 1968 ff. 역사비평연구판이다.

Vol. 1. *Frühe Schriften, Teil 1*. Edited by Friedhelm Nicolin and Gisela Schüler (1989).

Vol. 2. *Frühe Schriften, Teil 2*. Edited by Friedhelm Nicolin and Ingo Rill.

Vol. 3. *Frühe Exzerpte (1785~1800)*. Edited by Friedhelm Nicolin and Gisela Schüler (1991).

Vol. 4. *Jenaer Kritische Schriften*. Edited by Hartmut Buchner and Otto Pöggeler (1968).

Vol. 5. *Schriften und Entwürfe (1799~1808)*. Edited by Kurt-Rainer Meist and Manfred Baum (1998).

Vol. 6. *Jenaer Systementwürfe I*. Edited by Klaus Düsing and Heinz Klimmerle (1975).

Vol. 7. *Jenaer Systementwürfe II*. Edited by Rolf Peter Horstmann and Johann

Heinrich Trede (1971).

Vol. 8. *Jenaer Systementwürfe III*. Edited by Rolf Peter Horstmann and Johann Heinrich Trede (1976).

Vol. 9. *Phänomenologie des Geistes*. Edited by Wolfgang Bonsiepen and Reinhard Heede (1980).

Vol. 10. *Nürnberger Gymnasiakurse und Gymnasialreden (1808-1816)*.

Vol. 11. *Wissenschaft der Logik, Band 1: Die objektive Logik (1821/13)*. Edited by Friedrich Hogemann and Walter Jaescke (1978).

Vol. 12. *Wissenschaft der Logik, Band 2: Die subjektive Logik (1816)*. Edited by Friedrich Hogemann and Walter Jaescke (1978).

Vol. 13. *Enzyklopädie der philosophischen Wissenschaften im Grundrisse (1817)*. Edited by Wolfgang Bonsiepen and Klaus Grotsch (2000).

Vol. 14. *Grundlinien der Philosophie des Rechts*. Edited by Elisabeth Weisser-Lohmann.

Vol. 15. *Schriften und Entwürfe I (1817-1825)*. Edited by Friedrich Hogemann und Cristoph Jamme (1990).

Vol. 16. *Schriften und Entwürfe II (1826-1831)*. Edited by Friedrich Hogemann und Cristoph Jamme (2001).

Vol. 17. *Vorlesungsmanuskripte I (1816-1831)*. Edited by Walter Jaeschke (1987).

Vol. 18. *Vorlesungsmanuskripte II (1816-1831)*. Edited by Walter Jaeschke (1995).

Vol. 19. *Enzyklopädie der philosophischen Wissenschaft im Grundrisse (1827)*. Edited by Wolfgang Bonsiepen and Hans-Christian Lucas (1989).

Vol. 20. *Enzyklopädie der philosophischen Wissenschaft im Grundrisse (1830)*. Edited by Wolfgang Bonsiepen and Hans-Christian Lucas (1992).

Vol. 21. *Wissenschaft der Logik, Band 1: Die Lehre vom Sein (1832)*. Edited by Friedrich Hogemann and Walter Jaeschke (1984).

Vol. 22. *Exzerpte (1816~1831)*.
전집(Gesammelte Werke)의 나머지(23권-32권)는 헤겔 강의를 들은 학생들의 필기록으로 구성될 예정이다.

Vorlesungen: Ausgewählte Nachschriften und Manuskripte. Edited by the staff of the Hegel Archives, 16 vols. 헤겔 아카이브가 편집한 16권짜리 (현재기준) 판본이다(Hamburg: Felix Meiner Verlag, 1983 ff). 이 판본은 원전비평연구판의 강의록과 필기록을 발췌 편집한 것이다.

Vol. 1. *Vorlesungen über Naturrecht und Staatwissenschaft (1817-1818)*. Transcribed by Peter Wannenmann, edited by the staff of the Hegel Archives with an introduction by Otto Pöggeler (1983).

Vol. 2. *Vorlesungen über die Philosophie der Kunst (1823)*. Transcribed by H. G. Hotho, edited by Annemarie Gethmann-Siefert (1998).

Vols. 3-5. V*orlesungen über die Philosophie der Religion (1821-1831)*. Lecture manuscript 1 and various transcriptions, edited by Walter Jaeschke; part 1: *Der Bgriff der Religion* (1983); part 2: *Die bestimmte Religion* (1985); part 3: *Die vollendete Religion* (1984).

Vols. 6-9. *Vorlesungen über dir Geschichte der Philosophie (1825~1826)*. Various transcriptions and manuscript fragments, edited by Pierre Garniron and Walter Jaeschke; part 1: *Einleitung in die Geschichte der Philosophie, Orientalische Philosophie* (1994); part 2: *Griechische Philosophie I: Thales biz Kyniker* (1989); part 3: *Griechsche Philosophie II: Plato bis Proklos* (1996); part 4: *Philosophie des Mittelalters und der neueren Zeit* (1986).

Vol. 10. *Vorlesungen über die Logik (1831)*. Transcribed by Karl Hegel, edited by Hans-Christian Lucas und Udo Rameil (2001).

Vol. 11. *Vorlesungen über Logik und Metaphysik (1817)*. Transcribed by Franz Anton Good, edited by Karen Gloy (1992).

Vol. 12. *Vorlesungen über die Philosophie der Weltgeschichte (1822~1823)*. Transcribed by K. G. J. von Griesheim, H. G. Hotho, and F. C. H. von Kehler, edited by Karl Brehmer, Karl-Heinz Ilting, and Hoo Nam Seelmann (2000).

Vol. 13. *Vorlesungen über die Philosophie des Geistes (1827-1828)*. Transcribed by Johann Erdmann and Ferdinand Walter, edited by Franz hespe and Burkhard Tuschling (1994)

Vol. 14. *Vorlesungen über die Philosophie des Rechts (1819~1820)*. Transcribed by Johann Erdmann and Ferdinand Walter, edited by Franz Hespe and Burkhard Thschling (1994).

Vol. 15. *Vorlesungen über die Philosophie Enzyklopädie (1812~1813)*. transcribed by J. F. H. Abegg and C. S. Meinel, edited by Udo Rameil (2002).

Vol. 16. *Vorlesungen über die Philosophie der Natur (1819~1820)*. Transcribed by Johann Rudolf Ringier, edited by Martin Bondeli and Hoo Nam Seelmann (2002).

최근에 출판된 여타의 강의 단행본

Philosophie des Rechts, Die Vorlesungen von 1819/20 in einer Nachschrift. Edited by Dieter Henrich. Frankfurt: Suhrkamp Verlag, 1983.

Vorlesungen über Naturphilosophie: Berlin 1823/4. Transcribed Boris von Uexküll, edited by Gilles Marmasse and Thomas Posch. Frankfurt and New York: Peter Lang, 2002.

Vorlesungen über die Naturphilosopie: Berlin 1823/24. Transcribed by K. G. J. von Griesheim, edited by Gilles Marmasse. Frankfurt and New York: Peter Lang, 2000.

다음은 헤겔의 초기 저술들을 담고 있는 중요한 자료다.

Nohl, Herman. ed. *Hegels theologische Jugendschriften*. Tübingen: J. C. B. Mohr, 1907.

게오르크 라손(Georg Lasson)은 『종교철학강의』(*Vorlesungen über die Philosophie der Religion*. Leibzig: Verlag von Felix Meiner, 1925~1929)를 맨 처음 출판했다. 그것은 원전비평 연구판 제4권에 있다. 헤겔의 주요 저작들은 Felix Meiner에서 출판한 *Philosophiesche*

*Bibliothek*에서 개별적으로 찾아볼 수 있다. 그 저작들은 현재 원전비평 연구판에 맞게 수정되고 있으며, 독일어판으로 가장 널리 사용되고 있다.

헤겔의 주요 저작 영어 번역본

The Difference between Fichte's and Schelling's System of Philosophy. Translated by H. S. Harris and Walter Cerf. Albany, NY: State University of New York Press, 1977.

Early Theological Writings. Translated by T. M. Knox, with an introduction by Richard Kroner. Chicago : University of Chicago Press, 1948; reprint: Philadelphia: University of Pennsylvania Press, 1971.

Elements of the Philosophy of Right. Edited by Allen W. Wood, translated by H. B. Nisbet. Cambridge: Cambridge University Press, 1991.

Encyclopedia of the Philosophical Science. part 1: *Hegel's Logic*; part 2: *Hegel's Philosophy of Nature*; part 3: *Hegel's Philosophy of Mind;* Translated by William Wallace and A. V. Miller, 3 vols. Oxford: Clarendon Press, 1892(revised 1975), 1970, 1971.

The Encyclopedia Logic. Translated by T. F. Geraets, W. A. Suchting, and H. S. Harris. Indianpolis: Hackett, 1991.

Faith and Knowledge. Translated by Walter Cerf and H. S. Harris. Albany, NY: Stare University of New York Press, 1977.

G. W. F. Hegel: Theologian of the Spirit. Edited by Peter C. Hodgson. Minneapolis: Fortress Press; Edinburgh: T&T Clark, 1997.

The Hegel Reader. Edited by Stephen Houlgate. Oxford: Blackwell, 1998.

Hegel's Political Writings. Translated by T. M. Knox, with and introductoty essay by Z. A. Pelczynski. Oxford: Clarendon Press, 1964.

The Jena System, 1804-1805: Logic and Metaphysics. Translated by John W. Burbidge and George di Giovanni. Kingston, ont., and Montreal: McGill-Queen's University Press, 1986.

Lectures on Aesthetics. Translated by T. M. Knox. Oxford: Clarendon Press, 1975.

Lectures on the History of Philosophy. Translated by E. S. Haldane and Frances H. Simson, 3 vols. London: Kegan Paul, Trench, Trübner & Co., 1892, 1894, 1896.

Lectures on History of Philosophy: The Lectures of 1825-1826, vol. 3: *Medival and Modern Philosophy*. Edited by Robert F. Brown, translated by R. F. Brown and J. M. Stewart with assistance of H. S. Harris. Berkeley and Los Angeles: University of California Press, 1995; Oxford: Oxford University Press (출판 예정).

Lectures on the Philosophy of History. Translated by John Sibree, with and introduction by C. J. Friedrich. New York: Dover Publications, 1956.

Lectures on the Philosophy of Religion. Edited by Peter C. Hodgson, translated by R. F. Brown, P. C. Hodgson, and J. M. Stewart with the assistance of H. S. Harris, 3 vols. Berkeley and Los Angeles: University of California Press, 1984, 1985, 1987; Oxford: Oxford University Press, 2006. One-volume edition: *The Lectures of 1827*. California, 1988; Oxford, 2006.

Lectures on the Philosophy of World History. Introduction: Reason in History. Translated by H. B. Nisbet, with an introduction by Dunkan Forbes. Cambridge: Cambridge University Press, 1975.

Phenomenology of Mind. Translated by J. B. Baillie, 2nd edn. rev. London: George Allen& Unwin, 1949.

Phenomenology of Spirit. Translated by A. V. Miller. Oxford: Clarendon Press, 1977.

Philosophy of Nature. Edited and translated by M. J. Petry, 3 vols. London: George Allen and Unwin, 1970. (*Encyclopedia*, Part 2.)

Philosophy of Subjective Spirit. Edited and translated by M. J. Petr. Dordrecht and Boston: D. Reidel, 1978. (*Encyclopedia*, Part 3A.)

Science of Logic. Translated by A. V. Miller. London: George Allen & Unwin, 1969.

System of Ethical Life (1802-1803) and First Philosophy of Spirit (1803-1804).

Edited and translated by H. S. Harris and T. M. Knox. Albany, NY: State University of New York Press, 1979.

Three Essays, 1793-1795. Translated by Peter Fuss and John Dobbins. NortDame, Ind.: University of Notre Dame Press, 1984.

헤겔 종교사상 관련 문헌

Avineri, Shlomo. "The Fossil and the Phoenix: Hegel and Krochmal on the Jewish Volksgeist." In Robert L. Perkins. ed. *History and System; Hegel's Philosophy of History.* Albany, NY: State University of New York Press, 1984, 47-63.

Brito, Emillio. *La christologie de Hegel: Verbum Crucis.* Paris: Beauchesne, 1983.

Burbidge, John W. *Hegel on Logic and Religion: The Reasonableness of Christianity.* Albany, NY: State University of New York Press, 1992.

_____. "The Word Became Flesh or the Orthodox Hegel." *Bulletin of the Hegel Society of Great Britain* 45-46 (2002), 16-24.

Calton, Patrica Marie. *Hegel's Metaphysics of God: The Ontological Proof as the Development of a Trinitarian Divine Ontology.* Aldershot: Ashgate, 2001.

Chapelle, Albert. Hegel et la religion, 3 vols. Paris: Éditions Universitaires, 1964-1971.

Christensen, Darrell E. ed. *Hegel and the Philosophy of Religion.* The Haugue: Martinus Nijhoff, 1970.

Crites, Stephen. *In the Twilight of Christendom: Hegel vs. Kierkegaard on Faith and History.* Chambersburg, Pa.: American Academy of religion, 1972.

_____. *Dialectic and Gospel in the Development of Hegel's Thinking.* University Park, Pa.: Penssylvania State University Press, 1998.

Desmond, William. *Hegel's God: A Counterfeit Double?* Aldershot: Ashgate, 2003.

Dickey, Laurence. *Hegel: Religion, Economics, and the Politics of Spirit, 1770-1807*. Cambridge: Cambridge University Press, 1987.

Fackenheim, Emil. *The Religious Dimension in Hegel's Thought*. Bloomington, IND.: Indiana University Press, 1967.

_____. "Hegel and Judaism: A Flaw in Hegelian Mediation." In J. J. O'Malley et al. eds. *The Legacy of Hegel: Proceedings of the Marquette Symposium*. The Hague: Martinus Nijhoff, 1985.

Garaudy, R. *Dieu est mort. Étude sur Hegel*. Paris: Presses Universitares de France, 1962.

Gascigne, Robert. *Religion, Rationality and Community: Sacred and Secular in the Thought of Hegel and His Critics*. The Hague: Martinus Nijhoff, 1985.

Heede, Reinhard. "Die göttliche Idee und ihre Erscheinung in der Religion: Untersuchungen zum Verhätnis von Logik und *Religionsphilosophie bei Hegel*." Dr. phil. dissertation, University of Münster, 1972.

Hodgson, Peter C. "The Metamorphosis of Judaism in Hegel's Philosophy of Religion." *The Owl of Minerva 19/1* (1987). Reprinted in Bernard Cullen. ed. *Hegel Today*, Aldershot: Avebury, 1988, 88-101.

Iljin, Iwan. *Die Philosophie Hegels als kontemplative Gotteslehre*. Bern: Francke, 1946.

Jaeschke, Walter. *Die Religionsphilosophie Hegels*. Darmstadt: Wissenschaftliche Buchgesellschaft, 1983.

_____. "Zur Logik der Bestimmten Religion." In Dieter Henrich and Rolf-Peter Horstmann. eds. *Hegels Logik der Philosophie: Religion und Philosophie in der Theorie des absoluten Geistes*. Stuttgart: Klett-Cotta, 1984.

_____. *Reason in Religion: The Foundations of Hegel's Philosophy of Religion*. Translated by J. Michael Stewart and Peter C. Hodgson. Berkeley and Los Angeles: University of California Press, 1990.

Jamros, Daniel P. *The Human Shape of God: Religion in Hegel's Phenomenology of Spirit*. New York: Paragon House, 1994.

Kolb, David. ed. *New Perspectives on Hegel's Philosophy of Religion*. Albany, NY: State University of New York Press, 1992.

Küng, Hans. *The Incarnation of God: An Introduction to Hegel's Theological Thought as a Prolegomenon th a Future Christology*. Translated by J. R. Stephenson. New York: Crossroad, 1987.

Lakeland, Paul. *The Politics of Salvation: The Hegelian Idea of the State*. Albany, NY: State University of New York Press, 1984.

Lauer, Quentin. *Hegel's Concept of God*. Albany, NY: State University of New York Press, 1982.

Lueze, Reinhard. *Die außerchristlichen Religionen bei Hegel*. Göttingen: Vandenhoeck & Ruprecht, 1975.

Link, Christian. *Hegels Wort 'Got ist tot.'* Zurich: Theologischer Verlag, 1974.

Von der Luft, Eric. ed. and trans. *Hegel, Hinrichs, and Schleiermacher on Feeling and Reason in Religion*. Lewiston, NY: Edwin Mellen Press, 1987.

Marsch, Wolf-Dieter. *Gegenwart Christi in der Gesellschaft: Eine Studie zu Hegels Dialektik*. Munich: Christian Kaiser Verlag, 1965.

Merklinger, Philip M. *Philosophy, Theology, and Hegel's Berlin Philosophy of Religion*. Albany, NY: State University of New York Press, 1993.

Olson, Alan M. *Hegel and the Spirit: Philosophy as Pneumatology*. Princeton University Press. 1992.

O'Regan, Cyril. *The Heterodox Hegel*. Albany, NY: State University of New York Press, 1994.

Reardon, Bernand M. G. *Hegel's Philosophy of Religion*. London: Macmillan, 1977.

Ringleben, Joachim. *Hegels Theorie der Sünde*. Berlin and New York: Walter de Gruyter, 1977.

Schlitt, Dale M. *Hegel's Trinitarian Claim: A Critical Reflection*. Leiden: E. J. Brill, 1984.

_____. *Divine Subjectivity: Understanding Hegel's Philosophy of Religion*. London and Toronto: Associated University Presses, 1990.

Schmidt, Erik. *Hegels Lehre von Gott*. Gütersloh: Gütersloher Verlangshaus Gerd Mohn, 1952.

Shanks, Andrew. *Hegel's Political Theology*. Cambridge: Cambridge University Press, 1991.

_____. "Hegel and the Meaning of the Present Moment." *Bulletin of the Hegel Society of Great Britain* 45-46 (2002), 25-35.

Splett, Jörg. *Die Trinitätslehre, G. W. F. Hegels*. Munich: Alber, 1965.

Theunissen, Michael. *Hegels Lehre vom absoluten Geist als theologish-politischer Traktat*. Berlin: Walter de Gruyter, 1970.

Wagner, Flak. *Der Gedenkw der Persönlichkeit Gottes bei Fichte und Hegel*. Gütersloh: Gütersloher Verlagshaus Gerd Mohn, 1971.

Walker, John. ed. *Thought and Faith in the Philosophy of Hegel*. Dordrecht: Kluwer Academic, 1991.

Williams, Robert R. *Recognition: Fichte and Hegel on the Other*. Albany, NY: State University of New York Press, 1992.

Williamson, Raymond Keith. *Introduction to Hegel's Philosophy of Religion*. Albany, NY: State University of New York Press, 1984.

Yerkes, James. *The Christology of Hegel,* 2nd edn. Albany, NY: State University of New York Press, 183.

그 외 인용문헌

ANSELM OF CANTERBURY, *The Major Works,* edited by Brian Davies and G. R. Evans (Oxford: Oxford University Press, 1988).

Baur, Ferdinand Christian. *Die christliche Gnosis, oder die christliche Religions-Philosophie in ihrer geschichtlichen Entwicklung*. Tübingen: C. F. Osiander, 1835.

_____. *Das Christentum und die christliche Kirche der drei ersten*

Jahrhunderte. Tübingen, L. F. Fues, 1852.

———. *Kirchengeschichte des neunzehnten Jahrhunderts*. Edited by Eduard Zeller, 2nd den. Leipzig: Fues's Verlag, 1877.

Clooney, Francis X. SJ. *Hindu Wisdom for All God's Children*. Maryknoll, NY: Orbis Books, 1998.

Davies, Oliver. *Meister Eckhart: Selected Writings*. Harmondsworth: Penguin Books, 1994.

Derrida, Jacques. *Margins of Philosophy*. Translated by Aln Bass. Chicago: University of Chicago Press, 1982.

———. *The Gift of Death*. Translated by David Wills. Chicago: University of Chicago Press, 1995.

———. *Acts of Religion*. Edited with an Introduction by Gil Anidjar. New York and London: Routledge, 2002.

Eck, Daiana L. *A New Religious America*. San Francisco: HarperSanFrancisco, 2001.

Feuerbach, Ludwig. *The Essence of Christianity*. Translated by George Eliot, with an introduction by Karl Barth and a foreword by H. Richard Niebuhr. New York: Harper & Brothers, 1957.

———. *Principles of the Philosophy of the Future*. Translated by Manfred Vogel. Indianapolis: Bobbs-Merrill, 1966.

Forman, Robert. *Meister Eckhart: The Mystic as Theologian*. Rockport, Mass.: Element, 1991.

Foucault, Michel. *The Foucault Reader*. Edited by Paul Rabinow. New York: Pantheon Books, 1984.

Jacobi, Friedrich Heinrich. *Briefe über Spinoza,* Werke (Leipzig, 1812-1825), vol. 4.

Gadamer, Hans-Georg. *Truth and Method,* 2nd rev. edn. Translated by Joel Weinsheimer and Donald G. Marshall. New York: Crossroad, 1989.

Habermas, Jürgen. *Knowledge and Human Interests*. Translated bz Jeremy Shapiro. Boston Beacon Press, 1971.

Harris, H. S. *Hegel's Development, vol. 1: Toward the Sunlight, 1770-1801; vol. 2:*

Night Thoughts (Jena 1801-1806). Oxford: Clarendon Press, 1972, 1983.

Heidegger, Martin. "The Onto-theo-logical Constitution of Metaphysics." In *Identity and Difference,* translated by John Stambaugh. New York: Harper & Row, 1969, 42-74.

_____. *Being and Time.* Translated by Joan Stambaugh. Albany, NY: State University of New York Press, 1996.

Hodgson, Peter C. *God in History: Shapes of Freedom.* Nashville, Tenn.: Abingdon Press, 1989.

D'Hondt, Jacques. *Hegel in His Time.* Translated by John Burbidge. Peterborough, Ont.: Broadview Press, 1988.

Houlgate, Stephen. *Freedom, Truth and History: An Introduction to Hegel's Philosophy.* London and New York: Routledge, 1991.

_____. ed. *Hegel and the Philosophy of Nature.* Albany, NY: State University of New York Press, 1998.

Jaeschke, Walter. "Hegel's Last Year in Berlin." In Lawrence S. Stepelevich and David Lamb. eds. *Hegel's Philosophy of Action.* Atlantic Highlands, NJ: Humanities Press, 1983, 31-48.

Kant, Immanuel. *Critique of Pure Reason.* Translated by Norman Kemp Smith. London: Macmillan, 1929.

_____. *Critique of Practical Reason.* Translated by Lewis White Beck. New York: Liberal Arts Press, 1956.

_____. *Lectures on Philosophical Theology.* Translated by Allen W. Wood and Gertrude M. Clark. Ithaca, NY: Cornell University Press, 1978.

Kierkegaard, Søren. *Concluding Unscientific Postscript.* Translated by David H. Swenson, with an introduction and noes by Walter Lowrie. Princeton, NJ: Princeton University Press, 1941.

_____. *Philosophical Fragment.* Edited and translated by Howard V. and Edna H. Hong. Princeton, NJ: Princeton University Press, 1985.

_____. *Practice in Christianity.* Edited and translated by Howard V. and

Dena H. Hong. Princeton, NJ: Princeton University Press, 1991.

Knitter, Paul F. *Introducing Theologies of Religions*. Maryknoll, NY: Orbis Books, 2002.

Levinas, Emmanuel. *Totality and Infinity: An Essay on Exteriority*. Translated by Alphonso Lingis. Pittsburgh: Duquesne University Press, 1969.

_____. *God, Death, and Time*. Translated by Bettina Bergo. Stanford, Calif.: Stanford University Press, 2000.

Min, Anselm Kyonsuk. *The Solidarity of Others in a Divided World: A Potmodern Theology after Postmodernism*. New York: T&T Clark International, 2004.

Mure, G. R. G. *A Study of Hegel's Logic*. Oxford: Oxford University Press, 1950.

Neandel, August. *Genetische Entwicklung der Vornehmensten gnostischen Systeme*. Berlin, 1818.

O'Regan, Cyril. *Gnostic Return in Modernity*. Albany, NY: State University of New York Press, 2001.

Panikkar, Raimundo. "The Jordan, the Tiber, and the Ganges: Three Kairological Movements of Christic Self-Consciousness." In John Hick and Paul F. Knitter. eds. *The Myth of Christian Uniqueness: Toward a Pluralistic Theology of Religions*. Maryknoll, NY: Orbis Books, 1987, 89-116.

Pinkard, Terry. *Hegel: A Biography*. Cambridge: Cambridge University Press, 2000.

Pseudo-Dionysius Areopagite. *The Divine Names and Mystical Theology*. Translated by John D. Jones. Milwaukee: Marquette University Press, 1980.

Ricoeur, Paul. *The Symbolism of Evil*. Translated by Emerson Buchanan. Boston: Beacon Press, 1967.

_____. *Time and Narrative*. Translated by Kathleen Blamey and David Pellauer, 3 vols. Chicago: University of Chicago Press, 1984-1988.

Rosenkranz, Karl. *Georg Wilhelm Friedrich Hegels Leben*. Berlin, 1844; reprinted, Darmstadt: Wissenschaftliche Buchgesellschaft, 1969.

Schelling, F. W. J. *On University Studies* (1803). Translated by E. S. Morgan. Athens, Ohio: Ohio University Press, 1966.

Schleiermacher, Friedrich. *Der christliche Glaube nach den Grundsätzen der evangelischen Kirche in Zusammenhange dargestalt,* 2 vols. Berlin, 1st edn. 1821-1822; 2nd edn. 1830-1831. (=Glaubenslehre).

_____. *The Christian Faith.* Translation of the second German edition, edited by H. R. Mackintosh and J. S. Stewart. Edinburgh: T&T Clark, 1928.

Schlegel, Friedrich. *Ueber die Sprache und Weisheit der Indier: Ein Beitrag zur Begründung der Alterthumskunde.* Heidelberg, 1808.

Shanks, Andrew. *God and Modernity: A New and Better Way to Do Theology.* London and New York: Routledge, 2000.

Smith, Steven G. *The Concept of the Spiritual: An Essay in First Philosophy.* Philadelphia: Temple University Press, 1988.

Spinoza, Beendict de. *The Chief Works.* Translated by R. H. M. Elwes, 2 vols. New York: Dover, 1951.

Stirner, Max. *The Ego and Its Own.* Edited by David Leopold. Cambridge: Cambridge University Press, 1995.

Strauss, David Friedrich. *The Life of Jesus Critically Examined.* Translated by George Eliot, edited by Peter C. Hodgson. Philadelphia: Fortress Press, 1972; London: SCM Press, 1973.

Tillich, Paul. *Systematic Theology,* vol. 3. Chicago: University of Chicago Press, 1963.

_____. "The Significance of the History of Religions for the Systematic Theologian." In Jerald C. Brauer. ed. *The Future of Religions.* New York: Harper & Row, 1966, 80-94.

Ward, Graham. *Cities of God.* London and New York: Routledge, 2000.

Wiedmann, Franz. *Hegel: An Illustrated Biography.* Translated by Joachim Neugroschel. New York: Pegasus, 1968.

Williams, Robert R. *Hegel's Ethics of Recognition.* Berkeley and Los Angeles: University of California Press, 1997.

ㄱ

감각적 경험(sense experience) 31, 111, 176, 178

감성(sensation, sensibility) 53, 61, 88, 123, 176-178, 295, 384

개별성(individuality) 33-34, 82, 147, 164, 240, 252-253, 256, 279, 334, 342, 390, 413, 423

개신교(Protestantism) 60, 65, 98, 105, 107, 201, 244, 291, 295, 302, 306, 308, 402

거대담론(metanarrative) 43, 74, 163-165, 206, 376, 382, 403, 423-425

거듭남(rebirth) 296-298

검증(verification) 174

게오르크 라손(Lasson, Georg) 90, 92, 203, 276, 339, 439

경건주의(pietism) 43, 65, 84, 91, 111, 309, 312-313, 315

경험론(empiricism) 60-61, 133-135, 140, 425

고타마(부처)(Gautama(Buddha)) 351-352, 354, 356, 373

고트프리트 빌헬름 라이프니츠(Leibniz, Gottfried Wilhelm) 97, 107, 410

고트홀트 레싱(Lessing, Gotthold) 24, 38, 108, 120, 172, 376

공감(compassion) 157, 196, 288

과장법(hyperbole) 399

관계성(relationality) 47, 150, 152-153, 342, 407, 409

교육(education) 54, 86-87, 100, 187, 235, 238, 290, 296, 300

그리스도교 거대담론에 관한 사변적 재서술(speculative redescription of Christian meta-narrative) 43, 149, 163-164, 206

그리스도론(christology) 45, 83, 145-146, 245-246, 264, 402-403, 428-429

ㄴ

내재성(immanence) 387-389, 391, 416, 431

ㄷ

단일화(singularization) 218, 233

데이비드 흄(Hume, David) 34, 38

독단론(dogmatism) 62, 425

ㄹ

라마교(Lamaism) 336, 351-352

루터교(Lutheranism) 43, 74, 273, 301-302

루트비히 포이어바흐(Feuerbach, Ludwig) 34, 38, 41, 119, 219, 383-386

ㅁ

마르틴 하이데거(Heidegger, Martin) 406-407, 422

마이스터 에크하르트(Eckhart, Meister) 43, 50, 229, 401

무우주론(acosmism) 120, 172

물리신학(physicotheology) 108, 194-196

민족종교(folk religion) 25, 53-55, 65, 359, 403

ㅂ

반성철학(reflective philosophy) 28-29, 59, 62, 314

발렌티누스(Valentinus) 221, 401-402

범재신론(panentheism) 121, 173, 389

비대칭성(asymmetry) 393-394, 432

탈-신화화(demythologization) 165, 275, 423-425

비슈누(Vishnu) 163, 220, 347, 350

비판철학(critical philosophy) 36, 39, 43, 59, 88, 106, 136, 319

본질화(essentialization) 294

불가지론(agnosticism) 104, 105, 107, 111-114, 117, 392, 400-402

브라만(Brahman) 163, 220, 298, 343, 347-350, 355, 376

ㅅ

사변적 재서술(speculative redescription) 76, 131, 149, 159, 163-164, 206, 214, 215, 220, 423

사이학(metaxology) 399

사회적 존재론(social ontology) 410

상호주관성(intersubjectivity) 44, 76, 149, 207, 278, 280, 285-290, 405, 407, 409, 430-431

성 금요일(예수의 수난일)(Good Friday) 59, 62

성화(transubstantiation) 199, 301

세례(baptism) 291-292, 296, 299

세속주의(secularism) 104, 244, 400

소크라테스(Socrates) 32, 258

속죄(atonement) 78, 247, 271, 298, 353, 403

손호현(Sohn, Hohyun) 383

쇠얀 키에르케고어(Kierkegaard, Søren) 12, 265, 376, 383-386, 397

수도원주의(monasticism) 305

승천(ascension) 272, 275-276, 283, 382, 430

시민사회(civil society) 306, 433

시바(Shiva) 163, 220, 347, 350

신비적 합일(mystical union) 299-300

신비주의(mysticism) 3, 55, 83, 165, 171, 229, 403, 406, 418, 428

신지학(theosophy) 405

신플라톤주의(neoplatonism) 43, 122-123, 137, 163, 165, 171, 215, 220

실재론(realism) 35, 101, 135

심령주의(spiritualism) 283

십자가형(crucifixation) 148, 267-268, 273-275, 283, 402, 430

스피노자(Spinoza, Benedict) 119-120, 170, 172, 354, 388, 405, 410

ㅇ

아가페(agape) 288, 392, 394-395

아리스토텔레스(Aristotle) 32, 41, 85-86, 99, 122, 155, 170, 405

아시아 종교(Asian religion) 334, 336, 343, 356, 364, 376

아우구스티누스(Augustine) 106, 215, 220, 289

야콥 뵈메(Böhme, Jakob) 43, 50, 222-223, 229, 401-402, 405, 418

얼굴(face) 61, 409-410

에로스(eros) 71, 288, 394-395, 415

역사주의(historicism) 91, 284, 401, 422

열반(nirvana) 163, 351, 353-356, 376

영지주의(Gnosticism) 43, 65, 148, 163, 165, 215, 220-222, 231, 402-403, 419

예속(slavery) 57, 75, 160, 233, 246, 268, 287, 305-306, 310, 338, 349, 359, 361-362, 368, 374, 376, 428

오리게네스(Origen) 98, 106

우연성(contingency) 120, 190-192, 259, 266, 295, 328, 332, 358, 404, 411, 419, 424

우정(friendship) 24, 57, 215-217, 219, 250, 286-287, 395, 431

위-디오니시우스(Pseudo-Dionysius) 151-152

유물론(materialism) 118-119, 165, 384

윤리신학(ethicotheology) 111-113, 195-196

이집트 종교(Egyptian Religion) 161, 322, 324, 331, 337-338

인륜적 영역(ethical realm) 306

임마누엘 헤르만 피히테(Fichte, Immanuel Hermann) 26-29, 31, 34, 42, 59, 61-62, 78, 103, 135

ㅈ

자기-내-존재(being-within-self) 349, 351, 353-354

자기-비움적 그리스도론(kenotic christology) 266

자연주의(naturalism) 34, 52, 109, 385-386

전일론(holism) 208, 355, 389, 419-420

존재신학(ontotheology) 42-44, 106, 111-112, 382, 386, 399, 404-405, 424

종말론(eschatology) 304

중국 종교(Chinese religion) 322, 331, 336, 344-345

ㅊ

참회(penitence) 294, 297

척도(measure) 181, 344-346, 376

천주교(Catholicism) 105, 289, 295, 299, 301-303, 308

철학적 종교(Philosophical religion) 564, 326, 378, 403, 434

츠빙글리(Zwingli) 302

ㅌ

토마스 아퀴나스(Aquinas, Thomas) 107, 214-215

ㅍ

페르시아 종교(Persian religion) 322, 324, 329-331, 338, 366

폴 리쾨르(Ricoeur, Paul) 367, 423

파울 틸리히(Tillich, Paul) 131, 289, 294, 372-373

프로클로스(Ploclus) 107, 122, 152

프리드리히 빌헬름 셸링(Schelling, Friedrich Wilhelm) 24, 26, 29, 31, 42, 58-59, 63, 120, 171, 219, 237, 294, 402, 414

프리드리히 하인리히 야코비(Jacobi, Friedrich Heinrich) 26, 28, 59, 61-62, 91, 103, 112, 116-117, 120, 172, 176

프리드리히 횔덜린(Hölderlin, Friedrich) 24-25, 43

플라톤(Plato) 93, 155-156, 220, 388

피타고라스주의자(Pythagoreans) 220

필립 마라이네케(Marheineke, Philip) 89, 153

ㅎ

합목적성(purposiveness) 107, 193, 195, 326, 329, 333

헤르만 놀(Nohl, Herman) 25, 55

회의주의(Skepticism) 59, 243

『대논리학』(Science of Logic) 26, 35, 66, 93, 106, 147

『법철학』(Elements of the Philosophy of Right) 27, 52, 80, 93, 136, 285-286, 307, 318-319, 436

『믿음과 지식』(Faith and Knowledge) 26, 28, 45, 58-60

『피히테와 셸링 철학 체계의 차이』(The Difference between Fichte's and Scelling's System of philosophy) 59